주제와 변주 1

주제와 변주 1

Theme and Variations ....

인디고 서원 엮음

주제와 변주

이땅의 청소년들이 지금, 여기에서 건져올린 10개의 주제를
책에서 걸어나온 저자들과 만나 경쾌하게 변주하다

궁리
KungRee

Theme and Variations

Contents

Theme and Variations

여는 글

2004년 10월 19일. 그날 밤 그토록 설레던 마음을 아직도 잊지 못합니다. 마치 꿈에 그리던 유명한 스타를 콘서트에서 만난 것 같은 들뜬 마음으로 우리는 이왕주 선생님을 만났습니다. 책을 통해서만 만나오던 선생님이 책에서 걸어나와 내 앞으로 온 것 같은 참 신기하고도 기쁜 경험. 소박한 일상 속에서 만날 수 있었던 이 행복한 순간은 우리 모두가 함께 그려왔던 소중한 꿈의 실현이었습니다.

사람들은 인디고 서원이 어떤 연유로 유명 저자들을 초대할 수 있었느냐 묻습니다. 사실은 진실된 편지 한 통이 선생님들을 초대할 수 있었던 유일한 힘이었는데 말입니다. 제10회 주제와 변주에 오셨던 김선우 시인께 보낸 편지의 일부를 소개합니다.

> 선생님을 처음 만난 건 『물밑에 달이 열릴 때』를 통해서입니다.
> 그 중 '바람에게 길을 묻다'는 우리가 함께하는 문학수업에서 모두가 함께 읽고 노래했던 아름다운 글 중 하나입니다.

오랜 시간 당신께서 빚어낸 아름다운 문학작품들 속에서 많은 사랑의 시간을 벅차게 보낼 수 있었습니다.
이제 우리 모두의 이름으로 인디고 서원의 '주제와 변주'에 선생님을 초대하고자 합니다.
해마다 봄이 되면 선생님의 글들을 통해 아름다운 내적 성장을 이룰 수 있었던 젊은 영혼들을 만나주셨으면 하는 간절한 마음을 전하고 싶습니다.
긴 여름의 끝에 내리는 시원하고 촉촉한 비처럼 인디고 서원에, 그리고 우리의 눈앞에, 나타나주시길 기대합니다.

이렇게 시작한 작고 소박한 자리, '주제와 변주' 덕분에 모두가 행복했습니다. 자신을 자유롭게 표현하고, 일상의 고민들을 털어놓고, 때론 갑갑한 현실에 분노하였습니다. 또 시를 읊고, 노래하고, 편지도 썼습니다. 그러한 시간들 속에서 발견한 사실은 우리 모두가 행복해지기 위해서 많은 것이 필요하지 않다는 것입니다. 내 영혼의 자유를 마음껏 펼치고, 가슴 속 슬픔을 고백하고, 내 앞에 있는 그의 말을 귀기울여 들어주는 것. 이 사소한 사랑의 몸짓이면 충분하였습니다.

이 열림과 공유의 장에 대한 소개를 '중학생 사회자'의 경쾌한 인사말의 일부로 대신할까 합니다.

주제와 변주는 우리의 열정과 열기로 진행되는 작은 모임입니다. 이 모임에서만큼은 그동안 내 안에 쌓아두었던 그 어떤 벽이나 껍질 그리고 허물을 모두 던져버리고 모든 것을 자유롭게 말하고 듣고 해석하고 몰두할 수 있습니다. 지금부터 모임이 진행되는 동안 말을 하고는 싶은데 자신을 둘러싼 벽이 말하는 것을 허락하지 않을 때 자기의 뺨을 내리치십시오. 그리고 서로에게 의사표시를 미루는 사람이 있으면 그 사람의 뺨을 내리치십시오. 그러면 제가 말할 수 있도록 벽을 허물어드리겠습니다. 물론 저는 이번 모임이 진행되는 동안 누구의 뺨도 붉어지는 일이 없었으면 좋겠습니다.

이렇게 벽을 허무는 시간, 나를 표현하는 시간, 조용히 내 안을 들여다보는 시간, 내 주위를 둘러보는 시간, 창의적이고 주체적으로 사유하는 시간, 내 삶의 가장 절실한 문제를 질문하는 시간, 이 세상 많은 것을 끌어안고 포용하는 시간, 마음을 열고 타인의 말에 귀기울이는 시간, 가장 자연스럽고 편안한 시간, 내가 가장 좋아하는 것을 발견하는 시간. 늘 이러한 순간을 함께하려 노력했으며, 또 그러한 시간들이었다고 이야기할 수 있습니다.

우리는 개인적으로 배우고 싶었던 것에 대해 단 한 번도 질문을 하지 않는다. 어쩌면 이런 질문이 커다란 동기유발이 될 수 있는데도 말이다. 모두들 무엇을 동경하고 있는지에 대한 비밀스러운 문제는 학교라는 제도가 제공하는 수업시간에는 완전히 배제되어 있다.

—슈테판 츠바이크

끝이 없는 수업시간과 재미없는 선생님들. 이것이 바로 지루한 수업을 만드는 핵심요인이다. 나는 수업시간 내내 휴식시간만 기다렸고, 학교가 끝나기만을 기다렸다. 필요한 정보와 '진짜' 사실들은 수업시간에 거론된 적이 없다. 진정 내게 필요했던 것은 내 삶의 문제와 관련된 것들이었다.

—페에 치쉬, 『교실혁명』 중에서

공교육의 붕괴니 입시경쟁의 폐단이니 말이 많지만, 이 많은 문제들 가운데서 가장 중심이 되어야 하는 것은 학생들이 매일매일 경험하는 일상과 우리가 직면하는 현실에서 비롯되는 삶에 대한 고민이 아닐까 생각합니다. 가장 절실한 삶의 문제들을 질문하고 그에 대한 해답을 얻어가는 과정에서 내 안에 가둬두었던 꿈이 펼쳐지고, 영혼이 자유로워지는 경험. 우리가 그토록 밝게 웃고 또 맑게 울 수 있었던 것은 바로 이 솔직함과 진실함에서 오는 이유 없는 행복 때문이었습니다. '주제와 변주' 를 지금까지 이끌어온 것도 바로 이 순수한 감수성의 힘이 아니었나 되돌아봅니다.

어느덧 '주제와 변주' 가 18회까지 왔지만, 떨리던 그 순수한 마음은 변한 것이 하나도 없습니다. 다만 이러한 울림들이 더 많이 퍼져나가 모두가 꿈꾸는 새로운 세상을 만들었으면 좋겠습니다. 그리고 인디고 서원의 작은 실천과 노력이 그러한 꿈을 꾸는 모든 이들에게 용기와 희망이 될 수 있다면, 그리하여 또 다른 '주제와 변주' 가 이곳이 아닌 다른 곳곳에서 탄생할 수 있다면, 우리의 이 소박한 자리는 '지금now, 여기here' 에서 더욱 빛날 수 있을 것입니다.

이 책이 나올 수 있도록 사랑과 관심을 아끼시지 않고, 순수한 메일 한 통에도 기꺼이 멀리서 달려오신 이 땅의 좋은 선생님들, 김현숙 편집장님을 비롯한 궁리출판 가족들, 그리고 빛나는 눈동자로 '주제와 변주' 에 참석한 모든 분들께 감사의 인사를 드리고 싶습니다. 어떠한 감사의 말로도 다 표현 못할 인디고 서원의 모든 친구들과 모두가 꿈꾸지만 이루지 못했던 일들을 진실함이라는 삶의 무기로 척척 해내시는, 이 모든 것의 또 다른 이름인 허아람 선생님께 감사를 드립니다.

2006년 4월

인디고 아이들을 대표하여 박용준 씀

1 회

인디고 아이들

2004년 8월 28일 오후7시

주제와 변주를 시작하면서

인디고 서원의 '주제와 변주'는 사실 작고 소박한 토론과 대화의 장場에서부터 시작하였습니다. '생을 살면서 꼭 한 번쯤 생각해야 할 문제들에는 어떤 것들이 있을까? 과연 그러한 문제들이 있기는 한 걸까? 내 일상의 가장 절실한 문제는 무엇인가?' 등 성찰과 음미 없는 삶은 의미가 없듯 우리는 개개의 존재가 당면한 문제상황들을 분석하고 그 의문들을 함께 고민했습니다. 각각 다른 모습이지만 인간은 각자의 문제상황을 늘 끌어안고 사는 법. 가장 가까운 곳에서부터 질문을 던지기 시작하였습니다.

거창하게 들릴지도 모르겠습니다만, 우리는 일상 속에서 늘 고민하는 기본적이고도 본질적인 문제들부터 이야기를 시작하였습니다. 그렇다고 딱딱한 토론이나 지루하고 진부한 세미나를 생각하지 마십시오. 우리 모두는 즐기는 마음으로 일종의 놀이를 하고 싶었습니다. 놀이란 그 자체로서 하나의 즐거운 자발적 행위이며, 천진난만한 아이들에게는 놀이 그 자체가 지적인 성장과 감성적 감흥을 제공하듯이, 우리 모두는 이 대화의 장을 바로 이러한 놀이로 즐기고, 또 이를 통해 성장하고자 하였습니다.

매번 함께 대화를 할 때 우리는 울고 웃었고, 그러면서 우리 모두는 변화했습니다. 또 늘 깨닫고자 했고, 그것을 행동에 옮기자고 약속했습니다. 이러한 자발적인 실천으로서의 작은 대화의 장이 바로 지금의 '주제와 변주'의 시작인 것입니다.

첫번째 모임 2002년 11월 22일 일요일 오전 9시

Theme I_ 아름다움

아름답기 때문에 사랑을 하게 되는가?

사랑하기 때문에 아름답게 보이는가?

아름다운 것이 있고 추한 것이 있는가?

아름답고 추한 것의 구분 조건은 무엇인가?

Theme II_ 상식도 유용한 지식이다. 그러나 진리와는 구별된다.

그렇다면 진리와 상식은 어떤 조건에서 나름의 의미를 갖는지 살펴보자.

그리고 나아가 궁극적(최종적인) 진리는 가능한가?

두 번째 모임 2003년 1월 5일 일요일 오전 9시

Theme_ 사랑

좋아하는 것과 싫어하는 것은 이성이 결정하는가? 감정이 결정하는가?

이유 없이 좋아하거나, 이유 없이 싫어할 수 있는가?

인간이 선택하는 것에는 무엇이든 이유가 있어야 하는가? 숨은 이유라도 있어야 하는가?

감정으로 결정하는 것은 이유가 없는 결정인가? 감정도 이유가 될 수 있는가?

감정이 먼저 결정하면 이성이 그것의 이유를 찾아주는가?

이성이 먼저 결정하면 감정이 그것을 따라가는가?

세 번째 모임 2003년 1월 19일 일요일 오전 9시

Theme I_ 평등

사람은 모두 평등하게 태어나는가? 평등하게 태어나지만, 사람마다 다른 자연 환경과 문화 환경에 태어나기 때문에 불평등하게 되는가?

사람은 유전적으로나 환경적으로 불평등하게 태어나지만 평등한 삶과 행복을 누릴 수 있어야 한다는 뜻인가?

평등의 사실이 아니라, 평등의 당위를 말하는 것인가?

Theme II_ 이기심과 이타심

순수한 이타심이 가능한가?

남의 생명을 구하려다 자기 생명을 잃어버리는 사람에게도 이기적 동기가 있는가?

모든 동기는 이기적일 수밖에 없는가?

이기적 동기와 이타적 동기의 구별은 무의미한가?

이타적 동기가 구별이 될 수는 있으나 그것만으로 행동의 동기로 작용할 수 없는가?

네 번째 모임 2003년 2월 9일 일요일 오전 10시

Theme_ 가르침

교육의 결과는 스승의 책임인가? 학생의 책임인가?

좋은 스승이 좋은 학생을 만드는가? 좋은 학생이 좋은 스승을 만드는가?

교육의 결과에서도 잘되면 학생 탓, 잘못 되면 스승 탓이라고 할 수 있는가?

부모가 잘못된 자녀에 대한 책임을 느끼듯, 스승도 잘못된 제자에 대한 책임을 느껴야 하는가?

다섯 번째 모임 2003년 3월 12일 토요일 오후 3시

Theme_ 진리

진리란 무엇인가? 진리는 어떻게 성립되는가?

나아가 누구를 위한, 무엇을 위한 진리인가?

진리 그 자체를 파악하는 것과 진리를 잘 활용하는 것에는 어떠한 차이가 있는가?

여섯 번째 모임 2003년 8월 16일 일요일 오후 3시

Theme_ 공동체란 무엇일까?

일곱 번째 모임 2004년 2월 7일 토요일 오후 2시

Theme_ 이론의 가치

탁상공론처럼 보이는 이론의 가치는 무엇인가?

이론화 작업이 현실을 고려하지 않고, 이론이 실천과 격리된다는 비판의 진의는 무엇인가?

이론화 작업을 할 때, 이론이 어떤 요건들을 갖추도록 해야 하는가?

더 나아가 실천을 위한 이론은 구체적으로 어떻게 제시되어야 하는가?

이렇게 함께 여러 번 대화의 시간들을 가지다가, 처음으로 나름의 형식을 갖추어 진행을 하게 되었습니다. 우리가 들은 음악은 12개의 변주곡이었고, 우리가 직접 변주했던 주제는 5가지였습니다. '학문, 가치관, 세계관, 사랑, 일상.' 그 전에 중요한 것이 하나 빠졌습니다. 바로 '이름을 다시 부르다' 인데, 우리는 스스로에게 인디언식 이름을 짓기로 했습니다. 자신의 존재를 가장 잘 드러낼 수 있는 이름을 만들어보는 것입니다. 이 순간만큼은 주어진 이름이 아닌 자신이 지은 이름으로 살아보는 것. 이것 또한 자신을 변주하는 행복한 경험이 아닐까요?

그러고 나서 우리만의 변주가 시작되었습니다. '학문, 가치관, 세계관, 사랑, 일상' 에 대해 우리는 여섯 시간 동안 이야기했습니다. 더운 여름이었고, 대학 강의실에는 에어컨이 없었지만, 문제가 될 것은 없었습니다. 모두가 살아 있는 눈빛과 열린 마음으로 서로를 바라보고 지금now 여기here, 내 앞에 마주한 당신과 이야기를 나누었습니다.

오후 4시 30분. 내 안으로 침잠하는, 그 깊은 내면에서 스스로를 이끌어내 반추하는 시간을 잠깐 가졌습니다. 명상요가를 하는 선생님과 함께 일상에 지친 육체를 가볍게 하고, 영혼을 쉴 수 있게 하였습니다. 그 순간만큼은 모든 것을 내려놓고 오직 영혼과 육체의 평온함 속으로 빠져들 수 있었습니다.

이러한 우리의 자리가 인디고 서원이 탄생하면서 지금의 '주제와 변주' 로 이어졌습니다. 인디고 서원이 문을 열던 바로 그날, 함께 모여 이야기하면서 나온 의견이 바로 우리가 읽은 책의 저자와 대화하고 토론하는 자리를 만들어 보자는 것이었습니다. 이제 우리는 이 하나의 축제에 여러분을 조심스럽게 초대하고자 합니다.

다음은 인디고 서원 여는 날에 함께했던 제1회 주제와 변주에 참가한 이민석 군의 글 일부입니다.

주제와 변주,
인디고 서원 여는 날에

고2 이민석

'아직도 내 목소리는 끄떡없는데.' 인디고 서원에서 세미나를 마치고 집으로 가는 걸음 도중 스스로에게 한 말입니다. 사실 다리도 아프고 짐도 무겁지만 교복 셔츠의 구석구석에 숨어 있는 단추를 하나하나, 차분히 꿴 것처럼 홀가분하고 기분이 좋습니다. 오늘, 13평 남짓한 공간이지만 미적 아우라가 물씬 풍기는 인디고 서원에서, 20명이 넘는(일반인도 2명이 참가했습니다) 친구들이 다닥다닥 붙어서 자신의 의견을 발표하고 서로의 강의도 들었습니다. 아, 나는 힘이 납니다. 진지하게 사유하고, 사유한 것을 친구들에게 전하고, 또 그 내용에 대해 토론하고, 토론한 것을 다시 나에게 끌어들여 그것을 책-기계의 관계로 외부를 만드는 것. 이 값진 활동을 아람샘 친구들만이 아닌 전국에 있는 모든 아이들과 할 수 있으면 좋겠다는 생각을 했습니다.

오늘 행사에서 우리는 『틱낫한에서 촘스키까지』라는 책을 참고하여 '인디고 서원에 초대하고 싶은 분 소개하기' 와 이진우 군의 '미셸 푸코의 경계 허물기' 에 관한 발표, 제가 발표한 '발터 벤야민의 언어이론' 이렇게 크게 세

가지에 대해 이야기하였습니다. 그러고 보니 세 가지 주제가 통일이 안 된 것 같다구요? 천만에 말씀. 지금 생각하니 모두가 의도적으로 기획하기라도 한 것처럼 잘 짜여진 구성이었습니다. 푸코와 벤야민은 철학이나 미학 책에 잘 알려진 인물들입니다. 푸코에 대한 발표에서는 푸코의 세 시대의 사상을 폭넓게 다루었고, 벤야민에 관해서도 그의 전체적인 미학적 관점에 대해서 설명하였습니다. 그랬던 만큼 청소년 인문학 전문 서점 인디고 서원을 여는 그날 우리가 나누었던 이야기들은 자칫 대학생들이나 교수님들을 따라하는 학구적 세미나로 끝날 수도 있었지만, 『틱낫한에서 촘스키까지』를 통해 우리는 우리의 생각이 외부로 나아가는 실천의 힘을 다시 배우고 또 다짐함으로써 청소년으로서의 알찬 이야기들을 나누었습니다.

하이데거가 말하기를 인간은 세계-내-존재In-der-welt-sein의 존재라 했습니다. 그래서 어느 세계에 존재하느냐에 따라서 다른 인간이 되는 거라고 말입니다. 우리는 그 수많은 세계를 직접적으로는 경험할 수 없습니다. 그렇기 때문에 우리는 간접적으로 책 안에서 또 다른 세계를 발견합니다. 그럼 이렇게 말해볼 수 있을까요? 우리의 책장에 있는 책의 수만큼 우리의 존재가 존재한다고. 또 그것이 우리의 현실이 되어 작용한다고. 한편 어떤 학자는 이렇게 말했다고 합니다. 책은 외부를 갖는다고. 그리고 이 외부는 다양하게 작용한다고. 한 책의 내부가, 자기가 읽었던 그 내부가 자기 밖으로 꺼내놨을 때는 하나의 다른 책일 수도 있으며, 또 우리가 단호한 선택을 해야 하는 순간에 빛을 발할 수도 있다는 겁니다. 책하고 각각의 외부와 접속하여 그때마다 상이한 효과를 생산한다는 것이죠. 책은 책 세계의 관계, 즉 책 안의 수많은 자아를 생산하는 것으로 그쳐서는 안 된다고 생각합니다. 책을 읽는 것보다 중요한 것은 그것을 외부로 잘 이끌어내 새로운 세계와 변화를 만드는 것이라고. 이 모든 책의 내부에서 외부로 나가기 위한 도전은 이곳에서 다시 시작됩니다.

사실 인디고 서원은 잊혀졌던 서점 문화의 현전presence입니다. 너무나도 거대하고 상업적인 서점들, 값이 싸고 배송까지 해주는 너무나도 편한 인터넷 서점에 의해 사실 청소년의 독서문화에 한몫을 하고 있었던 친근한 동네 서점들이 자습서나 문제집을 파는 곳으로 전락한 지금, 고등학생들이 읽을 수 있는 것이라고는 수능에 필수적인 문학 문제집, 어떻게 선정되었는지 아무리 봐도 모르겠는 대형서점의 청소년 추천도서목록, 그리고 논술학원의 알맹이만 쏙 들어 있어 1,600자 원고지를 채우기 쉬운 논술/구술 대비서 들뿐입니다. 읽고 싶은 단행본 서적을 읽을 때마다 이상하게 쳐다보는 친구들, 자습시간에 책 읽지 말고 문제집이나 풀라는 선생님들. 이게 분명 잘못된 것이라는 것을 알면서도 '우리는 고등학생이야, 수능을 잘 쳐야 하고, 내신관리도 철저하게 해야 한다' 는 생각이 내 독서의 정당성을 무참히 짓밟습니다. 이렇게 책에 대한, 서점에 대한 모든 것이 오직 입시만을 위주로 바뀌어버린 지금, 요즘 서점들은 우리가 추구하는 서점의 잘못된 복제들이라고 말할 수 있겠습니다.

이런 힘든 내 상황(아마 많은 친구들이 괴로워하고 있을 것입니다)에서 인디고 서원은 반가운 소식입니다. 아니 반가운 정도가 아니라 나는 이제 오늘이 역사의 한 부분으로 느껴집니다. 학생들이 가방에 잘 포개어 꽉 채워 들고 다니는 것이 문제집과 자습서가 아니라, 자신의 생각과 열정을 키워줄, 꿈을 이루어줄 책들이 되는 그날이, 학생들이 토론이라고 하면 새삼스러워지고 아주 특별하다는 듯 생각하지 않고 서로의 생각을 자유롭게 나누게 될 그날이, 그리고 힘들고 고된 생활에서 벗어나 가끔씩 마음을 가라앉혀 주는 곳에서 차분하게 책 한 권 읽을 수 있게 될 그 날이, 이곳 부산, 인디고 서원에서 시작할 것만 같습니다.

'꿈꾸지 않는 자는 청년이 아니다 '라는 말이 있습니다. 우리는 진정 청년이고 싶습니다. 그래서 이 날이 오랫동안 두근두근 가슴 뛰게 할, 또 내 생에 많은 힘이 되어줄 거라는 확신이 계속 내 허리를 꼿꼿이 세웁니다.

마지막으로 인디고 서원에 새겨져 있는 이정우 선생님의 문장을 소개하고자 합니다.

"진리는 보이지 않는 것을 보여주는 것이다. 진실은 보려면 '볼 수 있는 그러나 보려고 하지 않는 것' 을 보게 해주는 것이다."

2회

2004년10월29일 오후8시

지금 여기,
당신은 누구입니까?

사회자 안녕하십니까. 저는 사회를 맡은 용인고등학교 2학년 이민석이라고 합니다. 인디고 서원에서 세미나 형식으로 주제와 변주 1회를 한 뒤, 책의 저자를 직접 초청하여 대화를 나누게 된 것은 오늘이 처음입니다.

한국의 중 · 고등학생들이 읽고 있는 '교과서 외'의 책은 1,600자 원고지를 채우기 쉬운 논술 · 구술 프린트나 대형서점의 베스트셀러가 대부분이죠. 이런 상황에서 우리가 여기에 모여 이왕주 선생님의 『소설 속의 철학』으로 여러 이야기를 해본다는 것은 독서와 단절된 삶, 철학이나 교양이 사실상 부정되고 있는 교육풍토에 도전장을 내미는 것이라고 할 수 있습니다. 저를 포함한 여기 있는 학생들은 오랫동안 이곳에서 생활하면서, 발췌된 문제지가 아니라 한 권의 단행본들을 읽으며 수업을 해왔습니다. 예를 들자면 『Book+ing, 책을 만나다』는 좋은 책들의 내용을 소개하는데, 우리는 거기에 나와 있는 이진경 씨의 『철학과 굴뚝청소부』라는 책을 다시 읽고 생각하고 정리합니다.

이렇게 책과 책을 넘나드는 수업을 해왔던 우리가 이제 공론화된 자리를 마련할 수 있다는 것은 짧게 보면 우리의 독서수업이 작은 결실을 맺게 된 것이고, 길게 본다면 청소년 교육문화에 좋은 영향을 주는 계기가 되지 않을까 생각합니다.

'주제와 변주'는 본래 음악용어지요. 주제는 일정한 멜로디를 가진 반면, 변주는 주제에 다양한 멜로디를 첨가해서 점점 연주형태를 바꾸어 새로운 음악을 창출하는 것을 가리킵니다. '주제와 변주' 이전에는 'R통신'이라는 행사가 있었습니다. 학생들이 모여 여러 주제를 가지고 진지하게 토론하는 모임이었습니다. 참고로 말씀드리자면 첫 번째 모임의 주제는 '아름답기 때문에 사랑을 하는가, 사랑하기 때문에 아름답게 보이는가. 왜 아름다운 것이 있고 추한 것이 있는가'라든지, 두 번째 모임의 주제는 '좋아하는 것과 싫어하는 것은 이성이 결정하는가, 감정이 결정하는가, 이유 없이 좋아하거나 이유 없이 싫어할 수 있는가, 인간이 선택하는 것에서 무엇이든 이유가 있어야 하는가' 등 이렇게 해서 일곱 번째 모임까지 R통신이 진행되었습니다. 그래서 '주제와 변주'는 이 대화의 장인 'R통신'의 연장선상에 있는 것이라 할 수 있습니다.

이왕주 선생님께서 제일 먼저 오시게 된 것은 8년 전에 출간된 『소설 속의 철학』 때문입니다. 이 책은 비교적 예전에 나왔는데도, 학생들이 오랫동안 읽고 생각하는 책입니다. 이 책뿐만 아니라 교수님의 『쾌락의 옹호』도 선배들이 많이 읽은 것으로 알고 있습니다. 그럼 선생님의 인사말부터 잠깐 들어볼까요?

이왕주 반갑습니다. 이름이 뭐라고 했죠? 이민석 군! 이야기를 참 잘 하네요.(웃음) 학생들이 이렇게 많이 올줄 몰랐어요. 난 그저 사랑방 같은 데서 여남은 명의 학생들이 편하게 대화하는 자리인 줄 알았거든요. 그리고 그냥 와서 얘기하면 된다고 해서 순진하게 그 말만 믿고 정말 편안한 마음으로 왔어요. 한편으로는 조금 걱정도 했어요. 그동안 중·고등학교 학생들을 만날 기회가 별로 없었던 탓에 소통에 장애가 생기면 어떡하나 싶었거든요.

정말 여남은 명이라면 각각의 느낌이나 생각들에 섬세하게 다가가서 그런 장애의 요소들을 제거할 수 있을 텐데 말이에요. 뭐, 우리가 어떤 주제에 대해서든 진지한 마음으로 만난다면 대화와 소통에 별 문제는 없으리라고 생각해요. 다만 먼저 부탁하고 싶은 것은 난해함과 낯섦을 혼동하지 말아달라는 거예요. 혹시 내 어휘들이 어렵게 느껴질 때, 그 어려움은 정말 주제나 논제 자체가 난해해서라기보다는 단지 그런 상황에 접해본 적이 없는 낯섦일 수 있어요. 난해함에 대한 해결책은 복잡하지만 낯섦에 대한 해법은 비교적 간단하죠. 최대한 의식과 정신의 문을 활짝 열어 일단 그 낯선 것을 마음 깊은 곳까지 들어오게 하는 거예요. 다시 말해서 개방된 정신으로 그 낯선 것을 마중해서 환대해 주는 거지요. 마음에 든다, 안 든다, 맞다, 틀렸다, 멋있다, 꼴불견이다 등으로 판단하는 것은 일단 친해진 다음의 문제죠. 특히 난 환대라는 말을 강조하고 싶어요. 환대의 뜻은 '기쁜 마음으로 대접한다'는 거죠. 그럴려면 마음 가까이 느끼려고 애써야 하고 상대와 긴밀한 관계를 만들어가야 해요.

먼저 내가 왜 철학을 하게 되었는지 말할게요. 그런 다음 철학 선생으로서 이런 기회에 여러분에게 들려주고 싶은 얘기를 하나 하려고 해요. 마지막으로 여러분이 관심 갖는 모든 분야에 대해 대화를 나누고 싶어요. 난 내 얘기는 짧게 하고 가능한 한 많은 시간을 여러분과 대화하고 싶어요. 그게 이 자리를 조금 더 의미 있고 훌륭하게 만들지 않을까 생각해요. 나는 특히 대화의 중요성을 강조하고 싶어요. 초창기의 위대한 철학자들은 오직 대화를 통해서 철학을 실천했어요. 공자, 맹자, 소크라테스, 플라톤 등에게 철학이란 곧 대화를 의미했지요.

그리스어로 대화를 디알로고스dialogos라고 해요. '둘이서dia 진리logos를 드러낸다'는 뜻인데, 말을 주고받는 것은 뭔가가 투명하지 않기 때문이에요. 투명해지면, 아니 적어도 말을 주고받는 두 사람이 납득하면 대화는 멈추겠죠. 그렇게 멈춰선 지점에서 드러나게 되는 것, 그런 대화의 과정에서 투명해진 것을 다른 말로 진리라고 해요. 한자로 철학哲學이라고 쓸 때의 哲은 '가려진 게 없다, 다 드러나다, 투명해지다'라는 뜻이에요. 이런 뜻에서 보자면 철학은 대화를 통해서 투명한 진리에 도달하는 학문이라고 풀이할 수도 있지요. 여러분, 변증법이라는 말 들어봤지요? 그게 그렇게 어려운 말이 아니에요. 대화하면서 흐릿한 것들이 사라지듯이, 반박하면서 거짓들이 씻겨나가는 것이 곧 변증법이에요. 영어로 변증법을 뜻하는 다이얼렉틱스dialectics나 대화를 뜻하는 다이얼로그dialogue는 이 디알로고스에서 나왔어요.

본격적인 이야기에 들어가기에 앞서 여러분께 부탁을 하나 하고 싶습니다. 내가 앞으로 얘기하는 것 가운데는 학교에서 선생님들이 하는 얘기와 충돌하는 게 있을지 몰라요. 그럴 때는 선생님 얘기를 들어야겠다, 내 얘기를 들어야겠다를 성급히 선택하지 말고 그 혼란스러움을 여러분이 머릿속에서 조금 길게 궁리하면서 버텨보라고 충고하고 싶어요. 사실 이 흔치 않은 기회에 모처럼 만난 여러분에게 전할 게 있다면 잘 정리된 정보와 세련되게 코드화된 분류표가 아니라, 건강하게 혼란스러워지는 법이에요. 인간이란 끊임없이 의문을 던지고 때로는 너무나 자명한 것에 대해서도 그렇지 않을지 모른다는 가능성을 의식하는 존재입니다. 또 정해진 편한 길을 갈 게 아니라 가끔은 더듬거리고 배회하고 방황하고 비틀거리면서 혼란스러운 각종 유혹들을 전신으로 버텨보는 체험이 필요한 것이지요. 왜? 살아 있는 인간이기 때문입니다. 내가 왜 이 길을 걸어가야 되는지에 대한 물음을 던지는 거죠. 인간으로서, 인간답게, 또 살아 있는 존재로서…… 내가 오늘 무슨 얘기를 하든지 이런 차원에서 얘기를 할 거예요. 내가 일부러 도발적이고 선정적인 어휘들을 다른 목소리로 들려주려는 것도 이 때문이라고 생각해요. 그래서 사실대로 말하면 내가 여러분에게 하는 얘기들 중에 어떤 것은 상식과도 잘 안 맞고 학교에서 배우는 것과 모순되고, 또 평소에 부모님들이 얘기하는 것과도 상충될 수가 있어요. 그럴 때는 선생님 말씀도 부모님 말씀도 받아들이라고 얘기하고 싶지만, 여러분에게 지금은 혼란을 버티는 체험, 이 겁나는 체험이 바로 지금 이 시기에 필요하다고 얘기하고 싶어요.

교실 안의 앎의 거의 모든 내용들은 오지선다형의 수능 문제로 출제될 수 있어요. 그리고 반드시 정답이 있지요. 조금 극단적으로 말하자면 학교교육은 그 정답을 골라내는 능력을 키워주는 거예요. 그러나 교실 밖의 삶의 거의 모든 것들에는 정답이 없어요. 삶의 지혜는 일상과 온몸으로 부딪치면서 터득하지 않으면 안 돼죠. 교실 안의 앎과 교실 밖의 삶 사이에는 틈이 있어요. 이 틈에서 버티는 법을 배워야 해요.

물론 나도 편하게 가려고 지금 이 순간도 이렇게 말하고 싶은 유혹을 느껴요. 내가 말하는 것이 교실 안의 텍스트를 통해 선생님에게서 배우는 것, 부모님에게서 듣는 충고들과 부딪치면 선생님과 부모님 것을 받아들이라고. 내 말은 그냥 다른 견해, 다른 목소리, 다른 가능성들이 있다는 정도로 참고로만 받아들이라고. 그러나 이것은 혼란을 제거하는 길이 아니라 유예시키는 길일 뿐이에요. 세상은 교과서처럼 안심하고 오지선다형 시험문제로 정리할 수 있는 곳이 아니죠. 걷잡을 수 없는 혼란에 맞부딪쳐야 할 때가 반드시 올 거예요. 그래서 나는 이 쉽지 않은 기회에 조금 힘들더라도 여러분이 현실과 좀더 정직하게 대면하는 체험을 갖게 해주고 싶어요.

이 체험을 위해 필요한 것은 명민한 기억력도 빠른 판단력도 아니에요. 그것은 단순하고도 소박한 태도, 곧 버티는 능력이에요. 견디고 참고 버티는 것은 모든 지혜로운 현자들이 걸어갔던 깨달음의 길이었어요. 그리고 우리는 이 말이 무슨 뜻인지 다 알고 있죠. 가령 강풍이 불어오는 들판에서 넘어지지 않고 버틸 때, 우리의 몸은 어떤 상태가 될까요? 내리치는 바람이 닿는 몸의 모든 접점에 힘의 최대치를 결집시키게

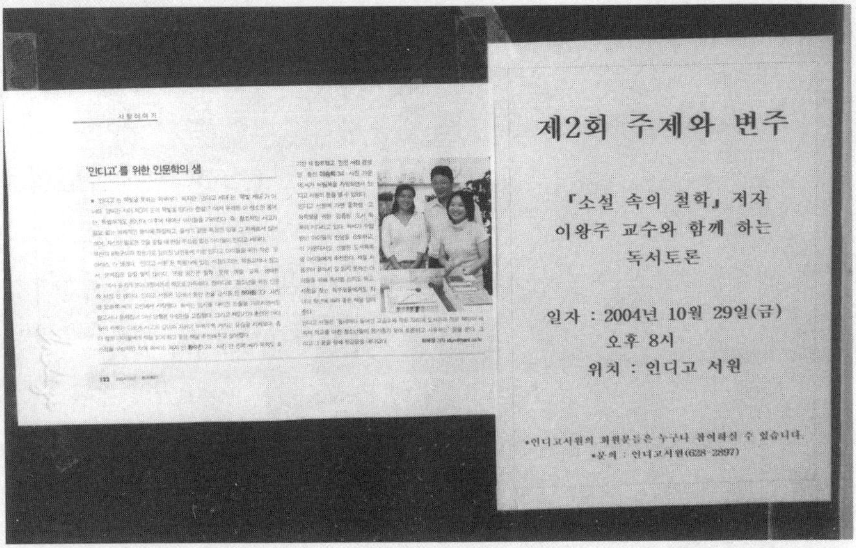

우리가 어떤 주제에 대해서든 진지한 마음으로 만난다면 대화와 소통에 별 문제는 없으리라고 생각해요. 다만 먼저 부탁하고 싶은 것은 난해함과 낯섦을 혼동하지 말아달라는 거예요. 혹시 내 어휘들이 어렵게 느껴질 때, 그 어려움은 정말 주제나 논제 자체가 난해해서라기보다는 단지 그런 상황에 접해본 적이 없는 낯섦일 수 있어요. 난해함에 대한 해결책은 복잡하지만 낯섦에 대한 해법은 비교적 간단하죠. 최대한 의식과 정신의 문을 활짝 열어 일단 그 낯선 것을 마음 깊은 곳까지 들어오게 하는 거예요.

되죠. 말하자면 몸을 넘어뜨리려는 바람의 힘과 이에 저항하는 몸의 힘이 비길 때의 균형상태가 강풍에 버티어선 육체의 형상이에요. 적어도 이때의 몸은 바람만큼이나 강한 힘을 육체의 내부로부터 끌어내죠. 평소에 우리는 두 다리로 버티어 설 수 있는 힘이 얼마나 강한지 스스로 알지 못해요. 그러나 강풍 앞에 서보면 알 수 있죠. 때로 우리의 연약한 신체와는 비교할 수 없을 만큼 강하고 단단한 콘크리트나 벽돌 건물들은 태풍 앞에 속절없이 허물어져도 사람은 쉽게 넘어지지 않아요.

물론 나는 지금 태풍 앞에 버틸 것을 주문하는 게 아니라, 삶과 앎 그 틈에 놓이는 다채로운 혼란들, 매끈하게 정리된 교실 안의 지식들에 거칠게 저항하는 삶의 불친절한 명법이나 처방들에 대해 버티어보는 자세를 주문하고 있는 거예요.

자, 이제 내가 어떻게 철학의 길로 들어서게 되었는지 얘기할게요. 나는 철학자가 꼭 되고 싶어서 된 게 아니에요. 철학교수가 되기 위해서는 더욱 아니고요. 대한민국의 철학사를 새로 쓰겠다는 야심으로 철학과에 진학을 한 것은 더더욱 아닙니다. 그냥 고등학교 2학년 때 만난 한 권의 책 때문에 평생 벗어나지 못할 전공의 굴레에 갇히게 되었지요. 1969년 여름, 내가 고등학교 2학년이던 그 여름도 무척 더웠어요. 그날 나는 피서 삼아 책이나 한 권 읽으려고 아버지 서재에서 그냥 제목이 마음에 든다는 이유만으로 『인간적인, 너무나 인간적인』이라는 책을 꺼내 들고 마당의 평상에 나왔어요. 처음에는 드러누워서 건성건성 읽어나갔지요. 근데 몇 페이지 읽어나가기도 전에 나는 벌떡 일어나서 자세를 고쳐잡았어요. 도대체 이렇게 감동적인 언어를 힘차게 뿌려대는 사람이 누굴까? 나는 그제야 저자가 니체라는 것을 알았어요.

어떤 구절은 차마 그냥 지나칠 수 없어서 노트에 베껴가면서 읽었죠.

물론 온갖 궁상을 다 떨었지만 내가 그 책의 내용을 제대로 이해한 것은 아니었어요. 니체의 모든 저술이 그렇듯이, 그 책도 짤막짤막한 아포리즘들로 이루어져 있죠. 이해하지 못한 채 다음으로 넘어갔어요. 그런 방식을 글쓰기 형식 가운데 잠언이라고 하는데, 내러티브도 없고 기승전결도 없지요. 그냥 어떤 언어가 팍팍 치듯이 다가와요. 들뢰즈의 표현에 따르면, 마치 산처럼 오르내리는 무슨 선이 있는 것이 아니라 불뚝불뚝 솟아 있기도 하고 평지가 갑자기 펼쳐지기도 하는, 즉 고원이라는 거지요. 『천개의 고원』이란 책도 있잖아요. 어쨌든 가슴에 팍팍 와닿는 어휘들과 문장들은 내 영혼의 심연에 파고들었죠. 나는 그때 처음으로 소설이나 수필집과는 다른 종류의 책이 있다는 걸 알았고, 그런 책은 사람의 생각을 바꾸고 마침내 삶 자체를 바꿔버릴 수도 있다는 걸 깨달았던 거예요. 그리고 처음으로 그 책을 통해서 문장과 언어가 세상을 흔드는 힘을 지닐 수 있다는 것도 깨달았어요.

이후 나는 니체의 『차라투스트라는 이렇게 말했다』를 읽었고, 뒤이어 사르트르의 『말』 그리고 카뮈의 『이방인』 등을 그 여름에 다 읽었어요. 그해 여름 이후 내가 대학에서 무엇을 전공할 것인가에 대해 고민한 적이 없어요. 그들은 모두 철학자였고, 내가 그 학문을 전공하는 것은 신의 계시처럼 느껴졌던 거지요.

요즘은 수능점수에 맞춰 전공을 결정하기도 하고, 경쟁률을 살펴가면서 원서접수 창구 바로 앞에서 바로 전공학과를 써내기도 하고, 휴대전화로 서로 의논하며 전공을 결정한다는데, 이런 풍조는 이해가 잘 안 가더라구요. 하고 싶은 것을 하며 살아도 짧은 인생이잖아요. 따지고 보면 점수에 맞춰 인생이 결정되는 것이 아니라 허영심에 맞춰 인생이 결정되는 거겠죠. 허영심으로 인생을 걸고 승부하는 것은 정말 위험천만

한 도박입니다.

그렇게 원하는 철학과에 진학했지만 위대한 철학자가 되겠다는 생각은 없었어요. 철학과에 가면 니체나 사르트르 등이 쓴 책을 마음껏 읽을 수 있을 것이고, 그런 책들에서 제기되는 의문들을 비슷한 사람들과 마음껏 대화하고 토론할 수 있을 거라는 소박한 기대만 갖고 있었죠. 그런데 막상 철학과에 진학하고 잔뜩 기대를 하며 첫 학기에 철학개론 강의를 듣고 나서, 내가 완전히 잘못 들어왔구나라고 생각했죠.(웃음) 철학개론 강의 내용 그 어디에도 니체나 사르트르의 언급은 없었어요. 담당 교수는 소크라테스, 플라톤, 아리스토텔레스에 대해서만 열을 올리다가 한 학기를 마감했어요. 2학기에 근세철학사 강좌가 있었지만, 데카르트, 스피노자, 라이프니츠, 칸트, 피히테, 셸링, 헤겔이 전부였어요. 나는 비로소 철학이 니체와 사르트르만을 다루는 것이 아니라는 사실을 깨닫게 되었어요. 철학이 그런 것이라면 내가 학과를 잘못 선택했다는 생각이 그제야 들기 시작한 거죠.

그래서 심지어 학교를 그만 둘 생각까지 했어요. 그러다가 1학년을 마칠 때쯤 철학과 한 선배를 술좌석에서 만났어요. 그 선배에게 내 고민을 솔직히 말했더니, '네가 얘기하는 것은 실존철학이라는 거야' 라고 말해 주는 거였어요. 우리 학교에는 실존철학을 전공하는 분이 안 계셔서 그러는데, 그래도 3학년이 되면 하이데거 강의는 들을 수 있다고 귀띔해 주는 거였어요. 그리고 그 선배는 도서관 어디에 가면 니체, 야스퍼스, 사르트르, 카뮈 등의 도서목록 카드가 있는지도 알려주었어요. 당시는 도서관이 폐가식이어서 대출을 받으려면 노란 목각 카드함에서 책의 청구기호를 알아내 용지에 적어야 했지요. 아무튼 그때부터 나는 새롭게 대학생활을 시작할 수 있었어요. 니체, 사르트르, 카뮈의 책들은 이상하게도 철학이 아닌 문학 코너에 있었어요. 아무튼 그들의 책을 읽으면서 1학년 겨울방학을 보냈고, 이후 하이데거, 야스퍼스 강의를 들으면서 본격적으로 실존철학을 공부했죠.

오늘 여러분 앞에서 떠들고 있는 이 사람이 이렇게 늙을 때까지 철학을 버리지 못하고 평생 등에 이고 오게 된 까닭은 35년 전 한 애송이 고등학생이 어느 여름날에 읽은 한 권의 책이 계기가 되었다는 사실을 말하고 싶어서 조금 장황하게 늘어놓았어요. 요컨대 책읽기, 특히 청소년 시절의 독서체험은 매우 중요하다고 생각해요. 그때 받은 인상, 느낌, 그리고 깨달음은 앞으로 살아갈 삶의 양식을 결정할 수 있기 때문이죠. 그래서 청소년 시절에는 책읽기도 중요하지만 어떤 책을 읽는가는 더 중요하다고 할 수 있어요.

지금부터는 철학교수로서 여러분에게 이야기를 하려고 해요. 앞으로 여러분이 삶을 살아가는 데 참조가 되었으면 좋겠어요. 내가 앞에서 여러분에게 혼란을 버티는 법을 배우라고 했죠? 그 말을 이제 이렇게 바꿔보겠어요. 음미하는 삶을 살아가라. 음미한다는 것은 맛본다는 뜻이죠. 우리가 무슨 음식을 먹는 것은 생물학적으로는 그 음식물로부터 에너지원을 공급받기 위해서죠. 그러나 신은 자동차를 움직이기 위해 기름탱크에 기름을 넣듯이, 사람을 움직이기 위해 위장에 음식을 넣도록 만들지 않았어요. 그 에너지원인 음식을 섭취할 때, 쾌감 즉 미각의 즐거움을 느끼도록 만들어놓은 거예요. 반대로 배고픔은 참을 수 없는 고통으로 느끼도록 만들어놓았구요. 그래서 '먹기 위해 사는지 살기 위해서 먹는지 모르겠다'는 우스갯소리가 있는데, 이처럼 먹는 음식이 주는 맛의 쾌감과 굶주림의 고통을 육체의 감각에 결부시킴으로써 인간의 섭생은 거의 강제적인 일로 떠안겨진 거예요.

오늘 여러분 앞에서 떠들고 있는 이 사람이 이렇게 늙을 때까지
철학을 버리지 못하고 평생 등에 이고 오게 된 까닭은
35년 전 한 애송이 고등학생이 어느 여름날에 읽은 한 권의 책이 계기가 되었다는
이 사실을 말하고 싶어서 조금 장황하게 늘어놓았어요.
요컨대 책읽기, 특히 청소년 시절의 독서체험은 매우 중요한 거라고 생각해요.
그때 받은 인상, 느낌, 그리고 깨달음은 앞으로 살아갈 삶의 양식을 결정할 수
있기 때문이죠. 그래서 청소년 시절에는 책읽기도 중요하지만
어떤 책을 읽는가는 더 중요하다고 할 수 있어요.

그런데 이런 신의 프로그램에 성실히 복종하지 않는 사람들도 있어요. 말하자면 자동차를 움직이게 하기 위해 기름탱크에 기름을 넣듯이, 살기 위해 억지로 밥을 먹는 사람들이 있다는 거죠. 이들은 결코 먹기 위해서 사는지, 살기 위해서 먹는지에 대해 혼동하지 않아요. 오로지 살아남기 위해 억지로 먹는 사람들이에요. 병자들이거나 몹시 싫어하는 음식을 억지로 먹어야 하는 사람들의 경우죠.

그런데 우리가 삶에 대해서는 모두가 이런 사람들의 처지와 비슷한 태도로 살아가고 있어요. 맛보지 않은 채 목구멍으로 넘기는 음식물처럼, 삶의 시간을 그냥 추억 속으로 흘려보낸다는 거죠. 신은 음식을 섭취하는 것에서는 고통과 쾌락의 감각을 심어놓았지만 삶을 받아들이는 데는 그렇게 하지 않았어요. 그러나 한 사람의 생애가 몽땅 덧없이 흘러가도 본인은 정작 그것이 허망한 삶인지 모르고 끝나는 경우도 비일비재해요.

거의 사실적인 다큐멘터리 기록으로 알려져 있는 플라톤의 대화편 『소크라테스의 변명』에서 소크라테스는 인류에게 이런 말을 유언처럼 남기죠. "아테네인들이여, 이 말만은 기억하라. 음미되지 않는 삶은 살 가치가 없다." 먹지 않으면 기아의 고통을 느끼는 것처럼 삶을 음미하지 않을 때 어떤 고통을 받도록 만들어졌더라면 인간은 밥을 먹듯이 인생을 음미하며 살아갔을 거예요. 그러나 그렇게 되어 있지 않죠. 이게 삶의 함정이에요. 소크라테스식으로 생각하자면 철학은 바로 이런 함정을 피하기 위해서 있는 거예요. 말하자면 음미하는 삶을 위해 철학은 존재하는 거라 할 수 있어요.

아까 여러분에게 지금은 혼란을 버티는 체험, 이 두려운 체험이 바로 이 시기에 필요하다고 얘기했죠. 세상이 교과서나 오지선다형 문제로 깔끔하게 정리될 수 있다면 상황은 간단해요. 우리가 해야 할 일이란 철학적 성찰이나 인문학적 자기비판이 아니죠. 그저 비상한 기억력으로 텍스트와 책의 모든 지식들을 암기하면 끝이에요. 필요한 경우에 버튼으로 작동하듯이 암기한 지식들을 토해내면서 세상사에 대처한다는 것 외에 할 일이 없거든요. 그럼 우리는 인간으로 살아가는 것이 아니죠. 로봇이 되는 것이고, 조건에 반사하는 동물로 살아남는 것일 뿐이에요. 이렇게 살아서는 안 돼요. 프로그램에 따라 작동하거나 본능에 의존하거나 자극반응의 메커니즘으로 생존하는 것들이 있죠. 그러나 인간으로 살아간다는 것은 전혀 다른 거예요. 스스로에게 물음을 던지고, 자신의 삶을 반성하고, 때로는 너무나 자명하고 분명한 것에 대해 의심하는 등, 이렇게 살아가는 것은 단지 살아남는 것과는 전혀 다른 차원의 일이죠. 여러분에게 안정되고 편한 길을 갈 게 아니라 가끔은 더듬거리고 배회하고 방황하고 비틀거리면서 혼란스러운 각종 유혹들을 전신으로 버텨보라고 했던 것은 바로 이런 이유예요. 우리가 로봇이나 동물이라면 그런 방식들은 순전한 낭비일 뿐이겠죠. 강아지나 고양이들에게 어떤 정해진 목적지가 있을 때 가깝고 편하고 넓은 길이 있다면 당연히 그 길로 갈 거예요. 그러나 인간은 삶을 음미할 수 있는 성찰의 힘을 지녔기 때문에 에둘러서 멀고 험한 길로 돌아서 가더라도 순전한 낭비라고 할 수는 없다는 거죠. 그렇게 먼 길을 돌아서 갈 때조차 인간은 의심하고 고민하는 성찰의 힘, 그 탄력을 놓치지 않은 채 음미하며 그 길을 걸어갈 수 있기 때문이에요. 음미하는 삶만이 살아가는 삶이라 할 수 있어요.

이것이 내가 여러분에게 전하려는 이야기의 핵심입니다. 여러분은 지금 어떤 삶을 살아가고 있나요. 눈뜨면 학교 가고, 학교 가면 의자에 앉아서 열 시간 넘게 공부하고, 학원 가고, 과외 받고, 공부하고 자는 것 이외에 따로 삶이라고 부를 만한 여유를 별로 가질 수 없죠. 여러분의 삶은 인간다운 삶이 결코 아니에요.(웃음) 물론 이것이 한시적인 삶의 조건이라는 것 때문에 이 비인간적인 삶의 방식이 피차간에 용납이 되기는 하죠. 그러나 용납된다는 것은 문화나 언어 안에서 일반적으로 받아들여진다는 것이지, 그렇다고 그것이 옳다거나 당연하다는 것은 아니죠.

그러나 아무리 한시적이라지만 여러분은 그렇게 살아서는 안 돼요. 생애의 단 한순간도 인간답게 살지 않는 것이 용납될 수는 없어요. 내일이면, 대학생이 되면, 졸업하면, 취직하면, 결혼하면. 이런 조건부들은 아무리 숭고한 것이라 하더라도 그것을 위해 그저 살아남기만 하는 비인간적인 삶을 합리화시켜 주거나 정당화시켜 주지는 못해요.

흔히 철학 전문가들은 소크라테스와 니체가 천적관계인 것처럼 말해요. 그러나 한 가지 점에서 둘은 일치하죠. 음미하는 삶을 살아가라는 것. 그렇게 살아가는 삶에서 내린 두 사람의 결론은 큰 차이가 나지만 음미하는 삶을 살아가라고 주장하고 그 주장을 온몸으로 실천했다는 점에서는 일치해요. 나는 가끔 학생들에게 주저하고, 망설이고, 서성거리고, 배회하는 것, 비틀거리고 넘어지는 것까지 삶을 음미하는 방식일 수 있다는 점을 일깨워주고자 노력하는데, 우리는 지금까지 그런 우유부단하고 부질없이 미적거리는 태도는 경쟁에서 손해 보는 곤란한 태도라고 배웠죠. 그런 태도가 상투화되거나 습관화되면 곤란하지만 어쩔 수 없이 내몰리는 순간에는 그런 맥락 안에 온전히 침잠해야 해요.

가령 이것이냐 저것이냐 선택의 기로에서 망설여본 사람은 알 거예요. 무심히 스쳐지났던 일상의 사물들이 어떻게 전혀 다른 모습으로 나타나기도 하고, 평소에 애지중지하던 것들은 또 어떻게 정녕 하잘것없는 것으로 드러나기도 하는지 말입니다. 이렇게 달라질 때 그 달라진 모든 것들은 우리를 깨워서 잠들지 못하게 하지요. 물론 그 때문에 불편하기도 하고 거북하기도 하고 심지어는 고통스럽기도 하고 또 슬퍼지기도 할 거예요. 그러나 우리가 그런 망설임에 머무르며 침잠하지 않았더라면 전혀 느껴보지 못했을 이런 낯선 정서들이야말로 우리를 그런 새로운 세계의 내부 깊숙한 곳으로 인도하는 안내자들이죠. 어쨌든 망설임 속에 주저앉지 않았더라면 한 번도 체험하지 못했을 이런 느낌, 기분, 감정들로 우리는 삶의 다른 주름과 단층들을 음미하게 되는 거예요. 다시 말해서 이것과 저것 사이에서 망설일 때, 다른 방식으로 나의 판단력은 날카로워지고 평소에 쓰지 않던 감각들이 깨어나고 감성은 훨씬 더 예민한 상태에 이르죠. 이런 조건들로 어떻게 우리가 삶을 음미하지 않고 배기겠어요.

이제 한 가지 모델을 끌어들여서 내가 지금까지 했던 이야기를 정리하려고 합니다. 여러분, 파우스트라는 이름이 그다지 낯설지는 않죠? 독일의 문호, 괴테가 말년에 남긴 최후의 걸작 『파우스트』의 주인공 이름이잖아요. 나는 독일어가 세계 주요 언어로 평가받게 된 것은 순전히 괴테와 니체 때문이라고 생각해요. 물론 후대에는 하이네나 릴케, 토마스 만 같은 언어의 장인들이 나타나기는 하지만, 적어도 칸트, 셸링, 헤겔 등 저 악명 높은 근대 저술가들 때문에 독일어가 얻은 오명을 괴테와 니체가 말끔히 청산하지 않았나라고 생각해요. 괴테는 문학을 심오한 형이상학의 차원까지 끌어올린 위대한 문체주의자이고, 니체는 철학을 시의 차원까지 승화시킨 천재적인 문장가였어요. 두 사람의 저서는 번역본으로 읽어도 그 언어의 아름다운 리듬감 때문에 소리 내어 읽어 내려가는 입술에서 그 언어들은 거의 노래가 되어 흘러나올 정도예요.

여러분도 대학 가서 괴테의 『젊은 베르테르의 슬픔』이나 『파우스트』 그리고 니체의 『차라투스트라는 이렇게 말했다』, 『반시대적 고찰』등을 반드시 소리 내서 읽어보세요. 여러분의 입술은 그 언어들을 반드시 어떤 리듬과 음보에 실어서 발화하게 될 거예요. 요즈음 대학 독문학과에 지원자가 자꾸 줄어든다고 해요. 이건 어떻게 보면 조금은 슬픈 일이에요. 괴테와 니체의 모국어, 그들의 걸작을 썼던 저 아름다운 언어가 저렇게 소슬하게 쇠락한다니 참 안됐어요.

『파우스트』 이야기로 돌아갑시다. 이 작품은 파우스트라는 선한 영혼이 악마 메피스토펠레스의 꼬임에 빠져서 젊음을 되찾고는 온갖 파란만장한 모험과 범죄에 빠져드는 내용을 그 줄거리로 갖고 있죠. 악마가 등장하여 죄 없는 인간을 타락시키는 이야기는 성경의 창세기 이래 인류가 신물나게 반복해 온 신화예요. 끝맺음도 천편일률적이죠. 당연히 권선징악이나 사필귀정으로 마지막을 장식해요.

『파우스트』도 얼핏 보면 그런 작품들과 비슷해 보이죠. 그러나 자세히 살펴보면 아주 달라요. 이것은 선과 악, 의와 불의의 대립이 마침내 전자의 승리로 끝나는 그런 도덕적 교훈과는 직접적으로는 상관없는 이야기예요. 오히려 괴테가 이 작품을 쓰면서 풀려고 했던 문제는 선과 악, 의와 불의 이전에, 근원적으로 삶을 생각할 때, 그것은 어떤 것이냐는 거였어요. 악마가 등장하면 천사가 생각나고, 선한 영혼이 나타나면 타락이 떠오르는 것은 우리의 사고가 알게 모르게 선과 악, 의와 불의와 같은 도덕적인 코드들로 영토화되어 있다는 증거예요. 이전에 유럽 중세에 기독교가 타락했을 때, 교회는 임신부의 뱃속에 들어 있는 아이에게도 종교세를 부과한 적이 있다고 하지요? 이것은 생명을 얻기도 전에 생명세를 무는 셈인데, 어떤 점에서 선과 악, 의와 불의와 같은 도덕적 코드들은 삶이 시작되기도 전에 작동하는 권력 같은 것이라는 점에서 이와 비슷한 것이라고 생각할 수 있어요. 아니, 괴테는 분명히 그렇게 생각했어요.

『파우스트』 제1부의 첫 장면은 세상 사람들로부터 존경받는 석학 파우스트 박사가 생애를 다 바쳐 추구했던 학문세계에 대해 독한 회의를 쏟아내는 것으로 시작하죠. 한마디로 모든 게 허무하다는 거예요. 그가 쏟아내는 독백 중에는 그 많은 서적들에 파묻혀 보냈던 자신을 심지어 '쓰레기통에서 꿈틀거리는 벌레'에 비유하는 대목도 나오죠. 이런 파우스트에게 악마 메피스토펠레스가 나타나서 '당신이 잃어버린 젊음을 되찾고 다시 생생하게 약동하는 삶의 맥박들을 느끼게 해줄 테니, 죽은 뒤에 영혼을 내게 넘기겠느냐'고 제안해요. 그러자 이제 속수무책의 허무주의자로 전락한 파우스트가 이 유혹을 주저없이 받아들이죠. 악마가 준 약을 먹고 다시 젊어진 파우스트는 저잣거리로 내려와 세상의 모든 경험들을 탐닉하려고 해요. 그 과정에서 순결하고도 아름다운 처녀 그레첸을 유혹하는데, 상황이 너무도 비극적이에요. 잠자리에 방해된다고 어머니의 독살을 사주하고, 악마의 도움으로 오빠를 죽이고, 또 키울 수 없는 사생아를 낳자 강물에 버린 그레첸은 영아 살해죄로 형장의 이슬로 사라져요. 이런 끔찍한 비극이 모두 악마의 도움을 받은 파우스트에 의해 일어나는 거예요. 마침내 죽음의 순간 파우스트는 악마와의 계약대로 영혼을 넘기려고 약속했던 주문을 외며 죽어요. '순간이여 멈춰라'는 주문을 외면서.

그러나 악마 메피스토펠레스가 마지막 숨을 몰아쉬고 쓰러진 파우스트에게서 영혼을 가져가려 하는데 갑자기 하늘에서 수천 송이 장미꽃이 쏟아져 그 시체를 덮어버려요. 장미꽃은 악마들이 범접할 수 없는 성스러운 꽃이죠. 악마가 어쩔 줄 몰라 발을 동동 구르는데 하늘로부터 천사들의 합창소리가 우렁차게 들려와요. '파우스트의 영혼은 구원을 얻었다. 파우스트의 영혼은 구원을 얻었다' 라는 노랫소리였어요. 메피스토펠레스가 악을 바락바락 쓰면서 하늘에 대고 저주를 퍼붓죠. 왜 이런 일이 벌어졌죠? 어떻게 파우스트, 이 죄 많은 영혼이 구원을 얻는 거죠?

학생 결국에는 약속을 지켰기 때문에 그런 거 아닐까요?

이왕주 약속을 지켰기 때문에? 자신의 잘못을 뉘우쳐서 회개하고 기도해서 신의 은총으로 용서를 받았기 때문에? 여기에 심오한 괴테의 철학이 스며있어요. 이 비극의 제1부가 시작되기 전 〈천상의 서곡〉이라는 도입부에 신과 악마가 내기하는 장면이 나와요. 악마가 '당신이 사랑하는 종 파우스트를 내가 타락시킬 테니 허락해 주십시오' 하고 간청해요. 마지못해 내기를 허락하는 신은 '뭔가를 찾고자 노력하는 동안 인간은 어쩔 수 없이 방황하게 마련' 이라면서 이런 말을 덧붙여요. '선한 인간은 아무리 어두운 충동에 휩쓸려도 바른 길을 결코 잊지 않는다.'

파우스트가 구원을 얻게 되는 것은 삶 자체를 사랑하여 그것을 다시 살아보고자 하는 태도, 자신의 모든 정열과 에너지를 다 쏟아 삶의 모든 쾌락과 고통을 음미하고자 하는 그 처절한 노력 때문이었죠. 그것은 뭔가를 찾는 동안의 방황이며, 또 아무리 어두운 충동에 휩쓸릴 때조차 결코 놓친 적 없는 삶 자체를 사랑하는 뜨거운 정열이었어요. 숱한 편력 끝에 죽음을 앞둔 파우스트가 유언처럼 남기는 말은 이런 것이었어요. '삶, 그것은 나날이 그것을 누리는 자의 몫이다.'

『차라투스트라는 이렇게 말했다』에서 니체는 다른 목소리로 똑같은 메시지를 전하죠. 니체의 차라투스트라는 바로 삶을 사랑하여 모험을 떠난 파우스트 같은 인간을 말해요. 내가 이런 주장을 하면 니체 연구자들이나 괴테 전공자들이 이구동성으로 말도 안 되는 소리라고 할 거예요.(웃음) 그래요. 껍데기로만 보면 파우스트와 차라투스트라는 완전히 반대예요. 파우스트는 신이 사랑하는 인간이고 마침내 신의 은총에 의해 구원받는 인간이죠. 악마의 유혹으로 끔찍한 범죄에 휘말리기도 하지만, 수많은 천사들의 도움을 받아 마침내 신의 사랑으로 구원에 이르죠. 차라투스트라는 '신은 죽었다' 는 사실에서 그 삶의 첫발을 내딛는 주인공이죠. 그에게는 천상의 신도, 천사도 악마도 없어요. 다만 우리가 목숨을 안고 뒹구는 이 대지와, 싱그러운 육체와 관능적인 열정만이 있을 뿐이지요.

그러나 사상은 껍데기에 담기는 게 아니죠. 속살을 살펴야 해요. 속살을 들여다보면 파우스트와 차라투스트라는 동류예요. 파우스트는 괴테의 차라투스트라이고, 차라투스트라는 니체의 파우스트인 셈이죠. 뛰는 심장과 흐르는 피로 자신의 삶을 뜨겁게 사랑하고자 했다는 점에서 둘은 같다는 거예요.

니체의 초인은 초월하는 존재가 아니라 포월抱越하는 존재예요. '안을 포', 그리고 '넘어야 할 월' 자를 쓰지요. 무슨 말이냐 하면 초인은 플라톤이 말했던 이데아의 세계에 대한 그리움 때문에 이 육체와 대지를 당장에 털어버려서 그 진리의 세계로 훌쩍 뛰어넘으려는 인간과는 완전히 반대되는 존재예요. 초인은 이 땅을 사랑하는 사람이고, 육체를 받아들이는 사람이고, 그 육체의 열정, 욕망, 관능 같은 것들을 다 용인하는 사람이거든요. 초인은 '인간이란 극복되어야 할 그 무엇' 으로 간주하는 존재예요. 여기서 극복되어야 할 인간이란 내가 고등학교 2학년 여름에 읽었던 『인간적인, 너무나 인간적인』이 말하는 그런 인간, 즉 가축 떼 같은 인간, 먹을 것 때문에 이리저리 몰리고 채찍 때문에 이리저리 도망치는 그런 인간들이에요. 그러면서도 그런 인간들은 항상 초월을 꿈꾸죠. 저너머 세상, 신의 왕국, 이데아의 세계 등을. 그러니 우리가 살아가는 이 세상은 그저 한숨의 골짜기요, 육체는 부끄러운 것이요, 관능과 욕망은 악의 구렁텅이쯤으로 생각될 수밖에 없지요. 틈만 나면 신 앞에 무릎을 꿇고 오직 기도와 회개와 눈물로 생을 보내려고 하는 인간, 이런 인간들을 니체는 '극복되어야 할 그 무엇'이라고 말해요. 니체가 볼 때, 생의 숭고한 역사가 인간적인 너무나 인간적인 이 '가축 떼 같은 인간들'로 오염되어 있다는 거예요.

삶을 살아간다는 것은 인간에게 너무나 중요하죠. 이 중요한 일을 그저 본능이나 습관, 요령이나 타성에 맡겨야 되겠어요? 해치우듯이 스치듯이 듬성듬성 건너뛰듯이 삶을 사는 사람들이 있어요. 나는 다시 여기서 '음미되지 않는 삶은 가치 없는 삶'이라고 했던 소크라테스의 말을 상기시키려고 해요. 괴테나 니체의 주인공들은 처절하게 삶을 음미하는 실존적 투사들인 거죠.

우리는 이들에게서 반드시 배울 것이 있다고 믿어요. 그래서 내가 여러분에게 이런 이야기를 하려 해요. 초월의 삶이 아닌 포월의 삶을 택하라. 여기서 초월의 삶이란 대지에 발을 붙이지 못하고 둥둥 떠 있는 상태로 살아가는 삶이에요. 그것은 삶 자체보다는 삶을 구성하는 일부에 매달려서 사는 삶이죠. 그 일부의 것을 절대 목적으로 삼으면 삶의 나머지 것들은 수단으로 굴러떨어지죠. 모든 것을 목적-수단 관계로 정리해버린 초월의 삶에서 진정 가치 있는 삶은 항상 미래의 것으로 떠밀려요.

포월의 삶은 전혀 다른 거예요. 그것은 삶의 다채로운 단층과 주름,

표피와 켜에 자신의 살과 뼈를 갖다대고 그 접점에서의 감각들로 그 내용을 채워나가는 삶이죠. 삶의 한순간도 수단 가치로 폄하된 채 간과되거나 묵살될 수 없죠. 이 대지에 발을 디디고 선 초인의 삶은 우선 이 대지의 질감으로 채워질 수밖에 없어요. 나는 이런 종류의 삶을 철학자 김진석이 창안한 용어를 원용해서 포월의 삶이라고 부르려고 해요. 포월은 배를 땅에 대고 기어서 넘어가는 것을 말해요. 이에 비해 초월은 단박에 건너뛰는 거죠. 미래의 것으로 떠밀린 삶을 위해 초월을 택한 인간들은 이 현재의 시간, 이 현재의 공간, 다시 말해서 이 삶과 대지를 한번에 뛰어넘고자 하죠. 우리가 사랑해야 하는 것이 정녕 꿈이 아니라 삶이라면 이런 식으로 살아서는 안 돼요.

차라투스트라가 설교하는 초인의 삶은 포월의 삶을 말해요. 우리가 생명을 얻고 그 생명을 살아내는 무대인 이 대지, 이 대지를 무한한 열정으로 사랑하라는 거예요. 그 사랑의 방식이 포월이에요. 포월은 이 삶을 전신으로 처절하게 느끼려고 몸이 대지를 영접하는 의식이라 할 수 있어요. 파우스트가 서재를 박차고 저잣거리로 내려왔을 때, 바로 그때 그가 내딛는 발걸음이 대지를 영접하는 육체의 의식이었던 셈이죠.

나는 여러분에게 포월의 삶을 살아가라고 말하고 싶어요. 삶을 사랑하라는 충고는 사실 막연하죠. 삶을 느끼라는 말도 진부하게 들릴 거예요. 포월의 삶을 살라는 충고는 대신에 이런 처방들로 쪼개어서 구체적으로 제시될 수 있어요. 잘 걸어라. 잘 뛰어라. 잘 기어오르라. 잘 가로질러라. '아니오' 라고 말해라. 제대로 반항해라. 잘 보라. 잘 들으라. 잘 자라. 아마 지금 당장은 이런 말도 여러분의 귓전을 스쳐지나갈지 몰라요. 그러나 언젠가 이런 언어들이 절실하게 와닿는 날이 반드시 올 거예요. 조금 길어졌네요.(웃음)

초월의 삶이 아닌 포월의 삶을 택하라. 여기서 초월의 삶이란 대지에 발을 붙이지 못하고 둥둥 떠 있는 상태로 살아가는 삶이에요. 그것은 삶 자체보다는 삶을 구성하는 일부에 매달려서 사는 삶이죠. 포월의 삶은 전혀 다른 거예요. 포월의 삶은 삶의 다채로운 단층과 주름, 표피와 켜에 자신의 살과 뼈를 갖다대고 그 접점에서의 감각들로 그 내용을 채워나가는 삶이죠.

나는 여러분에게 포월의 삶을 살아가라고 말하고 싶어요. 삶을 사랑하라는 충고는 사실 막연하죠. 삶을 느끼라는 말도 진부하게 들릴 거예요. 포월의 삶을 살라는 충고는 대신 이런 처방들로 쪼개어서 구체적으로 제시될 수 있어요. 잘 걸어라. 잘 뛰어라. 잘 기어오르라. 잘 가로질러라. '아니오' 라고 말해라. 제대로 반항해라. 잘 보라. 잘 들으라. 잘 자라. 아마 지금 당장은 이런 말도 여러분의 귓전을 스쳐지나갈지 몰라요. 그러나 언젠가 이런 언어들이 절실하게 와닿는 날이 반드시 올 거예요.

그러나 어쨌든 이것이 철학선생으로서 여러분에게 드리고 싶은 이야기였어요. 이곳으로 오려고 마음먹고, 또 이 이야기를 들려주려고 결심하고 나서 막상 차를 몰고 올 때쯤에는 약간 걱정이 되더군요. 우선은 학생들이 이것을 이해할 수 있을까 하는 것이었어요. 다음은 이해하고 나면 학생들이 혼란스러워하지 않을까 하는 거였죠. 이것은 분명 여러분에게 익숙한 삶의 방식을 근원적으로 반성케 하는 혁명적인 충고를 담고 있으니 말이에요. 아무튼 이해를 못 해도 걱정이고 해도 걱정인데, 그래도 나는 이 곤란한 딜레마를 밀어붙이려고 마음먹고 왔어요. 지금 아니라도 언젠가는 부딪치게 될 피할 수 없는 갈등이니까요. 이야기하는 중에 여러분의 표정을 살피니 내 언어들을 환대해 주는 느낌이 팍팍 전해졌고, 그래서 내가 전하려는 메시지의 핵심을 여러분은 잘 이해하고 있다는 생각이 드는군요. 문제는 혼란인데, 왠지 그 혼란도 아주 건강한 갈등으로 지혜롭게 승화시킬 수 있을 것 같다는 확신이 드는군요. 아닌가요?(웃음)

박용준 저는 철학과를 다니는 박용준이라는 학생입니다. 다름 아니라 제가 보니까 니체의 『도덕의 계보학』에 관한 이야기도 나왔고, 파우스트에 관한 이야기도 나왔는데 혹시 선생님께서 처음 시작할 때 우려하신 것처럼 다소 어려운 것은 아닌가, 물론 다 이해하셨겠죠?(웃음) 물론 어렵고 어렵지 않고의 문제보다는 사실 학생들이 정말 선생님께 하고 싶었던 중요한 질문들이 많을 거라는 생각이 듭니다. 또 선생님께서 처음에 말씀하신 것처럼 짧게 이야기를 해주셨으면 좋겠습니다.(웃음) 그런 의미에서 제가 먼저 여쭙겠습니다. 저도 철학과에 다니는 학생으로서, 또 철학을 공부하고 싶은 학생으로서 늘 고민하는 문제가 있습니다. 여기 선생님의 책 앞날개에 나와 있는 소개에 보면 '철학과 현실의 진정한 화해를 추구하기 위한' 모임의 회장직을 맡고 계시지 않습니까. 이 화해, 운명적인 해후. 선생님의 철학이 과연 현실과 진정으로 화해하셨는지 알고 싶습니다.

이왕주 그래요, 하여튼 끝없이 난 시도를 하지만 회심의 성공을 거두었던 기억은 별로 없어요.(웃음) 그러나 계속 몸부림칠 생각이에요. 『중용』의 표현을 원용하자면 아마 철학과 현실의 완전한 화해는 하늘의 길이고 화해시키려는 몸부림은 인간의 길인 듯해요. 몸부림마저 포기한다면 희망조차 접어야 하는데 그럴 수야 없지요.

체험을 두고 말하자면 많이 실패했고 가끔 성공했어요. 그래서 이와 관련해 내 기억을 채우는 것은 쓰린 상처들이에요. 이건 포기할 수 없는 길이면서도 끝없는 길이겠죠. 박용준 군이 철학을 전공한다고 하니 마음이 조금 안쓰러워지네요. 철학을 전공으로 삼는다는 건 어떤 점에서 평생 지속될 힘겨운 싸움터로 들어선다는 의미니 말이에요. 그러나 일단 들어섰으니 용기를 갖고 싸워나가라고 성원하고 싶네요. 내 얘기가 어렵나요?

학생들 아니요.

이왕주 어렵지 않다니 다행이네요. 어쨌든 결론은 이거예요. 우리가 어떤 인간의 행위를 먼저 선악의 기준으로 판별부터 하려고 하는데, 그보다 더 근본적인 범주가 있다는 거죠. 그것은 음미하는 삶인가 아닌가 하는 것이죠. 파우스트나 차라투스트라의 관점에서 타성의 삶은 삶이 아니라는

데 그치는 게 아니라 삶에 대한 일종의 모독이라는 거예요. 가령 여러분 중 누군가가 이렇게 생각하며 살아간다고 생각해 봐요. 지금의 내 삶은 부모님과 선생님이, 대학을 가서는 부모님과 교수님이, 대학 졸업 후에는 졸업장과 직장이, 결혼생활은 결혼 상대가, 노후생활은 자식이 알아서 해주겠지 하구요.

성숙한다는 것은 인간존재가 혼자라는 것을 받아들이는 힘겨운 과정이라고 할 수 있어요. 슬픈 일이지만 인간은 고독한 존재예요. 영어에는 loneness라고 쓰는 고독과 loneliness라고 쓰는 외로움을 구분하죠. 혼자라는 사실을 인정하지 못하고 고독을 받아들이지 못한 사람들은 대개 병적인 외로움에서 헤어나오지 못해요. 정신이 미성숙 상태에 머물기 때문이죠. 고독을 받아들일 때 삶을 음미하고자 하는 열정도 생겨난다고 생각해요. 소크라테스가 인류에게 유언으로 남긴 경구가 뭐죠?

학생들 '음미하지 않는 삶은 살 가치가 없다.'

이왕주 아, 그래 바로 그거예요. '음미하지 않는 삶은 살 가치가 없다.' 이 말을 다시 음미해 볼 것을 여러분에게 당부할게요. 결국 파우스트가 용서를 받고 구원을 얻은 것은 그의 죄악들이 살 만한 가치가 있는 삶을 살기 위한 방황과 탐색의 처절한 과정에서 저질러지는 과오나 실족으로 받아들여졌기 때문이죠.

여러분에게도 여러분의 삶이 중요해요. 투명하지 않은 모든 것들에 물음을 던지고 혼란스러운 상황들을 호기심으로 버텨보세요. 버팀이 간단하지 않아요. 태풍 속에서 몸을 버텨 서본 사람을 알 거예요. 버틴다는 것은 밀어 넘어뜨리려는 바람의 힘과 그것에 저항하는 내 몸의 힘이 비길 때 그때 성취되는 비상한 균형 상태죠. 이 균형 상태는 늘 위태로운 거예요. 그러나 내 몸은 바람에 버티어 설 때 최고의 활력상태가 되죠. 마찬가지로 여러분도 삶의 구체적인 문제들에 호기심을 갖고 물음의 열정으로 버티어 설 때, 여러분의 의식은 경이로운 활력상태에 이르게 될 거예요. 철학이란 그런 활력상태의 지속과정에서 얻는 투명한 성찰, 즉 답이나 확신이라기보다는 차라리 그런 정신의 활력상태 자체라고 말할 수 있어요. 철학은 답이 아니라 물음이라고 하는 것도 이런 맥락과 상통하지요.

자, 그러면 내 얘기는 여기까지 하고 여러분이 준비한 것이 많이 있으니까 토론을 하도록 합시다. 내가 모든 질문에 답하리라고 보장할 수는 없지만,(웃음) 알면 아는 대로 모르면 모르는 대로 이야기해 봅시다.

사회자 그럼 이제 질문하고 싶은 분들은 질문을 해주십시오. 책의 전체적인 느낌 등 전반적인 것에 대해 질문을 하면 좋을 것 같은데요.

질문자 선과 악에 대한 이야기를 들으면서, 우리는 좋은 것을 그다지 많이 행하지 못한다는 생각을 했습니다. 내가 좋아하는 것을 하지 못하고 현실과 타협하여 거기에 이끌려가는데 그런 것과 맞서기 위해서는 내가 하고 싶은 것만을 할 수는 없잖아요. 그럼에도 우리가 그런 것들과 맞서기 위해서, 좀더 주체적이기 위해서는 어떻게 해야 하는지 궁금합니다.

이왕주 좋은 질문입니다. 내가 여러분에게 조금은 일부러 혼란을 주려고 했어요. 하지만 이것은 여러분이 내일부터 학교도 안 가고 요즘 잘 나가는 가수 이효리나 신화의 꽁무니를 좇아다녀도 삶만 사랑한다면 다 용서

받을 수 있는 과오라고 말하기 위해서가 아니라는 것, 여러분이 다 이해했을 거예요.(웃음) 한창 호기심이 왕성한 여러분, 얼마나 하고 싶은 일들이 많아요. 하지만 하고 싶은 일들을 욕망하는 대로 하며 살다간 당장 끝장이죠. 학교는 퇴학당하고 심지어 범죄자가 될 수도 있고 말이에요. 나는 여러분에게 욕망과 의무 사이에서 버티는 법을 알려주고 싶었어요. 여러분은 하고 싶은 일을 더 좋은 조건과 더 유리한 상황에서 하기 위해 지금은 욕망을 신중히 자제해야만 하는 일, 하지 않으면 안 되는 일을 해야 한다고 자신을 설득시키는 논리가 그 버티는 법에서 자연스럽게 연역되어 나올 수 있기를 바라는 거예요. 어쨌든 그런 상황인식이 시작이에요. 이런 시작조차 없이 성장기의 열정을 다짜고짜 금욕주의적으로 억누르기만 하는 것은 잘못된 것이죠. 여러분의 인생에는 항상 다른 가능성이 있다는 것을 받아들이는 것이 중요해요.

질문 내용 중 현실과의 타협이라는 말이 있었는데, 지금 여러분의 주체성은 바로 타협의 감각을 지켜내는 데 달려 있어요. 타협이라는 의식마저 없어진다면 곤란하다는 거예요. 일단 그렇게 되면 음미하는 삶, 버티는 삶, 포월의 삶은 불가능하죠. 이런 비유를 써볼 게요. 돌멩이를 실에 매달아서 돌릴 때 실을 잡은 손이 갖고 있는 힘을 구심력이라 하고 원둘레를 빙빙 도는 돌멩이가 갖고 있는 힘을 원심력이라고 하죠. 이때 실은 팽팽하게 당겨지는 장력을 갖는데, 이 장력은 서로 반대되는 두 개의 힘, 즉 원심력과 구심력이 서로에게 반발하면서 만들어내는 힘이에요. 이 장력, 즉 우리가 당겨진 실의 팽팽한 탄력으로 느끼는 이 힘이 중요해요. 현실과의 타협이란 하고 싶은 일에 대한 욕망과 해야 하는 일에 대한 의무 사이에서 생겨나는 갈등의 조정이죠.

여러분이 하고 싶은 일에 대한 욕망을 쉽게 접는다는 것은 주체성의 장력을 잃어버릴 함정이 될 수도 있어요. 그러니 오히려 그 욕망에 대한 자의식을 지키면서, 그럼에도 불구하고 내가 해야 할 일을 의무감에서든 책임감에서든 해야 한다고 자신을 설득하는 논리가 필요하다고 생각하는 거죠. 이 점에 대해서는 조금 더 섬세한 논의가 필요하지만 이쯤 해둘까 해요.

이진우 안녕하세요. 저는 고등학교 2학년 이진우라고 합니다. 제가 오랫동안 마음에 담아둔 문구가 있는데 사르트르의 '현실을 개혁하기 위해서 글쓰기가 존재한다'는 문구입니다. 먼저 소설 『소나기』와 『백치 아다다』에 대해 이야기하겠습니다. 『소나기』에서는 어떤 소녀가 조약돌을 소유하는 것이 아니라 그것을 통해 마음으로 사랑을 느낀다고 생각합니다. 그런데 우리 사회는 무엇이든 소유하는 데 익숙한 사회이지 않습니까. 느끼는 것이 필요한데도 우리는 사회적인 억압에 의해 우리가 그것을 주체적으로 살아나가지 못한다고 생각하는데요. 이런 점과 관련하여 『백치 아다다』를 보면 돈과 물질을 통해서 인간성을 상실하는 이야기에 대해 선생님께서 이런 말씀을 하셨죠. 아주 감동적으로 느꼈는데 '전투를 하는 것이 삶이라면 무기가 돈일 수밖에 없다. 그러나 삶은 전투가 아니다. 삶은 그저 살아가는 것이다.' 이 말을 생각할 때, 산다는 것은 물질을 소유하는 것이라기보다는 느끼는 것이 아닌가 하고 고민해 봤습니다. 예를 들면 우리가 몸을 가꾸는 것은 좋은 현상이지만, 실질적으로는 외형적인 것을 중시하는 사회의 시선 때문이죠. 이러한 복합적인 현실에서 우리의 정체성을 찾을 수 있는지, 또 찾을 수 있다면 어떻게 찾아야 하는지 궁금합니다.

이왕주 이진우 군의 질문은 철학과 1학년 학생들의 질문보다 더 세련되군요.(웃음) 문제를 포착하고 그것을 물음의 형식으로 제기하는 어휘들이 참 인상적입니다. 이 질문을 일단 이렇게 이해하고 답할게요. 삶에서 돈과 물질이 전부가 아니고 명예가 전부가 아니고 가치가 전부가 아니다. 마음으로 느끼고 사랑해야 하는데, 현실은 그렇지 않다. 당장 돈이 없으면 사고 싶은 옷도 못 사고 먹고 싶은 것도 못 먹고, 주고 싶은 사람에게 주지도 못한다. 그런데도 여전히 책에서는, 선생들은, 종교적인 지도자들은 물질보다는 영혼이 더 중요하고 머리보다 느끼는 게 더 중요하고 돈보다 마음이 더 중요하다, 요컨대 소유지향이 아니라 존재지향으로 살아야 한다고 말한다. 그런데 삶의 여건은 그런 존재지향의 삶을 허락하지 않는다. 당장에 몸을 가꾸는 문제만 하더라도 삶을 사랑하는 존재지향의 한 선택으로 몸을 가꾸기보다는 다른 사람들에게 잘 보이기 위해서 가꾸는데, 실제로 그렇게 몸을 가꾸면서 또 기쁨을 느낀다. 이런 상황에서 우리의 주체성과 정체성을 어떻게 확보해야 하느냐.

이렇게 답하려고 해요. 소유지향이냐 존재지향이냐 보다 소유지향의 사회에서 존재지향의 몸부림으로 장력계, 즉 원심력과 구심력의 반발에 의해 만들어지는 탄력계를 만들려고 애써야 한다고 말이죠. 특히 정체성과 주체성의 확보에서는 반드시 반성적 자의식이 어떤 형태로든 개입해야 하거든요. 결국 우리는 하나의 주류에 대해 어떻게 반대극으로 대립각을 설정하여 탄력계를 만들어내고 그 안에서 버틸 것이냐라는, 우리가 앞에서 다루어온 큰 물음으로 환원해서 답할 수 있다고 봐요.

답은 간단하지만 그런 삶의 실천이 쉽지는 않지요. 자본주의 사회에서 돈의 힘과 맞서 싸운다는 것은 거의 승산이 없어요. 여러분 앞에서 지금 이렇게 목청을 높이는 나도 예외가 아니죠. 고백컨대 나도 곧잘 돈의 유혹에 지고 말아요. 누가 뜬금없이 지금 당장 100만 원을 줄 테니 오라고 전화하면 막 달려갈 거예요.(웃음) 달려간다는 건 농담이고 고민한다는 거죠. 그러나 그 100만 원이란 돈을 포기한다면? 위신과 명예를 지키겠죠. 그렇게 지킨 지조라는 게 어디에서 어떤 모습으로 남죠? 돈 100만 원은 통장이나 지갑에 남지만, 유혹을 물리진 자존심은? 그것은 결코 어떤 유형이나 물질적 윤곽선으로 남는 것은 아니에요. 그저 하나의 신념과 정신적 태도로만 남을 뿐이죠. 물론 곧 의식 안에서 지워지고 잊혀지겠지요. 그러나 그렇게 잊혀지고 지워지더라도 그것은 중요한 거예요. 지금 우리가 저항할 수 있는 물질적 가치에 대한 무기는 바로 이런 마음에 앙금처럼 남는 신념, 그나마 흔적도 없이 곧 지워질 자존심 정도예요. 이것조차 힘들어지는 때가 오겠죠.

머리로만 살지 않고 가슴으로 사는 사람들, 그런 사람들은 그래서 고민이 더 많아요. 그러나 또 이러한 고민 때문에 인생을 더 많이 절절하게 느낄 거예요. 우리가 죽을 때 돈을 가지고 무덤에 가는 게 아니거든요. 풍요하게 산다는 것은 삶의 주름, 굴곡, 단층들을 더 많이 느끼는 것이고, 더 많은 것들을 사랑하는 것이죠.

박태우 『소설 속의 철학』이라는 책을 통해 교수님의 가치관과 생각들을 알 수 있었는데, 이 책에 나와 있는 소설들은 어떤 기준으로 선택하셨는지요.

이왕주 롤랑 바르트라는 프랑스의 철학자가 텍스트text와 작품work을 나눴어요. 작품은 작가의 목소리를 듣는 것이고, 텍스트는 작가의 뜻을 내가 풀어내는 거예요. 그러니까 작품에는 독자가 별로 할 일이 없어요. 그냥 저자가 말하고자 하는 뜻만 잘 파악해서 이해하는 게 책읽기의 전부라고

머리로만 살지 않고 가슴으로 사는 사람들,
그런 사람들은 그래서 고민이 더 많아요.
그러나 또 이러한 고민 때문에 인생을 더 많이 절절하게
느낄 거예요. 우리가 죽을 때 돈을 가지고 무덤에 가는 게 아니거든요.
풍요하게 산다는 것은 삶의 주름, 굴곡, 단층들을 더 많이 느끼는 것이고,
더 많은 것들을 사랑하는 것이죠.

할 수 있죠. 그러나 텍스트는 달라요. 새로운 창조적 경험이 책읽기에서 비로소 시작될 수 있어요. 여러분도 배웠겠지만 소설은 텍스트죠. 텍스트는 작품과는 달라요. 나는 소설을 텍스트로 간주해요. 하나의 완성된, 감히 건드릴 수 있는 대상이 아니라. 텍스트가 모든 이에게 열려 있다면, 작품은 닫힌, 즉 비판을 허용치 않는 완결태라는 거지요. 『소설 속의 철학』에서 공저자인 김영민 선생과 나는 철저히 소설을 텍스트로 간주하고 풀었어요. 우리에게 소설은 작품일 수 없었어요. 만일 그랬다면 우리가 할 수 있는 일의 전부란 저자의 숭고한 메시지를 겸허하게 읽어내는 것인데, 그러기에는 우리의 자존심이 너무 강했어요. 요컨대 할 말이 많았다는 거죠.

서문에도 썼지만 글 쓰는 우리가 서 있는 위치는 작가의 위도 아니고 아래도 아니고 옆이라고 썼어요. 옆이란 위치는 상징적이죠. 말하자면 우리에게 소설은 텍스트일 뿐이라는 것을 상징하는 위치 말이에요. 우리는 소설가들이 쓴 글을 두고 상찬하거나 비판하거나 작가의 작품세계가 갑이라느니 을이라느니 하는 식의 갑론을박하는 것은 그 책을 쓰는 우리의 의도가 아니었어요. 소설이 소설가들의 글쓰기였던 것처럼 우리의 책은 그 옆에서 수행한 또 하나의 글쓰기였어요. 아마 이것은 아직까지 존재하지 않았던 새로운 양식의 글쓰기일 거예요. 아는 한 평론가가 이 책을 읽고 몹시 혼란스럽다고 말했어요. 그래요. 우리의 책은 기존의 평론서적으로 분류될 성격의 책은 아니죠.

사회자 제가 어떤 책에서 읽은 이야기를 먼저 해드리겠습니다. 어떤 두 사람이 하루는 체스를 두었습니다. 그런데 '왕'의 말이 없어져 '왕'의 자리에 로션 뚜껑을 올려놓은 것이 화근이 되어 싸움이 났습니다. 둘 중 늙은 사람은 왕을 '닮지' 않은 로션 뚜껑은 왕 노릇을 할 수 없으며, 왕 없는 체스는 애초에 불가능하다고 주장했습니다. 그러나 나머지 한 명이 주장하기를 말들의 역할은 '닮음'이 아니라 말들의 '차이'에서 비롯된다고 주장했습니다. 굳이 말들의 역할에 차이가 난다면 로션 뚜껑을 써도 그리 문제가 없다는 것이었습니다.

이 이야기를 읽고 저는 그 전에 읽었던 『소설 속의 철학』의 글 하나가 기억났습니다. 장정일의 소설 『너희가 재즈를 믿느냐』를 가지고 쓴 글이었는데, 거기서 고정된 음보의 길을 정연하게 좇아가는 것이 아니라 연주자의 끊임없는 해석에 따라 즉흥연주가 이어지는 재즈가 우리의 시대정신과 비슷하다고 했습니다. 또 이청준의 『떠도는 말』에 대한 글을 보면 '말은 이미 떠나왔다'라고 했습니다. 기호들이 세계를 더 이상 닮지 않았는데 어떻게 그 언어로 소통이 가능하겠냐는 거죠. 거기서 언어는 의미가 사라진, 박해의 대상으로 전락합니다.

사실 르네 마그리트나 앤디 워홀의 작품에서 자주 언급되는 상사similitude의 놀이는 창조적인 효과를 낸다고 합니다. 그러나 통조림을 생산하는 '캠벨'이란 식품회사에서 생산하는 깡통들의 복제이미지를 만들어, 슈퍼마켓의 진열대에 놓인 상품처럼 전시한 앤디 워홀의 의도는 상사의 놀이로만 끝나는 것은 아닐 거라 생각합니다. 우리는 그저 '캠벨 수프'처럼 단순히 약간의 차이만을 통해 끝없이 나열되는, 말이 없어지면 금방 교체시킬 수 있는 로션 뚜껑에 지나지 않는다는 그러한 삶의 법칙에 대한 풍자는 아닌지. 그렇다면 우리는 이런 시대에 어떻게 살아가야 하는 건지 궁금합니다.

이왕주 굉장히 전문적인 질문이군요. 내가 이런 질문을 받을 거라고는 생각을 못 했어요. 오늘 나를 깜짝깜짝 놀라게 하는 일들이 연거푸 벌어지는데요.(웃음) 청소년들이 이런 사유의 깊이까지 육박할 수 있는 잠재력을 갖고 있는 줄 오늘 처음 알았어요. 너무나 정연하고 문제 정신이 투철하고 심오해요. 그래서 나는 예감이 좋지 않아요. 여기 잘못 왔구나 하는 생각이 들기 시작했어요.(웃음)

우선 체스 놀이에서 로션 뚜껑으로 왕을 대신하려는 젊은 체스꾼과 왕 말이 없으면 체스를 할 수 없다고 우기는 늙은 체스꾼의 이야기부터 같이 생각하죠. 이것은 구조주의 언어학이 등장하는 상황을 우화적으로 표현한 이야기처럼 들려요. 구조주의 언어학을 창시한 소쉬르 이전에는 어떤 지칭어와 지칭대상 사이에 모종의 닮음 관계가 존재한다고 믿었고, 따라서 언어의 의미는 그 닮음에서 나온다고 생각했죠. 그런데 소쉬르는 유명한 『일반 언어학 강의』에서 지칭어와 지칭대상 사이에는 어떤 특별한 관계도 존재하지 않는다고 주장했고, 언어의 의미는 닮음에서 나오는 것이 아니라, 오히려 다름에서 나온다고 주장했어요. 물론 이때의 다름은 지칭어와 지칭대상 간의 다름이 아니라 지칭어들 상호간의 다름이죠. 소쉬르는 언어를 기의와 기표로 나눴는데, 기의는 언어의 뜻이고, 기표는 그 뜻이 드러나는 시청각 이미지, 곧 문자나 소리예요.

소쉬르는 그래도 기의가 중요하다고 여겼고, 기의에 관한 여러 중요한 이론들을 전개했어요. 그러나 기의는 기표의 차이에서 나온다는 주장 때문에 소쉬르는 약간 역설적인 상황에 처하지요. 결국 그렇게 되면 기의의 유래가 되는 기표가 중요해질 수밖에 없다는 거예요. 어쨌든 소쉬르는 기표와 기의 사이에 틈이 있다는 것을 꿰뚫어본 최초의 언어학자였고, 후대의 모든 언어학 이론은 소쉬르로부터 깊은 영향을 받게 돼요. 구조주의 언어학이란 이런 소쉬르의 생각들을 받아들여서 만들어진 언어학의 입장이라고 할 수 있어요.

체스꾼 이야기로 돌아가서 말하자면, 늙은 체스꾼은 구조주의 언어학이 등장하기 이전의 언어관을 갖고 있는 사람이고, 젊은 체스꾼은 전형적인 구조주의 언어학의 신봉자예요. 그는 로션 뚜껑이 중요한 게 아니라 그것이 다른 말과 차이가 난다는 게 중요하고, 그 차이로 왕의 역할을 해낼 수 있다고 믿고 있으니까요. 이런 구조주의 언어관을 받아들이면 기표가 중요해지고, 기표들간의 차이가 중요해지죠. 의미는 언제나 이런 차이의 놀이 안에서 생성되니까요.

앤디 워홀의 〈브릴로 상자〉나 마르셀 뒤샹의 〈변기 혹은 샘물〉은 사실상 슈퍼마켓에 있는 브릴로 상자, 그리고 건재상에서 파는 변기와 아무런 차이가 없는 것들이에요. 그런데 왜 워홀이나 뒤샹은 그것을 작품이라고 주장할까요. 그것은 어떤 차이입니다. 물론 이때는 시각적으로 드러나는 차이가 아니라 그것들을 작품으로 끌어들이는 맥락들의 차이, 이론들의 차이죠. 여기서 맥락이나 이론을 기의로 혼동해서는 안 돼요. 그것은 분명 또 다른 기표의 체계에 지나지 않아요. 아무튼 이런 차이가 그것들을 예술작품으로 의미화시키는 것이죠. 이것에 관련해 좋은 자료가 있어요. 아서 단토가 쓴 『예술의 종말 이후』인데 여기에는 왜 워홀의 〈브릴로 상자〉가 예술의 개념을 바꿔놓았는가를 잘 설명하고 있어요.

아무튼 오늘날 문제되는 것은 소쉬르가 기표와 기의, 그 관련의 자의성를 끌어들인 이래로 기의를 담보하지 않는 허망한 기표들이 범람하는 상황을 맞고 있다는 거예요. 뜻 없는 기표를 철학자 데리다는 무정란, 혹은 정충 없는 정액이라는 재치 있는 메타포로 표현하기도 했어요. 그러면 기의를 담아내지 못하는 기표들이 그저 무력하고 허망한 기호인가 하면 그렇지 않다는 게 문제죠. 미디어 테크놀로지의 발달과 더불어 이

시대를 주도하는 영상 이미지들은 따지고 보면 어떤 실체적 기의도 담보하지 못하는 순전한 기표들일 뿐이죠. 이제 기표나 이미지가 무엇을 뜻하는가보다 더 중요한 것은 그 기표나 이미지가 도대체 다른 기표나 이미지와 어떻게 차이나는가 하는 거예요. 결국 이렇게 되다보니 이청준이 〈떠도는 말들〉에서 제기한 문제처럼 텅빈 기표들의 범람으로 생겨나는 불신과 소통 장애인 거죠.

이슬아 안녕하세요. 저는 분포고등학교 1학년 이슬아입니다. 진지한 분위기를 깨더라도 이해해 주시기 바랍니다. 담론이라는 것은 꼭 진지한 분위기가 아니라 편하게 이야기할 수도 있다고 생각해서요. 일단 제가 여기서 재미있는 얘기를 하나 해드리겠습니다. 세상에 비애를 느끼는 얼음이 한 덩이 있었습니다. 그 얼음이 비애를 느끼고 고층 건물에 올라가서 자살하려고 했습니다. 그 밑에 있던 청년이 '다이빙' 이라고 말했습니다. 그런데 '다이빙' 이라고 하면 모두 수영장을 떠올리셨을 텐데, 조금만 더 생각해 보세요. 여기에서 '다이빙' 이 무슨 뜻이냐 하면 바로 영어의 '다이die' 와 얼음 '氷빙' 을 합친 말입니다. 한자로 이렇게 조금만 더 생각하면 새로운 생각을 할 수 있다는 거지요.(웃음) 저는 『무녀도』를 읽었는데요. 철학자인 교수님이 생각하시는 철학자에 대한 개념에 대해서 묻고 싶습니다. 『무녀도』 앞부분에 보면 피타고라스가 생각하는 철학자에 대한 일화가 담겨 있습니다. 이것은 올림픽 축제를 보는 세 종류의 사람이 있는데, 하나는 승리를 위해서 달려간 자가 있고, 둘째는 축제처럼 그냥 신나게 분위기를 즐기는 자가 있으며, 마지막으로는 이걸 모두 묵묵히 지켜보는 자가 있는데, 피타고라스는 이 마지막 사람을 철학자라고 쓰고 있습니다.

철학자의 사전적 의미로는 세계, 인생, 지식에 관한 근본원리를 연구하는 학문을 하는 자입니다. 그러나 어원에 따르면 그리스어 필로스 philos, 사랑와 소피아sophia, 지혜의 합성어이므로 철학의 뜻은 지혜를 사랑한다는 뜻이며, 사랑하는 사람이라면 지혜를 사랑하는 사람쯤 될 것입니다.

물론 우리처럼 그렇게 사랑을 접해보지 않거나 그렇지 않았다고 생각하는 사람들에게는 사람의 지혜로운 처신법, 풍부한 상식을 나타내는 수단이 되고, 심지어는 아까 말했듯이 권력자의 노략을 위한 것이 되어가고 있습니다. 물론 사랑의 의미는 분명 그것은 아닐 것이라고 저는 생각합니다만. 그리고 잘 모르지만 헤겔은 철학과 철학자의 사명은 순수한 형이상학적 사유를 그냥 거기에 머무르는 것을 떠나서 자신의 세계를 파악하는 것이며 그것을 언어로 표현하는 것이라고 했습니다. 그래서 교수님께서도 아마 『무녀도』에서 그림을 그리는 낭이가 철학자에 해당한다고 생각한 것 같습니다. 그 사건을 경험하고 그것을 그림으로 표현했다는 데서 후세에게 전달될 가능성을 남겼기 때문입니다. 그런데 그 감각을 상실했다는 것은 정보를 수집하는 데 상당히 심각한 손실이 됩니다.

저는 기독교에 심취한 욱이의 경우도 다른 사정에 의해서 배타적인 사람이 되어버렸지만 하나의 진리를 추구하고 그것을 향해 일주한다는 점에서는 철학적으로 볼 수도 있지 않을까 생각하는데, 교수님의 철학자는 어떤 사람인지, 그렇다면 철학자의 소명은 무엇이라고 생각하는지 궁금합니다.

이왕주 이슬아 양은 오늘 이 자리의 의미만큼이나 중요한 질문을 해주었어요.

다이빙 이야기도 참 재치있어요. 밀란 쿤데라라는 내가 좋아하는 작가가 있는데, 그의 에세이 중에서 자신이 가장 경멸하는 첫 부류의 인간은 웃을 줄 모르는 자이고, 둘째 부류는 웃길 줄 모르는 자라고 언급하는 대목이 나와요. 최소한 이것은 동의할 수 있죠. 웃길 줄 모르는 자는 그래도 타고난 소질의 탓이지만 웃을 줄 모르는 자는 대개 예의가 없거나 세련된 감각이 없어서 그렇다는 걸 말이죠. 여러분도 아는지 모르겠는데, 유명한 움베르트 에코의 『장미의 이름』은 사실 이런 상상력을 출발점으로 삼아 만들어진 소설이에요. 아리스토텔레스의 『시학』 제1부는 비극론이고 제2부는 희극론인데, 실제로 제1부만 전해지고 제2부는 중세 때 소실된 것으로 알려져 있어요. 그런데 그 소실된 경위가 참 재미있어요. 웃음은 신앙의 경건한 태도에 치명적으로 해가 되는 악마적인 것이므로, 그것이 만약 후대에 전해진다면 지상은 악마들의 웃음소리로 진동해 그리스도의 진리가 망각될 것이라는 사실을 두려워한 어느 수도원의 수사가 그 책을 숨겼어요. 그리고는 책에 독을 발라서 그 책을 읽으면 반드시 목숨을 잃게 한 사건을 중심으로 흥미진진한 이야기를 끌고 나가죠. 철학은 무엇이고, 철학자는 무엇을 하는 자이며, 이 시대에 철학하는 자의 소명은 무엇일까요. 이건 정말 쉽게 답하기 힘든 물음이군요.

아까 슬아 양이 언급했던 헤겔은 철학을 이렇게 정의했어요. '철학은 황혼이 내리고서야 날개를 펴는 올빼미 같다' 이게 무슨 얘기냐 하면 철학은 상황 자체에 개입하는 활동이 아니라 상황의 끝에서야 비로소 입을 여는 반성이라는 뜻이에요. 요컨대 철학자의 역할은 최후의 나레이터와 같다는 거예요. 내가 낭이에게 철학자의 역할을 배당한 것은 일단 그가 그런 위치에 있었기 때문이었어요. 욱이도 기독교를 철저한 깊이까지 밀고 나갔으니 철학자라고 말할 수 있지 않느냐고 했는데, 신앙은 철학과 함께하기가 쉽지 않아요. 결단하고 선택하여 받아들인 신앙에서는 진지한 믿음의 태도만이 요구되는데, 철학은 데카르트에서 확인할 수 있듯이 끝없는 의심과 성찰을 통해 물음으로 다가서는 어떤 태도를 요구해요. 세익스피어의 비극에는 반드시 최후에 나레이터가 사건의 전말을 정리하면서 몇 마디를 덧붙이는 등장인물들이 나오죠. 이들이야말로 헤겔이 말하는 올빼미들, 즉 철학자들이에요.

이 시대 철학자의 소명은 뭘까요. 여전히 지혜를 사랑하는 정신으로 시대정신의 추이를 살펴가는 역할을 빠뜨릴 수 없겠죠. 그러나 마르크스가 말했듯이 이제 해석만의 철학은 곤란해요. 필요한 경우 결단을 통해 변혁과 개선을 위한 투쟁에 나서야겠죠.

철학자에게 그런 사명이 면제되어야 할 무슨 선험적 특권 같은 것은 없어요. 헤겔이 볼 때는 세상이 절대 복잡하지 않아요. 이게 다 뭐하는 과정이냐 하면 세계정신이라는 것이 있어서 자기를 깨닫기 위해서, 자기 정체를 스스로 알기 위해서 이것도 해보고 저것도 해보는 과정들이란 말이죠.

어쩌면 철학은 다 해보고 나서 그것을 요약하면서 이제 '나의 정체는 이런 것이구나' 라고 깨닫는다는 거죠. 그래서 이제 담론이란 것을 올빼미 철학이라고 본다면 철학은 항상 최후의 나레이터죠. 처음에 중간에 나타났다 사라지는 것은 절대 철학자가 아니죠. 철학자는 마지막까지 이 세상 빛이 다 꺼져서 황혼이 내려서, 어둠이 내려서 볼 것이 없을 때 비로소 눈을 뜨는 거예요. 헤겔에 따르면 최후의 목격자죠. 셰익스피어의 『리어왕』에 보면 나오잖아요? 사건의 비극적 전말을 다 지켜보고서 한 마디 던지는 말 '아! 인생은 이렇게 허무한 거다.' 이렇게 하는 거죠.

이 시대 철학자의 소명은 뭘까요. 여전히 지혜를 사랑하는 정신으로
시대정신의 추이를 살펴가는 역할을 빠뜨릴 수 없겠죠.
그러나 마르크스가 말했듯이 이제 해석만의 철학은 곤란해요.
필요한 경우 결단을 통해 변혁과 개선을 위한 투쟁에 나서야겠죠.

이런 사람이 철학자예요. 『오델로』에도 마지막 나온 사람이 '아! 이렇게 우리는 인간이 되었구나!' 하잖아요. 이렇게 사건의 전말을 지켜본 사람은 나중에 한마디씩 꼭 하거든요. 셰익스피어의 최후의 목격자들은 삶에 대해서 반드시 한마디 해요. 이게 철학이죠.

그런데 『무녀도』의 낭이는 말은 하지 않고 그림으로 남겼죠. 그림에는 반드시 자기가 지켜본 비극적 삶의 의미가 어떤 형태로든지 표현됐을 겁니다. 그림을 그리지 않았다면 말로 했겠죠. 말로 잘 못하는 사람은 노래를 불렀겠지요. 이번에 부산국제영화제에 나온 작품 중, 감독이름은 모르겠지만 〈잃어버린 봄〉이란 영화에서 마지막 장면에 할머니가 노래를 부르는데 인생을 살아보고 나서 노래로 표현하니, 이것도 뭐예요? 철학자예요. 그러니까 요컨대 쉽게 얘기를 하면 피타고라스가 왜 세 종류의 사람 가운데 마지막에 관전하는 사람, 뛰는 선수도 아니고 거기서 즐기는 관중도 아니고 지켜보는 사람을 철학자라고 했냐하면 사건의 전말을 지켜본 자가 던진 그 한마디는 총체성을 꿰뚫어보는 말이기 때문이란 말이죠. 거기서 얻은 지혜가 철학이고요. 답이 됐는지 안 됐는지 잘 모르겠어요.(웃음)

이지혜 선생님께서 『무녀도』에서 철학자의 삶이란 올림픽에서 선수들이 열심히 해서 결과를 얻고 관중들이 즐거워하는 것을 끝까지 지켜본 다음 평가를 내리는 삶이라고 정의하셨어요. 선생님이 설명하신 선과 악의 개념 중 진정한 선이라는 것은 자신이 소중하게 여기는 가치를 추구하는 그런 삶이라고 말씀하셨는데요. 그렇다면 『무녀도』에 나오는 철학자의 삶이 진정한 삶의 개념으로서 선을 추구하는 그런 삶이라고 볼 수 있는지요?

이왕주 역시 날카로워요. 정신이 없어요. 날카로운 펀치를 맞다보니.(웃음) 모순이겠죠. 나는 일단 모순을 변명할게요. 아, 난 사실 모순을 좋아해요. 나는 이성적으로 논리를 잘 정리한다기보다 직관적으로 많은 것을 판단하려고 해요. 니체의 디오니소스적 정열을 이성이 깔아뭉개는 것을 늘 폭력이라고 느꼈기 때문에 누가 나를 이성적이고 논리적이라고 얘기를 할 때 아주 낯설어요.

아무튼 최후의 지켜보는 자는 피타고라스에 따르면 운동인도 아니고 향락인도 아니고 바로 '관조인'이 철학자라고 그랬는데, 우리가 아까 얘기한 파우스트적인 포월의 삶, 이건 분명히 실천하는 삶, 음미하는 삶, 레토릭을 구사하면 배 전체를 땅에 대고 그런 삶을 사는 사람이잖아요? 그렇게 되면 철학자의 정의가 다른 것 아니냐는 거죠?

나는 철학자를 얘기할 때, 즉 피타고라스나 헤겔을 얘기할 때 여러분에게 선생으로서 얘기해요. '철학자를 정의내릴 때 철학자들은 이렇게 얘기한다.' 그렇지만 왜 동의하지 않는 얘기를 하느냐, 선생은 가끔 자기가 동의하지 않아도 정보로 얘기할 필요가 있습니다. 철학자들이 철학을 그렇게 정의해요. 그렇지만 나는 철학을 그렇게 정의하지 않습니다. 내가 정의하면, '파우스트적인 인간'이게 철학자예요. 직접적으로 삶에 뛰어들어야 돼요. 그렇게 얘기를 정리하죠. 답변이 되었나요?(웃음)

이용우 안녕하세요 저는 고등학교 1학년 이용우라고 합니다. 철학이라고 하면 대부분의 사람들은 '따분한 학문이다, 지겹다'고 느끼는 것이 사실입니다. 주위를 보더라도 교육여건상 철학을 전혀 접하지 못해서이기도 하지만, 대학에 진학해 철학을 선택하는 사람들은 아주 극소수고 철학책이 잘 안 팔리는 걸 보더라도 철학을 공부하거나 논하는 사람은 별로 없는 것 같은데요. 제가 묻고 싶은 것은 자기가 살아가는 과정에서 굳이 책을 읽고 느끼지 않더라도 직접 경험하면서 '어떻게 사는 것이 의미 있는 삶이다, 아니다'를 체득하는 사람도 아주 많으며 그들이 철학책을 읽는 것보다 결코 뒤처지는 것은 아니라고 생각합니다. 왜 철학은 그렇게도 일상과 멀어져 있는지. 철학을 논하는 사람들을 보면 자신들끼리 무슨 주의, 무슨 개념을 만들기는 하는데, 저희는 그것을 읽어도 마음에 와닿지 않는 경우가 많습니다.

이왕주 나는 이용우 군의 비판을 전혀 비판하고 싶지 않아요. 사실 학생의 말이 맞아요. 그래서 철학은 반드시 현실과 화해를 해야 해요. 이건 우리의 소명이에요. 이용우 군이 비판하는 내용이 철학이라는 것이 꼭 제도권 내에서 철학을 교육받고 철학과에서 훈련을 거친 사람들만 하는 거냐? 일상생활에서 직접 느끼고 체험하는 것도 철학이 아닌가?라는 것인데, 여기에 공감해요. 니체는 철학과를 다닌 적도 없는 문헌학자였어요. 단지 니체만이 아니라 수많은 철학자들이 철학교육을 받지 않아도 철학자가 되었단 말이죠.

자, 이렇게 자기 삶을 정직하게 살아내는 것. 삶의 켜, 주름, 단층, 굴곡을 살과 뼈로 바꿀 수 있다면, 또 우리가 나름대로는 내 삶을 지켜봤다는 의식으로서, 아까 낭이 혹은 피타고라스가 철학자로 분류되었던 것처럼, 나름대로 다 철학자가 될 수 있다고 생각해요. 앞으로 뭘 하든지 여러분의 삶을 진지하게 느끼면서 삶을 지켜본 최후의 나레이터 같은 심정으로 뭔가를 얘기할 수 있다면 좋겠습니다.

김승현 안녕하세요. 저는 배정고등학교 2학년 김승현이라고 합니다. 제가 말씀드리고 싶은 것은 선생님이 책에서 말씀하신 내용 중 '언어의 구속'에 관한 부분입니다. 선생님께서는 이렇게 말씀하셨습니다. '일단 만들어진 탈 속에 갇히면 아무도 자신의 힘으로는 빠져나갈 수 없다.' 여기서 말하는 탈은 한 개체를 보고 만든 다른 사람이 말한 이미지, 다른 사람이 만들어낸 언어의 구속이라 할 수 있습니다. 저도 역시 언어에 구속당해서 자유자재로 행동할 수 없을 때가 많은데요. 예를 들면, 제 팔에 흠집이 생겨서 다른 사람이 이상하게 보지 않을까? 제 이미지가 깎이지 않을까? 이런 생각들을 하면서 언어에 구속되는 것 같거든요. 그런데 선생님께서는 언어에 구속되지 않기 위해서는 위선자가 되라고 하셨잖아요. 선생님께서 언어의 구속에서 벗어나기 위해 다른 사람이 되었던 경험이 있으면 이야기해 주세요.

이왕주 여러분이 보기엔 내가 책도 쓰고 여러분 앞에서 그럴듯하게 얘기하니까 철학교수처럼 보입니까? 나는 지금 연기를 하고 있어요.(웃음) 인생은 아까 말했던 언어에 구속당하면 정말 못 빠져 나옵니다. 『우상의 눈물』이라는 소설에서 말했듯이 기표에 한 번 갇히면 나오기 힘듭니다. 재는 얌전한 애, 재는 바람둥이야, 재는 약속을 잘 지켜, 신용이 있어, 그 함정을 경계해야 해요. 생애를 그렇게 살아갈 수도 있어요. 아니 내가 왜 얌전하니? 나도 바람필 수 있어. 어느 순간에 한번 저항해 보는 거죠. 빠져나올 수 없는 페르소나persona가 자기 얼굴에 더 씌워지고 내 몸을 묶어요. 족쇄가 됩니다. 그러니까 한 인간을 정의하는 술어가 몇 개로 정리되는 그런 인간은 아무리 당당하고 명예로운 삶을 살아도 그건 결코 풍요한 삶이 아니며 빈곤하고 조잡한 거예요. 그건 소크라테스가 말하는 의미에서 음미하지 않는 삶, 살 가치가 없는 삶입니다. 나는 단언할 수 있어요. 이것만큼은 목청을 높여 소리치고 싶어요. 그렇게 살아서는, 단지 훌륭한 인격자로 한 생을 살아서는 안 된다구요. 헷갈리게 살아라, 쉽사리 판단이 안 될 만큼 복잡한 다중인격자로 살아라, 남들이 종잡을 수 없도록 살아보라는 겁니다. 삶은 얌전하게만 산다고 되는 게 아니에요. 좀 다르게 살아야 해요.

여러분이 나를 그렇게 부르면 내가 그대로 그런 존재가 돼요. 전문용어로 실존주의라고 하죠? 실존주의자는 본질로 붙잡을 수 없는 사람입니다. 여러분 보기에 내가 교수 같아 보입니까? 저는 교수가 아니에요.(웃음) 나는 지금 이 순간 교수처럼 강의할 수 있고, 또 강의할 때 교수처럼 말할 수 있지만 저는 교수가 아니에요. 저는 하나의 실존이에요. 나는 다양한 표정으로 내 마음대로 고치면서 살아요. 나는 가끔 다른 사람들을 속여요. 난 여러 삶을 사는 거예요. 각각의 모습들이 다 다르죠. 훌륭하게 산다는 것은 돈을 많이 갖고 사는 게 아니거든요. 여러 모험, 다채로운 공간, 다양한 얘기, 그런 것들이 삶이에요. 얌전하다는 말, 착하다는 말은 그대가 평생 삶의 소중한 가치를 상실하는 거예요. 조심해요. 알겠죠?

최정환 배정고등학교 1학년 최정환입니다. 선생님께서 쓰신 『소설 속의 철학』에서 '뱁새의 월권'을 이야기하는 부분을 보면 우리는 안분지족의 삶, 그러니까 분수에 맞는 삶에 안주하는 것이 바람직한 것만은 아니라고 했습니다. 그러한 행동 속에 속박되어 살아가는 것이 잘못된 삶이라는 거죠. 이 이야기를 황새를 따라가려다 뱁새는 가랑이가 찢어진다는 얘기로 풀어내셨습니다. 우리 중에는 어떤 권력이나 명예 등을 추구하기 위해서 자기의 분수보다 더 큰 것을 쫓다가 가랑이가 찢어진 뱁새들도 많이 있지만, 정녕 원치 않으면서도 황새를 따라가도록 강요당한 뱁새와 같은 삶도 있다고 말씀하셨습니다.

교수님께서는 이러한 황새의 역할을 강요받은 뱁새들의 신성한 일탈에 플라톤의 논리를 강제할 수 없다고 하셨는데요. 그러한 뱁새들, 그러니까 권력이나 명예를 추구해서 월권행위를 한 뱁새들과 신성한 월권행위를 한 뱁새들의 경계를 짓는 것은 그들보다 우위에 있는 황새들이 정한 기준일 거라고 생각합니다. 그러니까 물론 이러한 것은 시민법이나 사회법의 관점에서 볼 수 있는데, 이런 황새들이 뱁새들을 어떻게 판단하느냐에 따라 무고한 뱁새가 되느냐 월권행위를 하는 뱁새가 되느냐 알 수 있다는 것이죠. 그런데 무고한 뱁새들, 그러니까 신성한 일탈을 행한 뱁새들을 부와 명예를 추구하는 타락한 뱁새들과 똑같이 강제로 벌을 주는 것은 오직 황새의 결정일 테니 그 기준은 이해될 수 없는 것 아닌가요?

이왕주 어려운 질문이에요. 최정환 군. 우선 질문을 들으면서 이런 생각이 들었어요. 여러분 지금 단풍이 얼마나 아름다운지 모르죠. 지금은 나의 이 생애에, 그리고 여러분 생애에도 이런 날이 많지 않아요. 근데 이 아름다운 풍경을 보면 '아! 멋있다' 는 소리가 저절로 나와요. 콜리지라는 낭만주의 시인이 있었어요. 폭포수를 보면서 관광객들이 '야! 멋지다' 라고 했더니 이 사람이 '바보 같은 사람들. 저 아름다운 것을 보고 '야! 멋지다' 라고 하다니' 라고 생각해요. 그러니까 이 말은 차라리 침묵했더라면, 우리는 그 말하지 못한 더듬거림 속에서 어떻게 해서든지 아름다움을 담을 수 있었을 텐데, '야! 멋지다' 라고 말을 해버린 거예요. 그러니

나는 다양한 표정으로 내 마음대로 고치면서 살아요.
나는 가끔 다른 사람들을 속여요. 난 여러 삶을 사는 거예요.
각각의 모습들이 다 다르죠. 훌륭하게 산다는 것은 돈을 많이 갖고
사는 게 아니거든요. 여러 모험, 다채로운 공간, 다양한 얘기,
그런 것들이 삶이에요. 뭐 얌전하다는 말, 착하다는 말 그런 것들은
그대가 평생 삶의 소중한 가치를 상실하는 거예요.

까 여러분도 '야, 멋지다' 말고 다른 말로 아름다움을 붙잡으려고 애써 봐요. 시인도 언어가 필요하고 그 유명한 이백과 두보의 문장조차 이 아름다움을, 이 서정성을 그리는 데 실패해요. 수습을 어떻게 할까요? 하지 못합니다. 그러니 그 표현에 여러분도 한 번 도전해 보세요.

프루스트의 『잃어버린 시간을 찾아서』를 보면 굿나잇 키스를 하러 오는 엄마를 기다리는 마르셀의 심리 묘사가 나오는데, 정말이지 A급입니다. 그게 뭐냐 하면 바로 엄마를 기다리는 안타까움을 버티는 언어들의 힘겨운 싸움이죠. 이게 바로 황새가 되지 못한 뱁새가, 황새가 아니라는 절망을 버티는 방식이 아닐까 생각해요. 일급 작가가 아니지만 이 언어들로 버티는 거예요. 아까 예로 다시 돌아가면 아름다운 단풍을 나는 '아! 멋지다'로 끝나는 것이 아니라, 체험하려고 한단 말이에요. 나는 시인이 아니지만, 나는 뱁새지만 이백과 두보의 언어와 경쟁하려고 안간힘을 쓰고 언어의 몸부림을 친단 말입니다. 하지만 결국 나는 표현을 못했어요. 결국 아름다운 풍경에 입만 벌리다가 돌아왔어요. '아! 저걸 어떻게 언어로 표현하면 될까?' 고심만 하다가 돌아온 참담한 30분을 보냈어요. '내 언어가 이렇게 무력하단 말인가. 나를 이렇게 주저앉게 하는구나' 라고 생각하니 참 속상하더라구요. 이런 허망과 절망을 버텨 내야 하는 것이 시간 낭비가 절대 아니거든요. 내 의식이 섬세해지고 내 절망이 첨예해지면서 30분을 아무 말도 못하고 그 아름다움에 압도당한 채 내 언어로 한 번 표현하지 못한 비참함을 버티는 그 시간이 나름대로 괜찮았어요.

이게 무슨 얘기냐 하면 뱁새일 수밖에 없는 그 절망을 돌파하기 위해서 몸부림친 그 시간이 나쁘지 않았다는 얘기예요. 그 30분 동안 처절한 생각이 아주 진하게 들었거든요. 여러분이 지금은 모를 거예요. 지금 여러분이 느끼는 절망은 "왜 난 점수가 안 나올까" 하는 그런 사소한 것들 이잖아요?(웃음) 앞으로 살아가면서 대학에 들어가고, 결혼을 하고, 사회에 뛰어들면서 온갖 다양한 절망을 느낄 거예요. 절망할 때 그냥 쉽게 주저앉지 마세요. 전신으로 절망의 벽에 부딪쳐보세요. 상처가 나고 머리가 깨져도 그런 한계까지 부딪치라는 거죠. 황새가 되지 못하는 것을 쉽게 받아들이지 말란 말이에요. 그 질문에 그런 식으로 대답을 할게요.

최정환 군은 이런 빛나는 문제를 제기했어요. 어떤 얘기냐 하면 강자가 정한 기준 아니냐. 강자가 정한 기준에 약자들이 따라줄 것이냐. 미셸 푸코가 자신의 책 『말과 사물』에서 지금 우리가 따르는 짐승/인간과 같은 구분들, 인간이 살아가기 위해 정한 기준들이 전부 인간의 이성이라는 이름으로 정해놓은 분류표들이다. 이런 분류표를 따르자니 우리가 정한 기준이 아닌데 세상은 그렇게 되어 있단 말이에요. 어느 힘 있는 사람, 또는 부자, 또는 머리 좋은 사람에 의해 정해진 이 규칙을 받아들여야만 하는 상황이라는 거지요. 여기서 틈을 만들어가는 사람이 되어야 하는 거예요. 벽에 부딪치는 연습을 해야 돼요. 절망에 난파하는 상처의 역사를 만들어야 하지 않겠어요? 그죠?

김정민 교수님은 존재하는, 살아 있는 글쓰기를 하기 위해 어떠한 방식으로 책을 읽으시는지 궁금합니다. 사실 저도 선생님과 똑같이 책을 보면서도 그렇게 똑같은 생각을 하기가 쉽지 않았습니다. 똑같이 책을 읽고 생각하는데도 어떻게 이러한 생각들이 나올 수 있는지, 그 힘은 어디서 오는지 궁금합니다.

이왕주 나는 성격이 못되서 그런지, 저자를 별로 존경하지 않아요. 나도 내 책을 여러분이 절대 work로 받아들이지 않았으면 하는 사람입니다. 나는 책을 읽을 때는 좀 건방을 떨거든요. 이광수, 이문열 등 그 누구도 존경하고 싶지 않아요. 좀 도발적으로 들리겠지만요.(웃음) 다른 생을 살았지만 책을 통해서 같이 얘기하는 그런 사람일 뿐이에요. 나는 여러분에게 존경받는 저자가 되고 싶지 않아요, 대화를 하고 싶지. 기발한 어휘나 아이디어로 맥락화할 수 있는 능력이 필요한 거예요. 저자라고 하는 것이 특별한 존재가 아니라 독자들에게 열려 있는 존재라고 생각해요. 오히려 나는 여러분만큼 그렇게 기발하고 풍부한 상상력이 없어요. 우린 서로 다른 것뿐이에요. 다른 사람이 다른 생각을 갖고, 다른 목소리를 내는 것. 그러한 대화가 더 재미있지 않겠어요? 그래서 앞으로 여러분이 책을 읽을 때 건방을 떨어야 해요.(웃음) 정리하려 하지 말고요. 저자의 권력에 기죽지 말고 건방을 떨어야 여러분 인생이 달라져요.

내가 이 책을 쓸 때 저자들의 이름에 기가 죽었다면 글이 하나도 안 나왔을 거예요. 저자가 죽었다고 생각했어요.(웃음) 칸트도 죽었고 헤겔도 죽었어요. 최후에 살아남은 자가 철학자지요. 죽은 자는 죽어버린 거예요. 하지만 우리는 살아남았잖아요. 살아남은 최후의 인간이 최고지요. 또 여러분이 나보다 더 오래 살 거니까 더 최후의 존재자가 될 수 있도록 노력해야죠.

유병훈 동천고 2학년에 재학중인 유병훈입니다. 제가 마지막 질문을 하게 될 것 같은데요. 선생님께서 지금까지 읽어보신 소설 중에서 감명 깊게 읽었다거나 저희에게 추천하실 만한 책이 있으신지요.

이왕주 최근에 톨스토이의 『인생이란 무엇인가』라는 책을 읽었는데, 이 사람

책은 값도 비싸요.(웃음) 나는 러시아어로 쓰여진 책 중에 그가 자부심을 가졌던 『전쟁과 평화』, 『안나 까레니나』가 있는 한 소설 쓰기의 역사는 이제 끝났다고 생각했어요. 그런데 그러한 책도 아니고 『부활』도 아니고 톨스토이가 말년에 "내가 살아서 이 책만 남기겠다"라고 한 게 바로 그 책이에요. 난 러시아어로만 된 줄 알았거든요. 그것이 이게 놀랍게도 우리나라에 번역이 되어 있었어요. 그것 역시 톨스토이의 애착이 어디에서 나왔나 알 수 있죠. 지금 인디고 서원에도 있더라구요.(웃음) 그 책을 한 번 읽길 권해요. 그 다음 미야모토 무사시라는 사람의 이야기를 할게요. 진정으로 힘이 있고 스스로 자신 있는 건강한 사람은 말로만 지껄이지 않아요. 몸소 보여주는 사람, 미야모토 무사시는 그런 의미의 철학자라고 생각해요. 미야모토 무사시가 쓴 책을 다 볼 필요는 없고 『오륜서』를 읽어보라고 권하고 싶어요. 또 지금은 절판됐을 것 같지만, 그레고리 베이트슨의 『정신과 자연』을 꼭 읽어보길 권해요. 이 사람은 인류학자 마가렛 미드의 남편이에요. 나중에 이혼하긴 하지만, 아내 때문에 이름이 가려지는데, 굉장한 천재였어요. 자연과학에 관련된 철학책인데, 도움이 많이 될 거예요.

사회자 이제 마칠 시간이 다 되었습니다. 교수님께서도 힘드신 거 같은데요.

이왕주 아니, 질문들이 왜 이렇게 날카로운 겁니까. 몇 대 맞고 나면 정신이 원래 없는 법이에요.(웃음)

(이제 질문도 끝이 나고 행사를 마치는 분위기였는데, 이 침묵을 깨고 갑작스런 질문이 날아온다.)

선생님. 오늘 참 많은 말을 함께 나누었는데요. 아직 선생님이 누구인지. 어떤 사람인지 모르겠어요. 그렇다면 지금 우리 앞에 있는 당신은 누구시죠?

나를 답을 못하게 할 만큼, 혹은 정말 나를 더듬거리게 할 만큼
이런 건강하고 빛나는 여러분의 눈동자를 본 것이
오늘 내 최대의 수확입니다. 다음번엔 난 여기 있지 않고
저기 옆자리에 앉을 거예요. 여러분과 더불어 이런 건강함을 호흡할 수
있는 것만으로 기뻐요. 괜히 하는 소리 절대로 아니에요.
이런 자리에 왔다는 것이 앞으로 한동안 잊지 못할 행복한 기억으로 남을
거예요. 나를 행복하게 해주는 여러분에게 감사해요.

홍정인 선생님, 오늘 참 많은 말을 함께 나누었는데요. 아직 선생님이 누구인지, 어떤 사람인지 모르겠어요. 그렇다면 지금 우리 앞에 있는 당신은 누구시죠?

이왕주 아, 고마워요. 이런 질문을 받았을 때는 섬광 같은 상쾌함을 느껴요. 좋은 질문이에요. 최고의 질문이에요. 여러분 앞에 서 있는 사람은 누굴까요? 여러분은 나를 교수로 보죠. 교수는 내 직업란에 쓰는 이름이에요. 내 본명이 아니잖아요? 교수라는 이름이 나의 존재는 아닙니다. 내 존재는 뭐예요? 교수? 그건 내 직업이죠. 강연할 때도, 밥 먹을 때도 내가 교수니까. 그런 의미에서 우리가 그런 얘기를 했죠. 우리의 실존이란 "지금 그가 무엇을 생각하고 있나?"를 통해서 결정되는 것이라고. 그래요. 지금 난 철학 강의를 해요. 나는 알고 있죠. 나에게 그런 모습이 있다는 걸. 내가 누구인지는 잘 모르겠어요. 지금 나를 부르는 타이틀은 모험하는 자, 방황하는 자 배회하는 자, 서성거리는 자, 비틀거리는 자, 실존으로의 삶입니다. 이게 내가 이해하는 나의 삶이에요.

홍정인 그렇다면 고독한 실존으로서는 어떻게 자신을 정의내리실 수 있나요?

이왕주 그 방황을 혼자 할 때는 어떠한가. 혼자 있을 때 나는 누구인가? 다 답을 할 수 없잖아요. 그죠?(웃음) 답을 못 하는 게 하나쯤 있어도 괜찮겠죠. 지금 답을 못 하겠네요. 어떤 선생이 철학을 하는 사람한테 "어떻게 왔습니까?" 하고 물으니 "자동차로 왔습니다"라고 대답했다고 해요. 당신은 어떻게 왔는가. 교통수단을 묻지는 않았을 텐데. 이것은 생각해 보니까, 당신은 어떻게 왔는가보다 더 고차원적인 질문이에요. 나는 자동차로 왔다고 대답하고 싶지 않아요. 답을 못 하겠네요.

사회자 오늘 우리가 정말 많은 이야기들을 하며 긴 여정을 지나온 것 같습니다. 많은 이야기가 남아 있지만 이쯤에서 마쳐야겠습니다. 본래 주제와 변주의 의의가 많은 대화를 하고 또 늘 가슴에 품었던 질문을 저자에게 이야기하는 것이었으므로, 다들 좋은 시간이셨으리라 생각됩니다. 마지막으로 교수님은 어떠하셨는지 들으면서 끝냈으면 합니다.

이왕주 난 요즘 학생들이 책도 안 읽고 학교 공부만 한다고 생각했는데…….(웃음) 그래서 이 나라가 어디로 갈지 걱정했는데, 정말 파란 잎사귀 같은 희망을 여러분에게서 발견했어요. 이건 괜한 칭찬이 아니에요. 나는 우리의 희망이 바로 여러분한테서 시작된다고 봐요. 여러분이 이런 생각과 논리와 어휘들과 건강한 인식들을 갖고 있는 모습을 보면서 감동을 받았습니다. 이것이 여러분을 가르치는 선생님 덕분인지, 여러분 본인의 노력이나 타고난 능력 때문인지는 모르겠어요.

홍정인 학생의 질문은 너무 고차원적인 질문이어서 답을 못 했어요. 답을 못 했다는 자존심 꺾인 상처를 오래오래 내 가슴에 담아둘게요. 정말 답을 못하겠어요. 2평 감방에 갇힌 내가 죄인이라면 나는 나를 뭐라고 생각할까? 나를 답을 못하게 할 만큼, 혹은 정말 나를 더듬거리게 할 만큼 이런 건강하고 빛나는 여러분의 눈동자를 본 것이 오늘 내 최대의 수확입니다. 다음번엔 난 여기 있지 않고 저기 옆자리에 앉을 거예요. 여러분과 더불어 이런 건강함을 호흡할 수 있는 것만으로 기뻐요. 이런 자리에 왔다는 것이 앞으로 한동안 잊지 못할 행복한 기억으로 남을 거예요. 나를 행복하게 해주는 여러분에게 감사해요.

3회

2005년 1월15일 오후4시

철이 든다는 것은 무슨 뜻인지요?

사회자 오늘 이렇게 진중권 선생님을 모셨습니다. 사실 진중권 선생님에 대한 간단한 소개글을 준비하기 위해 자료들을 찾아보고, 또 며칠에 걸쳐 선생님에 대한 긴 글을 썼습니다만 과감히 다 지웠습니다. 제가 굳이 설명하지 않아도 여기 오신 분들은 진중권 선생님에 대해 이미 많이 알고 계실 거라 생각했기 때문입니다. "기술어구는……이름과 동의어가 아니다"(『이름과 필연』, 솔 크립키)라는 말도 있듯이 진중권 선생님에 대한 저의 구구절절한 설명이 오히려 선생님을 제 언어의 감옥에 가두지는 않을까 걱정이 되었습니다.

긴 소개글을 지우면서도 이것 하나만은 꼭 이야기하고 싶었습니다. 이건 다른 어느 곳에서도 볼 수 없었던 진중권 선생님에 대한 설명, 즉 제가 바라본 진중권 선생님에 대한 소개글이기 때문이기도 합니다. 발터 벤야민의 글, 〈자전적 프로필〉의 한 부분인 '글을 잘 쓴다는 것'(『발터 벤야민의 문예이론』)에 보면 이런 말이 나옵니다. "훌륭한 작가의 재능이란, 그의 사고에 정신적으로 철저하게 훈련된 어떤 육체가 제공하는 연기와 그 연기의 스타일을 부여하는 일이다."

벤야민의 이 글을 읽으면서 저는 진중권 선생님이 떠올랐습니다. 왜냐하면 제가 보는 선생님은 글쓰기 면에서 보기 드문 스타일리스트이기 때문입니다. 진중권 선생님이 『현대미학강의』의 여는 글에서 "책을 쓸 때마다 형식실험을 하려는 충동을 느낀다"라고 언급한 바 있습니다. 그리고 『미학오디세이』 글쓴이의 말에서 "이 책의 내용이 미학의 대중화에 기여한 것보다는 외려 그 형식이 글쓰기에 끼친 영향을 더 중요하게 생각한다. 원래 말할 가치가 있는 것은 내용으로 첨부되는 게 아니라 형식 속에 침전되는 법이다"라고 말한 부분에서도 드러나듯, 선생님의 스타일 추구는 다른 학자들에게서는 보기 드문 특징이기 때문입니다.

발터 벤야민이 『파사주』에서 서술한 것을 진중권 선생님이 『폭력과 상스러움』에서 인용하셨는데 그것을 다시 제가 인용해 보았습니다. "이 작업의 방법. 문학적 몽타주. 나는 말할 것이 없다. 그저 보여줄 뿐……." 굳이 변명하자면, 저는 말할 것이 없습니다. 그저 보여줄 뿐. 그래서 이 방법을 감히 택하는 저의 무례함을 용서해 주십시오.(웃음) 오늘 우리가 이 주제와 변주를 통해 진중권 선생님과 나눌 질문들의 몽타주가 파편처럼 흩어져 있겠지만, 동시에 그 파편들을 통해 전체를 바라보는 것. 이건 진중권 선생님께서 이미 언급하셨던 내용이기도 한데, 바로 '별자리 진보'의 비유를 들고 싶습니다. 따로 빛나던 별들이 모여 새로운 별자리를 짜는 것. 이것은 저의 목표이기도 하지만, 오늘 여기 계신 모든 분들의 목표이기도 할 것입니다.

가장 기본적인 질문부터 해볼까 합니다. 미학이란 무엇이며 또 삶의 다양한 학문 가운데 미학이 가지는 의미는 어떤 것인지 궁금합니다.

진중권 첫 질문부터…… .(웃음) 미학하면 글쎄요. 사람들이 착각하기 쉬운 문제인 것 같습니다. 제가 군대에 간 게 1986년 1월 17일인 것으로 기억하는데, 훈련소에 들어갔더니 "진중권, 나와, 임마" 그러더라구요. 나갔죠. 그 조교가 뭘 이렇게 들고 있더라구요. "너 미학과 나왔다면서." "예, 그렇습니다." "그래 이 새끼야. 너 그림 좀 그려봐." 딱 이러더라구요. 군대 가면 각개전투라는 거 있잖아요. 총 쏘는 법 같은 것 말이에요. 근데 저에게 궤도를 그리라고 하더라구요. 얼마나 황당해요. 그래서 그게 아니라고 설명을 했죠.

"미학은 그런 것이 아닙니다. 그림 그리는 게 아니라 철학의 일부이고, 존재론이 있고 인식론이 있고 그 다음에 논리학이 있는 것과 마찬가지로 미학이 있는 것 같습니다." 그랬더니 알아들었는지 못 알아들었는지 고개를 갸우뚱하더라구요. 어쨌든 제가 그림을 못 그리는 걸로 알아들은 것 같아요.

"들어가, 이 새끼야." 그러더라구요. 잠시 후에 또 나왔어요. "진중권 다시 뛰어나와. 임마." 그래서 나갔죠. "그래도 전공을 봤는데 전공에 '미美' 자 들어간 새끼는 너밖에 없어. 그려, 임마."(웃음)

제가 그린 그림으로 일개 사단 정도는 훈련하는 데 써먹었을 것 같은데.(웃음) 사실 미학은 미술 쪽하고는 전혀 관계가 없거든요. 흔히 말하는 대로 '미와 예술에 대한 철학적 탐구다.' 이렇게 얘기할 수 있고요.

그 다음에 요즘은 개념이 넓어져서 미와 예술만 대상으로 삼는 것이 아니라, 세계를 바라보는 지각의 문제라든지, 가령 간판이나 산업디자인, 광고 등, 사람들이 사는 방식을 포함한 모든 영역으로 점점 넓어지고 있습니다. 그러니깐 일종의 인식론인데 논리적 인식론이 아니라 오히려 '감성적 인식론'이라고 할까요? 그런 부분으로까지 미와 예술의 좁은 틀을 깨고 그 개념이 넓어지고 있습니다. 그래서 최근에는 자연 그 자체의 아름다움을 다루는 생태미학이라든지 존재미학 같은 것, 그 다음에 감각론, 즉 사물과 세계 자체를 미적으로 바라보는 감각론으로 넓어졌죠. 그런 것들이 새롭게 중요한 이슈로 등장하고 있습니다.

하지만 미학 자체는 상당히 재미없는 학문이거든요. 제가 알기로는 우리나라에 미학과가 서울대밖에 없을 거예요. 왜냐하면 다른 나라의 경우에는 미학을 철학의 일부이기 때문에 철학과에서 가르쳐요. 그리고 보통은 학부에서 하는 것이 아니라 대학원이나 박사과정 들어갈 때 미학을 전공으로 선택하거든요. 미학과가 따로 있는 게 대한민국하고 일본 정도인 것 같아요. 그런데 미학과에 진학한 학생들에게 "너 왜 미학과 오려고 했느냐?" 물으면 제일 만만한 게 제 책이죠. 그 책을 읽고 미학에 관심을 갖게 됐다고 얘기를 하는 모양이에요. 그 사람들이 와서 한 1, 2년 겪어보고 하는 얘기가 똑같이 "앗 속았다. 이렇게 재미없는 건지 몰랐다." 이렇게 얘기들을 한다고 해요.(웃음)

사실 미학이라는 학문은 철학이라고 생각하면 편합니다. 미학이 물론 미와 예술을 아주 중요하게 다루지만 거의 철학이랑 다름없다고 생각하시면 돼요. 아까도 말씀드렸듯이 존재론이 있고 인식론이 있고, 윤리학이 있는 것과 마찬가지로 미학이라는 것이 있는 겁니다.

또 말할 수 있는 것이, 미학자들의 놀이와 예술가들의 놀이가 좀 달라요. 각자 다른 놀이를 한다고 생각하면 돼요. 가령 이런 거죠. 작가가 예술작품을 만들죠? 만들고 나면 그 다음에 평론가들이 개별 작품들을 가지고 잘 만들었는지 못 만들었는지 평론을 해요. 그러한 평을 해놓으면 많은 경우에 우리는 그 평을 가지고 다시 작업을 시작합니다. 그게 우리에게 1차 자료인 셈이죠. 그렇기 때문에 예술과 직접 결합되었다기보다는 다소 메타meta적이죠. 개별 예술작품에 대해서 평론가들이 평을 하고 우리는 평론가들이 써놓은 것들을 1차 자료로 해서 일반적인 미와 예술에 관한 일반적인 결론을 내립니다. 물론 요즘은 그것도 경계가 슬슬 허물어지고 있어요. 그래서 요즘은 미학하는 사람들도 비평을 같이 겸하는 사람이 많아요. 실제로 그런 추세이기도 하고요.

가령 『예술의 종말 이후』라는 책을 쓴 아서 단토의 경우에도 실제로 미학비평을 하면서 미학도 합니다. 저 같은 경우에도 비평 쪽으로 접근하고 있습니다. 왜냐하면 추세가 그렇기 때문이죠. 그건 또 왜 그러냐 하면 옛날에는 보편적인 것을 학문이라고 했어요. 어떤 개별자에 대해서 논하는 것이 아니라, 법칙이라든지 개념이라든지 보편자에 관해서

그래서 그 간극을 어떻게 메우냐고 했을 때, 제가 생각한 것이 소위 '기술적 형상'이라는 겁니다. 그게 뭐냐 하면 글쓰기 자체가 영상을 지향해야 한다는 거죠.

논하던 것이 학문이었거든요. 그런데 요즘은 탈근대니 뭐니 해서 학문의 패러다임 자체가 바뀌는 겁니다. 아주 개별적인 것 안에 어떤 보편적인 중요성을 담고 있는 것. 여러분, 알레고리라는 말 많이 들어보셨을 거예요. 알레고리적 인식이라는 게 바로 그런 겁니다. 라이프니츠가 말한 모나드Monad처럼. 모나드는 단자이지만 그 안에 세계 전체를 품고 있잖아요. 그런 것들을 발견하거나 찾아내는 쪽으로 학문의 패러다임이 바뀌다보니 개별 예술작품을 논하는 건 평론가가 하고 그걸 가지고 일반적인 미와 예술의 법칙을 논하는 것이 미학이었는데, 그 구분이 흐려지는 거죠. 하지만 이러한 변화는 사실 비평을 하기 위해서라기보다는 미학을 하기 위해서인 거예요.

마지막으로, 미학을 많이 알면 예술에 대해서 많이 알게 될 것이냐. 그것은 Yes이기도 하고 No이기도 해요. 어느 정도까지는 미학을 알면 도움이 되겠지만, 작품을 보는 건 또 다른 능력이거든요. 물론 미학을 공부하면 비평가들이 사용하는 개념이나 미나 예술의 흘러가는 법칙들에 대해 어느 정도 감을 잡을 수 있으니까 이해가 편한 점은 있지만 말입니다, 어떤 작품에 대해서 최종적으로 판정을 내리거나 비평을 할 때는 크게 도움이 되지는 않는 것 같아요. 그래서 컬러 페인팅으로 유명한 바넷 뉴먼이 했던 말이 있잖아요. "미학과 예술의 관계는 뭐냐? 미학과 예술의 관계는 새와 조류학의 관계다."(웃음) 한 마디로 아무 관계도 없다는 얘기죠. 정말 그래요. 미학과 예술은 다른 세계의 담론입니다.

주성완 청소년들이 미학을 접할 기회가 부족하다 못해 이 학문에 대한 지식이 거의 전무한 상황에 대해서 인문학자인 선생님의 의견은 어떠신지요?

진중권 어려운 질문만 계속 하시네요.(웃음) 그러니깐 굉장히 힘든 게 이런 거예요. 미디어 환경 자체가 변하고 있거든요. 그렇기 때문에 아까도 허아람 선생님하고 그런 말을 했는데, 김훈 씨의 『칼의 노래』가 『청소년을 위한 칼의 노래』로 나왔다고 하는데, 좀 황당하더라구요. 카프카나 보르헤스 소설처럼 난해한 수준의 철학적인 깊이를 구현하는 소설도 아닌데 따로 청소년 버전으로 만들어야 하느냐는 의문이 생깁니다. 그건 어떤 시대의 흐름이 있을 거예요. 왜냐하면 학생들이 논리적 사유를 하기 보다는 영상적 사유에 점점 익숙해지고 있거든요. 우리 때는 주요 매체가 책, 즉 활자매체다 보니 우리는 활자적인 사고방식을 많이 가지고 있어요. 그에 반해 요즘은 참고서가 총천연색에다가 온갖 다양한 그림으로 난리가 났잖아요.(웃음) 왜냐하면 영상적 사회라서 그렇거든요.

제가 어렸을 때만 해도 텔레비전이 없었어요. 촌동네에 텔레비전이 하나 들어왔을 때 이것으로 마을사람들의 삶이 얼마나 많이 달라졌습니까. 〈시네마 천국〉이라는 영화를 봐도 알 수 있죠. 요즘 여러분은 태어날 때부터 텔레비전이 옆에 있었을 거예요. 그렇기 때문에 '영상적 사유'를 하는 거죠. 책을 점점 더 안 읽게 되고 활자를 힘들어하고 또한 문어체가 많이 파괴됐어요. 거의 구어체로 변해가잖아요. 그리고 컴퓨터 통신체를 보면 공모음도 다 파괴가 된 것 같아요. '궤변'을 '괘변'이라고 쓰니, 몇 년 지나면 '개변'으로 쓰지 않을까 걱정이 됩니다.(웃음)

그 반대로 철학은 날로 어려워지거든요. 근대철학까지는 여러분이 아마 상상할 수 있을 거예요. 그런데 현대철학에 들어오면 이게 머릿속에 그려지지 않는 겁니다. 구체적으로 뭐랑 비슷하냐 하면 뉴턴 물리학까지는 여러분이 머릿속으로 그림이 그려져요. 당구알을 딱 치면 작용–반작용으로 공이 굴러가고 등등. 그런데 아인슈타인 하면 떠오르지 않는단 말이죠. 가령 공간이 휘어졌다고 그러는데 여러분 머릿속에서 공간이 휘어진 것을 떠올려 봐요. 안 떠오르죠? 그렇게 현대철학도 확 변해버렸거든요. 그러니깐 간극이 심하게 벌어지는 거죠. 미학만의 문제가 아니라 철학 또한 이러한 문제점을 안고 있고, 이걸 다시 어떻게 메우느냐, 이게 굉장히 중요한 부분입니다.

학문 자체도 굉장히 분화되었어요. 얼마전에 중앙대 국사학과 교수님이 이런 말씀을 하시더라구요. 같은 과의 국사학과 교수가 있는데 제대로 소통이 안 된대요. 두 분 다 조선후기사 전공인데도. 왜 소통이 안 되느냐, 한 사람은 왕조사 전공이고 다른 사람은 풍속사 전공이어서 만나면 할 얘기가 없대요.(웃음) 그런 식으로 학문이 세분화되니까 소통이 힘들어지는 거죠.

르네상스시대만 해도 별걸 다 하잖아요. 해부학, 물리학, 과학, 예술, 문학 등을 한 사람이 다 해내, 유니버셜맨, 즉 전인맨이라고 평가를 받았는데, 요즘 그렇게 다재다능하면 "너는 왜 하나를 제대로 못하니"라는 소리를 듣는단 말이죠. 저만 해도 독일 가서 쓰다 온 박사학위 논문이 '인간이 언어학을 만들었는데 한 사람이 혼자서 만들 수 있느냐?', '최소한 언어를 만드는 두 사람이 같이 써야 되느냐?' 와 같은 것이란 말이죠. 이걸 가지고 진지하게 고민할 사람은 전 세계에 500명 정도밖에 안돼요. 기껏해야 1,200명 정도? 그런 문제들을 가지고 고민을 해요. 그러다 보니깐 그 간극은 점점 벌어지는 겁니다. 다른 분야들도 그만큼 분화가 되어 있기 때문에 많은 것들을 다 조망하기가 힘들어져요.

그래서 그 간극을 어떻게 메우냐고 했을 때, 제가 생각한 것이 소위 '기술적 형상' 이라는 겁니다. 그게 뭐냐면 글쓰기 자체가 영상을 지향해야 한다는 거죠. 가령, 아이콘이라는 것이 있죠? 그 아이콘이 실제로 뭐예요? 명령어거든요. 아이콘의 그림은 '세계의 그림'이 아니라 '텍스트의 그림'이에요. 명령어의 그림인 거죠. 그전에 도스 환경일 때는 너무 쉬웠잖아요. 모든 것을 다 선형적인 텍스트로 입력을 하면 되었는데 이제는 그게 불가능해졌습니다. 컴퓨터가 처리해야 할 일들이 많아지고 컴퓨터 용량도 늘어나다 보니 일일이 기입을 다 못하거든요. 그럴 때 가장 손쉬운 게 바로 아이콘을 클릭하는 거죠. 요즘은 듣자 하니까 유저만 아이콘을 클릭하는 것이 아니라 프로그래머들도 프로그램 언어마저 복잡해져서 아이콘을 클릭한다고 그러더라구요. 이러한 변화들을 인식하는 것이 굉장히 중요하다는 생각이 들어요.

이렇게 보면 미학이라는 것은 모든 사람들한테 다 필요한 겁니다. 제가 볼 때는 디자인하는 사람, 그림 그리는 사람, 철학하는 사람, 아니면 하다못해 광고하는 사람, 드라마 작가 등 모든 사람들에게 다 필요한 건데, 문제는 이 사람들이 책상에 앉아서 하이데거의 '존재와 존재자의 존재론적 차이'와 같은 것들까지 다 공부할 필요가 있냐는 거거든요. 그건 아니라고 했을 때 그러한 것들을 영상으로 집약시켜야 된다는 겁니다.

자, 잘 생각해 보세요. 여러분, 에셔와 마그리트라는 사람을 아실 거예요. 이들의 그림은 세계의 그림이 아니라 머릿속 관념의 그림입니다. 에셔 같은 경우에는 논리학에서 말하는 패러독스라든지, 수학에서 말하는 괴델의 정리 등, 자기들의 수학적 관념을 그림으로 표현했거든요. 그런데 그 어려운 것도 에셔의 그림을 보면 느낌이 딱 와요. 그 다음에 마그리트 그림도 사실은 철학에서 말하는 소위 실재론과 관념론의 문제, 말하자면 지금 여기 귤이 이렇게 있는데 실재론자는 귤이 바깥에 정말 있다고 믿고, 관념론자는 의식 내의 현상이라고 주장합니다. 이는 철학의 가장 오래된 문제인데, 바로 그 어려운 문제를 그림으로 풀어버린 거

그래서 인문학자들이 매체환경의 변화를 봐야 된다는 겁니다.
점점 벌어지는 틈, 즉 영상 쪽으로 기울어서 활자매체를 멀리하는 사람들의 축,
그리고 다른 한편으로는 거의 이해 불가능할 정도로 어려워진 학문의 축,
이 두 축을 마치 자석의 N극과 S극처럼 끌어당길 수 있는 '기술적 형상'을 이용한
새로운 글쓰기, 인문학적 글쓰기가 되어야 한다는 거죠.

죠. 그 사람의 그림도 실은 바깥 세계의 그림이 아니라 사람의 영상, 머리 속에 있는 관념의 영상이라고 할 수 있는 겁니다.

『미학오디세이』도 사실은 굉장히 어려운 내용을 담고 있어요. 요즘은 중학생까지 읽는다고 하는데, 원래는 고등학교를 졸업한 대학생이나 직장 다니는 사람들을 위해 썼어요. 그런데 이제는 독자층이 고등학생에서 중학생으로까지 내려갔다고 하더군요. 그리고 그 책의 독자들 가운데 교수님들도 많다고 합니다. 포항공대 박이문 교수님 같은 경우에도 그 책을 읽고 열광해서 전화하셔서는 저더러 만나자고 하셨어요.(웃음) 그분은 자기 자신의 미학 이론을 가진 분이거든요. 굉장한 석학이라고 할 수 있는데, 그분 같은 경우에도 제 책을 재미있게 보잖아요.

여러분, 고등학생들은 움베르토 에코의 『장미의 이름』을 추리소설로 아주 재미있게 읽을 수 있어요. 철학을 공부하는 사람들은 그 내부에 어떤 논리들이 깔려 있는지를 발견하면서 즐거워하죠. 그러니까, 자, 보세요. 이런 책은, 이른바 엘리트라는 사람들과 대중들이 함께 즐길 수 있는 형태라고 볼 수 있거든요. 그래서 저는 이제 미학이라는 것, 인문학이라는 것도 전략이 필요하다고 생각해요. 『현대미학강의』를 보면 저는 이론으로 써서, 머리가 뽀개지실 텐데요.(웃음) 그런 것들을 전달하는 방식에 하나의 전략이 필요한 거죠. 그래서 인문학자들이 매체환경의 변화를 봐야 된다는 겁니다. 점점 벌어지는 틀, 즉 영상 쪽으로 기울어서 활자매체를 멀리하는 사람들의 축, 그리고 다른 한편으로는 거의 이해 불가능할 정도로 어려워진 학문의 축, 이 두 축을 마치 자석의 N극과 S극처럼 끌어당길 수 있는 '기술적 형상'을 이용한 새로운 글쓰기, 인문학적 글쓰기가 되어야 한다는 거죠.

그리고 아까도 말씀드렸듯이 요즘은 유행이라고 그랬죠. 눈에 보이는 구체적인 예들 속에서 어떤 보편적인 것을 담고 있는 모나드. 그런 것이 바로 알레고리적 인식론이라는 건데, 그런 방식으로 글을 쓰는 방법도 있습니다. 예컨대 모나드라는 것은 하나의 개별자이지만 그 안에 세계 전체가 담긴 것과 마찬가지로 아주 이해하기 쉬운 구체적인 형상 안에 굉장히 중요하고 보편적인 어떤 의미가 담기는 식인 거죠. 그래서 모나드 생성하기로서의 글쓰기 방식이 변화되어야 한다고 생각합니다.

요즘은 조금 나아진 것 같아요. 즉 시대적 감을 잡는 거죠. 하지만 다른 한편으로 활자적 글쓰기는 있어야 되거든요. 왜냐하면 예컨대 '언어를 혼자 쓸 수 있느냐, 두 사람 이상이 필요하냐'를 논쟁하려면 그림을 그려서는 안 되거든요.(웃음) 철저하게 논쟁이 되어야 하기 때문에 그래서 저는 두 가지 다 이루어져야 한다고 생각해요. 아이콘이 계속 컴퓨터에서 사용된다 하더라도 최종적인 기술들 있잖아요. 프로그램을 짜는 사람들이 있고, 프로그램을 짤 때 사용하는 컴퓨터의 언어가 있을 것이고, 인공언어와 형식언어를 풀어내는 사람들도 있을 겁니다. 그 사람들은 여전히 활자적이고 선형적 사유를 한다는 거죠. 텍스트로 입력을 해야 하기 때문에. 이렇듯 글쓰기라는 것들이 다른 한편으로는 퇴조되고 있지만, 완전히 사라지지는 않을 것이라고 생각해요.

그리스시대에도 그랬어요. 잘 생각해 보세요. 소크라테스는 글을 쓰지 않았죠. 그 사람은 문자를 불신했거든요. 말이라고 하는 것은 지금 여기서 이렇게 구체적인 환경과 맥락 속에서 얘기가 되는데 글자로 쓰여지는 순간, 맥락에서 떨어져 나가잖아요. 그래서 여기저기 돌아다니면서 사고를 칠지 모른다는 거죠.(웃음) 그리고 플라톤 같은 경우는 글을 쓰긴 썼는데 대화체였죠. 아리스토텔레스는 논문체로 썼구요. 실제로 아리스토텔레스는 두 가지로 글을 썼어요. 하나는 대중들을 위한 대화체, 그 다음에 아카데미 강의를 위해서 자기 자신의 기억을 위한 일종의 모놀로그적 글쓰기. 자기와의 대화니까 모놀로그죠. 이런 방식으로 글을 썼는데 이게 글쓰기의 표본이 되어버린 거예요. 나중에 고전을 정리하는 과정에서 이런 방식이 현대에도 요구되는 것 같아요. 아리스토텔레스처럼, 한편으로는 대화체들, 즉 대중적인 글쓰기들. 여기서는 아까도 얘기했듯이 기술적인 형상이라는 전략이 매우 중요하고, 다른 한편으로는 논문적인 글쓰기, 이렇게 두 가지가 함께 가야 한다고 생각합니다.

그래서 『현대미학강의』를 썼지만 똑같은 내용이 『미학오디세이 3』이잖아요. 사실은 같이 가는 거거든요. 왜 이렇게 썼냐 하면 『현대미학강의』를 먼저 쓰고 『미학오디세이 3』을 썼는데, 『현대미학강의』에다가 짓궂게 이렇게 쓰려고 했어요. "대한민국에 이상한 사람들 많다. 왜냐하면 쉽게 얘기하면 못 알아듣는 사람이 많아서, 그 사람들을 위해서 특별히 어렵게 쓴다."(웃음) 왜냐하면 쉽게 썼다고 하면 그것 자체를 쉽게 생각하잖아요. 결코 그렇지 않은데. 쉽게 쓰기 위해서는 정말 많이 알아야 합니다. 그래야 놀이가 가능하거든요. 예컨대 체조선수들이 굉장히 몸이 자유롭잖아요. 굉장히 쉽게 보이잖아요. 그런데 그건 그 바탕에 엄청나게 많은 노력과 기본이 깔려 있어야지 자유로울 수 있는 겁니다. 자유롭게 놀 수 있는 것과 마찬가지로 인문학도 일종의 놀이라고 한다면, 인문학에서 놀이를 잘 하려면 정말 그 바닥의 끝까지 가봐야 해요.

이수열 미학에 대한 본질적 의미를 말씀하셨는데요. 사회현상에 대한 비평을 위한 미학인지, 미학을 위한 사회현상 비평인지 각각의 특성을 알고 싶습니다.

진중권 미와 사회의 관계에 관한 문제인데 그건 굉장히 오래된 주제입니다. 중요한 것은 19세기 이후부터 20세기에 걸쳐 어떤 현상이 벌어지냐 하면, 옛날에는 소위 부르주아적 산문, 그러니깐 우리의 삶의 색은 굉장히 회색이잖아요. 그것을 메워주고 밝게 하기 위해서 만들어진 것이 예술문화거든요. 이건 한 조각의 운문과도 같은 거죠. 그래서 예술을 부르주아적이라고 바라봤던 것 같아요. 그런데 19세기 말과 20세기 초에 아방가르드나 흔히 우리가 말하는 모더니스트들이 다른 시각을 제시하게 되는 겁니다. 19세기 이후에 그전과 달리 환경 자체가 많이 파괴되거든요. 대도시의 공장들, 우리나라도 예컨대 70, 80년대 구로공단은 사람 사는 데가 아니었어요. 외국인 노동자들 일하는 공단이 우리 동네 주변에 있었어요. 저도 거기 갔다가 굉장히 놀랐는데 유독가스가 그 마을 전체에 퍼져서, 들어가자마자 머리가 아프더라고요, 그런 환경에서 일하는 거예요. 그게 산업사회가 만든 추악한 풍경이죠. 부르주아들은 그런 환경을 만들어놓고 번 돈으로 예술을 즐겼다는 거죠.

그래서 이것을 깨부수려는 시도들이 굉장히 많이 있었습니다. 아방가르드 예술가들의 경우에는 사회와 예술에 대한 구별을 잘 안 했거든요. 자기들이 미학의 영역에서 하는 실험이 언젠가는 사회에서 이루어질 것이라고 믿었고, 그래서 예술적인 재력을 쌓으면서도 실제로는 자기들이 사회랑 싸우고 있다고 생각했던 거죠. 그게 어떻게 보면 허위의식인지 모르겠지만, 대부분의 예술가들을 보면 좌파들이 많잖아요? 피카소도 공산당이었어요. 살바도르 달리는 약간 파쇼적이긴 했지만 그 사람 빼고는 대부분이 좌파였던 것 같아요. 그러니 발터 벤야민 같은 사람이 이렇게 이야기를 하게 되는 거죠. "옛날에는 예술이 종교적 기능을 하다가 19세기에 들어와서, 미학적 기능을 하게 되고 요즘에는 정치적 기능을 하게 되었다"고 말이죠.

저도 그렇게 생각해요. 제가 가끔 미학 강의를 하면 그런 경우가 있습니다. 학생들에게 할 때도 있고, 직장인들 또는 미술관의 수강생 앞에서 강의를 하는데, 그런 곳에 가면 계급의식이 느껴질 때가 있어요. 강남에서 비싼 옷으로 치장한 분들을 보면 일종의 자괴감 같은 것이 들기도 해요. 저 사람들한테 예술이라는 것이 갖는 의미하고, 그렇지 않은 분들의 그런 뻔한 전형적인 삶과의 격차가 느껴져서요. 그래서 가끔 강의할 때 나는 지금 뭐하는 건가 하는 생각이 들 때가 있는데 저는 양자를 나누지 않아요. 그래서 사회비평을 할 때도 일단은 미학적인 관점에서 비평을 해야 된다고 생각하고, 다른 한편으로 예술도 정치성 또는 사회성을 가져야 되는데 그게 무슨 프로파간다 예술과 같은 의미가 아니라는 거죠. 예술이 뭐냐 하면 사회에서 살아가는 사람들의 세계관이나 그 안에서 사람들이 느끼는 세계 감정 같은 것들이 먼저 발현되는 것들입니다.

예술가들은 굉장히 예민한 사람들이에요. 백남준 씨가 60년대에 텔레비전을 가지고 뭘 했습니까? 쌍방향을 구현했어요. 그 후 수십 년이 지나서 우리는 미디어가 쌍방향을 갖는다는 게 무슨 의미인지 알게 됐죠. 그런 방식처럼 미와 예술과 사회 사이에서 그 밑바탕에 깔려 있는 깊은 연관관계를 인식해야 된다는 생각이 들어요. 그래서 비평을 할 때는 미학적인 것도 쓰지만, 다른 한편으로는 예술이라는 것, 그 밑에 깔려 있는 정치적 함의, 사회적 의미 같은 것들도 같이 보는 겁니다.

근데 사회비평을 할 때 가끔 가다 괴로운 부분이 있어요. 예전에 강준만 씨가 저한테 자기 편 좀 들어줬더니 저를 사회적 의인이라고 했는데, 이런 말은 좀…… .(웃음) 정의니 불의니 그런 말 자체가 강하잖아요, 내가 의인인가? 나도 담배 피다가 꽁초를 아무데나 슥 버리기도 하고 남들 모르게 침을 뱉기도 하고 대충 남들이 갖고 있는 어떤 평등적인 도덕성으로 살아가는 거잖아요.

그리고 또 한편으로는 악과 선을 나누는 것 자체가 좀 부담스러워요. 왜냐하면 사람들은 남의 삶에 대해서 선이냐 악이냐를 자꾸 평하는데 이걸 나누는 것은 하느님만이 할 수 있는 것이지, 인간이 할 수 있는 건 아니라고 보거든요. 그렇기 때문에 사회적 비판을 할 때에는 코드 자체를 도덕적인 선포가 아니라 그것 자체로 열어둬야 한다고 생각합니다. 왜냐하면 도덕적 선포는 내가 선善이라고 가정을 해야 하잖아요. 이 가정은 또 얼마나 부담스럽습니까. 또 사실 그걸 누가 압니까? 그걸 열어두는 것이 어떤 면에서 보면 민주주의거든요. 스스로 틀릴 수 있다는 가능성을 열어두는 것이죠.

그리고 내 윤리적 직관상 저건 잘못된 거라는 판단이 섰을 때 남는 건 바로 풍자입니다. 미학적으로 풍자를 하게 되면, 효과는 효과대로 있고 덜 폭력적이죠. 듣자하니 이문열 씨가 그런 얘기를 했다고 하더라구요. 강준만 씨가 정말 욕을 많이 했잖아요. 저는 슬슬 놀리고, '강준만은 용서가 되는데 진중권 이 자식은 용서가 안 돼.' 강준만은 정색을 하고 비판을 해대고, 나는 그냥 놀렸거든요. 풍자란 슬슬 놀리는 거예요. 덜 폭력적이죠. 저는 그 사람이 나쁘다고 한 것도 아니고 재미있다, 귀엽다 이런 식으로 나갔어요. 하지만 그 효과가 더 컸던 거예요.

저는 또 한편으로 비평도 미학적으로 가야 된다고 생각합니다. 여기서 우리 사회의 문제점들을 읽어내야 해요. 심지어 간판 같은 것을 통해서 그 사회를 읽어내지요. 가령 우리 동네에 상가 하나가 있는데 가만 보면 참 재미있어요. 한국사람들의 평균 가계부가 나오거든요. 위층에 학원들이 쫙 있고, 그 다음에 되는 가게, 안 되는 가게 순서로 되어 있잖아요. 소득 수준, 즉 봉급을 어느 부분에 얼마만큼을 쓰느냐에 따라서 사람들의 삶의 방식을 알 수 있어요. 또한 간판 모양에 대한 문제는 공간에 대한 관념의 문제이기도 합니다. 서구에서는 간판을 자기 멋대로 못 달아요. 간판이 일단 밖으로 나왔다 하면 공적인 것, 사회적인 것이라고 생각하거든요. 우리는 서로 아우성치잖아요. 이걸 보면 우리 사회의 자본주의 특성을 알 수 있는 거예요. 둘 다 자본주의 사회지만 한쪽에서는 공간적인 것과 사회적인 것에 대한 합의나 배려가 있는 사회이고. 다른 한쪽은 그게 전혀 없는 경우죠. 자 이것 보세요. 간판을 하나 봐도 사회적 성격을 알 수 있잖아요. 이러한 방식으로 보면 정치비판이라는 것도 굉장히 풍부하고 창조적이고 생산적일 수가 있는 거예요.

저는 이렇게 생각합니다. 미와 예술을 통해서 우리가 얻어낸 감성들이 있잖아요, 미학적 감성들. 그러한 미적인 감성들을 우리 사회의 문제점을 보는 사회적 감성으로 옮겨야 한다는 겁니다. 우리는 굉장히 잔인한 사회적 현상을 잔인하게 못 느끼는 경우가 많잖아요. 이것은 사회적 감성의 문제거든요. 미학적 감성을 따로 두는 것이 아니라 이걸 가지고 우리 사회의 문제점들을 보면서 함께 고통을 느끼고, 우리 사회의 추함을 발견해 내는 사회적 감성으로 바꿔야 하는 거예요. 또 한편으로는 예술이라는 것이 상상력이고 창조력이잖아요. 그래서 그것이 단지 예술에서 끝나는 것이 아니라 우리 사회를 보다 바람직한 사회상으로 그려내는 예술적인 상상력, 한마디로 사회적 상상력으로 전환시켜야 된다는 거죠. 이렇게 보면 예술과 사회를 과연 구분하여 나눌 수 있을까 하는 의문이 생기잖아요. 그렇기 때문에 두 가지가 함께 가야 된다고 믿어요.

박용준 예술과 사회의 관계를 말씀하셨는데 저는 또 다른 관계로 예술과 인간의 관계를 이야기하고 싶습니다. 선생님 책에서 존재미학이라는 말을 자주 볼 수 있습니다. 이는 철학자 미셸 푸코의 개념으로 알고 있는데 선생님께서 말씀하시는 존재미학은 어떤 의미인지요?

진중권 사실 사회 속에서 살아가는 게 힘들잖아요. 어떤 의미에서 힘드냐 하면 나도 하나의 개인이고, 나름대로 가치관이 형성되어 있잖아요. 사회적 권력이라는 것이 70, 80년대만 해도 국가권력뿐이었단 말이에요. 그런데 우리 사회가 민주화되고, 어느 정도 자유로워지면서 우리가 깨닫게 된 것이 국가가 행사했던 권력이 바로 폭력이었다는 겁니다. 또한 그것이 우리 내부에 이미 침투해 있었다는 인식을 하게 되고요. 이것이 곧 우리의 몸에 내재화된 겁니다. 임지현 씨도 그런 말을 하는데, 그분의 이론은 사실 제가 동의를 안 하는 부분이 더 많지만 마땅한 것이 없으니 그 틀을 갖다가 쓰죠. 독재가 성립한다는 건 많은 경우에 대중들이 동의를 한 후거든요. 그러니깐 전두환이나 스탈린 정부 같은 것이 존재했다는 것은 새끼 스탈린이 있다는 거예요. 김일성과 박정희가 존재했다는 건 뭐냐 하면 그들을 지지하는 세력이 있었다는 거죠.

권력이라는 것이 따로 있다거나 중심이 있는 것이 아니라 사실은 거미줄처럼 깔려 있는 거예요. 내가 인간과 인간을 만나는 관계 자체가 다 권력이지요. 가령 내가 학교를 들어가면 교수님과의 관계가 있잖아요. 회사에 들어가면 사장님과의 관계가 있고, 동료들과의 관계가 있고, 군대 들어가면 상사들과의 관계가 있고, 어디를 가나 그런 관계로 맺어져 있어요. 우리는 거기서 자유롭지 못하죠. 어디에서든 미시 권력이 강하게 작용합니다.

그렇기 때문에 그 내부에서 어떻게 사느냐 하는 문제가 생기거든요.

그런데 이것은 목숨이 걸린 문제예요. 왜냐하면 내가 그 관계를 끊어버리면 밥줄이 끊어지잖아요. 단지 내가 멋을 내거나 기분에 따른다거나 하는 차원의 문제가 아닙니다. 사회적 생존을 건 위험한 줄타기라는 거죠. 바로 그 지점에서 '존재미학' 이라는 것도 바로 사회적, 정치적 문제로 연결이 되는 거예요. 신문기자들을 보세요. 신문기자들 쓰는 거 보면 자기 이름이 나가는 기사인데 어떻게 이렇게 쓸 수 있을까 하는 생각이 많이 들거든요. 멍청함, 그러니깐 특히 보수언론 같은 데서 말도 안 되는 기사를 썼을 때, 그것을 자세히 보면 어떤 건 명백히 알면서도 사기를 치는 경우가 있거든요. 이 사람들은 자기들이 한 사건의 내막을 다 아는데 어떻게 그렇게 글을 쓸 수가 있을까? 그러니깐 문제는 자기 배려가 없다는 겁니다. 자기가 자기를 생각하는 마음이 있으면 그러지 않을 거예요.

그런데 알고도 한단 말이에요. 이것은 뭐냐면 그 사람들은 자기가 자신을 배려하고, 자기가 자신을 유지하는 것이 중요하지 않다는 거예요. 왜냐하면 조직이라든지 거대한 권력망 속에서 그것이 요구하는 기능들을 하는 것이거든요. 그 기능이 뭡니까? 충성이죠. 내 한 몸 망가뜨려서 전체에 봉사한다. 우리는 이걸 오히려 큰 미덕으로 칭찬하는 분위기란 말이죠. 문제는 자기만 망가지는 것이 아니라 그걸 통해서 결국 사회 전체를 망가뜨리는 건데 말이에요.

결국 우리 사회에 존재미학이 없다는 것이 바로 그런 겁니다. 사람들마다 우익이면 우익, 좌익이면 좌익, 보수면 보수, 진보면 진보라고 하는 자기가 지켜야 할 가치가 있거든요. 그것으로 자기를 유지하는 데 우리는 그런 것이 없잖아요. 사실 보면 존재미학 자체가 없는 것이 바로 그렇게 살아오지 않았다는 겁니다. 뭐 저만 해도 대학 같은 데 가면 짜

그러한 미적인 감성들을
우리 사회의 문제점을 보는
사회적 감성으로 옮겨야 한다는 겁니다.

우리는 굉장히 잔인한 사회적 현상을
잔인하게 못 느끼는 경우가 많잖아요.
이것은 사회적 감성의 문제거든요.

미학적 감성을 따로 두는 것이 아니라
이걸 가지고 우리 사회의 문제점들을
보면서 함께 고통을 느끼고,
또 우리 사회의 추함을 발견해 내는
사회적 감성으로 바뀌어야 하는 거예요.

증이 나요.

제가 그때 실험을 해봤거든요. UFO가 막 날아왔어요. UFO는 지구 문화에 대해 아무것도 몰라요. 아무것도 모르는데 UFO가 어느 날 착륙을 했는데 마침 거기서 교수와 학생들이 술을 먹는 자리가 있는 거예요. 이 문화에 대해서 아무것도 모르는데 그 UFO가 이들의 행태를 딱 보고 누가 권력을 잡았는지 알 수 있다는 가설을 내세웠어요. 뭐냐. 누군가 하나도 웃기지 않는 썰렁한 농담을 했는데 좌중을 웃게 만드는 사람, 권력은 그자에게 있다.(웃음) 그런 경험을 여러분도 하잖아요. 그죠?

사람을 웃게 하는 데는 세대차도 엄연히 존재할 텐데, 그럼에도 불구하고 사람들이 그걸 보고 웃는단 말이죠. 나는 하나도 안 웃긴데 웃어야 되잖아요. 그럴 때 내가 가증스러운 거예요. 이런 것들을 못 견디고 결국은 나와버렸는데 저는 그렇게 생각해요. 다 뿌리치고 나왔는데 지금 생각하면 훨씬 나은 것 같아요. 내가 그 사람들하고 공부했으면 물론 교수자리 하나를 받았겠죠. 그 사람들, 1년에 책 한 권 안 쓰잖아요. 근데 그 사람들이 자기들만 공부 안 하면 다행이에요. 어떤 때는 남도 공부를 못하게 만들어요.(웃음) 저도 놀랐던 것이 제가 책을 한 권 번역했는데 선생님한테 칭찬을 받을 줄 알고 갖고 갔거든요. 그런데 욕을 하는 거예요. 왜 자신의 허락을 안 받고 이런 짓을 저질렀느냐면서요. 그때 충격을 받았죠. 남들이 옆에서 하는 걸 불안해하는 겁니다. 왜냐하면 이렇게 하면 못난 자기들의 모습이 보이잖아요. 그러니 못하게 만들어버린단 말이죠. 이건 도대체 무슨 시스템이냐는 겁니다.

그걸 박차고 나왔는데, 물론 힘들겠지만 하다 보면 길이 다 생기더라구요. 유대인 효과라는 거 있죠. 유대인이 유전자가 뛰어난 사람들은 아닌 것 같아요. 왜냐하면 이 사람들은 주류에 진입을 못하는 사람들이거든요. 주류에 진입을 못하니깐 변방에서 놀아요. 그런데 이렇게 변방에서 무엇인가를 개척하다 새로운 분야를 만드는 겁니다. 정신분석학 등이 다 그렇게 생겨났어요. 이렇듯 불리한 점을 장점으로 바꾸는 것, 그게 하나의 테크닉, 수완이라는 거죠. 그리스인들이 말하는 테크네techne라는 것이 원래는 물건을 만드는 정도의 의미가 아니라 존재의 수완이거든요. 삶의 살아가는 수완. 예컨대 늘 불리하고 부족한 것이 있단 말이죠, 항상 자신에게 유리한 것만 따라갈 수는 없거든요.

유리한 것만 따르다 보면 뭡니까, 그 틀 속에 갇혀버려서 자기 발전을 하지 못하는 경우가 많거든요. 차라리 불리한 점을 끌어안고 그것을 어떻게 전환시킬까라고 고민했을 때, 오히려 거기서 많은 창조력과 생산력이 생긴다고 봐요. 그래서 그러한 발상의 전환을 통해 자기를 유지하는 거죠. 이런 권력의 망 속에서 나를 유지하고, 나아가 그 안에 갇혀서 사는 것보다 훨씬 창조적이고 즐거우니까 내 삶에 만족을 하게 되잖아요. 그러면서 또 잘하면 먹고 살게 되더라구요.(웃음) 이런 것이 존재의 테크닉이거든요.

저는 성경 구절을 많이 생각해요. '하늘을 나는 새를 보라 길쌈하지 않아도 하나님께서 다 먹여 살려주시는데……', 또 하나는 '내가 사막의 음침한 골짜기를 다닐지라도……' 등. 이렇게 보면 사실 길이 없잖아요. 내가 이걸 거절하면 먹고 살기 힘들어질텐데, 고민하고 그럴 때가 많았는데 그렇게 하고 그냥 가요. 그러면 다 풀리더라구요. 사람이 죽으라는 법은 없는 것 같아요.(웃음) 큰 저항도 있겠고, 어떤 사람들은 목숨을 내건 저항을 하기도 하는데, 사실 저는 그렇게 할 만한 그릇은 아닌 것 같아요. 저는 고문을 받으면 아마 다 불어버릴 거예요. 고문받기 전에 "왜 이래요. 말로 하죠." 다 말한 다음에 '혹시 제가 놓친 건 없어요?'

그럴 거예요.(웃음) 농담이고요. 자기가 할 수 있는 영역 내에서 다양한 저항들이 있잖아요. 그리고 자기 존재의 최선을 지키는 것. 이렇게 된다면 자기도 좋고, 사회적으로도 좋은 현상이 되지 않을까 생각합니다.

바로 이러한 존재미학의 관점, 즉 미학적 · 예술적인 측면과 사회적인 측면이 만나는 지점에 존재미학이 있는 것이죠. 중요한 건 테크네입니다. 좀 전에도 얘기했듯이 그런 거 있잖아요. 나를 모함했던 사람들 있죠? 일러바쳐요. 가끔 가다가 교수들을 욕할 수도 있잖아요. 말도 안 되는 일을 시키면 투덜대는데 또 그걸 갖다가 경쟁관계이다 보니 바로 일러바치는 사람도 있더라고요. 옛날에는 뭐 이런 놈이 다 있나 싶었는데 요즘은 오히려 감사한 마음도 생겨요. 왜냐하면 당신 덕분에 이 길을 가게 됐다, 당신 덕분에 망해서 이 길을 가게 됐고, 생각해 보니깐 훨씬 생산적이고 창조적이어서 좋았다.(웃음) 이런 생각이 드니까 미움이라든지 원한이라는 것들이 사라졌어요. 그리고 사실 가장 큰 복수는 내가 더 행복하게 사는 거거든요. 미워하는 것은 자기를 소모시켜 버려요. 그렇기 때문에 미워할 것이 아니라 내가 더 즐겁게 살면 되지 않나 생각해요. 내가 행복하면 되잖아요. 그렇게 되면 남한테 인정받는 것도 사실은 부차적이라는 생각이 들어요. 절대적인 자신감 있잖아요. 잘났는데 굳이 내가 잘난 걸 남한테 인정받아야 돼? 이런 생각이 들었지요.

가끔 가다가 누나들하고 전화를 하는데, 누나들은 굉장히 쿨하거든요. 독일에서 작곡을 하는 누나가 저한테 뭐라고 하냐 하면 "무슨 일이든 10년 동안 해라. 미친 척하고 딱 10년만 해라. 10년 동안 하면 인정받는다." 결국은 이런 생각이 필요한 것 같아요. 우리 사회가 아직은 안정이 안 됐어요. 사실 어떤 일이든 서구 같은 경우는 명함 한 번 내밀려면 최소한 10년은 해야 하거든요. 근데 우리는 사실 2, 3년만 하면 특정 분야에 대해서 전문가가 돼요. 그래서 아직은 오히려 불모지가 많은 것 같아요. 그렇기 때문에 여러분이 나서서 자신의 길을 찾으세요. 우리는 어렸을 때부터 그렇게 배웠잖아요. 성적 잘 받고, 좋은 대학 가고, 또 대학 나오면 좋은데 취직해서, 아파트 평수 늘리고, 차 배기량 늘려가다가 그러다 보면 죽는 거잖아요. 뻔하잖아요. 그게 뭐예요. 내가 자본주의 확장을 위해서 노력할 역사적 사명을 띠고 태어났나?(웃음) 자본주의 뒤통수를 때리며 살 수도 있다는 생각이 들어요.

홍윤희 존재미학에 관한 질문에 이어서, 존재론을 논할 때 빠지지 않는 것이 종교에 관한 문제라고 생각합니다. 진중권 선생님은 종교에 대해서 어떻게 생각하시는지 궁금합니다.

진중권 얼마 전에 데리다라는 학자가 죽었죠. 죽으면서 뭐라고 얘기를 했냐 하면 원래 철학이라는 게 "죽는 것은 이해하는 것이다"라고 이야기를 했잖아요. 그러면서 또 말하기를 "나는 시간이 가면 갈수록 더 이해가 안 된다. 죽음을 받아들이기가 힘들다"라고 했어요.

제가 볼 때 핵심적인 것은 종교의 문제는 죽음의 문제라는 거예요. 죽음의 문제를 놓고 어떻게 해결하느냐고 했을 때 과학이 대답해 줄 수는 없거든요. 제가 『춤추는 죽음』이라는 책을 썼잖아요. 그 책을 쓰는 과정에서 호스피스 분들을 만났는데 그분들 하는 말씀이 사형선고를 받은 불치병 환자들 중에서 그나마 종교를 가진 사람들이 죽음을 받아들이는데 보다 평온한 마음을 갖고, 종교가 없는 사람들은 죽음을 받아들이는 것을 굉장히 힘들어한다고 하더라구요. 그것처럼 종교는 죽음을 받아들이는 방식이라고 생각해요.

또 그 밖에 여러 기능이 있을 수 있는데, 하나는 미지의 영역이라는 문제가 있거든요. 독일에서 한 친구가 믿음이라는 것에 대해 이야기한 적이 있어요. '예컨대 처녀가 애를 낳는다든지, 죽은 사람이 죽었다 깨어난다든지, 아니면 사람이 물 위를 걸어다니는 것과 같은 것들을 그대로 믿는 것이 믿음이 아니라, 네가 올바른 길을 가고 바른 선택을 하는 것. 그 다음에 그 길을 열심히 살아가면 모든 일이 잘 풀릴 것이라는 턱없는 믿음이야말로 진정한 믿음이라고 생각한다.' 이런 말을 한 기억이 나요. '예수가 원하는 대로 네가 그렇게 살아라. 성경에 나오지 않느냐, 하늘을 나는 새를 보라 길쌈하지 않아도 잘 먹여 살려주는데 너 하나 못 살리겠느냐' 그것이 믿음이다. 종교가 주는 것이 바로 이런 부분도 있는 거죠. 왜냐하면 사실 눈에 보이는 것이 아니거든요. 하지만 그런 믿음을 통해서 사람이 약해질 때 그런 힘들을 준단 말이죠. 종교에는 그런 미지의 영향, 어떤 턱없는 믿음 같은 것들이 있죠.

또 그런 것도 있죠. 인간이 옛날에는 모든 것을 인식할 수 있다고 생각했잖아요. 근대적인 낙관론 같은 것 있죠? 그럴 때는 신이 필요없었을 거예요. 하지만 그리스인들을 보면 그렇지 않죠. 인간관에 대해서 그리스인들은 그런 지식이 없었기 때문에 운명을 이야기했거든요. 벗어날 수 없는 것이 운명이기 때문에 종교에서는 바로 의지할 사람이 필요하다고 이야기를 하는 겁니다. 또한 현대에 들어와서 근대적 낙관이라는 것이 철저히 깨졌잖아요. 인간이 사회의 모든 발전을 남김없이 인식하고, 또 자연의 운항을 남김없이 이해할 수 있다는 낙관론도 깨졌기 때문에 종교라는 건 어떤 영역으로서 남을 수밖에 없다는 거죠.

다만 종교라는 건 제도로서의 종교이고 영성으로서의 종교는 그것과는 다른 의미로 받아들여야 한다고 생각하거든요. 어떤 의미에서 영성으로서의 종교를 이야기하자면, 기독교인이긴 한데 그렇다고 해서 제도로서의 그건 아닌 것 같아요. 김홍도 목사 말씀을 드렸나요? 이교도에 대한 하나님의 심판이니, 하느님이 분개하실 일이라든지 등등. 그건 사탄이거든요. 한마디로 독사의 자식이죠. 제도로서의 교회, 제도로서의 종교에 대해서는 비판해야 할 부분이 상당히 많아요. 특히 대형교회가 심하죠. 하지만 영성으로서의 종교는 부정할 필요가 없다고 생각해요.

이용우 선생님께서 미학을 선택한 이유나 동기가 있으셨는지요?

진중권 미학을 선택한 거요? 전혀 없었습니다. 이름이 예뻐서…….(웃음) 저는 고등학교 때 완전 깡패였거든요. 정학을 세 번 받고 졸업했으니까요. 거의 학교에서 내놓은 학생이었어요. 저는 교실에 앉아 있는 시간보다 교무실에 서 있던 시간이 더 많았던 것 같아요. 지금 생각하면 내 자신이 이해가 안 가는 부분이 있어요. 특정한 짓을 하면 걸릴 게 뻔한데도 그 짓을 안 하면 안 되는 거예요. 생각하면 고등학교 때는 이상했던 것 같아요. 예컨대 보충수업을 빼먹고 삼류영화관에서 성룡 이전의 중국영화들을 보러 다녔어요.(웃음) 선생님한테 걸려서 맨날 얻어터지며 살았죠.

인문학은 전혀 꿈꾸지 않았어요. 성적이 된다면 사학과를 갈 생각이었어요. 그런데 워낙 정학을 많이 맞고, 출석점수도 깎이고, 내신이 밑바닥이어서 철학계열로 들어갔죠. 그때는 철학과, 미학과, 종교학과가 있었는데, 그 계열에는 세 부류의 인간이 있어요.(웃음) 철학계열로 들어온 애들 중에는 데모 안 하고 공부만 하는 애들이 있었어요. 인생을 좀 깊이 이해하는 애들이 있었죠. 그리고 데모도 하고, 공부도 좀 하고 수업도 어느 정도 들어가는 부류들. 또 하나는 정치적인 애들이 있었습

예술과 사회의 관계를 말씀하셨는데, 저는 또 다른 관계로서 예술과 인간의 관계를 이야기해 보고 싶습니다. 선생님 책에서 존재미학이라는 말을 자주 볼 수 있습니다. 이는 철학자 미셸 푸코의 개념으로 알고 있는데 선생님께서 말씀하시는 존재미학은 어떤 의미인지요?

자기가 할 수 있는 영역 내에서 다양한 저항들이 있잖아요.
그리고 자기 존재의 최선을 지키는 것. 이렇게 된다면 자기도 좋고,
사회적으로도 좋은 현상이 되지 않을까 생각합니다.

니다. 학업 때려치고, 데모만 하는 애들. 그런데 첫 번째가 철학과를 가고, 두 번째 부류가 미학과를 가요. 또 성적이 그런 순으로 매겨지더라구요. 학점별로 들어간 거죠 뭐.(웃음) 그래서 대학 때는 공부를 거의 안 했구요. 4학년 되어서 대학원 갈 생각을 한 뒤 조금씩 공부를 했죠.

사실 고등학교 때 몇몇 사람들을 보면, 자신이 무엇을 하고 싶은지 분명히 아는 사람들 있잖아요. 그런데 저는 그런 것이 없었어요. 내가 뭘 하고 싶은지 몰랐고, 그냥 남들 하던 대로 대학은 가야 되는 거 아닌가 라는 생각을 했어요. 굉장히 철이 없었다고 볼 수 있죠.

김지혜 선생님께서는 유명한 사회적 지식인으로서 또는 책의 저자로서 일종의 연예인처럼 공인이라고도 할 만한데, 아까 말했던 사회적 의인과 같은 방식으로 선생님을 표현하는 명칭이 많을 것 같습니다. 그 중에서 혹시 선생님 마음에 드셨던 선생님 자신에 대한 평가나 칭호는 없었는지요?

진중권 사실 마음에 하나도 안 들죠.(웃음) 그런 식의 어떤 칭호로 저를 부르는 것은 사람들이 편하려고 그런 것 같아요. 문학평론가, 그러면 저 자식은 뚜렷한 직업이 없다는 얘기거든요(웃음) 자기들이 딱히 부르기 힘드니깐 만들어 붙이는 것 같아요. 솔직히 하나도 마음에 안 들어요. 그리고 연예인은 공인이 아니거든요. 사회인이에요. 글 쓰는 사람들도 사회인이고. 내가 무슨 직책을 맡았으면 그때 공인이고 또 공적인 입장을 갖는 건데 제가 무슨 공적인 입장이 있어요? 없잖아요.

또 하나는 이제 공적인 지식인 같은 개념이 사라졌습니다. 옛날에는 궁금한 것이 있으면 지식인한테 물어보잖아요. 어떤 교수님한테 물어보면 쫙 답이 나온단 말이에요. 그런데 이제는 신문에 난 대부분의 교수님들이 하는 얘기를 잘 들어보면 95퍼센트는 누구나 다 할 수 있는 얘기입니다. 사실이 그렇다는 거죠. 사람들이 이제는 거의 다 대학을 나왔단 말이죠. 옛날처럼 대부분의 사람들이 글자도 모르는 그런 시대는 지났잖아요. 대부분 다 고등교육을 받은 사람들이라는 거예요. 그 다음에 다른 한편으로는 이 지식세계가 분화되어서 지식이라고 해도 자기가 알 수 있는 영역이 한정되어 있거든요. 그 부분만 아는 거죠.

그 다음 또 하나는 저도 책을 쓸 때 어떤 것이 궁금하면 전문 지식인에게 전화를 해서 물어보는 것이 아니라, 네이버 지식인을 검색하거든요. 이렇듯 지식이 바깥으로 외장된 상태인 겁니다. 또 이러한 지식정보가 한 개인에게 듣는 것보다 훨씬 풍부해요. 저도 지금 책 쓰는데 필요한 자료의 거의 90퍼센트를 인터넷 자료에서 갖다 쓰거든요. 영국, 독일, 프랑스, 미국, 한국. 웬만한 것은 다 나와요. 그걸 가지고 작업을 하는 데도 아무 지장이 없다는 거죠. 이런 상황에서 예전의 계몽적인 지식인은 더 이상 존재하지 않습니다. 그리고 그걸 인정해야 해요. 쉽게 말하면 제가 다른 사람들보다 좀더 앞선 얘기를 할 수 있는 건 미학의 특정한 분야일 뿐입니다. 왜냐하면 제가 전공을 했기 때문에 그것만큼은 다른 사람들보다 좀더 많이 안다고 얘기할 수 있지만 나머지 모든 것은 어차피 다 똑같거든요. 이제 지식인이라는 틀 자체가 좀 낡은 것이 아닌가 하는 생각이 들어요. 19세기 계몽주의적인 사고방식의 잔재인 거죠.

아직도 사농공상士農工商이라는 말이 있잖아요. 이 사농공상은 보수성 때문에 남은 잔재입니다. 예를 들어볼게요. 예전에 김대중 정권 때 신지식인이라는 말이 있었어요. 심형래가 신지식인이고, 자장면 배달하는 사람도 신지식이라는 호칭을 얻었지요. 거기에 대해서 어떤 기자가 저한테 어떻게 생각하느냐 묻더라구요. 그래서 저는 '그야말로 웃기는 자장면이다. 왜, 심형래가 무슨 지식인이며, 자장면을 배달하는 사람이 무슨 지식인이냐?' 내가 그렇게 얘기를 하니깐 그분이 굉장히 기분이 나빴나 봐요. '너만 지식인이냐' 라고 생각하는 것 같더라고요. 그때 코드가 안 맞아서 정말 혼났어요. 제 얘기는 뭐냐 하면 지금이 무슨 조선시대냐라는 거예요. 사농공상의 위계질서가 있었던 건 조선시대고 지금은 그런 시대가 아니거든요. 사는 사대로 할 일이 있는 거고, 농은 농대로 할 일이 있고, 공은 공대로 또 가치 있는 일이고, 상은 상대로 할 일이 있다는 얘기죠. 그런데 왜 굳이 사농공상에 있는 사람들을 지식인으로 만들려고 하느냔 말이죠. 그 바탕에 뭐가 깔려 있는 겁니까? 위계질서가 있다는 얘기거든요. 위계질서가 있고, 그 속에서 그들의 지위를 한 단계 위로 올리겠다는 얘기잖아요. 나는 그 발상 자체가 말이 안 된다고 했더니 그 기자가 알아듣지 못하더라고요. 계속 기분 나쁘게 시비를 거는데 '너희만 잘났다는 얘기냐?' 는 식이었어요. 그런데 그런 시대가 이제 지났다는 거죠. 우리나라에서 아직도 지식인에 대한 그런 일종의 편견이 남아 있다는 건 바로 그런 부분인 것 같아요.

지식인의 죽음이라는 게 바로 그런 것이거든요. 그렇다고 해서 지식인의 역할이 없다는 것은 아니죠. 쉽게 말하면 네티즌 속에 섞여서 하나가 되어야 한다는 거예요. 제가 인터넷에 들어가서 진중권 이새끼 저새끼 같은 말을 들으면서 한다는 게 무슨 뜻이냐 하면 그러한 변화를 인정하는 거거든요. 사람들은 잘 못하잖아요. 왜냐하면 그곳에서는 자기 주위의 아우라가 다 깨지잖아요. 그런데 그것을 스스로 깨야 된다는 겁니다. 사실 아우라라는 것이 존재하지도 않는데 내가 왜 그런 존재하지도 않는 걸 누려야 하느냐는 거죠. 그걸 스스로 깨버리는 용기가 필요하다고 생각해요. 그리고 사실은 그게 편해요. 왜 지식인이 되면 굉장히 많은 사회적 제약이나 체면 같은 것들이 있잖아요. 저는 수도승처럼 살고 싶지는 않거든요. 대충 남들만큼 도덕적이고 남들만큼 살고 싶지 그렇게 내 존재에 부담을 주면서 살고 싶지는 않기 때문에 오히려 그러한 굴레에서 벗어나는 거죠. 지식인의 죽음, 그것은 지식인이 할 일이 없어졌다는 얘기가 아닙니다. 역할이 달라졌다는 거죠. 그래서 공인, 사회적 의인, 이런 것들은 부담스러워요. 그냥 싫고 거부하고 싶어요.

이민우 『미학오디세이』를 읽어보면 기독교에 관련된 것을 비롯해 주로 서양 미술, 서양철학에 관한 이야기만 다루시는데, 동양미학에 대해서는 어떻게 생각하시는지요?

진중권 동양미학 같은 경우는 완전히 다른 거예요. 저는 서양미학 전공자고 그렇기 때문에 동양미학 하려면 엄두가 안 나죠. 그 다음에 또 하나는 동양과 서양을 구별하는데, 각자의 자기 역할이 있다고 생각을 해요. 동양미학 같은 경우는 예컨대 동양에서 발전되어 온 틀을 가지고 설명할 수 있는 것이 있고, 또 서양에서 발전된 틀을 가지고 설명할 수 있는 것이 따로 있어요. 각자가 그 자신의 틀이나 방법이 있기 때문에 서로 대립하기보다는 같이 결합되어야 한다고 생각합니다. 결합이라는 것이 A라는 언어와 B라는 언어의 공통분모를 찾는 이런 차원은 아니어도 됩니다. 예컨대 물질과 존재, 물질과 사유, 물질과 정신이라는 개념하고, 동양철학에서 얘기하는 이와 기의 개념하고 안 맞죠. 억지로 맞출 필요는 없거든요. 각자 각각의 이야기가 전개되면서, 또 서로에게 기여할 수 있다고 생각을 해요.

또 다른 한편으로 서양미학과 동양미학을 잘 구별 안 해요. 왜냐하면 우리가 가지고 있는 예술문화라는 것을 보면 동양미학이냐 서양미학이냐 하는 틀로 얘기할 수 있는 것이 아니거든요. 어제 서울시립미술관에 들렀는데 미디어 미학이라는 것 있죠? 예술작품이 만들어지는데 그런 것들이 한국미술이냐 아니냐는 말이 많은데 그건 분명 한국미술이거든요. 이제는 우리 것 남의 것을 구분하는 시대는 아니라는 거예요. 여러분이 입고 있는 것 중에서 조선시대 것이 뭐가 있어요. 안경, 옷, 헤어스타일부터 모든 것들 다. 동양 것만이 우리 것이다. 서양 것은 남의 것. 이런 도식은 말도 안 된다고 생각해요. 이미 시대가 많이 변했거든요.

들뢰즈 책이 번역되어 있잖아요. 예를 들어 『천개의 고원』은 기본적으로 한국문학이라고 봐요. 왜냐하면 한국말로 번역되었잖아요. 그걸 갖다가 불어로 읽으면 그건 불문학이에요. 내가 한국말로 번역해서 우리 컨텍스트에 들어온 것이거든요. 그렇기 때문에 저는 서양 책을 원어로 읽다가 번역본이 나오면 그걸 사서 읽어요. 인용할 때 반드시 번역본으로 인용을 해주거든요. 번역이 내 마음에 안 들 때도 인용을 해줘요.

재미있는 건 『천개의 고원』 번역본을 읽다가 좀 불분명한 맥락이 있어서 제가 물어봤죠. 그 부분의 원어 좀 확인해 달라고 했더니 원어를 찾아주면서 나한테 하는 말이 "진중권 씨는 원본을 보시죠?"라는 겁니다. 기가 막혀서 그쪽이 이렇게 훌륭하게 번역해 놓고 왜 원본을 보라고 하느냐, 나는 원본을 볼 시간도 없다고 이야기했죠. 사실 그런 식의 태도는 좀 아니거든요. 번역된 것은 우리 문학이라고 생각해요. 저는 제가 하는 미학도 우리 것이라고 생각하지, 결코 서양 것이라고 생각하지 않거든요. 서양과 동양은 지역적 차이나, 사용하는 개념 틀의 차이 정도로 인식하는 것이 필요할 것 같아요. 그리고 어떠한 틀을 이용하든 하나의 작품을 보다 잘 해석할 수 있으면 되는 것이 아닌가 생각해요. 보다 더

옳고 그른 것이 있는 것이 아닌 것 같아요. 이런 식으로 개념 자체를 바꿔야 된다는 거죠. 동양미학은 동양미학대로 좋은 것이고, 그 분야의 훌륭한 미학자들이 많이 나올 거라 생각해요. 저는 주로 서양예술에 관심이 있는데, 제가 이걸 하는 건 우연하게 배운 언어가 이것이기 때문이지, 이게 특별히 저쪽보다 낫다는 건 아닙니다.

장지혜 사실 우리가 생각하는 예술은 부르주아 계층들의 여유로운 삶의 한 방식이라고 많이들 생각합니다. 물론 이제는 그러한 인식도 실제의 생활 모습도 많이 바뀌었죠. 그렇다면 사람들이 살아가면서 자기 삶의 미학을 추구할 수 있는 방법에는 어떠한 것들이 있을 수 있는지 궁금합니다.

진중권 그건 보편적인 답이 있는 건 아닌 것 같아요. 사람마다 처지가 다르고, 관심이 다르기 때문에 개개인에게 달린 문제이지요. 각자 자기가 처한 환경 속에서 할 수 있는 것들을 찾아야 하는 것이죠. 근데 한 가지 떠오르는 생각은 우리 사회 자체가 창조에 적대적인 것 같아요. 제가 소설을 잘 안 읽는 경향이 있는데, 소설가들이 너무나 멀쩡하기 때문이에요.(웃음) 이상한 구석이 좀 있어야 되는데 너무나 멀쩡하거나 너무나 철학적이더라구요. 그런데 그러한 멀쩡함의 반대 축이 훨씬 더 판타지가 많거든요. 창조적일 수 있고요. 그런데 사회 분위기가 새로운 것에 적대적이고 보수적인 것 같아요. 그걸 깨야 하는데 아직은 그러질 못해요.

사실 이제는 SF시대가 도래했다고 생각됩니다. 말 그대로 사이언스 픽션이잖아요. 옛날에 쥘 베른이 쓸 때는 그야말로 사이언스 픽션이었어요. 그런데 문제는 쥘 베른이 썼던 것들이 대부분 실현되었잖아요. 옛날에는 학문이라고 하는 것이 이미 존재하는 것을 그대로 베끼는 것이었어요. 반영하고 재현하고, 그래서 세계의 거울이 되려고 하는. 그런데 이제는 없는 것을 만들어내는 게 중요해지거든요. 상상력이죠. 그러니깐 픽션이라는 것이 옛날에는 그저 픽션으로 끝났다면 이제는 픽션을 현실로 만들 수 있는 테크닉이 생긴 거예요.

컴퓨터가 등장한 이후로는 그 많은 연산들을 인간의 자연적인 능력으로 할 수가 없었는데 기계적으로 다 처리할 수 있게 되었잖아요. 이렇게 되면서 옛날에는 픽션이 픽션으로 끝났다면 이제는 그게 아니라 픽션이 현실이 되거든요. 아주 사소한 예로는 얼마 전에 누가 2,800만 원짜리 사이버 섬을 샀다면서요. 그래서 그거 가지고 토지 개발권을 분양하고, 관광객도 유치했대요. 그리고 프로그램 개발하는 사람을 만났는데 그런 얘기를 하더라구요. 인터넷상의 도토리라는 것 있잖아요. 처음에 그걸 했을 때 자기들은 별 기대를 안 했대요. 실제가 아니라, 사이버상의 옷이고 방인데, 사람들은 그것을 돈을 주고 산단 말이죠. 현실적으로 과연 돈을 지불할 것인가 궁금했는데, 요즘은 매출이 몇억씩 된다고 하거든요. 그런 방식으로 픽션이 현실이 된다는 겁니다.

그 다음에 뭐가 세상을 지배할지 생각을 해봐야 해요. 지금 당장 떠오르는 건 정보공학과 생명공학이 접합하는 겁니다. 생명공학적인 복제기술과 정보공학적인 복제기술, 디지털 복제 기술이 만나는 거죠. 옛날에는 인간의 신체가 신에 의해서 주어진 것이었잖아요. 데이터라는 게 라틴어로 '주어진 것the given'이라는 뜻인데, 이제는 그것 자체도 사람들이 '만드는 것factum', 그런 시대라는 거죠. 주어진 것을 그대로 반영하고 보전하는 것이 아니라 아직 없는 것을 만들어내고 꿈꾸는 것이 굉장히 중요하다는 거예요.

앞으로도 어떤 방향들, 예컨대 PC가 어떻게 진화할 것인가. 뭐가 어떻게 진화할 것인가 등. 상상력이 굉장히 중요하다는 겁니다. 테크놀로지를 통해서 가상을 현실로 만들어버리는 패러다임이 엄청나게 변하기 때문에 미학이라는 것 자체가 생산력이 중요한 수단이 되지 않을까라는 생각을 해요. 그것은 모든 영역에서도 마찬가지겠죠. 우리가 좁은 의미에서 기술을 개발하는 사람들뿐 아니라 뭘 하든지 간에 새로운 영역들을 개척하고, 만들어 나가는 발상이 필요하거든요. 어떤 사람들은 배운 대로만 하고 안전하게 사는 사람들이 있는가 하면, 어떤 사람들은 새롭게 뭔가를 시도하고 저질러본다는 얘기입니다. 사회적으로 이제 바람직한 인간상들도 변할 것이라는 생각이 듭니다. 나아가 이것은 인간이 인간관계를 맺는 방식의 문제에도 연관이 있어요. 가령 생각해 보세요. 인간이 인간관계를 잘못 맺으면 부정부패가 생겨나잖아요. 얼마나 많은 사회적인 비극을 낳습니까? 어떤 생산적 개념들이 이제 단지 수출하고 달러 벌고 하는 차원의 문제가 아니에요. 그걸 가지고 우리의 삶을 얼마나 질적으로 높은 단계로 끌어올리느냐는 것도 굉장히 중요하거든요. 그런 의미에서 생산력이라고 할 때, 인간과 자연이 만나는 테크놀로지가 문제가 아니라 인간과 인간이 만나는 방식을 새롭게 만드는 것도 굉장히 중요해질 거라는 거죠.

요즘 제가 글을 쓰고 있는데 그것도 이런 방식이에요. 비선형적인 글쓰기 있지요. 왜, 여러분 인터넷 화면이 링크가 되어서 클릭하면 넘어가잖아요. 하이퍼링크 같은 것을 어떻게 문학적인 시스템 속에 구축하느냐. 그걸 계속 고민하다가 찾아낸 방법이 이런 거거든요. 하나의 똑같은 문장이 있잖아요, 여기도 나오고 저기도 나오는 똑같은 문장이요. 근데 똑같은 두 문장은 완전히 다른 맥락에 있어요. 그렇기 때문에 링크가 되잖아요. 그래서 그런 링크를 찾아가면, 또 다른 순서가 생기고 완전히 다른 세계로 넘어가는 겁니다. 그 안에 미로가 생기겠죠. 그런 방식으로 해서 다른 글쓰기들을 어떻게 실현할 것인가를 고민하는 거죠. 남과 다르게 나만의 상상력을 이용해서 생산해 내는 겁니다. 이것이 결국은 나를 위한 것이 아닐까 생각하고요.

허동현 인문학의 위기 운운하는데, 미학도 마찬가지라고 생각됩니다. 미학이 가진 어떤 실용성이나 가치가 있다면 어떤 것들이 있는지요?

진중권 인문학의 위기 문제인데요. 저는 인문학이 위기라고 생각하지 않거든요. 왜냐하면 지금처럼 인문학을 위한 전제조건이 좋은 때가 없었어요. 얼마 전에 생명에 관해서 토론하는 자리에 갔는데 그들은 테크놀로지 자체를 절대적으로 놓고 우리가 존중해야 된다고 주장하더라고요. 그런데 생명이라는 것이 그렇지 않잖아요. 문제는 뭐냐 하면 삶과 죽음 등을 어떻게 정의하느냐예요. '뇌사부터 죽음이냐, 배아부터 생명이냐' 와 같은 문제들. 이런 식의 담론들이 나아가 법제화가 되고 법으로 강제가 된단 말이죠. 그렇기 때문에 그 출발이 되는 지점에 인문학적 정신이 있다고 봐요. 앞으로는 계속적으로 테크놀로지와 인간이 접속할 수밖에 없거든요. 그러한 상황에서 어떤 정의를 내리고 결정을 하는 근본적인 상황이 늘 있다라는 겁니다.

또 한 강의에서 어떤 분이 손을 들더니 저한테 그렇게 얘기를 하더라구요. 인문학 세미나 들어와서 처음으로 말도 안 되는 얘기를 들었다는 거예요. 그분이 컴퓨터 게임을 개발하는 업체 사장님인데 언뜻 보면 게임업계에서 우리나라가 잘 나가는 것 같은데, 외국에 나가 보니까 어떤 한계가 있대요. 일본이라든지 다른 나라의 애니메이션이 갖고 있는 인문학적인 깊이를 따라가지 못한대요. 그러니깐 어설픈 깊이로는 오래 못 갈 거라고 생각해서 이 강의를 들으러 왔다고 하더라구요. 인문학이 있어야 할 곳이 바로 그런 자리라는 겁니다. 인문학적 토대가 있어야 해요. 일본의 〈공각기공대〉 보세요. 밑에 깔린 것들이 엄청나죠. 그 다음에 〈월령공주〉를 보니깐 아도르노의 이론이 밑에 깔려 있어요. 일본은 우습게 볼 나라가 아닙니다. 그런 식으로 철학적인 깊이나 문화적 깊이가 있는 콘텐츠가 있어야 한다는 겁니다. 맨날 콘텐츠 운운해요. 그런데 그게 어디서 나오냐는 말입니다. 그 콘텐츠는 결국 인문과학 아니면 사회과학에서 나오는데 콘텐츠가 부족하다고 얘기하면서 인문학의 위기를 얘기한다는 것이 제가 보기에는 황당하다는 거죠. 인문학의 위기라고 하는데 사실 제가 보기에는 기회예요. 엄청난 기회인데, 다만 뭐랄까 당장 써먹을 것처럼 얘기하는 방식이 잘못된 거죠. 여유를 두고 가야 됩니다.

아까도 말씀드렸듯이 기술적 형상이라는 말을 제가 많이 하잖아요. 문제는 인문학자들이 열심히 떠드는데 반해서 실제로 게임 개발하는 사람들은 전혀 접근할 여지가 없다는 겁니다. 너희 혼자 떠들어라 이거죠. 대중들한테 당연히 버림받게 되죠. 그건 당연한 얘기예요. 왜? 우리가 무시했기 때문에. 당연히 버림을 받는 거죠.

그리고 또 하나, 한마디로 말하면 인문학의 위기라는 건 인문학이 여태까지 우리나라에서 자기 존재를 증명하는 데 실패했다는 거예요. 그걸 분명하게 인정해야 돼요. 인문학은 엄청나게 필요하거든요. 특히나 요즘은 생산 자체가 점점 하드웨어에서 소프트웨어로 간단 말이죠. 그런 것들의 대부분이 뭐냐면 바로 콘텐츠 문제입니다. 콘텐츠가 지금 부족하다고 하잖아요? 그것의 시작이 바로 인문학이 되어야 하는데 그러지 못한다는 거죠. 인문학을 하는 사람들의 마인드 자체가 잘못되어 있어요. 특히 서구 같은 경우는 사회 속에서, 사회적 문제와의 대결을 통해 학문이 형성되었거든요. 유학 가서 놀란 것이 걔네들은 데리다를 가지고 독일 헌법을 논하더라구요. 근데 우리는 그냥 따로따로예요. 사회와의 끈 없이 자기의 독자적인 학문인 거죠. 그래서 학문을 한다는 것이 남들과 구별하는 수단이었지 사회적인 문제에 대답을 하는 수단이 아니었다는 거예요. 그런 인문학의 버릇이 계속 남아 있다 보니 결국 대중들한테 버림을 받은 거죠. 저는 오히려 지금이야말로 인문학이 중요한 시대라고 생각해요.

이민석 선생님께서 아까 말씀하셨던 선형적 글쓰기가 아닌 비선형적 글쓰기와 같은 촉각적 글쓰기는 하나의 트렌드라기보다 일종의 생존의 문제라고 말씀하셨는데, 그러한 글쓰기 방식이나 철학적 마인드가 선생님의 삶에 어떤 영향을 미쳤는지요? 그리고 들뢰즈가 프랜시스 베이컨의 그림을 보는 순간 "그것이 바로 촉각을 때리는 식으로 작용했다"라고 했는데, 사실 그러한 작용이 가능한 듯 보이면서도 늘 고착화되어 있고, 감성으로 와닿기보다는 텍스트나 사물을 통해 이성적으로 접하게 되는데 선생님의 실생활에서의 경험은 어떠셨는지요?

진중권 그 어떤 것이든 말을 하게 되면 지나가는 거잖아요. 아도르노가 한 말도 그런 거예요. '예술작품에 대해서 일단 말을 하게 되면 그건 이미 잊은 것이고, 계속 끝없이 해석되어야 하지, 말로 끝내버리면 그것은 이미 지나가버린 것이다.' 그런 부분에서 예컨대 프란시스 베이컨에 대해서 굉장히 많은 얘기들이 있잖아요. 특히 들뢰즈 같은 사람이 말했던 것은 사실 데이비드 실베스터라는 사람이 베이컨을 인터뷰한 것을 가지고 자신

그렇다면 사람들이 삶을 살아가면서 자기 삶의 미학을 추구할 수 있는 방법에는 어떠한 것들이 있을 수 있는지 궁금합니다.

주어진 것을 그대로 반영하고 보전하는 것이 아니라
아직 없는 것을 만들어내고 꿈꾸는 것이 굉장히 중요하다는 거예요.

의 이론과 결합해서 썼거든요. 그래서 그러한 방식은 그 사람의 이론이라고 생각하면 될 것 같아요. 들뢰즈같이 쓰는 사람들이 있는가 하면, 똑같은 철학을 다른 방식으로 접근하는 경우도 많아요. 일반적으로 미학이나, 미술사에서 보면 실제적인 것의 구현을 이야기하죠. 추상에서 다시 구상으로 돌아오는 그런 경향들을 얘기하는 것이거든요. 그러니까 어떤 특정한 해석들은 어떤 사람이 그렇게 이해했구나 정도로만 받아들이면 될 것 같아요. 그걸 갖다가 고착화 시킬 필요는 없는 것 같구요.

그 다음에 그런 것도 있어요. 얼마 전에 유럽에서 많은 사람들을 대상으로 조사를 했어요. 20세기에 가장 영향력있는 예술가가 누구냐고. 우리는 어때요? 현대 하면 피카소잖아요. 그런데 조사 결과, 피카소 대신 마르셀 뒤샹이라는 사람이 올라왔습니다. 이건 당연한 거예요. 미술사는 계속 다시 쓰여집니다. 피카소는 1950년대까지거든요. 거기까지 그가 영향력을 행사했지만 50년대 이전과 이후를 다 가진 예술가는 바로 뒤샹입니다. 그리고 대표적인 작품들에 대한 평가도 달라져요. 그렇기 때문에 하나를 계속 고정시킬 필요가 없다는 것이죠. 그리고 사실 들뢰즈의 상당 부분이 자기 틀에 꿰어맞춘 거라고 볼 수 있어요. 공감각 이야기가 나오잖아요. 근데 프란시스 베이컨에게 직접 물어본 데이비드 실베스터는 그런 것은 없다고 얘기하더라고요. 딱 잘라말해 버리거든요. 그런 식으로 해석과 예술작품 그 자체는 사실 조금 다른 차원의 문제인 것 같아요. 아까도 말씀드렸듯이 미학은 자기들의 놀이에요. 예술가가 하는 놀이가 따로 있고, 미학은 미학자들끼리 하는 놀이입니다.

김승현 선생님, 거기 테이블 위에 있는 귤 하나만 주시겠어요? 목이 조금 마르네요.(웃음) 지금 미학을 주제로 열띤 토론을 하고 있는데, 사실 저는 미학에 대해 잘 모르거든요. 그냥 제가 궁금한 것을 편안하게 여쭤볼게요.

선생님께서 어렸을 때 철이 안 들었다고 하셨는데, 지금은 철이 드셨는지요?(웃음) 철이 든다는 것은 어떤 것인지요? 그리고 아직 철이 들지 않은 저에게 어떤 말을 해주실 수 있는지요?

진중권 철은 안 드는 게 좋은 것 같아요.(웃음) 독일말로 '철들다'는 Vernunft라는 말을 쓰거든요. 독일말로 이성이라는 뜻인데 걔네들은 애들한테 철들라고 말할 때, "이성적으로 되어라"이렇게 말을 해요. 우리 유학생들이 들으면 '이야, 독일은 역시 철학적이야. 아이들을 야단칠 때도 이성적으로 되라고 얘기해' 하고 놀라죠. 근데 그게 우리말로 하면 "철 좀 들어라" 이런 뜻이거든요. 글쎄요. 저는 어렸을 때 뭐랄까, 즉자적이라고 해야 하나? 좋아하는 거 있으면 즉자적으로 저질러버리고 뒷생각을 안 했거든요. 지금도 그러네요.(웃음) 그런 거 보면 예나 지금이나 똑같은데…… 잘 모르겠어요. 나도.(웃음)

'영원한 소년'이라는 거 있잖아요. 그런 소년 시절에는 모든 것이 결정되어 있지 않잖아요. 들뢰즈도 계속 그걸 이야기했구요. 기관 없는 신체라는 것은 예컨대 눈이 코가 될 수도 있고, 코가 입이 될 수 있는 등 가능성이 있다는 것이거든요. 대개 청소년 시절 이 바로 그 가능성의 시기라는 거예요. 예컨대 제 나이쯤 되면 할 수 있는 것이 딱 정해져요. 이렇게 저렇게 그냥 살아가는 거잖아요. 그 시점에서는 변할 수 있는 여지가 줄어드는데 반해서 여러분 나이 때는 아직 아무것도 예상을 할 수 없잖아요. 앞으로 여러분이 뭐가 될지 모르는 거죠. 그렇기 때문에 뭐랄까, 존재의 상투적 인간이라기보다도 유동하는 상태인 거죠. 그런 유동적인 상태를 나이든 후에도 유지할 수 있다면 굉장히 좋죠.

철은 안 드는 것이 좋은 것 같아요.
독일말로 '철들다'는 말을 할때 Vernunft라는 말을 쓰거든요.
독일말로 이성이라는 뜻인데 개네들은 애들한테 철들라고 말할 때,
"이성적으로 되어라"이렇게 말을 해요. 우리 유학생들이 들으면
'이야, 독일은 역시 철학적이야. 애들 야단칠 때에도 이성적으로 되라고
얘기해' 하고 놀라죠. 근데 그게 우리말로 하면 "철 좀 들어라" 이런 뜻이거든요.

한편으로는 분명히 청소년에서 어른으로 성장할 때 자의식과 자기 반성능력을 획득하잖아요. 자기 행위를 자기만 보는 게 아니라 남의 관점에서도 볼 줄 아는 그러한 자기반성 능력이 성인화의 중요한 부분이거든요. 하지만 그러한 것들 때문에 어린 시절에 갖고 있었던 유동적인 것, 어디로 튈지 모르는 창의성 등 많은 장점들이 사라져버려요. 근데 그걸 그대로 갖고 있는 거죠. 소위 영원한 소년이 되는 거예요. 가령 레오나르도 다빈치 같은 사람들을 보면 어린아이 같은 데가 많아요. 그건 뭐냐면 철이 안 들었다는 차원의 문제가 아니라, 자기 자신을 생각하는 거예요. 자기 자신을 미리 '난 이거야' 라고 규정하는 것이 아니라 자기가 할 수 있는 여러 가지 것들을 정해놓지 않고 유동적인 상태를 늙을 때까지 계속 유지하는 겁니다. 그래서 노는 거예요. 놀이가 되는 겁니다. 늙어서까지 그런 놀이를 할 수 있는 그런 영원한 소년. 저는 그런 사람이 됐으면 좋겠어요.

전창호 선생님께서는 사학을 공부하고 싶었는데 미학을 전공으로 택하셨잖아요. 후회는 없으신지요?

진중권 글쎄요. 저는 사학을 공부했으면 '역시 사학 공부 하기를 잘했어' 라고 중얼거리고 있을 거예요.(웃음) 그런데 저는 후회는 안 해요. 차라리 잘됐다고 생각해요. 왜냐하면 미학을 하면 모든 것을 공부할 수 있잖아요. 영화를 봐도 공부가 되지, 만화를 봐도 공부가 되지, 미술관을 놀러가도 공부가 되잖아요.

시간만 많으면 마음껏 놀러 다니고 싶은데, 시간이 없어요. 돌아다니면서 작품도 많이 보고, 문화생활에 흠뻑 빠져보고 싶어요. 또 그렇게 하는 것이 필요하기도 하고요. 왜냐하면 글을 쓸 때 실제 작품을 안 보고 쓰는 거 하고, 실제 내가 봤던 것들 보고 쓰는 것은 분명히 다르거든요. 실제로 글 쓸 때는 가서 원작들을 봐야 해요. 원작들이 어떤 맥락에 배치가 되어 있는지, 실제 질감은 어떤지. 실제로 보면 느낌이 다르거든요. 지난번에 한 번 사진만 보고는 푸르른 색이 어쩌고저쩌고 글을 써서 출판사에 보냈는데, 그 후 원작을 봤더니 푸른색이 안 나타나 있는 거예요. 그래서 다시 글을 고쳤어요.(웃음) 느낌이 다르더라구요. 그래서 '아, 사진만 보고 섬세한 얘기를 쓰면 안 되겠구나' 라는 걸 그때 깨달았죠. 그렇게 다를지 몰랐거든요.

김정희 선생님께서 미학적 작업을 하시면서 끊임없이 많은 그림들을 보실 것 같은데 기억에 남는 그림이 있다면 소개해 주세요. 그리고 그러한 예술작품이 인상적이었다면 그것이 어떻게 미학적 작업의 대상이 되어 글쓰기나 해석이 진행되는지도 궁금합니다.

진중권 제가 『춤추는 죽음』에 썼던 것 같네요. 어떤 그림들 세 가지가 있었는데 하나는 밀레이Millais, John Everett의 〈오필리아〉. 햄릿의 여자친구죠. 햄릿이 자신의 아버지를 죽였기 때문에 미쳐서 막 들판에서 노래를 부르며 실성한 채 돌아다니다가 물에 빠지죠. 드레스를 입었기 때문에 부력이 있어서 바로 가라앉지 않고 떠 있다가 서서히 가라앉거든요. 노래를 부르면서. 그 위로 꽃잎이 떨어지는 상황을 그린 그림이죠. 또 하나는 아르놀트 뵈클린의 〈죽음의 섬die toteninsel〉이라는 그림 있죠? 그건 정말 딱 보면 느낌이 이상하게 오는 그런 그림이에요. 세 번째는 로댕의 〈지옥문〉에 나온 '오골리아' . 로댕의 작품을 보면 특정 부분들이 있어요. 자그마하게 만들어진 부분을 크게 석고로 만들기도 하잖아요. 오골리아 같은 경우는 굶어죽는 형을 선고받아 자기 아들의 시체까지 뜯어먹다 굶어죽은 사람의 얘기잖아요.

미술사를 보면 강한 인상을 남기는 작품들이 있어요. 그러한 것들로 책을 쓰려고 했는데, 세 그림을 보니깐 주제가 다 죽음이더라고요. 그래서 그렇게 책을 쓰게 된 거죠. 그 그림들이 굉장히 인상적이었기도 하고요. 인상적이라는 것이 훌륭한 작품이라는 건 아니잖아요. 훌륭한 작품이라는 것은 미술사에서 어떤 자리를 차지하는 거거든요. 어떤 획을 열어주거나 새로운 세계를 바라보는 눈을 열어줬거나, 아니면 새로운 기법들 또는 기존의 미술사를 바꿔놓는 획기적인 기획이었다거나. 이런 식으로 평가가 되는 것이기 때문에 주관적으로 나에게 다가오는 작품들과 객관적으로 미술사에서 평가되는 작품들은 다를 수가 있죠.

제가 좋아하는 그림들은 목판화, 동판화로 제작된 것들이에요.(웃음) 옛날에 사진이 없던 시절에 일어났던 일들을 장인이 그린 것들을 보면 재미있어요. 그런 그림은 읽는 재미가 있잖아요. 밖에 나가면 제일 먼저 사는 것이 그림이에요. 어떤 경우는 그림 한 장을 위해 십만 원짜리 책 한 권을 사야 할 때도 있어요.(웃음) 그렇게 해서 그림들을 모아놓으면 비슷한 그림들이 꼭 있어요. 예컨대 전혀 엉뚱한 맥락에서 '이거 비슷하네' 라며 탁 뽑고, '저것 비슷하군' 이라며 딱 뽑으면 텍스트는 끝난 거예요. 이제 남는 건 사실 고된 작업이죠. 핵심 작업은 그림을 선택할 때 다 했어요. 이 작업이 끝나면 형상적으로 그리는 거죠. 재미있어요.

또 하나는 데자뷰 같은 경험도 있어요. 여러분도 영화를 많이 보잖아요. 예컨대 〈패션 오브 크라이스트〉를 보면 '어, 그거 램브란트' 하며 탁 머리를 치는 순간들이 있거든요. 이런 식의 경험들도 굉장히 재미있죠.

그 다음 〈타이타닉〉에서 주인공들이 뱃머리에서 이렇게 양팔을 펼치잖아요. 그거 뭔지 아세요? 바로 나이키 상이잖아요. 니케Niche 또는 '사모트라스의 여신상'. 사모트라케 섬에서 발견된 그게 뭐냐면 원래 원작의 받침대가 전함의 앞부분이거든요. 그리스 함대가 돌격할 때 그 전함의 앞부분에서 날개를 펴고 승리를 이끄는 모습이잖아요. 그런 방식으로 인용을 많이 해요. 시각적인 인용들을 많이 하죠. 그림을 본다는 것이 그런 재미가 있지요.

이슬아 에셔의 그림을 보면 일단 신기해요. 그렇다고 해서 우리가 그 그림에 숨어 있는 일정한 논리들을 찾아내기란 쉽지 않은 것이 사실입니다. 미학적 지식도 필요할 텐데 선생님은 어떠한 그림을 보고 어떻게 이야기로 풀어내시는지요?

진중권 일단은 에셔 그림 같은 경우는 해석이 이미 있어요. 왜냐하면 논리학을 전공한 사람들은 그걸 보면 딱 알거든요. 그런 사람들의 해석들이 있고, 또 하나는 미학의 문제로 그 그림을 어떻게 끌고 들어오느냐의 문제죠. 유사성을 보는 눈이 필요하거든요. 그러니까 글자만 읽는 게 아니라 그림을 읽어야 하거든요. 그림을 읽는다는 건 그런 거죠. 사실 그림 안에 텍스트가 들어 있다는 느낌을 항상 받아야 하죠. 벤야민이 말하길 '결코 쓰여지지 않은 것을 읽는다'라고 했지요. 많은 것이 사물이지 글이 아니잖아요. 하지만 하나의 그림 안에 텍스트가 내재되어 있어요. 그런데 그것을 발견하는 능력은 훈련하면 돼요.

해석의 역사가 있어요. 누구나 처음부터 완벽한 해석을 하는 것은 아니거든요. 만약 15세기에 나온 황당한 그림이 있다고 했을 때 아무도 대답을 못 해요. 첫 사람이 기술을 하고 첫 번째 해석을 합니다. 그 다음 사람이 반박을 하고, 또 그 다음 사람이 반박을 하는 식으로 진행되죠. 그렇기 때문에 한 사람이 하는 작업은 아니에요. 문제는 이제 그런 형상적 사유와 상상력의 사유가 굉장히 중요하다는 거죠. 똑같은 그림을 줘도 어떤 사람은 그런가 보다 하고 끝내는데, 그걸 가지고 자기 스토리로 만들어내는 사람도 있잖아요. 물론 거기에도 일종의 장인 정신이 있지요. 똑같은 그림도 어떻게 형상화하느냐에 따라 굉장히 달라지니까요. 그건 훈련의 차이인 것 같아요. 누구든지 그림을 펼쳐놓고 그와 같은 해석을 할 수 있는 것은 아니지요. 사실 대개 어느 정도 완성된 자료들을 가지고 한 가지 정도를 덧붙이는 거예요.

에셔 같은 경우는 너무나 분명하거든요. 실제로 그 사람이 쓴 글이 많이 나와 있기도 하고요. 그러니까 에셔나 마그리트 같은 경우에는 원래 자기들이 쓴 글이 많이 남아 있기 때문에 그걸 통해서도 얼마든지 짐작할 수 있는 거죠. 그리고 그런 글이 없어도 그림 한 가지 읽어내는 데 글까지 읽고 해석을 하는 거니까 실제로 그렇게 어려운 작업은 아니죠?

주성완 비엔날레를 가거나 현대미술관을 가보면 미디어 예술이나 팝아트처럼 내용은 사라지고 형식만 남아 있는 특징을 발견할 수 있습니다. 그렇게 됨으로써 해석을 하거나 이해를 하는 것이 더욱 어려워졌다고 생각하는데요. 현대의 미술작품을 바라보는 선생님의 시각이나 흐름이 있다면 이야기해 주십시오.

진중권 어렵죠. 지금 간단히 흐름을 얘기하자면 19세기까지는 재연회화였잖아요. 20세기에 들어와서는 추상이 강해집니다. 그런데 그러한 추상이 강했다가 60년대부터 다시 구상이 등장해요. 그 구상의 구체적인 형태가 바로 미디어로 복제된 사진이라든지 아니면 비디오라든지 아니면 백남준의 TV 같은 것들 또는 레디메이드, 일상생활, 팝 이런 것들 있잖아요. 이런 것들이 등장하는 거죠. 여러 가지 흐름들이 있어요.

현대에 잘 나가는 사람들이 많잖아요. 게르하르트 리히터나 지그마르 폴케라든지 여러 사람들이 있어요. 그런데 그 사람들이 죽고 난 후라야 또 이야기가 되는 거거든요. 문제는 1960년대까지는 예술사가 정리가 돼요. 흐름이 있는 거죠. 초현실주의 그 다음은 팝, 미니멀리즘 등. 또 나아가 페인팅, 생명이니 추상이니 쭉쭉 나가는데, 미니멀리즘 이후부터는 이런 흐름이 없어요. 왜냐하면 예술 언어가 유파로 정리되는 것이 아니라 개별적으로 되거든요. 그때부터는 작가론을 써야 되는 거예요. 강의를 하는 데도 굉장히 지장이 많죠. 유파별로 작가들이 묶여야 그 묶음으로 얘기를 하는데 60년대 이후로 넘어가면 개별자로 흩어져버려서 이야기하기가 쉽지 않죠. 그 다음에 모더니즘이라는 것은 미학적 강령을 갖고 나왔거든요. 미학적 강령이 뭐냐면 '이제까지 예술이 이러했는데, 그것의 문제는 이렇다, 그래서 우리는 이걸 하겠다. 이것만이 진짜 새로운 거다.' 그런데 그러한 것도 포스트모더니즘의 분위기 속에서 미학적 강령이 포기가 돼요. 요즘에는 강령 갖고 나오는 사람 없거든요.

거기다 또 하나는 디지털 쪽으로 방향을 틀어서 가버리죠. 디지털로 가버리면서 미술관에 변화가 생겼어요. 미술관하고 영화관하고 분명이 다르잖아요. 미술관은 그림이 벽에 붙어 있고 사람이 움직이면서 보잖아요. 영화관은 그 반대죠. 사람은 가만히 있고 그림만 움직이거든요. 그런데 현대의 미술관은 황당한 거예요. 미술관에서 그림이 움직이거든요. 도대체 어떻게 하라는 건지.(웃음) 그래서 애매모호한 부분이 있지요. 그러한 것들이 쉽게 말하면 '불편한 상황' 이에요. 어제도 미술관에 갔는데 의자를 갖다놓았더라구요. 이제 영화관처럼 앉아서 보라고요. 여러 달라진 상황에서 앞으로는 미디어 쪽으로 계속 나아갈 것 같아요. 그리고 어떤 유파가 있어서 이것이 옳은 예술이라고 주장하는 시대도 이미 지났다는 거죠. 옛날에는 비평이라는 것이 어떤 유파의 강령이 있고 현대예술에서 추상이 아닌 건 시대에 뒤떨어진 것이라는 생각이 지배적이었죠. 그런데 이제는 그런 방식의 비평이 아니라 각각의 예술언어에 대해서, 즉 구상은 구상대로 평가하고, 추상은 추상대로 평가하고, 미디어 아트는 미디어 아트대로 평가하는 식으로 기준들이 다면화되었다는 거죠. 옛날과는 많이 달라졌어요.

질문자 독일 유학을 하게 된 결정적인 계기가 있으셨나요? 또 유학을 가셔서 어떤 것을 배우셨으며 해외 유학에 대해서 어떻게 생각하시는지요?

진중권 독일 유학은 음…… 저는 당시만 하더라도 엄청난 '빨갱이' 였거든요. 지하조직 활동 같은 것도 했어요. 그런데 사회주의가 망하니까 내 눈으로 직접 봐야겠다는 생각이 들더라구요. 물론 사람들이 못 산다는 것도 알았고, 그 체제가 억압적이라는 것도 알았어요. 그래서 보고 싶다는 생각을 강하게 가졌고, 그래서 베를린을 갔죠. 동베를린에 먼저 가서 애들하고 '사회주의가 어땠느냐?' 에 대해서 얘기를 했어요. 우리가 생각했던 것처럼 끔찍하진 않았어요. 나 같은 경우에는 거기 살 수도 있을 것 같더라고요. 그들을 통해서 많은 걸 배웠어요.

저는 가서 공부도 많이 했지만 더 중요한 것을 보았어요. 1994년에 유럽 대륙을 발견했거든요. 말로만 듣던 곳에 실제로 가서 그곳 원주민들이 상당히 발달한 문화를 갖고 있다는 것을 처음 봤죠.(웃음) 이런 식의 관점으로 관찰을 했어요, 처음에는. 재미있잖아요. 그리고 내가 당연하다고 생각했던 것이 그곳에서는 그렇지 않으니까 당황스럽기도 하고 신기하기도 했어요. 그리고 또 느낀 건 확실히 중국 애들은 다른 것 같아요. 걔네들은 모든 것이 자기들 기준이에요. 어딜 가도 자기들하고 다르면 자기들이 정상이고, 나머지가 이상한 거예요. 그런데 우리는 이런 상황에서 일단 조심스럽죠. 어떻게 해야 할지 잘 모르잖아요. 특정 상황에서 어떤 행동을 해야 하는지. 그런데 시간이 좀 흐르면서 유심히 관찰하니까 보이더라구요. 그래서 그 차이를 자꾸 발견하는 것이 재미있었던 것 같아요. 한국 사회를 상대화시킬 수 있는 거죠. 항상 절대적으로 생각했던 것이 그곳에 가보니 하나도 절대적이지 않더라는 거죠. 그러면서 다섯 가지 감각으로 보고 느낀 것이 굉장히 많아요. 저는 그게 유학생활의 가장 중요한 점이라고 봐요.

그 다음에 거기서 느꼈던 것이 정말 자본주의가 이런 거구나 하는 거였어요. 우리가 굳이 운동할 필요가 없었구나. 사회주의가 그 정도만 되도 괜찮겠다는 생각들을 했죠. 왜냐하면 사회정의라는 것이 살아 있고, 사회보장제도도 잘 되어 있어요. 실업자가 실업수당 타고, 아이 셋 낳은 부부가 애들 교육비 받고 또 여름에 놀러 가면 괜찮은 거죠. 금요일까지만 일하고, 휴가도 일 년에 한 달씩 가거든요. 걔들은 휴가 다녀와서 그 다음 일년 동안 열심히 일하면서 다음 휴가계획 짜는 재미로 살아요.

그 다음 학교 문제를 들어보죠. 독일 아이들은 순진해요. 까지지 않았어요.(웃음) 정말 놀라는 것이 자녀들이 집에 와서는 이런 말을 한대요. "아빠, 여기 애들은 우리를 안 때려요." 참 충격적인 말이에요.

또 발달된 학문을 보면서 느낀 점이 많았어요. 많은 경우 열등의식과

우리가 말하는 학력들, 위계질서들 있죠. 이게 완벽하게 무너져요. 서울대 나왔다고 잘 하는 게 아니에요. 우리나라는 많은 경우에 서울대 나오면 자기는 엘리트라는 생각을 하잖아요. 근데 독일은 평준화니까 그런 생각조차 안 하는 거죠. 위계질서에 대한 생각이 없는 사람들을 만나면 자연스러워요. 한국에서 말하는 남녀 위계질서하고, 학벌 위계질서라는 게 없어서 굉장히 좋았어요. 아, 사람을 잘 사귄다는 것이 사람을 이렇게 달라지게 하는 거구나. 위계질서가 사람간의 관계를 얼마나 부자연스럽게 만드는가. 진정한 인간관계를 막는구나라는 걸 많이 느꼈죠.

절망감도 느꼈어요. 언어철학을 공부하다가 언어철학사를 정리해야겠다는 생각이 들어서 도서관을 갔는데 100년 전에 이미 전집으로 나와 있는 거예요. 우리나라에서 100년 전이면 대원군 때잖아요. 이런 것들을 떠올리면 완전히 전의를 상실하는 거죠.(웃음) 그래도 다른 한편으로는 자신감 같은 것도 얻었어요. 어떤 부분에서는 금방 따라갈 수 있다는 자신감. 우울증에 조울증이 계속 겹쳐요. 한편으로 확 떨어졌다가 다시 올라가고 그러다 다시 팍 내려가는 이 조울증.(웃음)

유학은 계속 가야 된다고 생각해요. 어떻게 하느냐가 문제죠. 유학을 가긴 가는데, 대개 학위만 받고 오잖아요. 물론 학위를 받는 것도 중요하죠. 남자와 여자를 비교하면 여자들이 훨씬 감각이 있는 것 같아요. 남자들은 좀 둔해서 분위기 파악을 못 해요.(웃음) 성향이 약간씩 다르거든요. 언어도 늦게 배우고, 그 다음에 사람을 대할 때 한국 남자들은 다소 권위적이잖아요. 위와 아래를 따지는데 여성들은 좀 덜 하니깐 사람도 잘 사귀더라구요. 그러니까 말도 빨리 배우죠. 가장 어려운 문제가 언어거든요. 아무리 어학이 뛰어나다 해도, 독일에서 세미나 두 시간 들으면 머리가 마구 아파와요. 네 시간짜리 세미나를 듣잖아요. 그러면 나머지 두 시간은 아무 생각이 없어요. 무념무상이에요. 너희는 떠들어라, 나는 참가하는 데 의의가 있다, 이렇게 되는 거죠.(웃음) 왜냐하면 용량 처리에 한계가 생기니까요.

그리고 우리가 말하는 학력들, 위계질서들 있죠. 이게 완벽하게 무너져요. 서울대 나왔다고 잘 하는 게 아니에요. 우리나라는 많은 경우 서울대 나오면 자기는 엘리트라는 생각을 하잖아요. 근데 독일은 평준화되어 있으니까 그런 생각조차 안 하는 거죠. 위계질서에 대한 생각이 없는 사람들을 만나면 자연스러워요. 한국에서 말하는 남녀 위계질서나 학벌 위계질서라는 게 없어서 굉장히 좋았어요. 아, 잘 사귄다는 것이 사람을 이렇게 달라지게 하는구나. 위계질서가 사람간의 관계를 얼마나 부자연스럽게 만드는가, 진정한 인간관계를 막는구나라고 생각했죠.

앞으로도 유학을 가긴 가야 되는데 문제는 학벌 따라 가는 거 있잖아요. 이건 절대 피해야 할 것 같아요. 그 다음에 아이들 조기유학 같은 것도 저는 광란이라고 생각해요. 아무 쓸데없는 거잖아요. 영어 유창하게 할 필요 있습니까? 문제는 유창한 영어로 무식할 수 있다는 생각을 해야 돼요.(웃음) 한국말로만 무식한 게 아니라 영어 배우면 영어로도 무식하단 말이죠. 이중으로.(웃음) 그렇기 때문에 어학은 딱 필요한 만큼만 하면 돼요. 의사를 전달하고, 책 읽는데 지장이 없으면 된단 말이죠. 그런데 유학에 대한 잘못된 생각들을 많이 갖고 있는 것 같아요. 첫째는 아이들의 경쟁력을 높여주고 싶은 욕심, 그리고 학위 등. 그러한 것들이 재미있는 유학생활을 완전히 망쳐요. 저는 그랬어요. '유학은 놀면서 배우는 거야.' 그러면서 충실하게 놀고, 파티하고 그랬죠.

사회자 긴 대화의 여정을 지나왔는데요. 오늘 주제와 변주, 선생님께서는 어떠셨는지 궁금합니다.

진중권 오늘 질문이 너무 어려워서 면접시험 보는 기분이었어요.(웃음) 사실 며칠 동안 담배를 안 피웠는데 나가서 한 대 펴야 할 것 같아요.(웃음)

여러분을 만나서 반가웠어요. 솔직히 말하면 질문들이 너무 어려웠지만 여러분의 깊은 사유와 고민의 흔적을 느낄 수 있었습니다. 이런 시대에, 뭐랄까요, 여러분 같은 학생들이 있다는 것이 기분이 좋아요. 오늘 고마웠습니다.

4회

2005년 2월17일 오후 2시

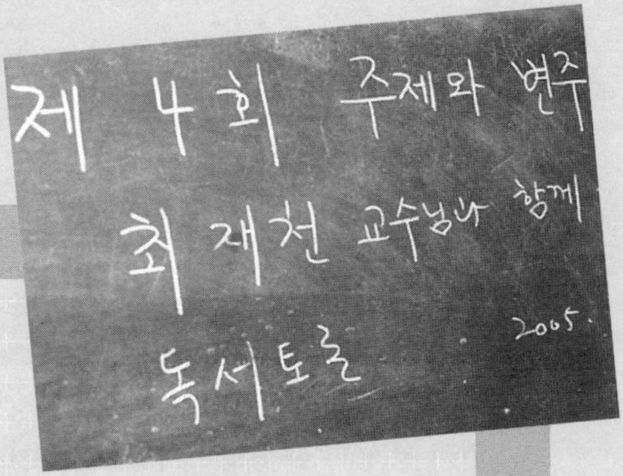

생물학자로서 인간을 정말 사랑하십니까?

사회자 사회를 맡은 저는 고등학교 2학년 이슬아입니다. 오늘은 옆집 아저씨 같으신(웃음) 최재천 교수님을 모시고 '주제와 변주'를 시작하려고 합니다. 먼저 이 자리에 대해 잠깐 소개하겠습니다.

'주제와 변주'는 원래 음악용어입니다. 특정한 주제에 대한 여러 변주곡이 이어진 형태의 음악인데, 저희는 그걸 일상에 접목하고자 합니다. 그러니까 예를 들면, 나는 어떤 주제를 갖고 있는데, 그걸 실행하기 위해서 여러 가지 변주를 하고, 그걸 또 다른 주제로 이끌어내는 거죠. 이 자리는, 토론과 대화라는 작은 교육적 실천을 통해서 청소년들의 도덕적 품성과 예술적 감성 그리고 비판적 지성을 키울 수 있는 행사이기도 합니다. 좀더 쉽게 말해, 작고 소박하지만 진실을 알고자 하는 청소년들의 진지한 대화, 그리고 당당하고 용기 있는 초대를 통해 우리의 어떤 생각을 발산하고 사유를 나누는 공간이라 할 수 있겠습니다.

그럼 간단하게 최재천 교수님에 대해서 소개하겠습니다. 서울대 자연과학대학 생명과학부 교수이시고,(현재 이화여대 자연과학대 석좌교수로 재직중이다.-편집자 주) 『여성시대에는 남자도 화장을 한다』 『알이 닭을 낳는다』 『생명이 있는 것은 아름답다』 등을 쓰셨습니다. 아니, 그래도 잘 모르시겠다구요?(웃음) 이렇게 말하면 다 아시겠죠. 고등학교 국어 上 교과서에서 고등학생을 가장 처음 맞이하는 글인 〈황소개구리와 우리말〉의 저자이십니다. 강릉에서 어린 시절을 보내셔서 귀소본능으로 동물생태학을 연구하고 계시고 '알면 사랑한다!'는 주제를 갖고 여러 가지 변주를 통해 일상을 창조하시는 분입니다. 이제 본격적으로 시작해도 되겠습니까?

청중들 네.(박수)

사회자 교수님께서는 최근에 까치를 연구하고 계십니다. 교수님, 까치는 잘 있습니까?(웃음)

최재천 예. 잘 지내고 있습니다.(웃음)

사회자 까치는 잘 지내고 있다는군요.(웃음) 21세기는 자기 PR시대라고 하는데, 교수님이 직접 자신을 소개해 주셨으면 좋겠어요.

최재천 자기 소개를 어떻게 해야 되나요? 어, 옆집 아저씨. 듣기 좋은 얘기네요. 옆집 아저씨 같아서 그런지 제게는 이상한 일이 하나 있어요. 길을 걷다 보면 저한테 길을 묻는 사람이 꽤 있어요.(웃음) 제 앞에도 사람들이 많이 있는데, 그 사람들한테 안 물어보고 꼭 저한테 와서 물어봐요. 몇 년 전 파리에서 길을 걸어다니는데, 거기에서도 저한테 길을 물어봐요. 왜 그런지 전 잘 모르겠는데, 제 안사람의 평가에 의하면 만만해 보여서 그렇대요.(웃음) 길 물어도, "나한테 왜 길 물어?" 이렇게 얘기는 안 할 거 같아서, 일단 만만하니까 험악한 일은 안 벌어질 거 같다는 생각을 하는 것 같아요.(웃음)

옆집아저씨 같다는 말 좋게 받아들였습니다. 이런 분위기로 정말 하고 싶은 얘기를 다 해주셔야 해요. 이런 자리를 제가 의외로 두려워하지 않아요. 자신만만해서 그런 게 아니라 저에 대해서 조금 읽어보셨으면 아시겠지만 제가 늘 승승장구한 사람이 아니거든요. 바닥에도 내려갔다가, 도랑에도 빠져 기어올라온 경험이 있어요. '대한민국에서 잘나간다는 대학의 교수인데 나보다 더 잘난 놈이 있을까?' 라는 생각은 한 번도 해본 적이 없어요. 왜냐하면 바닥에서 좀 기어봤던 기억이 저한테 너무나 뚜렷하게 있어서 누구를 만나도 제가 더 많이 안다든가 하는 생각을 잘 못해요. 그래서 여러분이 저한테 무슨 질문을 해도, 제가 다 답변할 수 있다고 절대 기대하지 마세요.(웃음) 저도 그렇게 생각 안 하고 그냥 같이 편안하게 토론을 할 겁니다. 굉장한 열기입니다. 어려운 질문이 많이 들어올 것 같네요. 편안하게 서로 얘기를 나눴으면 좋겠습니다.

사회자 자, 그럼 교수님께 궁금한 점 있으신 분? 분위기가 아직 무르익지 않았는지 선뜻 손을 들지 못하는 것 같아요. 그럼 제가 먼저…… (웃음) 교수님께서 지금 하시는 학문에 대해서 청소년들은 잘 알지 못하는데, 설명을 조금 해주셨으면 좋겠습니다. 어떤 계기로 하게 되셨는지도 함께 이야기해 주세요.

최재천 제가 하는 학문은 크게 보면 생물학인데, 생물학 내에서 생태학, 그 중에서도 동물생태학. 더 구체적으로 얘기하면 전 동물행동학을 공부하는 사람입니다. 제 스승이 지금 살아 있는 과학자 중에는 세계 몇 손가락 안에 꼽힐 정도로 유명한, 에드워드 윌슨 교수님이신데, 그분이 새롭게 열었다고 해도 과언이 아닌 사회생물학 분야에 몸담고 있습니다.

사회생물학이 70년대 중반에 처음 나왔을 때는 마치 이 학문이 기존의 질서를 옹호하는 것처럼 받아들여졌어요. 특히 제가 이렇게 여성 문제를 떠들어서 여성들한테 인기가 있다는 건 사회생물학계에서 보면 신기한 일일 정도입니다. 왜냐하면 사회생물학이 70년대 중반에 처음 나왔을 때 제일 먼저 사회생물학을 공격한 진영이 다름 아닌 여성계였어요. 왜냐하면 여성계는 사회생물학자들이 나와서 하는 소리가 도무지 말도 안 되는 소리라고 생각한 거예요. 사회생물학자들 중에 주류가 아닌 몇 사람이 새를 조금 관찰하고는, 새 수컷이 여러 암컷을 쫓아다니는 모습을 보게 되죠. 그러고는 이런 결론을 내렸습니다. '수컷의 이 바람기는 본능이다. 그러니 우리도 어쩔 수 없다.' 그런 얘기를 사회생물학에서 하는 대표적인 얘기인 것처럼 해석한 거예요. 여성계에서 볼 때는 '도대체 뭐 이런 놈의 학문이 다 있나' 해서 원수 영순위로 지목을 한 거죠.(웃음) 그게 아직도 화해가 제대로 안 됐어요. 그래서 사회생물학자로서 여성 문제를 언급했다는 것만으로도 참 대단한데, 전 사회생물학이라는 학문을 좀더 거창하게 벌려보려고 굉장히 애를 쓰고 있어요.

제가 받는 가장 큰 공격 중 하나는 '학자가 공부나 하지, 왜 자꾸 사회 문제에 대해서 떠들고 다니냐' 는 거예요. 제 전공이 사회생물학인데, 이 학문은 인간을 포함한 모든 동물의 사회행동을 체계적으로 연구하는 학문이에요. 지금 제가 강의를 한답시고 가운데 앉아 있지만, 저는 제 앞에 앉거나 서 있는 여러 동물들을 관찰하고 있거든요.(웃음) 이 세상에 어느 동물이 이렇게 좁은 공간에 끼어서 앉고 선 채로 자기들 중에 한 마리만 떠들게 하고 이렇게 집중합니까? 그런 동물은 세상에 없어요.(웃음) 그러니까 지금처럼 강의를 하고 강의를 듣는 행동은 정말 비자연적인 행동인데, 이런 비자연적인 행동을 할 수 있는 인간이 만물의 영장이 된 연유를 따져봐야죠. 다른 동물은 이걸 할줄 모르기 때문에. 지식을 공유하거나 지식을 급속도로 한 뇌세포에서 다른 뇌세포로 우리처럼 이렇게 전달하는 방법이 없는 거죠. 각자 자기가 경험을 통해서 터득해야 되는 거거든요. 이런 점이 굉장히 다른 거라고 생각하는데, 그래서 사실 우리 사회에서 벌어지는 모든 문제가 저에게 다 연구주제예요.

제가 지금 막 제 지도교수님이 쓰신 책의 번역을 끝냈어요. 영어로 『Consilience』라는 제목의 책입니다. 굉장히 어려운 책이에요. 우리말로 '컨실리언스'를 어떻게 번역해야 할지 참 고민이 많이 되었는데, 제가 아주 멋진 말을 하나 찾아냈어요. '통섭統攝'이라고. 제가 만들었다고 으스대려 했는데 알고 보니까 불교나 도교에서 꽤 쓰는 말이더라구요. '통섭'이라는 말은 '여러 분야를 아우르면서 그걸 조합한다'는 뜻인데, 출판사 쪽에서는 들어도 무슨 소리인지 모르는 제목을 붙이면 책이 안 팔린다고 걱정을 많이 하더라구요.(웃음) 저는 '책이 안 팔려도 좋다, 그 책은 한 번에 많이 팔릴 책이 아니다'라면서 밀어붙였어요.(웃음)

이를테면 이런 학문입니다. 사회생물학이란 학문은 어느 한 분야에 고정되어 있는 게 아니라, 여러 분야로 마치 그 신경세포가 넓게 가지를 뻗어 한데 묶는 그런 분야예요. 우리 사회에 있는 이 고정관념, "난 수학 잘 하니까 이공계 가야지." "난 수학 못 하니까 문과 가야지." 이런 식의 이상한 이분법적인 사고, 또 "별로 분석적이지 못하니까 과학은 안 될 거 같아." 그런 사고를 좀 과감하게 깨야만 할 수 있는 학문이라고 생각합니다. 분석적인 능력도 있어야 되지만, 상당히 종합적인 능력, 나무를 볼 줄도 알아야 되지만, 숲을 볼 줄도 알아야 할 수 있는 학문이라고 생각해요.

여러분 중에 양쪽의 능력을 다 갖췄다고 생각하는 분이 있으면 제 동료가 되어주기를 기대해 봅니다. 그렇다고 해서 두 가지를 다 갖춰야 할 수 있는 학문이냐? 그건 솔직히 절대 아닙니다. 저희 안사람은 음악학을 하는데, 음악의 이론, 역사 등의 내용이 무척 어렵더군요. 외국어만 해도 서너 개를 해야 되고요. 그 사람이 저한테 늘 "상식만 있으면 할 수 있는 학문을 하면서 뭘 그렇게 빼기냐?"고 핀잔을 줍니다.(웃음) 그건 사실이에요. 지극히 상식적인 학문이고 거창하면서도, 아주 작은 걸 가지고도 충분히 학문을 할 수 있어요. 부분이면서도 전체고, 분석을 하면

서도 종합할 수도 있습니다. 다만 배가 좀 고플 수 있겠단 생각이 듭니다.(웃음)

연구를 하고 싶다고 제 연구실에 찾아오는 학생들이 한 해에 전국에서 30, 40명쯤 되는데, 제가 제일 먼저 묻는 질문이 "굶어도 되냐?"입니다. 굶을 수도 있습니다. 심각합니다. 자리가 별로 없는데, 결국에 뛰어드는 친구들은 '굶어도 좋다'며 뛰어듭니다. 일단 뛰어들면 재밌어서 굶는 걸 잊어버리는 거 같은 생각이 듭니다. 배가 고픈지도 잘 모르고, 그런 학문을 하는 사람이 접니다. 이 정도면 제 소개가 되었나요?

서동현 안녕하십니까? 저는 서동현이라고 합니다. 우선, 선생님의 여러 책들을 보면, 선생님께서 어렸을 적부터 살아오신 삶에 대한 걸 많이 써놓으셨던데요. 그런 이야기를 반복해서 쓰시는 데는 이유가 있을 것 같거든요. 어떤 교훈이 따로 있는 건지 아니면 독자들에게 무엇을 전달하기 위해서 그런 건지요?

최재천 아, 여기 오면 왜 진땀을 흘리나 했더니 이제 알겠어요.(웃음) 글쎄요. 꼭 어떤 의도가 있어서 그랬던 건 아니었구요. 어떻게 쓰다 보니까 자꾸 옛날 얘기를 쓰게 되는 것 같은데, 굳이 교훈을 찾는다면 아까도 얘기한 것처럼 늘 순탄하게 남보다 위에서 성장한 사람은 아니라는 것을 알리려는 속셈이 좀 있는 것 같아요. 서울대학교에 저랑 제일 가까운 동료이자 친구가 하나 있어요. 이 양반은 우리나라에서 제일 유명한 고등학교를 나왔고, 미국 코넬 대학에서 박사학위를 하고, 제가 하버드 있을 때 거기 와서 한 1년인가 2년인가 박사 후 연수과정도 했고, 그야말로 대한민국에서 둘째 가라면 서러워할 엘리트인데, 그 사람하고 같이 앉아 있다 보면 가끔 그 제자들이 방에 들어와요. 그런데 제가 보기 민망할 정도로 얼마나 야단을 많이 맞는지 몰라요. "네가 이 실력으로 어떻게 대학에 들어왔냐?" 이런 말들을 막 해요. 학생들이 나가고 나면 제가 그 친구한테 늘 그래요. "애들 야단 좀 치지 마라. 다 큰 어른인데……" 그러면 이 친구가 "야단을 맞아야 정신을 차리지"라고 해요. 전 계속 그러죠. "당신은 한 번도 밑에 내려가 본 경험이 없으니까 이해를 못 하는 건데, 그 밑에 갔다오면 왜 저런 실수를 할 수밖에 없는지 이해가 될걸세." 그 양반이 지금 이 나이에 밑바닥에 내려갔다 오기는 좀 늦은 것 같은데, 제가 이렇게 악담을 해요. "한 1, 2년 내에 한 번 완전히 바닥에 갔다 와야 되는데…… 방법이 없을까?" 하고. 아마도 이런 면이 좀 있지 않을까 싶네요. 남들만큼 순탄하지는 않았다는……

질문자 제가 교수님 책을 꽤 많이 읽어봤는데요. 왜 계속 중복되는 내용이 많은지요.

최재천 그렇지 않아도 지금 서울대학교에서는 글쓰기 과목을 재정비하여 새롭게 잘 만들어보려고 위원회까지 구성해 노력중이거든요. 학생들의 글을 받았을 때, 표절 문제를 어떻게 할 거냐? 요즘 인터넷에 워낙 글이 많이 돌아다니니까. 믿지 않으실지 모르지만, 그래도 대한민국의 제일이라는 대학 중 하나인 서울대학교의 학생들인데, 한 번은 이런 일도 있었어요. 요즘은 글들을 잘 퍼오잖아요. 근데 제가 쓴 글을 퍼다가 낸 친구가 있어요.(웃음) 채점하려고 읽는데, '야, 이거 어디서 되게 많이 본 글이다.' 한참 읽다가 보니까 제가 쓴 글이더라구요.(웃음) 그 친구는 누가 쓴 건지를 확인조차 안 하고, 그냥 퍼다가 낸 거예요.

선생님께서 생물학자로서 사회 문제에 대하여 관심을 많이 가지신다고 하셨잖아요.
그런데 인간이라는 생물은 자연에서 멀어지려는 경향이 있잖아요.
사회생물학이라는 분야가 발전하려면 이런 상황에서 어떻게 해야 하나요?

그래서 엊그제 회의하면서 표절 얘기가 나온 김에 그 얘기도 하고, 또 다른 선생님한테 이런 걸 물어봤어요. 자기 글을 자기가 표절하는 거는 어떻게 되냐고요. 사실 학자들은 그런 일을 종종 해요. 그런데 상당히 애매한 문제가 있어요. 예를 들면 정확하게 똑같은 문장은 아니더라도 같은 주제로 쓰다 보면 같은 예도 들게 되고 결국 비슷하게 쓰는 경우가 있거든요. 그러다 보면 자기가 자기를 표절하게 될 수도 있는 겁니다. 예를 들면 제가 지금 번역을 끝냈다고 했는데 사실은 거의 같은 시기에 두 권의 번역을 끝냈어요. 둘 다 제 지도교수님 책인데, 번역을 하다 보니까 제 지도교수님이 양쪽 책에 상당히 많은 부분을 중복되게 여기도 쓰고 저기도 썼더라구요. 저도 그걸 번역하면서 기분이 좀 썰렁(?)하더라구요. '왜 그랬을까?' 하는 생각도 들고요. 그런데 저도 제 자신을 돌아보니 '나도 이 짓을 가끔 하는데……' 하는 생각이 들더라고요. 자기 표절에 대해서도 나라마다 기준이 상당히 다른데, 영국이나 미국은 특별히 규제가 강한 편이에요. 그래서 자기 글이라도 옮겼다는 것을 스스로 정확하게 밝히지 않으면 자기가 자기를 범법자로 만들 수 있게끔 법이 되어 있어요. 독일 같은 나라는 상당히 편하게 되어 있어요. 저자한테 모든 권리가 있어서 거의 똑같이 써도 저촉되지 않게 되어 있어요. 저자의 권리를 최대한 인정하는 거지요.

어느 선에서 규제해야 되는지 잘 모르겠어요. 저도 그렇게 보인다는 건 제가 책을 좀 많이 썼다는 뜻이겠지요.(웃음) 그동안 써온 책들이 주제가 비슷비슷해서 그런 것도 같구요. 저도 반성합니다. 그런데 반성한다고 해결될 문제는 아니겠지요. 작가의 입장에서는 어느 정도 허용되어야 하는 문제인 것 같지만, 물론 너무 심해지면 곤란하겠죠.

질문자 선생님께서 생물학자로서 사회문제에 대하여 관심을 많이 가지신다고 하셨잖아요. 그런데 인간이라는 생물은 자연에서 멀어지려는 경향이 있잖아요. 사회생물학이라는 분야가 발전하려면 이런 상황에서 어떻게 해야 하나요?

최재천 굉장히 중요한 지적을 해주셨어요. 음, 그 질문은 학자에 따라서 여러 관점이 있을 수 있습니다. 여러분도 잘 아시는 스티븐 제이 굴드라는 진화생물학자가 있지요? 제가 하버드에서 공부할 때 그분도 거기 계셨고, 제 지도교수인 윌슨 교수도 있었는데, 그 두 분은 기가 막힌 앙숙이었어요. 리처드 르원틴이라는 교수는 스티븐 제이 굴드와 같은 편이었어요. 르원틴 교수는 박물관 연구동의 3층 전체를 쓰고, 윌슨 교수는 4층을 쓰는데, 4층에서 윌슨 교수가 엘리베이터를 타고 내려오다가 3층에 문이 딱 열리는데, 르원틴 교수가 기다리고 서 있을 때가 있습니다. 이럴 때 르원틴 교수는 절대 안 탑니다.(웃음)

그 정도로 그분들의 관계가 험악했는데, 사회생물학이라는 학문을 놓고 벌어진 논쟁의 역사 때문일 거예요. 저는 제가 이 세상에서 만나본 사람, 가까이서 본 사람 중에 르원틴 교수보다 명석한 분을 본 적이 없어요. '어떻게 저렇게 머리가 좋을 수 있을까?' 하는 생각이 드는 분이었어요. 그분 실험실에서는 월요일 점심 때마다 항상 세미나가 있었어요. 유명한 학자들이 모두 그 점심 세미나를 하러 옵니다. 여행중 일부러 하버드로 달려와 점심 세미나 하고, 다시 공항 가서 비행기 타고 갈 정도로 아주 대단한 세미나였어요. 한 시간 세미나 하는 동안 르원틴 교수가 그걸 듣고 질문하는 걸 보면 한 마디로 기가 찹니다.

그 세미나를 하러 오는 분들은 수십 년 동안 그걸 연구한 사람들인데,

한 시간 만에 그 양반이 그들을 능가하는 걸 여러 번 봤어요. 그분은 제가 개인적으로 무지무지 존경하는데, 돌아가신 양반에게 죄송하지만, 스티븐 제이 굴드는 제가 결코 존경하지 않습니다.(웃음) 세상은 그 사람을 대단한 진화생물학자로 알고 있지만, 사실 우리 진화생물학자들은 그분이 좀 일찍 사라져주길 은근히 기다렸어요. 왜냐하면 진화생물학을 왜곡하는 일을 너무 많이 했기 때문이죠. 굉장히 박식한 분이다 보니까 자기의 이론을 사람들로 하여금 따라오게 하기 위해서 어떨 때는 그 박식함을 동원해 현혹하는 경향이 있었어요.

그분이 한 말 중 제가 제일 싫어하는 말 하나가 바로 "인간은 진화를 멈췄다"라는 것이었어요. 그런데 그 양반의 다른 글들을 읽어보면 절대로 그런 결론에 도달할 수가 없어요. 그럼에도 불구하고 어떤 자기 주장을 합리화하기 위해서 즉흥적으로 그런 말을 내뱉고 그것에 대한 반격을 합니다. 또 지기 싫어서 그걸 끝까지 몰고 간 것 같은 인상이 굉장히 강해요. 과연 인간은 진화를 멈췄을까요? 우리가 자연 속에 살지 않기 때문에 더 이상 진화하지 않는 것일까요? 지금도 우리가 반쯤 벗고 숲 속에서 '아~' 하며 뛰어다녀야 진화를 하는 건가요. 그렇지 않거든요. 자연과 전혀 상관없이 문명사회에 살아도 우리는 끊임없이 진화합니다. 왜냐하면 진화라는 건 한 마디로 이번 세대에서 다음 세대로 유전자의 빈도가 변화하는 것을 말하는 거거든요.

요즘 '게놈genome' 이라는 말을 많이 듣잖아요. 그것을 우리말로 '유전체' 라고 하면 아주 좋은 번역이에요. 그러니까 '게놈' 이라 하지 말고, 이제부터 '유전체' 라 해주세요. 유전체 속에 들어 있는 유전자들을 다 꺼내놓고 어떤 유전자가 얼마나 많이 있는가를 세어놓은 자료가 있다고 합시다. 그리곤 한 20년 후 다음 세대에 또다시 세어보았을 때, 그게 전혀 변화가 없으면 진화가 안 일어난 거예요. 그런데 어떻게 전혀 변화가 없을 수가 있어요? 어디 큰 사고가 나서 동네 사람들이 다 죽고, 그 사람들이 갖고 있던 유전자가 상대적으로 더 많이 사라지면 상대 빈도에 차이가 날 거예요. 갑자기 대한민국 남자들이 대부분 마른 여자들을 좋아하는데 부산 남자들은 이상하게 통통한 여자들을 좋아해서 전부 통통한 여자들하고만 결혼을 했다면 그 다음 세대에는 통통한 여성들이 많아지겠죠. 그럼 그런 유전자의 상대 빈도가 더 높아지는 거지요. 그러니까 자연 속에 있어야만 진화를 하는 게 아니라 같은 종의 다른 개체들과 함께 살기만 해도 그 관계 속에서 반드시 진화는 일어날 수밖에 없다는 거죠.

이 방안에 있는 사람들은 지금 제 얘기에 너무 집중한 나머지 세상이 어떻게 돌아가는지 모르고 있잖아요, 지금.(웃음) 그런데 제 강의가 끝난 후 나가보니까 엄청난 규모의 지진이 일어나서 우리만 남았다고 합시다. 인류의 미래는 우리한테 달려 있는 거예요. 우리끼리 자식 낳고 살아야 하는데, 그러면 다음 세대의 인류가 지금 인류랑 같은 모습일까요? 전혀 같지 않겠죠. 적어도 금발은 안 나올 거예요.(웃음) 우리 중에 핀란드에서 온 사람이 있어서 '금발 유전자' 가 있기는 있는데 발현이 안 된 사람이 있다면 모를까, 그게 아니면 안 나오죠. 미래의 인류는 지금과 상당히 다른 인류가 될 거예요. 만일 변화가 없으려면, 영어로 '랜덤 메이팅random mating' 이라고 그러는데, 아주 무작위적인 짝짓기를 해야 되지요.

우리는 그냥 슬쩍 스치기만 해도 둘이 자야 돼요. '나는 이 여자는 싫은데, 나는 저 여자랑 자고 싶은데' , 그건 허용이 안 되고 그냥 막 섞여야, 그것도 완벽하게 무작위적으로 섞여야 유전자 빈도 변화가 거의 없어요. 또 자식도 누구는 다섯 낳고 누구는 둘 낳으면 다섯 난 사람의 유전자가 더 많아지니까 안 돼요. 그리고 그 자식도 절대로 한 사람이라도 죽어선 안 돼요. 이 세상에서 진화가 일어나지 않는 것은 사실상 불가능하죠. 지금 제가 이렇게 떠드는 동안에도 부산의 어느 병원에서는 아이가 태어납니다. 그 아이 때문에 부산의 유전자 빈도가 조금 변했어요. 진화는 그런 식으로 그냥 일어나는 거예요. 그렇기 때문에 사회생물학이 할 일이 없어질 상황은 절대로 있을 수 없는 거라고 생각해요. 우리가 벌거벗고 동물 잡으러 쫓아다니든, 아니면 모여서 이런 토론을 하든, 아파트에만 살든, 전원주택에 살든 인간은 어김없이 진화합니다. 인간도 동물이고 진화의 산물이라는 걸 받아들이면 인간이 자연환경에 있느냐 아니면 우리가 만들어낸 인공환경에 있느냐는 제가 보기엔 전혀 문제가 되지 않는다고 봅니다. 그래서 저는 사회생물학이라는 학문이 무너질 이유는 절대 없다고 생각합니다.

질문자 제가 처음에 고1 국어 교과서에서 〈황소개구리와 우리말〉을 본 뒤에, 선생님을 뵙는 자리에서 가장 묻고 싶었던 게 있어요. 교과서에서 선생님의 글을 보시고 어떤 기분이 드셨는지요.(웃음)

최재천 제가 어느 책엔가 이미 실토했습니다. "노벨상을 받으면 이런 기분일까?" 하고요. 제 연구 분야는 노벨상을 못 받아요. 스웨덴 한림원은 제 분야는 전혀 관심도 없어요. 그러니까 제가 아무리 날고 기어본들, 노벨상을 받을 확률이 없죠. 이건 여담이지만, 예전에 제가 대학 다닐 때 이런 일이 있었어요. 그 당시 교육부가 아니라 문교부라고 그랬어요. 문교부 장관님이 서울대학교 수학과에 오셔서 "여기서도 노벨상이 나와야 되는데……"라는 말을 해서 무식함이 탄로가 난 적이 있어요.(웃음) 수학에도 노벨상이 없잖아요. 그 대신 필즈 메달Fields Medal이 있지요.

하여간 노벨상은 그렇다고 치고, 저는 제가 과학자가 될 만한 자질을 별로 못 갖췄다고 생각하거든요. 제가 어떻게 과학자로서 여러분을 만나게 되었는지는 제가 생각해도 참 신기해요. 저는 글을 쓰고 싶었고, 한때는 미술을 하고 싶었는데 어떻게 하다 보니 과학자가 됐어요. 저로서는 과학자가 된 게 큰 행운이었다고 생각해요. 제가 만일 글을 썼다면 추측하건대 지금 이 나이가 되어서도 찬바람만 불면 신춘문예 준비하느라고 어느 방구석에 쭈그리고 앉아서 담배나 퍽퍽 피고 있거나 아니면 운이 좋아서 등단은 했는데, 별 볼일 없는 작가로 어디 좀 끼어보려고 기웃기웃 하고 있을 것 같아요.

사실 저는 작가 친구들이 굉장히 많아요. 공지영 씨도 얼마 전에 『별들의 들판』이라는 소설을 써서 저한테 사인해서 보내주었고, 은희경 씨, 김형경 씨, 김영하 씨도 소설집을 사인해서 보내주었어요. 그런데 제가 그분들을 원래 아는 게 아니라, 그분들이 제 글에 관심을 가져주셔서 만나자고 해서 만난 분들이에요. 문인들이 제 글을 참 좋아한대요. "야, 세상에 이럴 수도 있나?" 했는데, 알고 보니까, 제가 글을 잘 써서 좋아하는 게 아니라 제 글 속에 건더기가 많아서 좋대요. 소설 쓸 건더기를 제 글에서 찾는대요. 그래서 좋아하신답니다.

어찌됐건 저는 문인 친구도 많아서 원래 하고 싶었던 생활도 약간은 맛을 봐요. 그분들 만나면 마치 저도 무슨 문인이 된 것처럼 착각하고 살아요. 대한민국은 이상하게 과학하는 사람은 글을 못 쓰는 걸로 치부하는 사회잖아요? 과학 하는 사람 치고는 그래도 제가 글을 좀 쓰니까 마치 글을 꽤나 쓰는 사람처럼 대접을 받는 거죠. 굉장한 행운이죠. 게

다가 교과서에 실렸다? 이건 꿈에도 상상을 못 했던 일이에요. 정말, 제 서재에 교과서가 가장 좋은 층 한가운데에 꽂혀 있어요.

질문자 최근 인문학 담론에서는 라캉이나 들뢰즈 같은 사람들이 유행하는데, 이 사람들의 주장을 살펴보면, 주체가 분열되어 있고 자기가 자신의 욕망의 주인이 되지 못한다고 보거든요. 생물들의 모습을 교수님이 '민달팽이가 햇빛을 쏘이고 싶어하는 욕망이 민달팽이의 욕망이 아니라 기생충의 욕망'이라고 하셨잖아요? 그리고 '개미가 풀잎 끝에서 올라오는 이유도 개미에 기생하고 있는 기생충이 숙주인 개미를 조종하기 때문'이라고 하셨구요. 그리고 이제 유전자가 그 옛날 원생동물 시절에 있었던 유전자들의 자기 복제능력을 가지게 되면서 생물체 속에서 섞이지 않고 다양한 유전자들이 분열되었다는 것. 그랬을 때 그런 식의 생물학 쪽의 가설과 지금 현재 인문학 담론에서 이루어지는 '주체의 분열'이나 주체의 주인이 되지 못하고 있다는 논의가 어떤 학문적인 연관이 있는지요. 또한 사회생물학이 제공하는 생물학적 근거는 무엇인지요?

최재천 일단 저는 선생님의 그 질문을 유전자의 관점에서 바라보는 시각, 소위 사회생물학의 시각에 대한 질문으로 이해를 하고 거기서 출발해서 한번 접근해 보겠습니다. 잘못하면 유전자의 관점에서 세상을 바라본다고 하는 것이 마치 주체를 잃어버린 것 같고, 개인적인 수준에서는 무척 허무해지거든요. 저도 공부하는 과정에서 그런 단계를 거쳤습니다. 한국에서 공부할 때부터 그걸 알고 한 게 아니라 미국에 가서 공부를 하는 과정에서 어느 날 우연하게도 그런 관점을 알게 되었어요.

소위 유전자의 관점에서 세상을 바라보는 것. 그때 받은 충격은, 사실 지금도 그 충격 속에서 그냥 살고 있다고 해도 과언이 아니지만 엄청났어요. 대학에서 제 강의를 듣는 학생들한테 제가 아무리 못해도 하나만은 반드시 해줘야 한다고 요구하는 게 있습니다. 바로 『이기적 유전자』라는 책만큼은 반드시 읽어야 한다고 주문합니다. 그 책을 읽지 않고 나한테 강의를 들었다고 얘기하지 말아달라고 하지요. 그 덕분에 그 책을 번역하신 선배 교수님이 저를 되게 좋아하시는 것 같아요.(웃음) 그런데 유전자의 관점에서 세상을 바라보면 처음에는 마치 그야말로 손에 힘이 쭉 빠지는 것 같은 느낌을 갖게 돼요. 그렇다면, '나라는 존재는 뭐냐? 내가 내 삶의 주인이 아니라 내 안에 있는 유전자가 나로 하여금 유전자 복제를 하게 하는 유전자 중심의 그런 관점으로 세상을 봐야 하느냐?' 처음에는 굉장히 허무하게 느껴지지만 궁극에는 그 관점이 아닌 다른 관점으로 과연 이 세상을 볼 수 있을까 하는 수준에 이르게 됩니다.

저야 얼마를 더 살지 모르지만 좀 살다가 가는 거고, 그러면 제 몸을 이루는 100조 개의 세포들은 흙으로 돌아가는 거죠. 그렇지만 다행히 제가 자식을 하나 낳았기 때문에 그 녀석의 몸 안에 저의 유전자의 반이 들어가 있죠. 제 안사람하고 저하고 공부를 좀 한다고 욕심을 부리다가 아이를 늦게 낳아서 저희가 이른바 번식게임에서 상당히 늦었다고 생각합니다. 그래서 지금 줄기차게 아들을 세뇌하고 있어요. "넌 일찍 장가가서 많이 낳아라."(웃음) 작년까지만 해도 스무 살에 장가를 가서 열세 명을 낳겠다고 약속했는데, 이 녀석이 올해 들어서는 "아, 스무 살은 좀 이른 것 같다. 13명은 좀 많은 것 같다. 6명으로 줄였다"고 합니다. 저희가 "어휴, 그건 말도 안 돼" 하면서도 속으로는 "그래, 여섯은 꼭 지켜달라"고 말했습니다.(웃음) 그 녀석이 자식을 낳으면 제가 부모님으로부터 받은 유전자를 이어가겠죠. 저는 죽어서 없어지겠지만 제 유전자는 살아남는 겁니다.

제 책 중에 『알이 닭을 낳는다』라는 책이 있습니다. 최승호 시인이 지어준 제목이에요. 그분이 책 편집도 해주셨지요. 책 제목 짓자고 해서 만났어요. 최승호 시인은 대한민국에서 글씨를 제일 크게 쓰는 분일 거예요. 서너 글자만 쓰면 종이 한 장이 그냥 넘어갑니다.(웃음) "굉장히 작게 쓴 거예요" 하면서 꺼내시는데, 제목이 한 다섯 개쯤 있더라구요. 그 중 하나가 『알이 닭을 낳는다』였어요. 전 그냥 "이걸로 할래요" 하고 바로 집었어요. 제 지도교수인 윌슨 교수님이 오래전 이렇게 설명을 했어요. "닭이 알을 낳는 걸로 우리가 알고 있지만 사실 잘 생각해 보면 닭이 알을 낳는 게 아니다. 닭이라는 존재는 알이 더 많은 알을 만들어내기 위해서 잠시 제작해 놓은 기계에 불과하다. 그 기계를 만들어서 알을 더 많이 낳게 하다가 기계가 기능이 떨어졌다 싶으면 죽여 없애고 또 다른 알에서 그 기계를 하나, 즉 닭을 한 마리 더 만들어서 쓰는 것이다." 선생님이 장황하게 설명하신 것을 최승호 시인은 '알이 닭을 낳는다'는 짤막한 말로 대신한 거죠. 시인이 다르긴 다르더라구요.(웃음) 저는 곧바로 선생님한테 이메일을 보냈어요. '선생님이 그렇게 한참 장황하게 떠드신 것을 제가 지금 제 새 책에 『알이 닭을 낳는다』라는 제목을 붙였습니다. 저 잘했지요?' 선생님이 답장을 안 하시더라구요.(웃음)

바로 그런 관점입니다. 굉장히 허무할 수 있죠. 사실 철학을 비롯한 모든 학문이란 어떻게 보면 인간을 이해하기 위한 것이고, 또 죽음을 이해하기 위한 것이잖아요. 궁극적으로는 내가 나를 이해하기 위해서 하는 것이고. 저만 그런 착각에 살 것 같지는 않은데, "하느님이 나를 이 세상에 왜 내보냈을까? 다른 사람들은 몰라도 나는 굉장히 중요한 의미를 띠고 태어났을 텐데……" 저만 그런 착각을 하며 사나요?(웃음)

사실 철학을 비롯한 모든 학문이란 어떻게 보면 인간을 이해하기 위한 것이고, 또 죽음을 이해하기 위한 것이잖아요. 궁극적으로는 내가 나를 이해하기 위해서 하는 것이고. 저만 그런 착각에 살 것 같지는 않은데, "하느님이 나를 이 세상에 왜 내보냈을까? 다른 사람들은 몰라도 나는 굉장히 중요한 의미를 띠고 태어났을 텐데…" 저만 그런 착각을 하며 사나요?(웃음)

그런 관점에서 문제를 보면 내가 주체가 아니고 내 유전자가 주체라는 이론만큼 정말 맥 빠지는 일이 없지만 그 이론을 충분히 이해하고 나면 아주 겸허해지는 그런 경험을 하게 됩니다. 저는 그런 경험을 했습니다. 내가 내 인생의 주체가 아니라는 얘기는 내가 내 맘대로 이 세상을 어떻게 할 수 있는 것도 아니고, 내가 어느 생명도 내 맘대로 어떻게 할 수 있는 게 아니라는 생각을 갖게 해요. 이런 생각은 궁극적으로 굉장히 겸허하게 나의 행위가 절대로 남한테, 즉 다른 유전자에게 피해가 가지 않게끔 노력하도록 만듭니다. 어떻게 보면 참 소극적인 인생관이 될지도 모르겠지만, 나는 내 유전자가 허락하는 범위 내에서 그렇게 살다가 가야겠다는 생각을 하면서 마음이 오히려 굉장히 편안해졌어요. 욕심도 많이 줄었고요.

좀 거창하게 대답을 마무리하면, 질문하신 선생님이 말씀하시는 대로 이른바 그 해체주의적인 철학과도 어떻게 보면 굉장히 일맥상통하는 느낌이 표면적으로 보면 있지만, 사실 같지 않다고 봅니다. 유전자에게 주체를 넘겨주는 거지 전부 해체해 버리는 건 아니거든요. 제가 주체였다가 유전자에게 주체를 넘겨줬다 뿐이지 그것이 데리다가 얘기하는 것처럼 모든 것은 상대적인 것이고 아무 것도 의미가 없다고 하는 것은 절대 아니라는 거죠. 그런데 그렇게 잘못 얘기하면 저희 분야의 사람들이 늘 두들겨 맞는 유전자 결정론으로 빠질 위험성이 있지요. 물론 유전자 결정론이 완전히 틀린 것은 아닙니다. 실제로 유전자 속에 있지 않은 게 나타날 수는 없는 거니까요. 갑자기 제가 날고 싶다고, '나 말리지마' 하며 창문 밖으로 뛰어내려봐야 저만 다치죠. 절대로 날 수 없죠. 우리 중에 날 수 있는 사람이 있나요. 우리 중 그 어느 누구도 겨드랑이 밑의 조직이 길게 늘어나는 유전자를 가진 사람이 없기 때문에 우리가 비행문화를 만들어낼 수 있는, 즉 우리 같은 인간이 비행 행동을 만들어낼 수 있는 가능성은 없죠. 그런 의미에서 보면 유전자가 우리가 할 수 있는 일의 범주를 결정해 줍니다. 그걸 어떻게 부인할 수 있을까? 단지 이런 유전자 결정론은 절대 아닙니다. 마치 유전자가 제 몸 안 어딘가에 앉아서 계속 제 귀에다 대고, "야, 안 돼. 그렇게 하면 안 되고, 이렇게 해. 야, 예쁜 여자 간다. 쫓아가. 쫓아가서 저 여자랑 짝짓기를 해. 그래야 네가 또 번식을 할 거 아니냐. 지금 공부할 시간이 아니야. 번식해야지." (웃음) 유전자가 이런 식의 이상한 소리를 항상 우리 귀에 하고 있다는, 그런 의미의 유전자 결정론은 절대 아니거든요.

사실 어떻게 보면 유전자처럼 답답한 존재가 없을 거예요. 유전자라는 건 단백질을 만들어내는 정보를 담은 화학물질 그 이상의 것이 절대 아니니까요. 단백질 생산을 통해서 서동현이라는 생명체를 하나 만들어서 세상에 내놓고, 그 안에 지금 들어앉아 있는 유전자는 사실 매일 답답해합니다.(웃음) 서동현 학생이 지금 다 컸는데, 빨리 자식이나 낳지 왜 이렇게 고등학교에나 다니느냐는 거죠. 사실 우리는 매순간 유전자가 하라는 일을 하고 사는 게 아니죠. 유전자는 일단 단백질을 만들어놓으면 사실 거의 속수무책이에요. 애써 만든 단백질 덩어리가 복제사업을 잘 수행하기를 매일 기도할 뿐이지 그걸 진두지휘할 수 있는 게 아닙니다. 그런 의미에서 보면, 오히려 인문학자들이 유전자 결정론을 그렇게 설명을 하고 생물학자들에게 뒤집어씌우는 경향이 있는 것 같아요. 그럼에도 불구하고 저한테 "당신은 유전자 결정론자입니까?" 라고 물으면, 저는 "예, 그렇습니다" 라고 대답하렵니다. 왜냐하면 아까 얘기한 대로 유전자 안에 있지 않은 것이 발현될 수 있는 가능성이란 애당초 없기 때문에. 결국은 우리가 갖고 있는 모든 문화도 그 유전자가 허락하는 범위 내에서 가능한 것이지 그 유전자의 손바닥 안에서 벗어날 수 있는 가능성은 절대로 없다고 저는 생각합니다. 너무 질문이 거창하셔서 제 답변도 좀 길어졌습니다. 답변이 되셨는지요.

송홍석 인간이 원숭이로부터 진화했다고 하잖아요. 그러면 우리가 동물원에서 보는 그런 원숭이가 인간으로 진화할 가능성이 있다는 건가요?

최재천 초등학생 같은데, 좋은 질문 했어요. 이게 다윈 선생님이 가장 자주 받았던 질문이었어요. 다윈 선생님이 1859년에 『종의 기원』을 썼잖아요? 거의 150년 전이죠. 다윈 선생님이 자연선택론에 입각한 진화론을 처음 내놓았을 때 사람들이 한 얘기가 다 그거잖아요. "아니 동물원에 앉아 있는 저 털북숭이 원숭이한테서 우리가 왔단 말이냐?" (웃음) 그 원숭이와 우리가 거슬러올라가면 어느 순간에는 한 조상으로부터 나왔다는 얘기지, 그 원숭이로부터 우리가 생겨났다는 얘기는 아니죠. 이걸 어떻게 이해를 하시는 게 제일 좋으냐 하면, 나무를 생각해 보면 좋아요. 나무는 크면서 가지치기를 하잖아요? 인간은 이미 이 가지 끝에 와 있고, 원숭이는 저쪽 가지 끝에 가 있는 겁니다. 원숭이가 아무리 나무를 잘 탄다지만 진화의 가지를 건너뛰어 넘어오지는 못해요. 원숭이가 진화를 해서 새로운 종으로 분화가 된다고 해도 인간이 아닌 다른 종으로 분화를 하는 거지 인간으로 분화하는 것은 아니죠.

제가 아까 스티븐 제이 굴드 선생님에 대한 악담을 했지만, 그분의 책 중 얼마 전에 번역되어 나온 『생명, 그 경이로움에 대하여』라는 책이 있는데, 그분의 책 중 가장 훌륭하다고 생각하는 책이에요. 영어 원제는 『The Wonderful Life』인데, 미국에서 살면 크리스마스를 전후로 해서 한 열 번은 봐야 하는 영화가 있어요. 많은 채널에서 다 그 영화를 방영해요. 죽었다가 다시 살아서 돌아와 인생의 아름다움을 새롭게 깨닫는 영화예요. 그 영화 제목을 책 제목으로 붙인 건데, 스티븐 제이 굴드 선생님은 다음과 같은 설명을 합니다. 지구의 역사를 영화로 찍었는데, 시사회를 하기 전에 감독이 아무리 봐도 맘에 안 드는 거예요. 그래서 다시 찍기로 하고 지구의 역사를 되돌려서 어느 순간부터 다시 찍거나 아예 태초로 돌아가서 다시 찍는다고 할 때 마지막 장면에 인간이 나올 확률이 얼마냐고 묻고 스티븐 제이 굴드는 '0' 이라고 답해요. 절대로 인간이 또 못 나온다는 거죠. 왜? 가지치기를 할 때 그냥 그때 그 상황에 따라 가지가 나온 것이기 때문에, 즉 가지가 이리 나오고 저리 나오고 하다가 참 기가 막히게 멋진 원숭이인 인간이라는 원숭이가 나온 것이라는 겁니다. 다시 한다고 해서 인간이 나올 리는 없다는 거예요. 가지를 건너뛰지도 못할 뿐더러 다시 한다고 해서 똑같은 가지들이 나온다는 확률도 전혀 없어요. 그게 진화입니다.

질문자 선생님께서는 생물학자로 연구를 해오시면서 많은 실험을 하셨을 텐데, 가장 어려웠던 실험은 어떤 것인지 궁금해요.

최재천 다 어려웠어요. 실험은 참 어렵죠. 더구나 제가 하고 있는 분야의 실험은 그야말로 은근과 끈기가 필요해요. 분자생물학이나 화학 또는 물리학을 하시는 분들은 자연계 전체를 놓고 실험을 하는 게 아니라 학문의 성격상 그 시스템을 지극히 단순화시켜 거의 모든 변화가 없다고 가정하고 하나의 변화를 관찰하는 것이에요. 줄이고 줄여서 실험을 하니까 완벽하게 준비만 하면 한 번에도 딱 떨어질 수 있거든요. 그런데 생물학은 이 세상에서 가장 복잡한 계인 생물계를 다루기 때문에 너무나 복합적이라서 모든 게 다 조절된 상황에서 무언가를 검증한다는 것은 거의 불가능해요. 또 저희 분야의 실험은 본질적으로 통계적 실험이기 때문에 상당히 반복적이고 지루해요. 그래서 쉽지 않죠. 그렇다고 연구비를 많이 주는 것도 아니고, 논문을 빨리 쓸 수 있는 것도 아니고요.(웃음)

제가 가끔 농담으로 하는 말이 있어요. 논문을 빨리 못 쓰니까 정말 어떨 때는 까치한테 가서, "야, 나 좀 급하거든? 보여줄 거 있으면 빨리 보여주면 안 되겠냐?"라고 물어보고 싶다니까요.(웃음) 그 질문을 받으니까 옛날 생각이 나네요. 제 연구에서는 동물이 항상 있어준다는 보장도 없어요. 작년에는 거기 동물이 있었는데, 금년에는 없어지는 경우도 있어요. 작년에는 멀쩡히 이 짓 하더니, 금년에는 또 이상하게 작년과는 다른 짓을 하기도 해요. 까치 연구를 제가 8년째 하고 있는데, 이 친구들이 해마다 딴 짓을 해요. 논문을 써야 연구비를 받을 거 아니에요? 그래서 한 3년간 데이터를 놓고 논문을 쓰려고 들여다봤는데, 처음 2년은 비슷하더니 그 다음 해는 완전히 딴판이었어요. 그걸 보면서 까치는 이렇게 산다는 논문을 어떻게 쓸 수 있겠어요. 1년 더하자, 1년 더하자 한 게 지금 8년까지 왔어요.(웃음) 얼마 전에도 8년간의 데이터를 펴놓고 봤는데 도무지 패턴이 보이질 않아요. 결국 한 20년은 기다려야 논문 한 편 쓸 것 같아요. 영 장사가 안 됩니다.(웃음) 제가 하는 연구는 한꺼번에 엄청난 규모의 연구비가 필요한 게 아니라 적당한 양의 연구비가 오랜 세월 필요합니다. 미국의 과학재단에는 이미 몇 년 전에 이 같은 필요를 인식하고 장기적인 생태연구를 위한 비용을 따로 책정하여 운영하고 있습니다. 우리나라에도 그런 연구기금이 생기기를 고대합니다.

질문자 질문의 내용이 좀 비슷한 거라서 지금 질문하는데, 보통 사회학자들이 연구를 할 때 자기가 살고 있는 곳의 문화요소, 예를 들면 상식이나 규범 등의 문제로부터 한걸음 떨어져서 관조하듯이 연구하는 것이 사회학자의 방법이라면 방법이지 않습니까? 교수님께서 쓴 책을 보다가 궁금한 게 하나 있었는데, 선생님께서는 연구를 할 때 어떤 행동을 보고 연구를 시작하시는지, 아니면 선생님께서 평소에 생활하시면서 이러한 행동이 있는데, 선생님께서 이 부분을 연구하고 싶다고 생각하고 시작하시는지 그 연구의 동기와 방법이 궁금합니다.

최재천 굉장히 좋은 질문이네요.(웃음) 학문을 하는 아주 판이하게 다른 두 가지 방법이 있다고 생각합니다. 특히 자연과학을 하는 사람들은 각각 이 두 방법 중 하나를 사용하지요. 많은 자연과학자들이 질문부터 세우고 검증할 방법을 찾지요. 지금 정말 우리가 해결해야 하는 질문이 뭐냐 하는 데서 출발하여 가설을 세우고, 그 가설을 검증하기 위한 예측들을 한 다음에 그들을 가장 잘 검증할 수 있는 실험대상을 찾지요. 이 방법을 통해서 굉장히 많은 지식을 얻었어요. 그런데 이건 상당히 서양적인 것 같아요. 동양의 학문은 평생을 관찰하다가 어느 날 그것들을 한데 묶어서 어떤 결론을 내는 방식인데, 서양의 근대과학은 그걸 뒤집은 거죠. 귀납적 방법을 연역적 방법으로 뒤집은 거죠. 어떻게 보면 그게 서양 사람들의 급한 성격하고 딱 들어맞는 것 같아요. 못 기다리는 거죠.

이 점에 대해서 저는 좀 달라요. 그게 지도교수를 잘못(?) 만나서 그런 건지도 모르죠. 윌슨 교수님 제자가 되기 위해서 찾아가 면담을 했는데, 면담 끝에 가서 선생님이 이런 얘기를 해주시더라구요. "나는 요즘 과학자들이 흔히 하는 연역식 일변도 연구가 맘에 안 든다." 연역적 방법은 몇 가지 부분에서 명확한 해답을 줄 수는 있지만 일관된 연구가 되기 어려워요. 그래서 윌슨 선생님은 이렇게 말씀하셨어요. "네가 선택한 어떤 종, 즉 동물이면 동물, 식물이면 식물에 대해서 아주 자세히 공부해라. 쉽게 말하면 그 동물에 대해서 완벽하게 안 다음에 질문거리를 찾아야 한다. 그 당시의 학문분야에서 제일 중요한 질문들과 연결할 수 있으면 더 할 수 없이 좋은 것이다. 그런 다음에 가설을 세우고 네가 가장 잘 아는 대상을 가지고 검증을 해야 진정으로 훌륭한 연구를 할 수 있다." 그래서 저는 그 말씀을 그대로 따랐어요. 따랐더니 박사학위 받는 데 한 10년 걸리더라구요.(웃음) 그 동물을 한동안 공부해야 되니까 당연히 오래 걸릴 수밖에 없지요. 제 지도교수님은 당신의 방법을 저한테 강요하신 건데, 제가 순진해서 그대로 받아들인 것 같아요. 제가 그걸 하면서 보니까, 같은 실험실 친구들은 그렇게 안 하고 저보다 먼저 학위를 받고 나가더라구요.(웃음)

제가 아까 얘기한 『통섭』이라는 책에 보면 윌슨 선생님이 그런 것을 다시 한 번 주장하세요. 학문은 어떻게 보면 그런 방법으로 해야 된다 하는 것을 또 주장하십니다. 저는 양쪽을 겸비하려고 노력해요. 너무 제 식대로만 하다 보면 속된 표현으로는 장사가 안 되기 때문에.(웃음) 남들 하는 방법도 좀 써서 논문도 쓰고 또 기본적으로는 꾸준히 실험도 하고 있습니다. 그래서 제가 까치 연구를 시작한 겁니다. 그건 몇십 년, 몇백 년 계속 하려고 해요. 그러다 보면 어느 순간에는 까치에 대해서 얼추 알게 되는 때가 올 거라고 생각해요. 그래서 저는 개인적으로는 소위 귀납법과 연역법 두 개 다 해야 된다고 믿습니다.

김민희 안녕하세요. 고등학교 2학년 김민희라고 합니다. 선생님께서 지금의 이 학문을 시작하실 때 솔직히 어려운 점도 있으셨을 거라고 생각합니다. 그리고 이 학문을 지금 계속 언급하신 것처럼 사회적으로 인정을 안 해주는 경우가 많은데요. 그런 불편함이라고 해야 되나, 그런 힘든 것을 딛고 서서 이 학문을 시작하게 된 계기가 있었을 것 같은데, 그 계기와 그리고 지금 학문을 하시면서 보람을 느낄 때가 언젠지 알고 싶습니다.

최재천 길을 잘 못 찾을 때 저한테 길을 보여주신 분이 있으셔서 저는 행운아입니다. 사실 〈동물의 왕국〉 같은 것을 하려고 미국에 갔거든요. 미국 대학에 보낸 자기소개서에 그걸 하고 싶다고 썼죠. 그런데 미국에 도착하니까 제 학과장님의 첫마디가 "우리 그런 것 안 하는데 어떡하면 좋냐? 너 아무래도 돌아가야 될 것 같다." 그러시더라고요. 과목을 아무리 들여다봐도 정말 그런 게 없더라구요. 그러다 소위 생태학이라는 학문을 하게 되고, 또 진화생물학이라는 걸 하게 됐는데, 어느 날 유전자의 관점에서 바라보는 세상을 바라보는 눈을 갖고 난 다음부터는 별로 어렵지 않았어요. 사실은 힘들지만요.(웃음)

연구비도 많지 않고, 심지어 저는 과학재단에서 연구비도 중단당해 봤어요. 대한민국의 연구비라는 게 돈 주고는 1, 2년 만에 논문 내라고 들들 볶는 경우가 많거든요. 실험실에서 연구하시는 분들은 실험만 잘 되면 하룻밤에도 논문 나올 거리를 얻을 수 있지요. 우리 대학에 화학을 전공하시는 분들 중에는 일년에 논문을 50편 이상 쓰시는 분도 계세요. 일주일에 한 편꼴로 쓰는 거죠. 이게 말이 되는 얘기예요? 시스템이 일단 정착되면 가능해요. 저는 8년을 까치 꽁무니를 쫓아다녀 이제 논문 한 편 겨우 썼어요. 길게 할 수 있는 연구를 허락해 달라고 줄기차게 졸랐더니 5년짜리를 주더라구요. 그래서 열심히 계획서를 써서 좋은 성적

교수님은 우리 인간이 유전자를 뛰어넘지 못한다는 이야기를 해주셨는데, 실제로 인간은 이상을 통해서 문명을 만들고 그 문명을 통해서 지금 이렇게 살고 있지 않습니까? 그래서 저는 이상과 문명을 통해 유전자를 극복할 수 있을 것 같은데 교수님은 어떻게 생각하시는지요?

으로 붙었지요. 그런데 일년 만에 잘렸어요. 전 제가 잘리리라고 상상도 못했는데, 정부의 방침이 경쟁력을 도모하기 위해서 반드시 하위 10퍼센트는 자르게 되어 있대요. 10퍼센트 자르는 데 거기 딱 제가 걸린 거죠. 왜 걸렸냐고 항의를 하니까, 다른 사람들은 벌써 논문들을 냈는데 저만 못 내서 잘렸다는 거예요. 이런 여러 가지 어려움이 있긴 해도 학문적인 면으로는 아주 재밌어요.

미국에서 갓 돌아온 첫해였어요. 석사학위 논문발표장에 처음 들어가서 후배들이 얼마나 잘 하나 보며 기분이 좋았어요. 발표를 잘 하더라고요. 밤새도록 연습한 걸 또박또박 발표하더라구요. 발표가 끝난 다음에 질문하라고 해서 제가 손을 들어 굉장히 편안하게, "이 세상에 많은 연구주제가 있을 텐데, 왜 그 연구주제를 택했는지 좀 얘기해 주실 수 있어요?" 이렇게 물었더니, 완전히 얼굴이 사색이 된 거예요. '내가 뭘 잘못 물어봤나?' "아니, 왜 그 연구를 하게 됐냐고요?" 그랬더니 고개를 푹 숙이고 대답을 안 해요. '내가 질문한 걸 못 알아듣나?' 그날 하루 종일 한 여덟 명에게 똑같은 질문을 했는데, 단 한 명도 대답을 못 해요. '야, 무슨 이런 일이 다 있나.' 대답을 못 하는 이유는 간단하죠. 결국 한 친구가 정답을 얘기하더라구요. "지도교수님이 하라고 해서 했는데요." 지도교수님이 학생에게 당신이 하시는 연구 중에서 "야, 너는 이거 해" 하며 피자 조각을 하나 잘라서 줬단 말이에요. 그러니까 그 피자 조각 하나를 들고 만지작거리다 먹어치우고 끝난 거예요. 피자 전체가 어떻게 생겼는지는 모르는 거죠.

저는 제 연구실 학생들에게 절대로 연구주제를 주지 않습니다. 자기가 고민하고, 자기가 계획서를 써서 저를 설득해야 돼요. 한 두어 달 혼자 공부하며 고민한 다음 "선생님 면담 좀 해요" 하며 들어와 설명해요.

그러면 저는 질문만 하죠. "왜 이런 연구를 해야 하는가?" "이 연구를 다 하면 과학에 무슨 기여를 하게 되나?" "이런 거 하려면 돈은 얼마나 필요한가?" 대부분의 경우 답변하다 말고 자기가 자기 계획서를 구기며 슬그머니 빠져나가요. 안 되겠구나 싶으니까. 제 방에서 1년 이상 그걸 한 친구가 있었어요. 나중에는 "야, 그러지 말고 이중에 하나 해." 그러고 싶었지만 꾸욱 참았어요. 그렇게 어렵게 해서 주제를 잡고 나면 그게 자기 것이 되는 겁니다.

제 연구실에는 강원도 산골의 흉가를 인수해서 거기 가서 2, 3년씩 혼자 있으면서 연구하는 친구도 있었어요. 자기가 스스로 찾아낸 질문을 가지고 자기가 스스로 기획한 연구를 하는 친구에게 얼마쯤 지난 다음 연구에 관한 질문을 하면 표정이 벌써 '선생님이 저보다 여기에 대해서 더 많이 아십니까?' 하면서 건방지게 굴어요.(웃음) 그런데 겉으로는, 요놈 건방진 놈 하지만, 속으로는 난 되게 기분 좋은 거예요. 그렇게 되어야 하는 거죠. 제가 자랑할 수 있는 것은 최소한 제 방의 학생들은 그런 질문이 들어오면 답변을 명확하게 한다는 것입니다. 왜냐하면 자기가 처음부터 끝까지 다 했으니까. 대학에서 석사학위, 박사학위란 그 사람이 그 분야에 대가가 됐으니까 주는 게 아니라, 너는 이제 하산할 준비가 됐다고 해서 주는 거죠. 이제 너는 홀로서기를 할 수 있다, 홀로 연구할 수 있는 자격을 갖췄다고 해서 주는 거지 다 끝났다는 것이 아니거든요. 그런데 달랑 피자 조각 하나만 주고 훈련을 시켜놓으면 그 사람이 홀로서기를 못해요. 저는 그 부분이 굉장히 마음에 안 들어요.

많은 학문들이 지금 엄청나게 새로운 것으로 변해가고 있습니다. 21세기의 학문은 근본부터 완전히 달라질 거라고 생각해요. 제가 아까 통섭이란 말을 했지만, 이젠 통섭의 시대가 정말 왔어요. 그래서 미국에는 이미 대학의 생물학과가 이름을 다 바꾸기 시작했어요. 캘리포니아 버클리 대학에서부터 출발한 흐름인데, 'Integrative Biology' 라는 이름으로. 우리말로 번역하면 '통합생물학' 정도 되겠죠. 1970년대부터 시작해서 80~90년대에 생물학은 작은 학과들로 쪼개졌어요. 물리학과는 대체로 그대로 있었어요. 그런데 생물학과는 생화학과, 분자생물학과, 세포생물학과, 유전학과 등으로 쪼개지며 아주 세분화 또는 전문화되는 방향으로 변했어요. 물리학은 애당초 지극히 단순화시킨 시스템을 연구하기 때문에 쪼갤 필요가 없을지 모르는데, 생물학은 워낙 복잡한 시스템을 놓고 '이거 어떻게 할까?' 감이 안 잡혔기 때문에 그걸 난도질을 해서 조그맣게 자른 다음에 봐야 했던 시절이 있었어요. 그런데 부분을 알면 전체가 보일 줄 알았는데 그게 그렇지 않더라는 거지요. 세포 안을 열심히 들여다본 다음 100조 개의 세포들을 한데 붙여 한 인간을 이해하려 했는데 도저히 안 되더라는 거예요. 부분을 아무리 모아도 전체가 안 되더라는 겁니다. 부분의 합 이상의 뭔가가 있어요. 아무리 세포를 다 이해해도 세포가 모여서 된 조직의 메커니즘을 이해하려면 그 외에 뭔가가 있다는 거죠.

기본적으로 사회과학이나 인문학은 그 이상의 무엇을 연구하는 학문이라 해도 과언이 아닐 것 같아요. Integrative Biology는 생화학, 세포생물학, 유전학과 같은 식으로 수평적으로 쪼개져 있던 분과들을 가장 낮은 수준에서부터 큰 수준까지 수직적으로 쌓아 연구하자는 것입니다. 맨밑에 물리학을 두고, 그 위에 화학이 올라가고, 그 위에 세포생물학, 생리학, 생태학, 이런 식으로 점점 복잡한 계로 올라가며 각각의 단계에 종사하는 사람들이 모두 일맥상통한 한 문제를 놓고 같이 연구를 하는 거예요. 이렇게 연구를 해야 그 복잡한 생명현상을 이해할 수 있는 겁니

진화는 한 마디로 다양화, 즉 유전자의 다양화인데,
유전자를 다양하게 만들어준 것을 우리가 진화를 이해했답시고
유전자를 다양하지 않게 하는 방향으로 몰아갈 수 있는 이 엄청난 위험.
우리가 이런 선무당 사람 잡는 어리석은 일을 할 수 있을 것 같다는
생각이 저를 괴롭힙니다.

다. 이 모든 단계들을 다 꿰뚫어 묶어주는 기본 이론이 바로 다윈의 진화론이에요. 생물학은 이제 이렇게 변해갑니다.

21세기에 들어와서 생물학계에서 가장 각광받는 학문분야 중 하나로 '이보디보Evo-Devo' 라는 분야가 있어요. 이보디보 즉 진화발생생물학은 'evolution biology' 하고 'development biology', 즉 진화생물학하고 발생생물학을 뭉쳐놓은 겁니다. 한 마디로 하나의 수정란이 100조 개의 세포로 분화되며 간도 만들고, 뼈도 만들고, 뇌도 만들어서 어떻게 한 사람이 만들어졌느냐를 연구하는 학문입니다. 이 세상에 그 많은 신비로운 일 중에 이것보다 더 신비로운 게 있으면 한 번 말해 봐요. 세포 하나, 정자와 난자가 만나서 생긴 수정란, 그 하나의 세포가 쪼개지고, 쪼개지고, 쪼개지면서 똑같은 세포들의 덩어리로 그냥 물컹물컹 남아 있는 게 아니라 거기서 얼굴도 나오고, 손가락도 나오고, 마음도 만들어지는데, 그 모든 게 최초의 세포 하나, 수정란 안의 DNA 속에 다 계획되어 들어 있다는 겁니다. 이것보다 더 신비로운 게 이 세상에 어디 있어요? 전 없다고 생각해요. 어떻게 저의 어머니 아버지의 난자하고 정자가 만나서 내가 나왔을까? 이렇게 복잡하고 신비로운 일을 그 동안에는 간세포 하나만 들여다보면 이해할 줄 알았단 말이에요. 안 되더라는 겁니다.

세포도 보고, 세포가 뭉친 조직단계도 보고, 조직들이 모여 만든 기관도 보고, 기관들이 모여 만든 한 개체도 보고, 그들이 모여 사는 개체군도 보고, 그 개체군과 환경과의 관계도 보고…… 위도 보고 아래도 보며, 어떻게 한 인간의 육체와 영혼이 탄생했을까를 이해하자는 학문이거든요. 그걸 노벨상을 안 주면 이제 앞으로 뭘 노벨상을 줄까? 아까 제가 노벨상을 받을 가망이 없다고 얘기한 건 제가 이제 한물 가서 받을 가망이 없다는 거였지, 큰 생물학과 작은 생물학이 한데 뭉치는 시대에 저 같은 연구를 하는 사람들에게 그런 기회가 없다는 뜻은 결코 아닙니다. 제가 언뜻 보면 산이나 들로 쫓아다니는 사람처럼만 보일지 몰라도, 21세기의 저는 꼭 그렇진 않을 거예요. 여러 단계의 연구를 하는 사람으로 변신을 할 거예요. 제 분야로 뛰어들어도, 노벨상을 못 받을 것 같지는 않다고 생각합니다.

사회자 교수님께서 학문을 하게 된 계기나 과정 같은 것은 『나의 생명 이야기』에 자세히 나와 있거든요. 지금 시간이 많지 않은 관계로 그런 질문은 개인적으로 책을 읽어주셨으면 감사하겠습니다. 죄송합니다.(웃음) 스웨덴 한림원에서 주는 노벨상 대신에 크로퍼즈 상이라고 노벨상을 못 받는 분야에 있는 분들에게 주는 상이 있습니다. 그러니 노벨상만 너무 바라보지 않으셨으면…….(웃음)

질문자 아까 교수님께서 말씀하신 것 중에 인간이 유전자를 뛰어넘지 못한다는 이야기가 있었는데, 실제로 인간이 이상을 통해서 문명을 만들고 그 문명 덕택에 지금 살고 있지 않습니까? 그래서 저는 이상과 문명을 통해서 유전자를 극복할 수 있을 것 같은데 어떻게 생각하시는지요?

최재천 우리는 자연계에서 유일하게 유전자의 존재를 알고 있는 동물이에요. 유전자의 비밀을 캐는 동물이고요. 우리를 이렇게 행동하게끔 만든 비밀 그 자체를 캐는 동물이기 때문에 뒤집을 수 있는 능력도 우리에게 있는 건 사실입니다. 과연 우리가 우리의 미래를, 즉 진화의 미래를 수정할 수 있을까? 이게 상당히 얘기가 많이 되어야 하는 주제지요. 다음 세대의 환경이 어떻게 변할지 예측할 수 없는 상황에서 방향을 잡는다는 건 너무 어렵거든요.

예를 들어 지구온난화가 심각해진다고 해서 더위에 잘 견디는 사람을 자꾸 만들어 나가다가 갑자기 빙하기가 닥치면, 완전히 망하는 거죠. 우리가 유전자의 메커니즘을 이해하기 시작하면 어느 정도 우리 스스로의 미래를 조종할 수는 있을 것 같아요. 하지만 굉장히 위험한 일입니다. 좋은 쪽으로 하면 괜찮겠죠. 예를 들면 이런 게 있어요. 단순한 생물의 진화를 우리가 바꿀 수 있는지 생각해 봅시다. 제가 하고 있는 학문 중에 '다윈 의학' 이라는 분야가 있어요. 대체 왜 의학에는 진화생물학이 없나 하는 의문에서 아주 최근에 생겨난 분야입니다. 의학의 기본이 생물학이고 생물학의 기본이 진화생물학인데도 한두 단계를 건너가면 의학에는 진화의 개념조차 없어요.

지금 우리 시대의 가장 무서운 병 중 하나라는 에이즈는 아예 없던 병이 새로 생긴 게 아니거든요. 오랜 세월 우리 주변에 늘 함께 있었지만 별 볼일 없던 에이즈 바이러스가 갑자기 너무 강력해진 것이라고 진화생물학자들은 생각하고 있어요. 우리는 오랫동안 '기생충은 숙주를 절대로 죽이지 않는다' 고 생각했어요. 왜냐하면 기생충이 숙주를 죽인다는 건 자기 집을 불태우는 짓인데 그러고도 무슨 재주로 살아남을 수 있겠어요? 그런데 근래에 미국의 한 진화생물학자가 아주 기발한 발견을 했어요. "기생충도 기생충 나름이다" 라는 겁니다. 말라리아를 일으키는 기생충은 모기가 옮겨주기 때문에 말라리아에 걸린 사람이 모기가 물면 때려서 죽일 수 있도록 내버려두는 것보다 오히려 그것도 못하도록 완전히 무기력하게 만들어야 훨씬 유리하다는 거죠. 그래야 무기력하게 누워 있는 숙주에게 편안하게 피를 빤 모기가 다음 숙주들로 계속 병원

균을 옮길 수 있으니까요.

하지만 감기바이러스는 다릅니다. 제가 감기에 걸렸다고 해서 집에서 꼼짝도 못하고 누워 있으면 다른 사람한테 옮아갈 수가 없잖아요. 감기는 적당히만 저를 괴롭혀서 제가 굳세게 계속 다른 사람 만나서 악수하고 그 얼굴에 자꾸 재채기도 해대야 다음 숙주로 옮아갈 수 있는 거죠. 그러니까 감기바이러스는 저를 죽이지 않고 적당히 괴롭히는 수준의 독성을 갖추도록 진화한다는 겁니다. 제가 오늘 성교육 하려고 온 건 아니지만, 저는 에이즈는 사람들이 섹스를 할 때 콘돔만 확실하게 사용하면 불과 몇 세대 안에 간단히 해결할 수 있는 병이라고 생각해요. 그렇게만 하면 강력한 에이즈바이러스는 그 숙주를 죽일 뿐 다음 숙주로는 전파될 수 없기 때문에 환자와 함께 죽어 없어지는 거죠. 그런 바이러스는 우리의 진화 역사 동안 늘 공존했을 겁니다. 그러니까 바이러스가 옮겨 다니는 길만 차단해 주면 그 바이러스의 진화의 방향을 우리가 바꿀 수 있다는 거죠.

처음에 에이즈가 등장해서 전 세계가 긴장할 때 무지무지 무서운 시나리오가 뭐였냐면, 혹시 모기가 에이즈를 옮기는 것 아닐까 하는 것이었어요. 그 얘기가 나왔을 때, 전 세계가 완전히 긴장했지요. 실제로 가능하잖아요? 주사바늘을 서로 공유해서 에이즈를 옮긴다? 모기? 날아다니는 주사바늘? 이 사람 찔렀다가 저 사람 또 찌르고. 다행히 아닌 것으로 판명이 났지요. 에이즈는 체액의 직접 접촉이 있지 않는 한 옮겨지지 않아요. 직접 접촉을 할 때, 그러니까 성행위를 할 때에도 콘돔을 사용해서 전파를 막으면 강한 바이러스는 자연선택 과정에서 자연히 탈락하고 약한 놈들만 살아남을 겁니다. 진화의 방향을 바꿀 수 있는 한 예가 될 수 있지요.

인간도 가능할 거라고 생각해요. 문제는 어디 있느냐? 이걸 너무 믿으면 참 무서운 일이 벌어질 수 있다는 거죠. 저는 복제인간은 그리 대수로운 문제가 아니라고 생각합니다. 복제인간은 하나둘 만들다보면 시들해질 이슈라고 생각해요. 그거 만들어서 뭐해요? 똑같이 생긴 사람이 나타난 것뿐이고, 쌍둥이 태어난 거랑 별로 다를 바 없어요. 우리 옆집에 복제인간이 이사 왔다. 그렇다고 그 복제인간이 옛날 징키스칸시대에 살았던 사람이 온 것도 아니고(웃음) 사실 별거 아니죠.

그것보다는 우리가 유전자를 조작하기 시작했고, 또 우리의 미래를 조작한답시고 유전자를 막 바꿔치기 하다보면 굉장히 무서운 일이 벌어질 수 있어요. 대한민국처럼 남이 하는 일을 다 따라해야 되는 나라에서는 더 위험하죠.(웃음) 누가 루이비통 들고 다니면 다 들고 다녀야 하는 나라에서 예를 들어, "부산 어느 병원이 좋은 유전자를 갖고 있다. 그것만 갈아 끼우면 애써 공부하지 않아도 한 번 보면 모두 기억한다. 그것만 갈아 끼우면 구태여 얼굴에 칼 대지 않아도 된다." 뭐 이런 기사나 광고가 국제신문이나 부산일보에 났다. 그러면 그 다음날 아침에 부산에 난리가 나죠. 만일 이런 식으로 부산시민만이 아니라 전 국민이 똑같은 유전자로 갈아 끼운다면 일부러 복제인간을 만들 필요도 없이 우리는 완전히 스스로 복제인간이 된 거나 마찬가지입니다.

유전자 전체가 같은 복제인간은 아니지만 그 유전자에 관해서는 전 국민이 똑같으니까 복제인간이나 다름없죠. 그런데 마침 그 유전자를 공략하는 바이러스가 대한민국에 상륙했다. 그럼 대한민국은 하루아침에 싹쓸이당하는 거죠. 분명히 좋지 않다고 혐의를 받는 유전자를 버리고 정상적이고 좋은 유전자로 갈아 끼웠으니 개인은 분명히 훌륭해지는데, 집단은 지극히 취약한 존재가 되어 몰살을 당할 수 있다는, 어찌 보면 대단히 모순적인 상황이 벌어질 수 있습니다. 이는 진화가 그 동안 우리에게 애써 구축해 준 것을 하루아침에 무너뜨리는 일이라고 생각해요. 진화는 한 마디로 유전자의 다양화인데, 유전자를 다양하게 만들어 준 것을 우리가 진화를 이해했답시고 유전자를 다양하지 않게 하는 방향으로 몰아갈 수 있는 이 엄청난 위험. 우리가 이런 선무당 사람 잡는 어리석은 일을 할 수 있을 것 같다는 생각이 저를 괴롭힙니다.

강재홍 인간이 만물의 영장이라고 하잖아요. 〈투모로우Tomorrow〉라는 영화에서도 보면 자연을 황폐하게 만들어 엄청난 재앙이 덮치는데, 저는 인간이 자연의 아이이고, 그 자연이 우리의 부모 같은 존재라고 생각했습니다. 예를 들면 빙하기가 찾아온다든가, 바이러스가 상륙하는 경우 등이 우리가 부모인 자연에게 자꾸 못된 짓을 하니까 자연이 우리를 혼내준다고 생각하거든요. 앞으로 이러한 자연재앙이 또 있을지, 그렇다면 우리는 미래를 어떻게 맞이해야 하는지요.

최재천 '우리 인간의 미래가 어떨까?' 음, 사실 학자에 따라서 많이 다릅니다. 물리학자들은 대체적으로 미래를 굉장히 긍정적으로 보는 것 같아요. 스티븐 호킹 박사도 우리나라에 와서 그런 이야기를 하고 가셨는데, "환경 문제? 너무 걱정하지 말아라. 우리가 우주 개발하면 우주로 한 절반쯤 나가서 살면 되지 않겠냐?" 저는 그날 제가 질문을 못 했는데 정말 하고 싶었어요. 안 시켜주더라구요. 저는 '물리학자라서 시야가 좁은가? 그래도 저 양반은 우주물리학자인데. 저 같은 생물학자는 이렇게 크게 보는데…….' (웃음) 이건 제가 감히 호킹 박사와 대결하려고 하는 얘기지만, 그래도 생각해 볼 필요가 있습니다. 우주를 개발한다고 해서 실제로 우주로 이사 갈 사람은 별로 없거든요. 저부터도 안 가죠. 신대륙 개척해 놓고 감옥에 있는 사람 내쫓았듯이 우주 개발하고 가지지 못한 자들을 쫓아내지 않는 한 아마 안 갈 것 같아요. 미국에는 이미 우주 여행 상품이 개발되었다는데 엄청나게 비싼데도 신청자가 너무 많아 차례가 오려면 거의 10년 이상 기다려야 한답니다. 그걸 신청해 놓은 억만장자들도 여행이나 즐길 뿐이지 실제로 그 삭막한 곳에 살라고 하면 아마 기겁을 할 겁니다.

저는 우리가 살 곳은 이 지구뿐이라고 생각합니다. 저는 과연 우리가 어떻게 해서 만물의 영장이 됐을까를 생각하며 자꾸 반성해 봅니다. 우리가 만물의 영장이 된 것은 그 누구보다도 자연을 잘 이용했기 때문이죠. 자연을 보호하자고 처음부터 굉장히 조심했으면 만물의 영장되기 좀 힘들었을 것 같아요. 무차별적으로 자연에서 막 빼먹고 악랄한 짓을 저희가 누구보다도 잘 해왔기 때문에 만물의 영장이 됐다고 보는데, 문제는 이제 더 이상 그런 짓을 하다가는 우리가 사라지게 생겼다는 거죠. 얼마 전부터 겁 없는 짓을 제가 하고 있어요. 국제 학계에다가 "우리 인간의 학명을 고치자" 하는 소리를 하고 있습니다. 떠들긴 하는데 사실 제 말에 귀기울이는 사람은 아직 없습니다.(웃음) 그래도 자꾸 떠들다 보면 우연한 계기가 생기지 않을까. 우리를 '호모 사피엔스Homo sapiens' 라고 부르는데, 그 '사피엔스' 란 말이 'wise' 란 뜻이잖아요. '슬기롭고 지혜롭고 현명하다' 는 뜻인데, 저는 그것에 동의 못 합니다. '똑똑한 인류' 쯤에는 동의하겠는데, 저희가 정말 지혜로웠으면 이렇게 환경을 망가뜨리면서 살지는 않았어야 하는 거죠. 환경도 지키면서 우리가 발전을 해왔어야 현명한 인류지요.

저는 이제 그 같은 자화자찬 격인 거만한 이름을 버리고 '호모 심비우스Homo symbiousʼ 라고 부르자고 부르짖고 있습니다. 여기서 '심비우스'는 '공생한다'는 뜻인데, 공생인으로 거듭나야 우리가 살아남을 거라는 얘깁니다. 그럼에도 불구하고 저는 인간은 반드시 멸종한다고 믿는 숙명론자입니다. 제가 종말론을 내세워서 사이비 종교를 시작하려는 건 아니지만, 지구상에 존재했던 모든 생물의 99퍼센트가 사라졌거든요. 무슨 재주로 우리가 나머지 1퍼센트에 영원히 끼어 있을 수 있겠어요? 확률적으로 불가능하죠. 우리도 언젠가는 사라집니다. 다만 제가 보기에는 우리는 빨리 가려고 안달이 난 동물 같아요. 원래 우리가 살 수 있는 기간을 못 채울 가능성이 훨씬 크다고 보는 거죠. 그나마 그 시간이라도 채우고 미래학자들 중에 일부가 생각하는 것처럼 우리 스스로 환경의 수용능력을 키워서 더 오랫동안 살 수 있는 동물이 되려면, 자연과 함께 사는 방법을 빨리 터득하고 실천에 옮겨야 합니다. 그렇지 않으면 우리는 지금 우리가 살아온 기간인 15만 내지 20만 년만큼을 더 살기 어려울 것 같아요. 지구의 역사 46억 년을 12시간으로 잡았을 때 11시 59분 59초가 지난 다음에 우리가 태어난 거죠. 그런데 저는 그 다음 찰칵하는 시간인 0시 1초가 되기 전에 우리가 사라질 거라고 믿어요.(웃음) 20만 년 살아온 걸 도저히 못 채울 거라는 생각이 늘 드는데, 한 100만 년 정도로 연장하려면 호모 심비우스의 정신이 반드시 필요하다고 생각해요. 제가 하는 학문인 생태학을 요즘 우리나라는 이른바 '첨단과학'이 아니라고 투자를 안 하지만 바로 환경을 연구하고 우리의 미래를 연장해 줄 수 있는 학문인 생태학은 앞으로 점점 중요해질 수밖에 없을 거라고 생각합니다.

질문자 교수님은 인간을 정말 사랑하시는지요? 교수님 책에도 인간은 오랜 지구의 역사에서 봤을 때 잠깐 나왔다가 지구를 여기저기 상처내고, 언젠가 사라질 동물이라고 하셨습니다. 그런데 저는 이때까지 생물학적 관점에서보다는 조금은 더 인문학적 관점에서 사람을 사랑해야 한다고 생각합니다. 생물학에 대해서 잘 알지 못하지만 그렇게 믿고 있습니다. 선생님께서는 생물학자로서 또 한 사람의 인간으로서 인간이 정말로 이 지구에 잠깐 나왔다가 사라지는 개체로 보시는지, 아니면 모든 사람들을 진심으로 사랑하시는지 여쭙고 싶습니다.

최재천 예, 한마디로 제가 사람을 사랑하지 않으면 그런 얘기를 못한다고 저는 생각합니다. 정말 제가 미워한다면, 오히려 아첨을 조금 하면서 슬그머니 벼랑에다가 쓱 떠밀어버리고 말 것 같은데요.(웃음) 제 안사람이 저에게 늘 이런 말을 합니다. "아니, 어떻게 벌레 공부하면서 인간 얘기를 그렇게 자꾸 하느냐? 말도 안 되게." 사실은 벌레나 짐승들을 연구하면서 늘 생각하는 건 인간이죠. 인간을 이해하기 위해서 동물을 연구하는 것이죠. 환경 문제에 관한 한, 부산은 지율 스님 때문에 느낌이 다르겠지만, 사람들은 때로 지율 스님이 인간보다 도롱뇽을 더 귀히 여긴다고 착각하는 것 같아요. 다만 그 동안에 우리 인간이 해온 일이 너무나 그런 면을 이해하지 못하고 산 것 같기 때문에 반성하자는 의미이고, 그렇게 하는 것이 오히려 우리에게 더 도움이 되고 우리가 우리를 더 사랑하는 결과가 되기 때문에 하는 것이라고 생각합니다.

제가 처음에 사회자 분에게 그런 얘기를 했지만, "알면 사랑한다!"라는 말을 늘 하고 다니는 이유가 자연에 대해서 보다 많이 알면 알수록 그 자연을 어쩔 수 없이 사랑하게 된다는 겁니다. 예를 들어, 저한테 하천에 사는 동물들에 대해 배운 학생이 이 다음에 염색공장 사장이 됐는

교수님은 인간을 정말 사랑하시는지요?
교수님 책에도 인간이라는 동물은 오랜 지구의 역사에서 봤을 때
잠깐 나왔다가 지구를 여기저기 상처내고, 언젠가 사라질 동물이라고 하셨습니다.
그런데 저는 이때까지 생물학적 관점에서보다는 조금은 더 인문학적 관점에서
사람을 사랑해야 한다고 생각합니다. 생물학에 대해서 잘 알지 못하지만
그렇게 믿고 있습니다. 선생님께서는 생물학자로서 또 한 사람의 인간으로서 인간이
정말로 이 지구에 잠깐 나왔다가 사라지는 개체로 보시는지
아니면 모든 사람들을 진심으로 사랑하시는지 묻고 싶습니다.

데, 비가 온다고 해서 "야, 빨리 문 열어. 흘려보내게." 그런 행동은 못한다는 거죠. 그 물 속에 사는 각시붕어의 생태에 대해 너무나 잘 알고 있는데 차마 그럴 수 없을 겁니다. 모를 때는 그렇게 할 수도 있겠지만 알면 못 하죠. 저는 그런 우리의 자연사랑이 결국 인간사랑으로 퍼져나갈 것이라고 생각해요. 내가 어떤 사람을 미워하게 되는 건 그 사람을 잘 모르기 때문에 그런 거예요. 저희가 도둑을 한번 왕창 맞았는데, 도둑을 잡아달라고 경찰서에 가서 야단법석을 치고 난 다음날 제가 마음을 바꿨어요. 도둑을 잡았다고 해서 우리 집에서 훔쳐간 걸 그 사람이 내놓을 거예요, 뭐 어쩔 거예요. 다 녹여서 벌써 장물처리 됐을 텐데. 만일 경찰서에서 도둑을 잡았다고 연락이 오면, 제가 당장 달려가서, "당신 말이야 어떻게 그럴 수 있어? 인생 똑바로 살아" 하며 소리를 지르겠죠. 그런데 이 양반이 "노모는 집에 몸져 누워 계시고, 아이들은 굶고 있고……" 하며 고개를 떨어뜨리면 제가 어떻게 하겠습니까? 잘못하면 또 몇 푼이라도 제 주머니에서 나가야 할 것 아니에요.(웃음) 더 손해 보는 일이죠. 그래서 제가 파출소에 가서 잡지 않아도 된다고 실제로 부탁했어요. 내 것을 훔친 도둑도, 그리고 나를 끔찍이 싫어해서 내 흉을 보고 다니는 사람도 포장마차에서 하룻밤만 같이 지내면, 그 사람의 옛날 얘기 다 듣고 나면, 우리는 둘이 결국 끌어안고 울게 된단 말이죠.

저는 아주 철저하게 인간을 믿는 사람입니다. 우리가 서로에 대해 속속들이 알고 나면 아무도 미워하지 못한다고 믿습니다. 과학처럼 위대한 학문이 없다고 제가 끊임없이 믿는 이유가 과학은 바로 시작할 때는 그런 개념 없이 시작해도 과학을 하면서, 끊임없이 더 알아가면, 제 아무리 인문학 또는 사회과학 열심히 한 사람보다 더 큰 사랑을 얻게 되는, 저는 반드시 그런 단계에 도달할 거라고 믿어요. 알지도 못하면서

'사랑해라' 라고 얘기하는 사람보다 많이 알고 난 다음에 저절로 사랑하게 되는 게 과학자에게 주어진 특권이라고 생각합니다.

사회자 '진정한 가치는 얼마나 많이 소유하는가가 아니라 우리가 그것으로 어떤 일을 하느냐이다' 라는 말이 있지요. 언제까지나 함께해야 할 자연이라면 더 많이 알고, 더 많이 사랑해야 할 것만 같습니다.

질문자 저는 아까부터 밖에 서서 초등학생들이 나오면 음료도 따라주고 그랬는데, 그 아이들 같은 경우는 이 비좁은 자리에 앉아 있으려니까, 오래 앉는 게 습관이 안 되어서 그런지 나오면서 엉덩이 아프다고 투덜거리고, 중학생 아이들은 이거 마치고 학원 가야 되는데 어떻게 하면 빠질까 하면서 나오고, 고등학생들은 선생님한테 거짓말하고 조퇴를 했는데 학교에서 전화가 오니까 불안해서 나왔다 그러고, 또 학부모님들 같은 경우는 굉장히 열정적으로 듣고 계시고요. 이런 많은 반응과 참여에 사실 매우 즐겁습니다. 교수님, 마지막으로 청소년들과 학부모님들께 이야기하고 싶은 내용이 있으면 해주십시오.

최재천 예, 알겠습니다. 제가 얼마 전에 난생처음 어느 고등학교 졸업식에 축사를 해달라는 부탁을 받았어요. 제가 "아휴, 제가 아직 그런 나이가 아닌 것 같습니다" 했더니 부탁하신 분이 "웃기는 소리 하지 마세요. 선생님이 뭘 그렇게 젊었다고." 그래서 그 말 한 마디에 속절없이 끌려가서 한 마디 했습니다.(웃음) 그 졸업식에서 했던 것과 비슷한 얘기 하나 할게요. 여러분만한 시절에는 '방황이 아름다운 것이다' 라고 말하고 싶습니다. 너무 어렸을 때부터 갈 길이 뚜렷한 사람을 보면 전 오히려 안돼 보여요. 인생이 얼마나 길고 다양한데요. '나는 뭐 하고 살까?' 하는 걸 좀 열심히 오랫동안 생각하세요.

'방황'은 '방탕'하고는 다릅니다. 열심히 뒤져보세요. 악착같이 내가 제일 좋아하는 일을 해야 됩니다. 단 한 번 사는 인생인데. 제가 생각하는 이상향이라는 것은 모든 사람들이 매순간 자기가 제일 좋아하는 일만 하고 사는 동네입니다. 그곳이야말로 유토피아죠. 그렇게 되면 누구나 늘 행복하고 일의 능률도 올라 이 세상은 자연히 좋은 세상이 될 거라고 믿습니다. 괜히 하고 싶지 않은 일들을 너무나 많은 사람들이 하고 있는 게 우리네 삶이라고 생각합니다. 여러분이 존경하는 분 중의 한 분이 아마 슈바이처일 텐데, 저도 한때 슈바이처를 존경했어요. 초등학생 때에는 늘 그분의 이름을 적어냈던 것 같아요.

대학생이 되어서 읽은 그분의 자서전에서 느낀 것 하나 얘기해 볼게요. 그분은 자기는 의사가 될 재능이 없었다는 걸 실토했어요. 부유한 가정에서 자라 오르간이나 치던 양반이 갑자기 세상이 자기를 부르는 줄 알았다는 거예요. 자기로 하여금 의사가 되어 아프리카에 가서 그 불쌍한 사람들을 구하라는 일종의 하늘의 계시를 받았다는 거죠. 그래서 갔는데, 의사가 워낙 적성에 안 맞아서 그런지 오진을 많이 해서 사람을 많이 죽였다는 것을 실토했어요. 자, 저는 이걸 뒤집어 생각해 봅니다. 정말로 의사가 될 자질이 있는 사람이 거기 갔더라면 더 많은 사람을 고쳤을 것 아니에요. 저는 슈바이처처럼 인생을 살면 안 된다고 생각합니다. 미안한 얘기지만 지금 의과대학 가는 많은 사람들이 은근슬쩍 슈바이처를 머릿속에 꿈꾸면서 실제로는 슈바이처가 되려고 가는 것도 아닐 겁니다. 그 짓은 하지 말라는 겁니다. 영어표현으로 "Don't cheat yourself! Don't kid yourself!"

자기 자신을 슬금슬금 속이지 말라. 제발 속이지 마시고 철저하게 이기적으로 내가 제일 좋아하는 일이 뭔지를 악착같이 찾아서 그걸 하시는 게 남을 돕는 일이라고 생각합니다. 찾고 난 다음에는 그냥 열심히 뛰십시오. 제발 돈 버는 걱정은 하지 마십시오. 자기가 좋아하는 일을 무지무지 열심히 하고 살면서 굶어죽은 사람을 전 한 명도 본 적이 없습니다. 돈은 열심히 하면 저절로 따라오는 겁니다. 떼돈은 안 따라옵니다.(웃음) 떼돈은 돈을 쫓아가야 얻을 수 있는지 모르지만, 먹을 만큼은 반드시 따라옵니다. 저도 잘 먹고 잘 삽니다. 충분히 잘 삽니다. 자기가 좋아하는 일을 위해서 그냥 이기적으로 살아달라. 그게 나중에 결국 남을 위하는 길이 됩니다. 부모님들한테는 자식이 그런 길을 가는 데 제발 막아서지 말라는 말만 드리고 싶습니다. 자식이 자기의 길을 제일 잘 압니다. 자식이 가고자 하는 길을 잘 갈 수 있도록 길 청소나 아주 열심히 해주시면 된다고 생각합니다. 감사합니다.

5회

2005년 4월 5일 오후2시

양심의 잣대는 어떻게 세울 수 있나요?

사회자 1회부터 5회까지 주제와 변주의 힘찬 발걸음을 열심히 걸어온 것 같습니다. 살아가면서 내가 읽었던 책에 대해 생각하고, 저자의 의견에 찬성하거나 반대한 경험이 있을 겁니다. 하지만 정작 책의 저자나 이 시대의 좋은 선생님과 직접 만나 생각을 나눌 만한 기회는 많지 않은 것이 현실입니다. 더구나 그 많지 않은 기회조차도 수도권에 집중되어 있기 때문에 지방 곳곳에 이런 기회를 늘리는 계기를 마련하는 것이 주제와 변주의 목표 중 하나이기도 합니다. 처음에 저희끼리 모여 주제와 변주 토론회를 시작할 때 정했던 대의를 한 번 읽어보겠습니다.

이제 모두는 한 가지 중요한 사상을 공유하고 있다. 그것은 미래에 대한 희망이다. 우리의 삶에서 한층 폭넓은 의미와 더욱 커다란 기쁨을 찾아낼 수 있으리라는 희망, 인간한테 짓밟혀 폐허로 변한 지구를 원상회복시킬 수 있으리라는 희망, 정치와 인종에서 적대관계에 있는 사람들 사이에서도 갈수록 서로에 대한 애정이 늘어나리라는 희망, 가장 강한 자가 아니라 가장 약한 자의 복지를 성공의 척도로 삼는 사회와 경제태세에 대한 희망이다."

-『틱낫한에서 촘스키까지』 중에서

이번 제5회 주제와 변주는 '시대를 논하다, 좌절의 역사 그리고 희망의 역사'에 대해 이야기하려 합니다. 오늘 모신 한홍구 교수님은 『대한민국史』의 저자이시죠. 그래서 아무래도 오늘 전반적으로 역사에 관한 이야기를 하게 될 것 같습니다. 물론 전반적인 역사, 즉 역사의식이란 무엇인지부터 시작해서, 현재 많은 논란을 일으키는 독도 문제까지 모두 아우르면서 일상적 파시즘에 관한 것들도 이야기할 수 있었으면 좋겠습니다. 예를 들면 학교나 군대 또는 직장에서 보이지 않는 위계체계라든지,

청소년들이 입시만을 위한 괴로운 공부가 아닌, 책을 읽으면서 진정한 즐거움을 얻을 수 있는, 그러한 즐거운 학습의 과정이 되게끔 하는 것이 저희의 궁극적인 꿈이라고 하겠습니다. 그리고 이는 저희만의 꿈이 아니라, 이 땅의 모든 이의 바람이자 소망이 아닌가 생각합니다.

그리고 더 시야를 넓혀서 우리 사회에 보이지 않는 권력의 메커니즘에 대해서도 논의할 수 있는 시간이 되었으면 좋겠습니다.

우리는 학업에 쫓겨서 좋아하는 소설책 한 권, 시집 한 권을 마음 놓고 읽지 못하는 것이 현실입니다. 주제와 변주를 통해 바쁜 일상을 살아가는 청소년들과 아버지, 어머니께서 좋은 책과 벗할 수 있는 기회가 되길 바랍니다. 더 나아가서는 청소년들이 입시만을 위한 괴로운 공부가 아닌, 책을 읽으면서 진정한 즐거움을 얻을 수 있는, 그러한 즐거운 학습의 과정이 되게끔 하는 것이 저희의 궁극적인 꿈이라고 하겠습니다. 그리고 이는 저희만의 꿈이 아니라, 이 땅의 모든 이의 바람이자 소망이 아닌가 생각합니다. 이제 본격적인 주제와 변주를 진행할 텐데요, 그에 앞서 힘들게 자리해 주신 한홍구 교수님께서 인사 말씀을 잠깐 하시겠습니다.

한홍구 오늘 특별한 자리에 오게 되어서 대단히 기쁩니다. 사실 주제와 변주 초대 연락을 받고 조금 망설였는데, 요새 제가 일들이 너무 밀려 가지고 강연을 거의 못 다니고 있기 때문입니다. 더군다나 서울에서도 못 다니는데 거리가 먼 부산이니까 더 망설였죠. 그런데 '청소년 서점?' 굉장히 신기했어요. 도대체 서울에서도 안 되는 일이, 대학가 전문 서점들도 다 문을 닫는 현실에서 어떻게 가능할까? 요즘 제가 『대한민국史』의 청소년판을 기획하고 있어요. 근데 책방에 가보면 '청소년을 위한 역사책' 또 '어린이를 위한 역사책' 이런 것들은 말을 쉽게 써놓고, 그림과 사진을 좀 많이 넣고, 글자 크기를 크게 했을 뿐이더라구요. 그래서 그런 책들과는 조금 다른, 관점을 바꿔서 역사라는 게 굉장히 재미있는 이야기라는 것을 보여주고 싶어요.

저는 국민학교 때부터 역사를 재미있어했고, 지금도 역사 공부로 먹고살잖아요?(웃음) 나는 굉장히 재미있는 과목인데 사람들이 역사 하면 다들 고개를 절레절레 흔들어요. 왜냐하면 외울 게 너무 많다는 거죠. '밑줄 쫙-.' (웃음) 아무튼 외울 게 너무 많은 과목인데 청소년을 위한 역사책을 구상한다고 하면서 똑같은 책을 다시 쓰는 것은 문제가 좀 있다는 의견도 있고 해서, 여러분이 지금 무슨 생각을 하는지 알아야겠다는 생각이 들었습니다. 하지만 사실 또 제가 잘 알지는 못하지만 제가 생각하기에 젊은 학생들이 고민하고 있을 만한 것들, 또 어떤 면에서 보면 단순하잖아요. 여러분의 삶의 폭이라는 게 대부분 학교에서 학원으로 또 집으로 그 폭에서 발생하는 문제들이 거의 대부분이거든요.

제가 여학생은 아니기 때문에 여학생들의 머리에 대한 고민은 잘은 모르지만, 남학생들의 두발 규제에 관해서는 잘 알거든요. 저도 중 · 고등학교 다닐 때 머리를 밀어본 경험이 있기 때문에, 여러분의 마음이 어떤지 잘 알아요. 잠깐만 두발에 대해서 이야기해 보면 우리는 다들 최익현 선생님 후예잖아요. '내 목은 쳐도 내 머리는 못 건드린다.' (웃음) 그러니까 이게 100년 전에 최익현 선생이 저항할 때하고는 전혀 다른 것들이지만 지금도 여러분은 비슷한 상황이란 말이죠. 그때는 상대가 일본놈이지만 지금은 선생님이 머리 깎자고 달려들잖아요. '그런 현실에서 학생들이 역사를 배우는 의미는 뭘까?' 이런 것들을 고민하고 있었어요. 또 하나 더 말해 보면, 전 세계 어떤 나라에서도 성적 때문에 학생들이 자살하는 나라는 없어요. 물론 옛날에 일본이 좀 그랬죠. 그런데 일본도 그걸 벗어났는데, 우린 아직도 진행중이에요. 사실 저도 중3인 아이가 있는데, 매년 수능시험 다음날 신문 보기가 겁이 나요. 이번에는 도대체 몇 명의 수험생들이 성적을 비관해서 몸을 내던졌을까.

대한민국이라는 나라가 어째서 세계에서 거의 유일하게 청소년들이 책을 보면 야단치는 나라, 소설이나 읽는다고 막 혼내는 나라가 되었을까.(웃음) 그래도 그나마 논술시험이 생기는 바람에 소설 보는 것도 공부라고 얘기할 수 있는 요만큼의 힘이 생기기는 했지만, 하여튼 현실 자체가 21세기 대한민국에서 청소년으로 산다는 것, 중 · 고등학생으로 산다는 것, 수험생으로 산다는 게 굉장히 힘들다는 생각을 하면서 이런 청소년들이 읽을 만한 역사책을 쓰고 싶어 집필 준비를 하게 되었습니다.

조금만 더 이야기해도 되죠? 역사라는 것을 먼나라 이야기로 생각하지 마세요. 무슨 역사철학, 역사의식 그런 거 솔직히 저도 잘 몰라요. 저는 여러분이 역사를 '우리 얘기다. 나의 이야기, 나의 고민, 내가 느끼는 문제들'이라고 생각했으면 좋겠어요. 내가 느끼는 문제가 하루아침에 생겨난 문제가 아니잖아요. 요즘도 교문에서 학생지도를 하죠? 그래서 여러분 아침에 들어갈 때 몸을 더듬게 되죠.(웃음) 이름표는 제대로 있는지, 잃어버리고 양말을 잘못 신고 오지 않았는지 등을 점검하게 되는데, 그런 문화는 부모님 세대 때도 똑같이 있었던 거예요. 일제시대 때도 학교가 생기면서 처음 있었던 것들인데, 다들 불편해했으면서도 아직까지도 왜 남아 있을까요?

우리가 역사에서 배운다, 그리고 과거를 돌이켜본다는 것은 기억한다는 것에 다름 아니에요. 여러분 지금 학교 문제 등에 대해서 불편하고 불만이 많죠? 그렇다면 여러분이 20, 30년 후에 어른이 된 다음에 어떤 자세를 취해야 할 것인가를 고민하는 것. 나는 이런 게 역사라고 생각해요. 그렇기 때문에 역사라는 것이 어디 멀리 있거나 딴 나라 이야기가 아니라는 거죠. 특히 근 · 현대사 부분은 여러분의 일상과 관련된 부분이 굉장히 많아요. 두발 문제도 마찬가지죠. 저는 지금 성공회대학교라는 조그만 대학에 있지만 거기에 대한민국에서 유일하게 '인권평화센터'가 있어요. 그래서 그 '인권평화센터'를 맡으면서 특히 인권교육과 평화교육에 대해 많이 얘기를 하게 되는데, 인권교육과 평화교육을 얘기하다가 숨이 탁탁 막히는 건 교육의 기본적인 장이 어디입니까? 학교 아닙니까? 근데 우리나라 학교 현실을 생각하면 숨이 탁탁 막힌다는 겁니다.

학교가 인권을 가장 침해하고, 학교가 가장 비평화적인 공간인데, 바깥에서 아무리 공자님 말씀처럼 인권의 중요성, 평화의 중요성을 떠들어봐야 무슨 소용이 있을까? 학생들의 생활 속에 인권과 평화가 배어들지 못하고 학생들의 생활 자체가 굉장히 반인권적이고 반평화적인 공간으로 몰리고 있는데 과연 무슨 의미가 있을까? 그런 회의가 많이 생깁니다. 이게 하루아침에 변하지는 않을 겁니다. 그렇지만 적어도 이 나라 교육문제를 푼다고 했을 때 20년 후, 즉 여러분이 30대가 되고, 40대가 되고, 여러분의 아이들이 대학에 가야 할 그런 시기가 됐을 때, 지금의 입시경쟁을 똑같이 겪기를 원하십니까? 아무도 원하지 않을 거예요.

제가 60년대에 국민학교를 다녔거든요. 유신이 나던 해에 중학교에 갔고, 그리고 1975년에 고등학교에 갔고, 1978년도에 대학에 들어갔어요. 근데 제가 여러분 나이였을 때와 지금을 비교해 보면 대한민국이 얼마나 잘살게 되었습니까? 경제적인 풍요가 그때하고는 비교가 안 돼죠. 정말 상전벽해할 정도로 세상은 좋아졌어요. 근데 과연 고등학교에서의 삶은 어땠을까? 제가 1940년대에 고등학생이었으면 우리 사회에서 어른 대접을 받았을 거예요. 안 그렇습니까? 어른이에요. 왜냐하면 우리 사회의 교육수준도 낮았고, 고등학교만 가도 진짜로 고등교육을 받은 셈이었거든요. 근데 지금은 고등학교는 거의 대부분 가지 않습니까? 그

우리가 역사에서 배운다, 그리고 과거를 돌이켜본다는 것은 기억한다는 것에 다름 아니에요. 여러분 지금 학교 문제 등에 대해서 불편하고 불만이 많죠? 그렇다면 여러분이 20, 30년 후에 어른이 된 다음에 어떤 자세를 취해야 할 것인가를 고민하는 것. 나는 이런 게 역사라고 생각해요.

러니 그게 '고등'이라는 의미를 완전히 상실하죠. 대학교마저도 별로 다를 게 없죠? 누구나 다 가는 학교가 된 거죠. 그런데 수십 년 동안의 변화과정을 놓고 본다면 고등학생들의 삶은 더 지옥이 된 거 같아요. 그리고 나이에 관한 관념도 마찬가지에요. 그게 어떤 식으로 변해왔는가를 역사적으로 되짚어봅시다. 가령 16살을 예로 들어보죠. 여러분, 이성 친구를 편하게 만나고 싶죠?

학생들 예.(웃음)

한홍구 사회자가 대표로 크게 대답하네요.(웃음) 사회자뿐만 아니라 누구나 다 그럴 거라고 생각해요. 열여섯 살, 이성을 만나 사랑하고 싶은 나이예요. 그러나 우리는 제대로 마음놓고 못 하죠? 그런데 역사 속에서는 어때요? 이팔청춘! 춘향이가 몇 살입니까? 열여섯 살이죠. 여러분 교과서에 〈춘향전〉 나오죠? 근데 〈춘향전〉 원본 보신 분 있어요? 원본은…… 금지 도서입니다.(웃음) 아마도…… 교과서 나오는 몇몇 대목, 어사 출도라든가, 광한루에서 그네 타는 장면 등은 여러분에게 허용이 되겠지만, 이팔청춘 춘향이와 몽룡이가 만나서 촛불 끄고 한 얘기들은 미성년자 관람 불가예요.(웃음) 주연배우들은 미성년자였는데…… 그죠?

이걸 또 사회 역사와 연관시켜 생각해 보면, 이게 벌써 오래전의 일인데, 여러분은 '빨간마후라'라는 얘기 기억합니까? '빨간마후라'라는 포르노가 있었어요. 그게 아마 여러분 또래인 열여섯 살 여학생이 어떻게 찍어서 돌았던 적이 있는데, 그랬더니 동방예의지국의 뭐가 무너졌다. 어쩌구저쩌구 난리더라구요. 사실은 춘향이와 같은 나이였거든요. 그렇다고 열여섯 살 아이들이 잘했다는 건 결코 아닙니다. 하지만 우리가 그 문제에 대해서 어떻게 반응했느냐를 돌이켜볼 필요가 있다는 거죠.

그리고 여러분 개개인을 보면 모두 이 경쟁사회에서는 대학을 가는 게 좋다고 생각해요. 저도 가야 한다고 생각합니다. 왜냐하면 이 세상의 잘못된 것을 바꿔 나가려면 여러분도 나름대로 힘을 길러야 하기 때문에. 그 힘이 뭔지를 따지고 들어가면 복잡하지만 대학을 가는 것이 절대적으로 유리해요. 대학을 안 가고도 할 수가 있어요. 할 수 없다는 건 전혀 아닙니다. 그러나 대학을 가는 것이 그 힘을 갖추는 데 상당히 유리하다고 생각해요. 다만 문제는 뭐냐 하면 그 기억들을 잃어버리는 것, 내가 언제 고등학생이었느냐 하고 그때 고민했던 문제들을 잊어버리는 거죠. 가령 우리가 왜 공부를 하고 역사를 배우느냐, 결국은 세상을 조금이나마 나은 곳으로 바꾸기 위한 것이거든요. 근데 우리나라의 문제는 뭐냐 하면 여러분이 어른이 되면서 고등학교 시절의 기억을 다 잊어버리는 거예요. 그걸 기억했다면 고등학교가 이렇겠습니까? 이렇게 더 나빠졌겠습니까?

한국사회의 문제를 해결하려면 물질적인 조건들이 상당히 중요해요. 근데 그 물질적인 조건은 30년 전, 60년 전 하고는 비교가 안 될 정도로 풍족해졌는데, 문제가 더 꼬이고 더 어려워지는 것은 어른이 된 사람들이 그야말로 올챙이 적 일들을 완전히 잊어버리기 때문이죠. 우리나라에 군대 안 가는 남자들은 많지 않죠. 남자들 대부분이 군대를 갔다오잖아요. 근데 군대는 옛날 군대 그대로예요. 얼마 전에 인분 사건이 발생했죠? 그런 일들이 일어나는 이유는 뭘까요? 군복을 벗고 나면 군대시절은 생각하기도 싫어 잊어버렸기 때문이에요. 문제점이 있는 것을 알면서도 제대하고 나면 다 잊어버리는 거죠. 근데 우리가 역사를 공부한다는 것은 그런 기억들을 그대로 안고 가면서, 사회적인 문제들과 직면

하고, 계속되는 문제들을 해결하기 위해서 노력하는, 문제의 역사적 과정을 되돌아보는 과정이 바로 여러분에게 필요한 역사예요.

물론 역사 선생님이 가르치는 역사도 있죠. 역사 선생님은 대개 모든 것을 다 알아야죠. 고대사도 알아야 하고, 고려시대도 알아야 하고, 조선시대도 알아야 하지만, 가령 어떤 사람이 정리해고를 당했다면, 또 명예퇴직을 당한 어떤 사람이 당장 알아야 할 역사와 선생님이 학생들에게 가르치기 위해 알아야 할 역사는 사회적인 조건과 체제에 따라서 다를 수가 있는 거예요. 근데 나는 모든 역사를 다 포괄하는 게 아니라, 적어도 여러분이 현실 속에서 느끼는 그런 문제들을 역사적으로 접근해 갈 수 있었으면 합니다. 중고생들의 경우에는 학교 문제, 입시 문제, 그 다음 두발 문제 등 어른들이 왜 그렇게 기를 쓰고 단속하려고 하는지 등을 여러분이 하나하나 조금씩 풀어나가는 힘을 기를 수 있는 방법을 찾아볼 수 있었으면 합니다. 제가 오늘 여기에 온 이유는 그런 의미에서 여러분한테 도움이 될 수 있으면 하는 의미에서, 또 여러분의 생각은 어떤지 직접 만나서 대화를 해보고 싶었기 때문입니다. 얘기가 너무 길었네요.

사회자 네, 그럼 자유로이 질문을 해주셨으면 좋겠습니다. 때로는 "교수님은 그렇게 생각하시지만 저는 이렇게 생각합니다", 이렇게 과감하게 말씀하셔도 괜찮습니다. 자유롭게 의견을 나눌 수 있는 시간이 되었으면 좋겠습니다.

김아름 교수님 책을 읽으면서 지금까지 학교에서 배웠던 역사와 많이 다르다는 것을 느껴서 더욱 호기심과 관심을 가지고 읽게 되었는데요. 국사 교과서와 선생님의 책이 역사를 보는 관점이 다르기 때문이라고 생각하게 되었습니다. 그렇다면 청소년들이 역사를 바라보는 관점을 어떻게 가지면 좋을지 여쭤보고 싶어요.

한홍구 역사적인 사실은 하나일텐데 국사 책과 제 책이 왜 다를까요? 한 마디로 정의하면 국사 책은 여러분이 말 잘 듣는 사람이 되기를 바라는 책이고 제 책은 거칠게 표현하면, 말 안 듣는 사람이 되기를, 그냥 문제아가 아니라 문제가 진짜 있는 곳에서 문제아가 되기를, 주체적인 인간이 되기를 바라는 그런 책입니다. 가령 어떤 사건을 보여줄 때, 또는 드라마나 기록영화를 보거나, 전쟁에 대해서 카메라를 들이댈 때 누구 편에 서서 찍느냐에 따라서 완전히 다른 이야기가 되거든요. 사진기자가 전쟁터에서 미군 뒤에서 카메라를 찍느냐 아니면 아랍 사람들 틈에 서서 카메라를 들고 있느냐에 따라서 똑같은 이라크 전쟁이라 해도 엄청나게 다른 얘기일 수밖에 없어요.

근데 저는 그런 역사책에서 그렇게까지 큰 차이는 아닐지라 하더라도 여러분이 이 세상을 살아가기 위해 받는 교육이라는 건, 결국은 말 잘 듣는 사람들을 키워내는 것 아닙니까. 국가 입장에서 혹은 자본이나 권력을 가진 입장에서는 말 잘 듣는 사람을 키워내고 싶을텐데, 그런 상황에서 선생님들은 한 명의 주체적이고 독립적인 인간으로 여러분이 커나가기를 바라고 있거든요. 그 부분이 근대 교육제도가 가진 긴장과 갈등인 것 같아요. 다시 말해, 우리가 자본가와 권력가의 입장에서 볼 때는 말 잘 듣는 사람들을 키워내야 하는 거고, 민주주의 관점에서 볼 때는 건강한 민주시민들을 키워내야 하잖아요. 탱크를 앞세워 누가 쳐들어왔을 때 그걸 막아내는 시민들을 키워내야 하는 거 아닙니까?

근데 국사 교과서 같은 경우는 말 잘 듣는 사람을 키우는 데 중점을 두고 논의가 이루어지는데 그나마 요즘은 많이 좋아졌어요. 제 책 같은 경우는 거의 100퍼센트 말 안 듣는 사람으로 살아가길 바라며 만들었습니다. 또 제 책에서 분명히 썼습니다만, 여러분의 시각에서 이 사회나 여러 제도들을 의심할 것을 권하는 내용을 담았습니다. 역사책을 재미없어 하는 이유가 역사적 지식을 얻으려고 하기 때문에, 즉 언제 무슨 사건이 일어났는지 외우려고 해서 그렇다고 생각해요. 근데, 저는 그런 거는 대부분 잊어버려도 좋다고 생각해요. 물론 여러분이 전문적인 역사 교사가 된다면 얘기가 다르겠지만. 어쨌든 일반시민 입장에서는 대부분 잊어버려도 좋고, 대신 그런 사건들을 통해 스스로 생각하는 훈련을 할 수 있었으면 합니다.

이슬아 한홍구 선생님이 오신다는 말씀을 듣고 무슨 질문을 할까 한참 망설였거든요. 독도 문제를 여쭈어볼까, 아니면 역사를 연구하는 방법들에 대해서 여쭈어볼까, 아니면 박정희 대통령 시절에 대해서 여쭈어볼까 많이 생각했지만 아무래도 가까이 있는 문제가, 제일 진실되고 소중할 것 같다는 생각을 했습니다. 그래서 청소년들의 역사의식에 대해서 질문하려고 하는데 우선 역사의식이 무엇인지에 대해서는 방금 교수님께서 하신 말씀을 듣고 어렴풋이나마 알게 되었습니다.

제가 생각하는 과거의 역사는 현재의 어떤 감옥을 만들었고 현재의 역사는, 또 미래의 어떤 감옥을 만들지 않을까 생각하는데요. 그러니까 우리가 지금 하는 행위 하나하나도 역사에 포함될 것이어서 그 역사의식이 더 소중하다고 생각되는데, 중요한 것은 청소년들은 이런 생각을 대부분 갖고 있지 않다는 겁니다. 그렇기 때문에 보다 더 실천적으로 어떻게 하면 우리가 역사에 참여할 수 있는지에 대해서 여쭙고 싶구요. 두 번째는 우리가 학교에서 국사를 배우고, 근 · 현대사를 배우는 이유에 관해서입니다. 자연계 학생들은 따분한 한국사를 배우지 않는다고 좋아하고, 인문계 학생들은 수능에서 역사 과목을 안 치려고 발버둥치거든요. 심지어는 국사 수업 자체를 듣지 않으려고 하면서도 할아버지들께서 하신 말씀처럼 '사람은 뿌리를 알아야 하는 법이다' 와 같은 고리타분한 말로 스스로를 정당화시키면서 수업을 억지로 듣는단 말이죠. 그래도 역사를 배우는 목적에 대해서는 제대로 알지 못하는 것 같습니다. 그래서 청소년들이 역사의식을 가지는 것과 또 역사의식을 올바르게 배우는 것에 대한 교수님의 의견을 이야기해 주셨으면 좋겠습니다.

한홍구 요새 독도 문제, 동북공정 문제 등이 터지고 나니까 '역사교육의 강화' 얘기가 나오잖아요. 저는 사실 동업자의 윤리로 본다면 역사의식 강화를 반겨야 하는 처지인데, 한편으로는 굉장히 걱정돼요. 역사의식 강화보다도 더 걱정이 되는 건 '인권과 평화' 같은 주제를 학교에서 또 교과목으로 만든다고 할까봐 걱정이에요.(웃음) 역사라는 걸 정말 외우는 과목으로 생각하면 큰 문제가 될 거구요. 저는 청소년들의 역사의식이라는 건 결국 현실 역사의식이 따로 있다고 생각하진 않아요. 현실 문제에 얼마만큼 민감하게 반응하느냐 그리고 거기에 대해서 얼마나 해결하려고 노력하느냐 아니면 피하려고 하느냐 그 차이라고 생각해요. 그래서 여러분이 현실 문제를 해결할 의지를 갖고 이와 정직하게 대면하려고 한다면 그 속에서 당연하게 여러분은 그 문제를 해결하기 위해서 역사적인 뿌리를 찾아보게 될 겁니다.

그렇지만 현실 문제에서부터 도피하려고 한다면 역사를 찾을 이유가 없겠죠. 물론 현실에서 도피하려는 사람들 중에 이런 사람들도 있어요. 역사를 찾는다고 하면서 우리 근 · 현대사에서 독립운동사가들의 경우를 보면 좌익계열, 사회주의계열, 독립운동사들을 다 떼어놨잖아요. 그러다 보니 독립운동사 중에서 60, 70퍼센트 이상이 그쪽 얘기인데 그걸 떼어놓고 민족주의자들만 갖고 이야기하니까 어때요? 초라해지고 앙상해지죠. 그러니 우리 근 · 현대사에 맨날 남에게 쥐어터진 얘기들만 남게 되는 겁니다. 그리고 독립운동사를 돌이켜보면 '야, 이거 윤봉길 의사, 이봉창 의사 폭탄 안 던졌으면 우리가 뭘 배울 뻔했나?' 이런 생각이 들 거예요. 청산리 대첩, 봉오동 전투, 또 임시정부 얘기가 나오다가 또 건너뛰어서 윤봉길 의사 이야기가 나오고 그리고 해방이 됐다, 이 정도잖아요. 그런 독립운동사는 제가 중고등학교 때 배운 거거든요. 독립운동사의 적극적이고 찬란한 얘기는 안 나오니까 더욱 재미가 없어지는 거죠.

그러면서 이상한 방향으로 빠지는 게 찬란한 역사를 찾아서 우리 고대사의 단군 할아버지 어쩌고저쩌고 또는 할아버지의 시대로 거슬러올라가서 '우리가 위대한 제국을 만들어서 동아시아를 재패했다', 이런 식으로 잘못된 역사의식으로 흘러가버려요. 그건 일반 역사의식이라기보다 허위의식이죠. 우리가 현실에서의 역사문제를 해결할 자신이 없고, 외면했을 때 그런 일들이 나타났던 거 같아요. 그래서 저는 역사의식이라는 게 역사책을 읽는다고 생기는 게 결코 아니라고 생각해요. 현실 문제라는 건 여러분 자신의 문제를 정직하게 고민하고 대면하는 거 그런 게 바로 역사의식을 펼쳐가는 첫 번째 단계라고 생각해요.

이슬아 학생이 아주 재미있는 표현을 썼는데, '오늘의 현실이 미래의 감옥이 될 수 있다. 과거의 현실이 오늘의 감옥이 되고.' 여러분한테 적용될 수 있는 말이죠. 입시제도를 구성하는 여러 요인들이 있지만, 지금의 체제에 관해서는 학부모님 책임이 제일 크지 않나 생각해요. 저는 지금 고등학교 운영위원을 맡고 있어요. 요새는 너무 바빠서 못 나갔지만 말입니다. 근데 저는 그걸 하게 된 이유가 제가 도저히 바빠서 감당할 수가 없음에도 학교의 현실을 좀 알아야만 인권교육 · 평화교육 얘기도 할 수 있고, 또 청소년을 위한 역사책을 쓸 때에도 학교의 현실을 알아야 할 거 같아서 벽에 부딪치는 게 좋을 것 같다는 생각을 했습니다.

참 많은 일들이 있었는데 전교조 쪽에서는 학생들을 자율화하는, 즉 학생들에게 뭔가 자기 결정권을 많이 주는 방향으로 하려고 하는데, 거기에 대해서 제동을 거는 게, 물론 교장선생님도 우리 편은 아니겠지만, 전부 학부모 위원들이란 말이죠. '0교시 폐지운동' 을 누가 제일 반대했느냐 하면 학부모님들이거든요. 야간자율학습 없애는 것도 학부모님들이 또 반대한 겁니다. 학부모님들 입장에서는 그런 입시제도를 겪었음에도 그 속에서 학생들이 뭔가 좋은 결과를 얻어서 성공하고 좋은 대학 가기를 바라는 마음이시겠지만, 그런 마음이 큰 문제 자체를 해결하려고 하는 것과 연결되지 못했을 때 상황은 점점 더 어려워지는 거거든요. 여러분이 지금 힘들어하고 있는 문제를 기억해서 나중에 이것을 여러분 자식들 세대에서는 되풀이되지 않도록 하는 것. 그것이 바로 미래의 감옥이 되지 않도록 하는 길인 것 같아요. 또 어디선가 이 악순환이 차단되어야 한다면 바로 여러분이 그 차단의 선두에 서야 하지 않을까 생각합니다.

이지민 교수님 책에서 이라크 전쟁에 대한 주장을 보면, 국토방위에 매진하는 병사들의 월급과 이라크 파병을 간 병사들과 혜택의 차이가 너무 커서

화가 나신다고 하셨는데, 저는 일단 사람의 목숨에 돈을 매긴다는 자체가 잘못되었기는 하지만, 현실은 그렇지 않다고 생각합니다. 그렇다면 6자 회담 등을 통해서 평화적인 분위기가 조성된 우리나라를 지키는 군인과 이라크에 가서 언제 죽을지 모르는 병사들의 월급과 혜택은 당연히 차이가 나야 된다고 생각하거든요. 여기에 대해서 선생님의 의견은 어떠신지요?

한홍구 일정한 차이가 있을 수는 있겠죠. 차이 자체를 부정하는 건 아닙니다. 그런데 차이가 가령 300대 200 정도면 차이라고 애기할 수 있겠지만, 3만 원 대 200만 원이다? 그건 차이란 말로 표현할 수는 없다고 봅니다. 그리고 이라크에 가 있는 군인들에게 여기 있는 군인들하고 똑같이 주라는 애기도 아닙니다. 저는 물론 이라크 전쟁을 반대하고, 파병을 해서는 안 된다는 생각을 전제로 하고 논의를 진행했는데요. 제가 그 비유를 든 건 한국군의 월급이 너무 터무니없이 적다는 것 그리고 그런 현실에서 이라크 파병을 정부에서 합리화한 이유 중 하나가 '자, 봐라. 이렇게 지원을 많이 하지 않았느냐' 는 논리인데, 지원을 많이 했다는 게 얼마나 떳떳하지 못한 건가를 생각해 보잔 말이죠.

이중에 남학생들 대부분은 군대를 가야 할 텐데, 24개월 군복무 동안에 받은 월급을 다 모아봤자 100만 원밖에 안 됩니다. 제가 군대월급에 대해서는 할 말이 참 많은데, 『대한민국史』에도 썼지만 그건 제 글 중 가장 비싼 글이에요.(웃음) 그게 1천억 원이 넘습니다. 왜냐하면 그 글을 쓰고 난 다음에 사병 월급이 올랐어요. 제가 그 글을 썼을 때 월급이 평균 2만 원이었어요. 한달 평균 2만 원이면 하루 700원이 안 되잖아요. 지하철 표 한 장이 안 되는 금액이었는데, 말도 안 된다고 썼더니 무려 1년

반 사이 월급이 70퍼센트나 올랐어요. 그건 그렇고 그 글에서는 우리나라 사병 월급이 워낙 낮아 말이 안 된다는 부분을 지적한 거였고, 더군다나 우리 군대를 이 모양으로 만들어놓고, 즉 사병들에게 24시간 근무를 시키면서 월급을 일당 2만 원을 주는 현실. 근데, 거기에 100배에 해당하는 월급을 주면서 이라크 갈 병사들을 모집한다는 건 파병 자체의 정당성 부분을 떠나서 여기서 열심히 군복무하는 사람들에 대한 모독이 된다는 얘기를 하고 싶었던 겁니다.

김유정 저는 부산외국어고등학교 2학년 김유정이라고 합니다. 독도 문제나 동북공정 문제나 말들이 굉장히 많은데, 그런 말들이 나올 때마다 저희는 그냥 '일본은 정말 나쁘다, 잔인하다.' 이렇게 흥분만 하는데 직접적으로 실천할 수 있는 방법을 아무리 찾아봐도 잘 찾을 수가 없거든요. 청소년들이 직접 할 수 있는 것이 어떤 것이 있고 역사의식을 가지기 위해서 구체적으로 어떠한 것들을 해야 할지 질문하고 싶습니다.

한홍구 독도 문제, 드디어 올 게 왔군요.(웃음) 저는 독도 문제에 대해서 글을 써달라는 청탁을 굉장히 많이 받았는데 독도 자체를 갖고는 한 번도 승낙을 한 적이 없어요. 강연에서 한 번도 독도만을 주제로 얘기를 일부러 안 했어요. 그리고 저는 그게 올바른 태도라고 생각해요. 저는 누구보다도 민족 문제에 대해서 열심히 떠들어온 사람인데, 일관성의 입장에서 볼 때는 독도만이 문제가 아니란 거죠. 그 다음에 독도 문제가 터지니까 희한한 얘기들이 많이 나왔어요. 그 중에 걸작이 갑자기 독도에 이순신 장군 동상을 세우자.(웃음) 정말 속된 말로 돌아가시는 줄 알았습니다.

근데 저는 이렇게 질문하고 싶어요. 일본 놈들이 독도 문제를 명분으

로 싸움을 걸어왔다면 이순신 장군이 독도 앞바다에서 싸웠겠냐는 거죠. 무슨 얘기냐 하면 일본이 독도 문제로 싸움을 걸어왔을 때, 이순신 장군이 바보같이 독도 앞에서 싸웠겠습니까. 딴 문제를 갖고 치죠. 독도, 당연히 지켜야죠. 독도 문제로 싸우지 말자는 것이 아니라 왜 일본에서 독도 문제를 꺼내는가를 파악해야 해요. 어떻게 지킬 것인가를 먼저 파악해야 하는 데 이 설명을 다하려면 세 시간이 넘게 걸릴지도 모르지만 이야기할게요.(웃음) 독도 문제를 왜 일본이 들고 나왔느냐 하면, 일본 내의 민주주의가 깨졌기 때문입니다.

제가 서울의 서동중학교를 나왔는데, 거기가 어디냐 하면 일본대사관 바로 앞이에요. 제가 중3때 육영수 여사가 총에 맞아서 돌아가셔서, 그곳에 매일 사람들이 시위하고 싸웠거든요. 요번에도 어떤 할머니 조폭이 나와서 간증했죠. 근데 그 할머니 남편이 청년시절에 군화 신고 데모하는 장면을 제가 봤었어요. 저는 그런 것들을 쭉 지켜봐왔는데, 한국에서 우익들이 독도 문제 터지니까 일본대사관 앞에서 데모를 하는 거예요. 그런 행동은 독도를 지키는 데 아무런 도움이 안 돼요. 일본 우익이 우리가 손가락 자른다고 눈 하나 깜짝할 사람들이 아니죠. 그 사람들이 난징 대학살 혹은 우리 조선을 침략했을 때 사람의 목을 베어서 그걸 들고 히히 웃으면서 사진을 찍은 놈들인데, 그놈들을 떠받드는 사람들이 지금 일본에서 독도 문제를 거론하고 있는 거거든요.

일본 내에서도 민주주의가 깨졌고, 한편에서는 한국사회가 민주화되었기 때문에 독도 문제를 보고 일본이 위기감을 느끼는 겁니다. 무슨 얘기냐 하면 과거에는 독재정권인 박정희 정권과 일본의 우파가 한 통속이었어요. 사실은 내선일체라고 해도 될 정도였지요. 친일파가 따로 있고 친독재가 따로 있었던 게 아니에요. 여러분, 한승조가 한 망언에 모두 분노하셨죠? 근데 한승조가 누구냐 하면 10월 유신을 가장 적극적이고, 열성적으로 옹호했던 사람입니다. 똑같은 연장선상에서 이번 친일 발언이 나온 거예요. 일본 내에서도 독도 문제에 대해서 일본 우익이 득세한 것이 민주주의가 깨져서였기 때문에, 결국 독도 문제로 싸울 것이 아니라 민주주의 문제로 한국과 일본의 양심적인 민주주의 세력이 단결하도록 해야 합니다. 민주세력 간에는 단결이 가능해요. 그런데 또 다행인 것은 독도 문제를 갖고 한국의 우파와 일본의 우파는 단결이 불가능합니다.

저는 개인적으로 여러분이 민족적인 문제의식을 많이 가져야 한다고 주장하는 사람입니다만, 그 표현양식이 꼭 민족주의자일 필요는 없다고 생각해요. 근데 평화 문제 같은 것을 보면 보편성이 있잖아요. 민주주의에도 보편성이 있단 말이에요. 아나키스트들도 보편성이 있어요. 크리스천들도 보편성이 있고. 근데 민족주의는 그게 안 돼요. '전 세계 평화주의자들이여 단결하라!'는 가능하지만 '전 세계 민족주의자들이여 단결하라?' 이거 말이 안 되는 얘기죠.(웃음) 전 세계 민족주의자들을 모아놓으면 싸움밖에 더하겠습니까?

꼭 한 가지 말씀드리고 싶은 것은 일본 우익이 하는 식으로 독도를 지키자고 하지 말자는 거예요. 그런 식으로 하면 뭐가 됩니까? 영화 〈넘버3〉 기억하나요? 배우 박상면이 그 영화에서 재떨이라는 인물로 나와요. 조폭영화에서 무기가 재떨이에요.(웃음) 어떤 상황이냐 하면, 일본 야쿠자하고 한국 조폭이 단합대회를 해요. 근데 그거는 박정희랑 전두환의 한국 군사정권 일당과 일본 우파가 야합을 한 거죠. 그런데 자기네끼리 술 먹다가 싸움이 붙은 거예요. 누가 먼저 시비를 걸었는지 저도 기억이 잘 안 납니다만, 독도가 누구 땅이냐? 다케시마가 누구 땅이냐? 그러니까 술 마시다가 확 깨서 저 새끼 뭐라고 그러는 거야? 그러면서 거기서 시비가 붙어서 재떨이를 날리는 상황. 생각해 보세요. 독도가 한국 땅인데 왜 그걸로 시비를 겁니까? 그래서 독도를 찾으면 뭐합니까? 독도를 찾으려면 방법은 딱 하나예요. 전쟁하는 수밖에 없어요. 그리고 독도를 빼앗기는 길은 딱 하나예요. 전쟁에서 지는 것.

근데 일본이 독도 차지하려고 전쟁을 하느냐? 그건 아니에요. 그렇다면 일본 우익이 왜 이 문제를 들고 나오느냐. 바로 일본을 무장하려고 하는 겁니다. 즉 일본 내에서 평화헌법을 깨고 극우파가 득세를 하고, 전쟁세력이 득실하고 그러니까 일본이 무장을 하는 겁니다. 일본에서는 평화헌법이란 게 있잖아요. 헌법에서 군대를 부인하고, 침략전쟁을 하지 않는다는 것. 그런데 일본은 지금 이걸 깨는 거예요. 깨버리는 논리가 뭐냐 하면 바로 보통국가가 되어야 한다는 주장입니다. 민족주의적인 우리는 지금 손발이 묶여 있지만, 군대를 못 가게 하는 이 평화헌법을 풀자는 겁니다. 그렇게 하기 위한 가장 좋은 방법이 뭡니까? 군대를 강화하기 위한 가장 큰 명분이 뭡니까? 국내에서 위기의식을 느끼게 하는 거죠. 그런데 일본은 평화롭잖아요. 그러니까 주변국가와 영토분쟁을 일부러 일으키는 겁니다.

그리고 북한과의 관계를 일부러 악화시키는 세력에 대항해서 일본하고 관계를 일본 내에서도 풀려고 했던 세력들, 자민당과 같은 구파가 세력을 잃어버렸잖아요.

일본 극우파들이 일본 사회 분위기를 비평화적인 방향으로 끌고 가려 하는데, 우리가 거기에 맞춰서 '독도에 군대를 주둔시키자' 라든가 '독도개발 특별법을 정하자' 라는 식의 방법을 쓰면 안 된다고 생각해요. 한국 내에서건 일본 내에서건 민주주의와 평화를 키우고, 나아가 이 세력들이 힘을 합쳐서 일본 우익들의 목소리를 죽일 수 있어야죠. 미선이와 효순이가 죽었을 때, 국내 우파들, 이 사람들은 민족 문제는 얘기 안 하고 미국 문제만 얘기하는 사람들이잖아요. 그런데 일본 우파는 진짜 우파입니다. 일본이 최고라고 하는 진짜 우파인데, 한국의 이른바 우파는 진짜 우파가 아니라 가짜 우파죠. 왜냐하면 옛날 친일파 시절에는 일본이 최고, 지금은 미국이 최고라고 이야기하는 사람들이란 말이에요. 광복절에 성조기 들고 나오는 건 마땅치는 않지만 그런가 보다 하고 넘어가겠어요. 왜냐? 미국이 우리를 해방시켜 준 건 맞으니까. 우리도 열심히 싸웠지만 미국이 결정적인 역할을 했으니까요. 광복절에 성조기 들고 나오는 건, 못마땅하지만 아무 말 안 하겠는데, 삼일절에 왜 성조기를 들고 나옵니까? 한국의 수구파가 그래요. 삼일절에 성조기 들고 나오니까 한국의 진보세력이 얼마나 놀립니까?

서양에서는 우파가 민족 문제 들고 나오고, 좌파가 계급 문제 들고 나오죠. 근데 우리나라는 이른바 우파라고 하는 게 다 친일파다 보니까 좌파는 민족 문제까지 들고 나올 수밖에 없어요. 그러니까 이론적으로는 굉장히 헷갈리는 일들이 벌어지는 거죠. 그러면서 수구파들이 민족문제에 대해서 침묵해온 것에 대해 공격을 받아왔잖아요. 그러다가 이 패거리들이 독도 문제가 터지니까 얼씨구나 하면서 독도 문제를 갖고 '자기네들이 얼마나 민족적인가'를 보여주려고 일본대사관 앞에서 쇼를 많이 합니다.(웃음) 그 쇼에 우리가 속아서는 안 됩니다.

백범 선생 얘기를 하고 싶어요. 백범 선생은 아주 철저한 반일주의자였어요. 그런데 백범은 일본이 인종적으로 미워서 반일을 했던 게 아니에요. 이분은 철저한 민족주의자, 즉 민족의 이익을 중심에 놓고 사고를 하다 보니까 일본놈이 그걸 위협할 때는 일본놈하고 싸웠던 거고, 소련이 위협할 때는 반공을 했던 거고, 미국이 위협이 된다 싶으면 기꺼이 반미하려고 했는데, 그런 기미가 보이니까 국내의 친미세력이 친일파와 합작해서 백범을 암살한 거 아닙니까? 그런 식으로 백범은 민족을 중심에 놓고 거기서 누가 민족을 위협하는가에 따라 반일도 하고 반미도 하고 반공도 하는 사람이라는 거죠. 근데 지금 일본대사관 앞에서 열심히 쇼를 하는 분들은 정말 미안하게도 반미 없는 반일이에요. 민족 문제의 핵심이 빠져버렸기 때문에 저는 독도 문제를 볼 때 독도만 갖고 흥분하는 일은 절대로 없었으면 합니다. 이순신 장군은 일본이 독도 문제로 쳐들어올 때 절대로 독도 앞바다에서 안 싸울 거라는 거죠. 싸움은 뭐예요? 자기네가 원하는 장소에서 싸움을 걸어오는데, 그걸 살짝 비껴가서 뒤통수 때리면서 '이리와, 여기서 싸워.' 할 수 있는 것. 그 힘을 우리가 키우는 것. 그래서 또 다른 의제를 설정하는 그 능력을 여러분이 가져야 하는 거예요.

박용준 저는 대학생 박용준이라고 합니다. 민족 문제가 나와서 저도 질문하고 싶은 게 있는데요. 우리가 이렇게 국사책이나 다른 역사 관련 도서에서 '대한민국은 단일 민족으로서 민족의 번영과 평화통일이 목적이다' 와 같은 문구를 많이 보게 되는데요. 그런데 이러한 민족주의적인 주장은 우리에게 일종의 주입된 생각이라 보거든요. 과연 민족이 가지는 의미는 무엇인지. 게다가 세계화시대니 세계시민이니 여러 매체나 시대적 흐름도 민족의 의미를 재고하게 만들고 있단 말이죠. 또 우리가 강조하는, 아니 대한민국 역사책이 강조하는 단일 민족이라는 개념. 사실 그렇지 않은 미국이나 중국 같은 다민족 국가도 이미 너무 많은데, 과연 이러한 시대에 민족이라는 것이 과연 의미가 있는지, 또 그렇다면 민족의

민족이 가지는 의미는 무엇인지. 게다가 세계화시대니 세계시민이니
여러 매체나 시대적 흐름도 민족의 의미를 재고하게 만들고 있단 말이죠.
또 우리가 강조하는, 아니 대한민국 역사책이 강조하는 단일 민족이라는 개념.
사실 그렇지 않은 미국이나 중국 같은 다민족 국가도 이미 너무 많은데,
과연 이러한 시대에 민족이라는 것이 과연 의미가 있는지요.

개념을 어떻게 정의 내려야 하는 것인지 여쭙고 싶습니다.

또 종군위안부 사건이나 독도 문제 등 특히 일본과의 외교관계에서 생기는 문제에 대해서 우리는 민족적인 감정으로 많이 대응하고 있다고 생각합니다. 종군위안부 사건 같은 경우도 민족주의를 넘어서 페미니즘이나 인권의 차원에서 다룰 수 있는데, 그러한 문제를 '민족의 한' 이라든지, '민족적인 치욕의 역사' 라든지 이런 식으로 많이 대응하는 것 같아요. 그러한 부분에 대해서는 어떻게 생각하시는지 듣고 싶습니다.

한홍구 짧게 대답할 질문을 안 하네요.(웃음) 질문을 짧게 하는 척하면서 굉장히 여러 가지 문제를 말씀하신단 말예요.(웃음) 일단 질문을 아주 크게 볼 때 세 가지 문제인데, 도대체 21세기에 한국에서 민족 문제란 게 뭐냐, 그리고 단일민족 신화 얘기와 그 다음에 일본군 위안부 문제. 위안부라는 용어를 쓰셨는데, 이는 역사적인 용어로서 제한된 용어잖아요. 누구의 위안입니까? 일본군의 위안이었던 거죠? 그러니까 '일본군 위안부' 라고 부르는 것이 맞습니다. 그건 그렇고 그 문제를 바라볼 때 어떤 시각으로 바라봐야 하는지 그걸 민족 문제로만 바라볼 수 없다는 것, 대단히 중요한 지적입니다. 그 세 가지를 한 번 생각해 보죠.

저는 어디 가서 '무슨무슨 ~주의자' 라고 이름 붙이는 데 익숙하지 않아요. 왜냐하면 그렇게 이름 붙이면 굉장히 위험했습니다. 국가보안법이나 긴급조치라든가 그런저런 이유들 때문입니다. 그리고 아까 인디고 서원에 오면서 그런 생각을 했어요. 얼마전 혹시 〈인물현대사〉라는 프로그램을 보신 분 있어요? 지난주에 '인혁당 사건' 에 대해서 방송했는데, 혹시 들어보셨어요? 올해로 30주년을 맞았습니다. 그런데 지난주에 인물현대사에서 2차 인혁당사건의 주역이었던 이수병 선생에 대해 얘기를 했는데, 제가 고등학교 2학년 때인 1975년도에 하교길에 서대문 형무소 앞을 이렇게 지나면서 사람들이 웅성웅성하던 것을 저도 봤던 기억이 납니다. 그 이수병 선생의 일대기에 대한 방송이었어요. 제가 인디고 서원에 대한 설명을 들으면서 그런 생각을 했어요. 그 양반들이 50년대 후반에 부산에서 인문 · 사회과학 서클을 이끌었어요. 서클 이름이 '암장' 이었는데, 암장이라는 게 화산 밑에 흐르는 마그마를 가리켰지요. 그 서클의 핵심 멤버들이 1차, 2차 인혁당 사건을 벌였고, 2차 인혁당 사건 때 처형당한 사람은 대구 사람들이 많은데, 방금 말한 이수병 선생님이 그때 같이 처형되었단 말이죠. '야! 그 암장이 한국의 혁신운동에서 중요한 맥이었는데, 그 맥이 그대로 이어진 건 아니지만 그래도 부산에서 적어도 그때 모여서 그렇게 공부하던 사람들처럼 모여 있구나.' 30년 전 박정희시대에 그야말로 그 당시 흔히 하던 표현으로 '넥타이 메고 교수형', 즉 넥타이를 이렇게 쪽 매는 식으로 그렇게 처형당했는데, '아, 정말 세상이 좋아져서 이런 책방도 생기고 여기 이렇게 100명 가까운 사람들이 모이게 됐구나. 참 세상이 많이 변했구나.' 그런 생각을 했어요.

아차, 민족 문제 얘기하다가 옆으로 좀 샜죠?(웃음) 이 민족 문제를 다루는 게 우리 사회에서 그만큼 위험한 문제였어요. 민주주의만 외쳤다면 그분들은 죽지는 않았을 겁니다. 그 시절에는 민족 문제에 대해서 얘기하는 게 굉장히 위험한 일이었어요. 한편 박정희는 박정희대로 민족 얘기를 해왔죠. 여러분, 우리 세대는 독수리 5형제 세대예요.(웃음) 뭐냐 하면 '우리가 없으면 지구를 누가 지키지?' 라는 걱정을 하면서 산 세대입니다. 우리 세대는 박정희에 의해서 어떻게 교육을 받았냐 하면, 우리가 왜 태어났습니까? 부모님의 자식으로서 그냥 태어난 것이 아니라 '민족중흥의 역사적 사명을 띠고' 이 땅에 태어났어요.(웃음) 우린 분단된 조국에서 태어났기 때문에 조국의 통일 문제를 생각하지 않을 수가 없고, 북의 동포를 생각하지 않을 수 없는데, 그게 한국 사회에서 굉장히 위험했던 거예요.

여러분 혹시 50년대에 조봉만 선생이란 분을 아세요? 대통령 후보였는데 이승만에 의해서 사임당했습니다. 근데 왜 사임당했느냐, 평화통일에 대해서 얘기하다가 사임당했어요. 지금은 너무나 당연하죠. 평화통일 아니면 전쟁하자는 거죠. 전쟁하자는 게 뭐예요? 탱크 몰고 태극기 꽂는 거 아닙니까? 그거 하지 말고 평화통일하자고 했다가 위험하다고 사임당했어요. 평화통일이 왜 위험합니까? 그죠? 그런데 그 당시에는 평화가 그만큼 위험했던 거예요. 전쟁을 일으키는 세력, 국제권력한테는 더욱 그러했죠. 그래서 결국 사형을 당했어요.

물론 아직까지 우리는 분단된 나라이기 때문에 민족 문제가 대단히 중요하다고 생각해요. 근데 이 문제를 민족주의로 푸는 건 위험한 것 같습니다. 그 질문에 대해서 제가 어려운 문제라고 했는데, 그 문제가 나왔으니까 이야기를 조금 더 하면 민족주의는 민족 문제를 풀어나가는 데 한 방편이긴 합니다. 무슨무슨~주의라고 붙는 건 뭐예요? 그 앞에 있는 것을 최고라고 생각하는 거죠? 즉 민족주의는 민족만 생각하는 거죠. 그러다 보니까 문제도 많이 생겨요. 근데 우리의 민족 문제가 정말 심각한 상황이었어요. 일제 강점기 등일 때는 민족 문제를 얘기하는 것이 정말 중요한 시대였죠. 한국 사회는 지금도 분단된 사회라는 점에서 민족 문제는 당연히 해결해야 하고, 또 민족주의를 내세우는 사람들도 중요한 역할들을 아직까지 부여받고 있다고 생각해요. 그러나 문제는 뭐냐, 민족만 내세우는 것이 바로 문제가 되는 겁니다. 민족 문제와 계급 문제라든가 또는 민족 문제와 여성 문제, 민족 문제와 인권 문제, 민족 문제와 민주주의 문제, 그리고 민족 문제와 평화 문제, 민족 문제와 주변국가 문제와 같은 것들에 대한 고려 없이 민족만 내세웠다가는 큰일나요. 그러기 때문에 민족주의에 대한 위험성을 강조하는 겁니다.

그 부분에 대해서 저는 스스로 민족주의자라고 생각해요. 저는 민족이 아주 중요한 문제라고 생각은 하지만, 그렇다고 민족 문제만 갖고 얘기하겠다는 것은 아닙니다. 아까 학생이 질문한 게 일본군 위안부 문제인데 가령 이런 예를 들어서 설명해 봅시다. 일본군 위안부 문제가 나오면 '아니 그럴 수가, 세상에 어떻게 이럴 수가?' 이런 말부터 나옵니다. 그죠? 근데 이 문제에 대해서 강조점이 '일본' 놈들이 '조선' 여자를 끌고 갔다, 즉 그냥 '일본놈들이 조선 여자를 끌고 갔다'와 같이 평이하게 되어 있으면 그냥 넘어갈 수 있지만, 강조점이 '일본', '조선'에 이렇게 찍히면 이거 굉장히 곤란한 문제가 발생합니다. 왜냐? 그러면 '조선놈들은 어땠는데?'와 같은 질문을 또 해야 하잖아요. '똥 묻는 개'가 '겨 묻은 개'를 나무란다는 말도 있듯이, 그렇다고 겨 묻은 개는 똥 묻은 개를 나무래도 되는 거냐? 그건 아니죠.

우리는 어땠느냐? 사실 교과서에는 정식으로 일본군 위안부 문제가 들어가 있습니다만, 한국전쟁 때 이른바 '모포 부대'를 생각해 보세요. 한국군의 최고 지휘부가 누구입니까? 다 일본군 출신이죠. 일본군 내지는 일본이 만들어낸 만주군 출신이죠. 이 사람들이 군대를 만들다 보니까 일본군이 하던 짓 그대로 다 따라해요. 일본군 위안부처럼 대규모는 아니었지만 한국전쟁 때도 한국군에 모포 부대란 게 있었어요. 전방에서 싸우다가 나와 후방으로 빠지면, 그 모포 부대에서 그렇게 재우는 부대를 운영을 했어요. 그리고 베트남 전쟁 때 우리 한일 협정 얘기를 하면서 입에다가 거품 무는 게 뭡니까? 한일협정 잘못 되었다는 이유는 딱 두 가지죠. '일본군 위안부 문제 거론 안 됐다.' 그리고 '독도 문제 거론 안 됐다'는 것. 이 두 가지를 가지고 거품 물고 분노합니다. 근데 여러분, 한일 협정을 체결하는 그 무렵에 베트남 파병을 했잖아요. 베트남 파병할 때 청와대에서 박정희 이하 월남 대사 했던 사람과 몇 명이 모여서 뭘 고민했냐 하면, '한국군 보내는 데 한국군 군대위안부를 함께 보내야 하는 거 아니냐?' 였지요. 다행히, 정말 다행히도 안 보냈죠. 근데 왜 안 보냈을까 생각해 보면 답은 딱 하나예요. 김일성이 뭐라고 할 것 같아서였지요. 한국군이 베트남에 파병을 하는데 거기다 위안부까지 보내봐요, 얼마나 민족성이 망가지겠습니까? 그래서 안 보냈던 것 같아요.

자, 이런 문제들에 우리는 어땠는지 생각해 봐야 해요. 그리고 그 다음에, 70년대 후반, 71년대 초쯤에 '기지촌 정화운동'이란 게 있었습니다. 동두천이라든가 의정부, 또는 평택의 미군기지 있잖아요. 그쪽에 기지촌들을 다 정화하는데, 정화라는 게 뭡니까? 무슨 정淨자예요? 깨끗할 정, 맑을 정, 깨끗하게 만드는 것 아닙니까? 그 운동을 정부가 합니다. 거기서 뭘 깨끗하게 하겠다는 겁니까? 길거리 청소를 한다는 거예요? 아니죠. 그 여성들의 성병을 검진한다는 얘깁니다. 근데 이를 관리한 주요 부서가 어디였을까요? 경기도? 보건사회부? 기지촌정화운동의 주요 부서가 외무부 외교 통상부예요. 왜? 주한미군을 붙잡아두기 위해서는 그들에게 안전하고 깨끗한 성을 공급해야 한다. 즉 성을 도구로 생각하는 발상을 우리도 했단 말이에요.

저는 일본군 위안부 문제에서 민족 문제를 굉장히 중요하게 여깁니다. 민족 문제를 떠나서는 설명할 수가 없어요. 거기서 조선인이 일본군 위안부로 대략 20만이 넘는 사람이 끌려갔을 걸로 생각되는데, 그 중에

80퍼센트가 조선 여자예요. 그렇기 때문에 민족문제는 굉장히 중요하게 작용을 했지만 이걸 민족 문제만으로 생각하면 우리 자신에 대한 반성은 설 자리가 없어요. 오직 '일본 놈들이 나쁜 거야' 라는 결론만 나온단 말이죠. 그렇기 때문에 이 문제는 여러 각도에서 봐야 합니다.

게다가 계급 문제도 중요합니다. 일본군 위안부 문제에 왜 계급 문제가 안 들어갑니까? 조선여자 다 끌려갔습니까? 가령 홀로코스트 같은 문제, 그건 계급 문제를 떠나서 민족 문제를, 즉 유태인이라면 부자건 가난한 사람이건 상관없이 끌고 갔지만, 일본군 위안부 문제는 어때요? 돈 있는 사람, 교육 많이 받은 사람은 안 끌려갔어요. 그 문제를 우리는 또 생각해야 합니다. 왜 일본군 위안부 문제가 수십 년 동안 묻혀 있었습니까? 바로 그 사람들이 돈 없고, 못 배우고, 가난한 빈농의 딸들이었기 때문에, 돌아온 다음에도 목소리를 낼 수 없는 최하층민이었기 때문에 40년이 넘게 묻혀 있었던 거예요. 이렇게 일본군 위안부 문제에는 계급 문제도 포함되어 있는 겁니다.

그리고 거기에다가 국가와 시민 사회에 관한 문제까지도 함께 생각해 볼 수 있다는 거죠. 국가가 사람들을 끄집어다가 얼마나 그렇게 써먹었는지, 또 왜 일본군 위안부 문제가 다시 터져나왔는지 등. 이런 문제들에 관해서는 우리가 일본군들 입장에서 배우죠. '효율성을 높여야 한다, 특히 자본주의 사회에는.' 일본이 바로 그렇거든요. 이 효율성을 좋은 개념으로 생각하지만, 인간의 얼굴이 빠져버렸을 때, 효율성이란 것이 얼마나 무서운 얘기가 되는지를 알 수 있는 사건이 바로 일본군 위안부 문제라고 생각해요. 왜 일본군이 위안부를 끌고 다니냐는 거죠. 전쟁이 일어나면 제일 피해를 입는 것이 여자입니다. 여기에도 이렇게 여학생들이 많지만 전쟁이 일어나면 이 여성들이 피해를 제일 많이 본단 말이에요. 역사를 돌이켜보면 전쟁이 일어난 곳에는 매매춘 여성들이 있기 마련입니다. 매매춘이 있든지, 강간이 있든지. 대개 둘 다 있죠. 근데 일본군 위안부 문제는 특별하죠. 왜죠? 국가가 여성들을 관리했으니까요. 국가 관리 매춘이란 말이죠. 그런데 왜 이런 일이 벌어졌는지 그 이유를 따지는 것이 중요해요. 그냥 강간을 하거나, 알아서 매매춘 여성들한테 가서 섹스를 하거나 하는 것을 그렇게 묵인했을 경우에 군대가 입는 손실이 크다는 이유 때문이에요.

여러분, 러 · 일 전쟁 이후 일본이 시베리아에 출병한 적이 있어요. 러시아 혁명을 진압하기 위해서 출병을 했는데, 그때 일본군이 어디서 피해를 입었느냐. 러 · 일 전쟁 때는 전투 자체가 격렬해서 전투에서 많은 피해를 입었지만, 그 후 출병 때는 정확한 비율은 기억이 안 나는데, 전투병의 거의 절반쯤이 바로 시베리아 매독 때문에 전투력을 잃었어요. 그러니까 생각해 보세요. 일본은 조그만 나라잖아요. 인구가 그렇게 많지 않은데 상대해야 할 나라가 중국, 소련, 미국과 같이 큰 나라들이잖아요. 일본 군대는 그런 큰 나라를 상대로 싸워야 하는데 작은 나라에서 만들 수 있는 군대가 몇백만밖에 안 되는데, 어떻게 잘 싸울 수 있겠어요? 중국의 인구가 얼마나 많습니까? 그래서 우리가 가령 '성 문제를 푼다, 성 문제를 해결한다' 하면 징병을 20퍼센트 늘리는 것과 마찬가지일 거예요. 피임을 해서 성병 문제를 풀고, 성병을 깨끗하게 관리하면 전투력을 20퍼센트로 늘리는 겁니다.

아까 밥을 먹으면서 김광균 시인의 얘기를 잠깐 했는데, 그 시인이 그런 시를 썼어요. '시인은 시만 생각하고 학자는 학문만 생각하고 정치인은 정치만 생각하고 교수는…… 경제인은 경제만 생각하고 군인은 전쟁만 생각하고 그러면 세상이 참 아름다울 거 같습니다.' 근데 말은 바본분을 다하면 이 세상이 참 아름다울 것 같지만 그러면 세상이 얼마나 황망하게 되겠어요. 일본군 입장에서도 도덕적인 것 따질 것 없이 전투력을 극대화하기 위해 위안부를 끌고 가는 것이 얼마나 도움이 됩니까. 20퍼센트 이상의 징병 효과를 갖는 건데, 그죠? 그러나 이것을 제어할 장치가 없었던 거예요. 일본이 그런 방향에서 이 문제를 속였기 때문에 이런 걸 밝힌다는 겁니다. 결국은 민주주의 문제로서 인권에 대한 존중과 함께 민주주의를 정립하는 데 근본적인 대책이 될 수밖에 없는 거예요. 어떤 딱 한 가지 묘책은 없어요. 꾸준히 문제를 제기하고 해결하기 위한 노력이 필요하다고 생각합니다. 너무 길게 얘기를 했죠? 미안합니다.(웃음)

김승현 안녕하세요. 고등학교 3학년 김승현입니다. 저는 한홍구 교수님께 좀더 구체적으로 『대한민국史』에 나와 있는 내용에 대해서 질문을 해볼까 합니다. 맨 마지막 장에 병영국가와 관련된 이야기를 하셨는데요. 특히 군사문화에서 이때까지 역사적인 관점에서 보았을 때, 국가가 일방적인 병역을 징역해 왔고, 또 그러한 문제점에 대해서는 인간의 어떤 개인적 가치를 존중하는 의식이 좀 나아지고 있지만 아직도 문제는 해결되지 않았다고 얘기하셨습니다. 그래서 지금까지도 그러한 문제가 거론되는 게 아닐까 하는데요. 특히 아직도 풀리지 않은 양심적 병역 거부에 대해 질문을 드리고 싶습니다. 선생님 글을 보면 우리의 분노의 대상은 양심적 병역 거부에 대한 것이 아니라, 불합리한 제도를 우리에게 강요하는 대한민국 정부에 문제가 있다는 주장을 본 적이 있는데, 이에 대해서 선생님의 구체적인 설명을 더 듣고 싶습니다. 그리고 양심적 병역 거부에 찬성하시는 선생님께서는 '양심'의 잣대는 어떻게 세울 수 있다고 생각

이 세상에는 60억 개의 양심이 있습니다. 거기에 어떠한 기준이 있을 수는 있어요. 하지만 양심의 주인은 자기 자신이에요. 제가 생각하기에 우리나라가 양심에 따른 병역 거부 문제로 이렇게 홍역을 앓고 있는 이유는, 70만 전부를 군대 보내는 나라이기 때문에 그렇다고 생각해요.

하시는지 궁금합니다.

한홍구 제가 양심에 따른 병역 거부 개선을 위한 연대회의라는 아주 짧은 이름을 가진 단체의 공동집행 위원장을 맡고 있습니다.(웃음) 양심적 병역 거부에 대해서는 적극적으로 인정해야 한다는 입장인데, 저 개인은 양심에 따른 병역 거부자는 아니에요. 저는 여러분을 적극적으로 지지합니다. 음, 저는 원래 전공이 독립운동사예요. 항일무장 투쟁사, 좀더 구체적으로 말하면 김일성의 만주에서의 빨치산 운동입니다. 그렇기 때문에 항일무장투쟁사 전공자인 제가 폭력에 반대하는 표어운동을 하고 있어요. 그렇다고 제가 모든 폭력에 반대하는 것은 아닙니다. 그렇지만 저는 평화에 대해서 많이 고민하고 생각하고 노력하는 사람입니다.

저는 양심에 따른 병역 거부 문제에 대해서 이렇게 생각을 해요. 제가 독립운동을 전공했으니까 우리나라의 탄생에 대해서 생각해 봅니다. 백범 선생의 글에도 비슷한 게 나오죠. 하여튼 모든 독립운동가들, 즉 백범 같은 민족주의자뿐만 아니라 사회주의자 또는 공산주의자들도 우리가 세워야 하는 나라에 대한 꿈을 갖고 있었어요. 그리고 그 당시의 시대 상황에서 일본놈들이 말로 하면 알아줍니까? 말로 해서 알아주지 않기 때문에 무장투쟁을 해야 한다고 독립운동 진열에서 생각했죠. 그리고 무장투쟁을 열심히 전개했고, 저는 그 무장투쟁을 연구했습니다.

그런데 저는 이렇게 생각해요. 사실 양심에 따른 병역 거부자들을 만나보면 참 착하고 좋은 사람들이에요. 그들은 '남을 해치지 않겠다. 그렇다면 누가 쳐들어와서 나를 죽이겠다고 해도 총을 들지 않겠느냐? 그래도 총을 들지 않겠다' 라고 해요. 근데 저는 우리나라가 위기에 처했을 때, 가능한 한 많은 젊은이들이 총을 들고 나가서 싸우기를 바라는 사람입니다. 하지만 그런 사람들이 지켜야 하는 나라가 전혀 우리에게 해를 끼치지 않는 나라를 적으로 생각하고 전쟁을 일으키는 것은 잘못 됐다는 거죠. 또 평화를 사랑하는, 그런 불살생不殺生의 신념에 따라서 총을 들지 못하겠다는 사람을 기어코 감옥에 보내는 나라여야 하느냐, 그건 절대적으로 아니라고 생각합니다.

한국전쟁 때 우리 한국군이 20만밖에 안 됐어요. 전쟁에 나가서 싸울 사람은 양심에 따른 병역 거부자들이 아니더라도 대한민국에 굉장히 많다고 생각해요. 양심에 따른 병역 거부를 허용하면 과연 누가 군대 가겠느냐는 말도 있지만, 박카스 젊은이들 있잖아요.(웃음) 꼭 가고 싶은 사람들이 엄청나게 많아요. 그리고 군 병력을 70만이나 유지할 이유는 없다고 생각해요. 인해전술 펼칠 일 있습니까? 우리가 인해전술을 펼치는 중국을 상대로 한국군 20만 갖고 싸웠던 역사도 있는데, 지금 한국군은 70만입니다. 한국전쟁 때의 세 배예요. 그러나 한국전쟁 때 동원할 수 있는 모든 예비군까지 동원할 수 있으니 이미 군복 입혀놓은 거나 마찬가지예요. 근데 지금 전쟁은 '보병들! 돌격 앞으로!' 방식으로 하지 않잖아요. 물론 완전히 없어진 건 아니지만. 이라크 전쟁 보면 단추 눌러서 해요. 전쟁의 양상이 이렇게 변했으니 그만하면 병력은 충분해요. 그리고 70만 대군만 있나요? 300만 예비군에, 500만 민방위.(웃음) 이건 인해전술로 중국을 쳐들어갈 수도 있는 병력이잖아요. 군사적으로도 이렇게 많은 수의 병력은 필요가 없다고 생각해요.

그리고 전 세계적인 차원에서 보더라도 양심에 따른 병역 거부 문제를 왜 자꾸 강조하느냐 하는 이유가 나옵니다. 이 문제는 우리가 얼마만큼 반평화적인 분위기에서 살고 있느냐를 반영하는 거거든요. 서양에서는 양심에 따른 병역 거부가 기독교 평화주의의 가장 기본적인 실천이에요. 정말 가장 중요한 실천이에요. 그런데 우리나라는 어떻습니까? 양심에 따른 병역 거부를 누가 해요? 여호와의 증인 신도들이 하죠? 집에 밤에 가실 때 주변을 한번 둘러보세요. 우리나라에 이렇게 기독교가 번성하고 기독교도가 천만이 넘는다고 하는데, 세계 10대 교회의 6, 7개가 한국에 있는데도 양심에 따른 기독교인 중에서 양심에 따른 병역 거부자가 한 명도 안 나왔어요. 이단이나 하는 것처럼 생각한단 말이죠.

양심에 따른 병역 거부라는 게 원래 '왼뺨을 맞으면 오른뺨을 내밀라, 원수를 사랑하라' 는 고대 기독교의 근본정신이에요. 원시 기독교가 근대 로마에 국교화가 되면서 국가권력과 타협을 하게 되고, 양심에 따른 병역 거부가 없어지고, 게다가 더 악화된 건 뭐예요? 바로 십자군 때문이죠. 우리나라를 보면 고대 원시 기독교처럼 원수를 사랑해서 콜로세움에 자기 목을 던지는 그런 기독교인의 후예는 한 명도 없고, 오직 십자군의 후예들만 있는 거예요. 민주화 운동을 보세요. 유교 군사독재에 반대해서 수천 명의 젊은이들이 감옥에 가는 걸 마다 않고 싸웠습니다. 70, 80년대에는 수천 명이 감옥에 갔어요. 그때 저도 학생운동을 하다가 바로 군대로 끌려갔단 말이죠. 그때는 군대 안 갈 수 있는 방법이 있는 줄도 몰랐어요.

우리나라에서 양심에 따른 병역 거부 문제가 2001년도에 처음 얘기되었는데, 그때는 참 창피한 얘기지만 인권단체 활동가들도 양심에 따른 병역 거부라는 용어를 몰랐어요. 그만큼 우리 사회에서는 이 문제가 묻혀 있었던 거예요. 미국에서 2차 대전 때 양심에 따른 병역 거부자가 1만 2천 명이 나왔는데 그 중 여호와의 증인은 거의 없었어요. 나머지는 일반 기독교인들이었단 말이에요. 그러면서 우리나라는 기독교를 미국에서 들여왔는데, 그것도 전쟁중에 오로지 군사주의적인 기독교를 들여

왔지요. 이렇게 달라요. 적어도 저는 양심에 따른 병역 거부자들이자 여호와의 증인들한테 굉장히 많은 것을 배웠습니다. 저도 여호와의 증인을 이단처럼 여겼던 사람인데, 여호와의 증인들하고 이 문제를 가지고 지내면서 아주 많이 배우고, 또 그 사람들은 정치하고는 아주 무관한 사람이지만 한국의 민주주의 발전에 큰 기여를 했다고 생각해요.

그리고 저는 용어 면에서도 뭔가 이상한 이미지를 준다고 생각해요. 양심에 따른 병역 거부라고 해서, 군대 가는 게 양심이고, 군대 가지 않는 건 비양심적이냐? 그런 건 아니거든요. 일본이 쳐들어올 때나 미국이 우리나라를 무력으로 침략할 때, 또는 중국이나 소련이 갑자기 쳐들어올 때는 많은 젊은이들이 양심의 이름으로 나라를 지켜야죠. 그것도 저는 양심이라고 생각해요. 이 세상에는 60억 개의 양심이 있습니다. 거기에 어떠한 기준이 있을 수는 있어요. 하지만 양심의 주인은 자기 자신이에요. 우리나라가 양심에 따른 병역 거부 문제로 이렇게 홍역을 앓는 이유는, 70만 젊은이를 군대 보내는 나라이기 때문이에요.

군대 가서 제일 많이 하는 게 뭡니까? 삽질이에요.(웃음) 우리나라 군대가 삽질 참 많이 합니다. 군대 갔다온 사람들은 느끼겠지만 우리나라에서 이라크에 공병부대를 파견한다고 했을 때 사람들이 픽픽 웃었어요. '우리나라 한국군은 누구를 보내도 다 공병부대다. 삽질을 많이 해서 웬만한 공병부대랑 비교도 안 된다.' (웃음) 그런 농담을 해요. 한국군이 세계 최고 학력의 삽질부대입니다.(웃음) 이건 농담이 아니라, 한국군 파병 부대는 14년을 교육받은 군인들이에요. 14년 2개월인가 3개월인가 그래요. 고등학교 졸업을 하고 대학교 2학년쯤을 마치고 군대를 가는 게 평균이에요. 웬만한 나라의 장교 집단보다 한국 사병들이 학력이 높아요.

한국 사병들이 제일 많이 하는 게 삽질이니까 말 그대로 세계 최고 학력의 삽질부대인 거죠. 게다가 군인들이 다 젊잖아요. 그러다 보니까 '내가 나라를 지키기 위해서 군대를 갔다' 고 생각하면 그것도 일종의 취업처럼 일로 생각하고 보람도 느끼고 할 텐데, 맨날 하는 게 삽질이니 왜 그런 일을 하는지 회의를 느낄 수 밖에 없단 말이죠. 어디 아파트 건설현장에 가서 삽질을 했다면 '저거 내가 지었어' 라는 뿌듯함이라도 있을 텐데, 이건 뭐 정말 1소대 이쪽 파고, 2소대 저쪽 파고, 3소대 4소대는 어디어디 자, 실시! 이런 일을 진짜로 군대에서 해요.(웃음) 그러다 보니까 무의미함을 느끼는 거죠. '내가 지금 뭐하는 거지?' 이런 질문을 스스로 할 때, 사실 이게 제일 힘든 거거든요.

그리고 눈을 돌려서 밖을 보면 군대 안 간 사람들이 너무 많아요. 100명 중에서 95명쯤이 군대 가서 그렇게 삽질하고 있으면, 뭐 그런가보다 할 텐데. 100명 중에 군대 가서 삽질하는 건 60명밖에 안 되고, 40명쯤이 이런저런 이유로 군대를 빼먹어요. 현역으로 안 가요. 이래저래 빠진단 말이죠. 안에 있는 사람들에겐 얼마나 불공평한 겁니까? 얼마나 신경질 나고 화가 납니까? 그러니까 그런 화가 양심에 따른 병역 거부자들 한테 튄다고 봐요. 그리고 또 그 불똥이 여성들한테도 튀죠. 뭘로 튀죠? 바로 군 가산점 문제. '여자도 군대 가라.' 이런 주장까지도 합니다. 제가 2주일 전에 국회에서 '양심에 따른 병역 거부' 공청회에 나갔습니다. 방청석에서 물은 것도 아닌데, 반대편에 나온 모 대학 교수가 '여자도 군대 보내야 한다. 장애인도 군대 보내야 한다.' 그러는 겁니다. 그런 분들이 정말 많습니다.

다시 논의로 돌아와서 사실 한국의 군인들 너무 힘들죠. 이라크에 200만 원 줘서 보냈잖아요. 군인이 그 정도는 받아야 하는데, 여기 한국에서는 월급 3만 원 받고 있단 말이죠. 그래서 저는 특히 한국 군대의 큰 문제 중 하나가 바로 그런 차이라고 봅니다. 100년 전에 신분제도가 있었잖아요. 공식적으로는 94년 전에 없어졌지만, 규범적으로 아직 남아 있어요. 120년 전에 신분제도가 있을 때와 비교하면, 양반과 상놈의 차이가 군대 갔다온 사람들은 알겠지만 간부와 일반 병사와의 차이랑 비슷해요. 저는 요즘은 그 차이가 더 크다고 생각해요. 그만큼 신상에 격차가 있는 거예요.

그런 일들을 겪으면서 군대 갔다온 사람들이 상처를 받고 또 그 속에서 피해의식을 갖게 되는 것입니다. 그래서 저는 양심에 따른 병역 거부에 대해 한국사회가 관대해질 필요가 있어요. 그 다음에 기독교가 관대하지 못한 것도 문제가 있어요. 물론 일반 남성들은 또 이해해야 할 부분이 자신들이 군대에서 너무 고생했다는 것 때문에 또 반대한단 말이죠. 그렇기 때문에 이 양심에 따른 병역 거부자들에 관한 문제는 이들을 탄압해 문제를 푸는 것보다는 군대를 빨리 좋게 만드는 것이 가장 좋은 해답입니다. 저는 양심에 따른 병역 거부 문제를 다루면서 우리 사회가 군대에 대한 관심도 높아졌다는 사실이 굉장히 중요한 발판이 될 수 있다고 생각합니다. 군대 자체도 그렇지만 또 한국에서 군대랑 제일 닮은 꼴이 뭡니까?

청중 학교요.

한홍구 예, 바로 학교거든요. 여러분의 일상과도 굉장히 관련이 깊어서 여러분이 군대문제에 대해서도 관심을 가져주길 바라겠습니다.

이민석 안녕하세요. 저는 용인고등학교 3학년 이민석이라고 합니다. 며칠 전에 아침을 먹으면서 신문을 보다가 이상한 경험을 했어요. 신문의 정치면을 봤는데 한나라당에 대한 기사가 실렸더라구요. 한나라당 의원들을 강경파, 소장파, 공동파 이렇게 나눠서 표가 만들어져 있었는데, 그걸 보는 순간 내가 역사공부를 하고 있는 거 아닌가 하는 착각이 들었어요. 50년 후에는 역사책에 이런 표가 나오지 않을까 싶더라구요.(웃음) 밥을 다 먹고 국사책을 가져다 조선시대 붕당의 계보를 봤더니 지금 신문에 있는 표랑 비슷한 거예요. 그러니까 50년 뒤면 이런 한나라당의 계보가 국사책에도 나올 수 있겠구나 하는 생각이 들더라구요. 그런데 이게 과연 역사적으로 진실하고, 정의롭고, 또 필요한 것인지에 대해 의문이 생겼어요. 제가 보기에는 쓸데없는 거 같았거든요. 우리가 일상적 파시즘에 대해서도 논한다고 하지만, 사실 이런 식으로 교과서를 편집하고, 제작하고 또 그것을 우리가 공부한다면, 그런 껍데기만을 배우게 되지 않을까 생각해요. 그런 점에서 교과서 문제를 질문하고 싶어요. 교과서가 가진 한계나 교과서가 지향해야 할 점 등에 대해서 선생님께서는 어떤 생각을 갖고 계신지요.

한홍구 그 문제는 뭐 교과서 문제뿐 아니라, 모든 방면에 걸친 문제라고 생각해요. 무엇이 중요하냐? 정치면에 '계보도'라고 나오죠. 제가 여러분 나이 때는 그런 것조차 안 나왔어요. 그때는 정치가 실종된 시대였어요. 정치는 대통령 한 분이 하면 되는 거예요. 그게 박정희 시대예요. 그러다가 그나마 풀려서 전두환 시대에는 정치면에 '누가 누구와 만나서 밥을 먹었다'로 바뀌었어요.(웃음) 이것은 정보기관도 마찬가지예요. 요새 세상이 좋아지다 보니까 제가 중앙정보부 국정원 기획실장하고 같은 테이블에 앉아서 밥 먹고, 회의도 하면서 정보부 국정원의 과거사 일에 관여하고 있어요. 예전 같으면 거꾸로 매달려서 취조당하는 것만 생각했을 텐데 말이죠.(웃음) 그쪽에서 국정원의 역사 같은 것들을 정리하다 보면 당시에 중요했던 정보들을 알 수가 있어요. 교과서에 뭐가 실리느냐와 비슷한 얘기죠.

국가기관에서 어떤 걸 중요한 정보라고 생각했을까? 그걸 보면 아까 제가 한 말이랑 똑같아요. '누구와 누구가 만나서 밥 먹었다.' 군사정권이란 게 뭡니까? 정권을 강탈한 거 아니에요? 강도짓 한 거 아녜요? 그러니까 어떤 놈이 또 와서 강도짓 할까봐 늘 걱정하는 거예요. 민주적인 절차에 의해서 집권한 대통령은 그런 걱정 안 하잖아요. 지난번 탄핵사건에서 볼 수 있듯, 권력이란 함부로 누가 뺏을 수 있는 게 아니라는 게 증명되었단 말이에요. 어떤 당은 의회의 3분의 2 이상을 차지하고, 대통령을 쫓아내려고 하다가 시민들이 들고 일어나는 바람에 실패했죠. 그리고는 지금 '거대 여당의 힘을 막아주세요' 하고 빌고 다닌단 말이죠. 여러분이 이 사회에 대해서 일정한 발언권을 갖고 있다면, 또는 여러분의 의견이 국회의사당에 반영될 수 있다면 참 좋을 거예요.

18세 선거권을 예로 들어보죠. 18세가 되면 고등학교 3학년 학생은 선거권이 대개 있게 되죠? 만약에 17세까지 선거권을 준다, 더 나아가 16세 선거권이 주어지면 어떻게 돼요? 고등학생 전체가 선거권을 갖는 거죠. 저는 우선적으로 18세 선거권만 되도 대학 입시 문제의 상당 부분이 해결될 수 있다고 봐요. 국회 안에서도 학부형의 관점에서, 또는 교장의 관점에서 교육 문제를 바라보는 게 아니라, 유권자인 학생의 관점에서 교육 문제를 고민하는 의원들이 나오리라고 생각합니다. 그러면 굉장히 달라질 겁니다. 민주주의가 발전하면서 이제는 뒷골목의 인심이 무엇이냐가 중요해져요. 전에는 장군들이 어떻게 생각하느냐가 정부기관의 가장 중요한 관심사였다면, 이제는 민심이 어떤 것인가가 관심사가 된단 말이죠. 장군들을 도청하는 게 아니라 인터넷을 뒤져서 민심을 파악하는 거죠. 물론 여러분이 참여하는 만큼 어떤 이익을 달라고 한다고 해서 바로 주어지지는 않죠. 달라고 한다고 바로 주는 법은 없어요. 그렇기 때문에 처음에는 상당히 힘든 부분들이 있어요. 그리고 모든 것을 처음에 시작하는 사람들은 늘 외로워요.

작년에 강의석이라는 친구가 고등학교에서의 종교의 자유 문제를 제기해 화제가 되었지요? 저도 미션스쿨을 나왔습니다. 제가 지금 성공회대학교에 있으니까 제가 성공회 신도인줄 아는데 아니에요. 제가 다니던 고등학교도 미션스쿨치고는 엄격하게 안 했어요. 선생님이 좋으셔서 뭘 하든 떠들지만 않으면 됐어요. 저는 그런 대로 그냥 타협하고 넘어갔는데, 이 친구는 기특하게도 아주 근본적인 문제를 제기한 거예요. 제 생각에는 이 친구가 다른 친구들 때문에 상당히 외로웠을 것 같아요. 지원하고 위로해 주고 격려해 준 선배들이랑 어른들은 많았는데 정작 그런 친구들은 없었을 것 같아요.

이렇게 저는 여러분이 주체적으로 생각하고, 가끔은 어른들 말도 안 듣고 그랬으면 좋겠어요. 흔히 하는 말로 말대꾸하는 거 말이죠. 서로 기분이 나쁠 수도 있고, 야단을 맞을 수도 있어요. 그러니까 여러분이 여러분의 주장을 세상에서 펴나가는 것이 결코 쉬운 일은 아닙니다. 쉬운 일은 아니지만 여러분이 세상을 바꾸기를 원한다면 여러분이 안 하면 안 돼요. 제가 예전에도 비슷한 얘기를 했던 것 같은데, 내가 뭘 한다고 해서 세상이 얼마나 달라질까? 안 달라질 가능성이 큽니다. 안 달라질 수 있어요. 근데 한 가지 확실한 건, 내가 안 하면 세상은 죽었다 깨어

나도 안 바뀐다는 거예요. 그렇기 때문에 더욱 세상을 바꾸는 데 앞장섰던 사람들한테 우리가 그들의 노력과 그들의 희생에 대해 응당한 보답을 해주고 존경해야 할 책임도 있다는 생각도 합니다.

박소영 안녕하세요. 저는 고등학교 1학년 박소영이라고 합니다. 우리 학교는 다른 학교에 비해서 두발 자유나 학교 교복에 대해서 제한이 많은데요. 심지어 가방에서 신발까지 모두 정해주는 편입니다. 그런 면에서 우리는 민주주의 사회에 살면서도 교육의 기초가 되는 학교에서부터 민주주의를 찾아볼 수 없다고 생각합니다. 학교의 문제점에 대해서 많이 말씀을 해주셨는데요. 선생님께서는 이런 학교교육에 대해서 어떻게 생각하시고 학교교육이 앞으로 어떻게 나아가야 한다고 생각하시는지 이야기를 듣고 싶습니다.

한홍구 뭐 어떻게 생각하느냐? 고쳐야지요.(웃음) 고쳐야 하는데, 어떻게 고쳐야 할 것이냐. 영화 〈말죽거리 잔혹사〉를 혹시 보셨어요? 이 영화를 본 중고등학생들하고 이야기하다 보면, '요새는 더 심하다' 는 아이들도 있고, '지금이랑 다를 게 없다' 는 아이들도 있더라구요. 학교와 군대가 비슷하다는 말씀을 드렸는데, 우리나라 교육사 자체를 뜯어보면 답이 금방 나옵니다. 여러분 생각해 보세요. 학교에 들어가서 제일 먼저 배운 게 뭔가요. 일단 '국민학교' 라는 이름을 보세요. 어디를 가든 '국민학교' 라는 이름을 붙인 나라는 없어요. 심지어 공산국가를 가더라도 인민학교 내지는 보통학교예요. 그 '국민' 학교란 게 뭐예요? 일제 말기에 만들어졌어요. 거기서 국민이란 게 어디서 나온 겁니까? 우리나라 국가구성원이란 뜻이 아니었어요. 슬쩍 대한민국 국민으로 쓰였지만 황국신민의 준말이에요. 천황폐하의 어린아이들인 황국신민의 준말이 바로 이 국민입니다. 그래서 '국민' 학교였던 거예요.

일제 말기에 왜 의무교육을 실시해서 국민학교를 많이 지었느냐? 일제가 조선 사람들의 교육수준을 갑자기 높여야겠다고 착한 마음을 먹고 그랬겠습니까? 바로 전쟁터에 끌고 나가기 위해서죠. 여러분, 국민학교 처음 들어갔을 때 뭐 했지요? '앞으로 나란히' 죠. 대한민국의 국민학교에 처음 들어가면 제일 먼저 배우는 게 '앞으로 나란히' 잖아요. 그게 뭡니까? 제식훈련 아녜요? 학교의 시작 자체가 한 명의 자유로운 시민을 키워내는 게 아니라, 예비 군인을 키워내는 거예요. 스무 살이 되도록 학교도 한 번 다니지 않은 농촌 총각을 군대에 당장 집어넣으면 얼마나 힘들겠어요? 조직의 쓴맛이라고는 본 적이 없으니까요.(웃음) 학교생활이라는 것이 십몇 년 동안 조직의 쓴맛을 배우는 거 아닙니까?

그 다음에 시간관념을 배우는 거 아녜요. 몇 시에 종 치고, 몇 시에 밥 먹고, 몇 시에 자고 그런 것들. 농촌 총각은 어때요? 해 뜨면 일어나고, 해 지면 일마치고, 자고. 또 배고프면 밥 먹고. 이런 자유로운 생활을 해온 사람을 규율 속에다 집어넣는 거예요.

또 하나는 일본말을 배우는 것이죠. '돌격 앞으로' 를 일본 지휘관이 조선말 배워서 조선 병사한테 하겠습니까? 조선 병사가 알아들어야죠. 군대에서 지휘관의 명령을 못 알아들으면 어떻게 되지요? 군대가 유지 안 되겠죠? 김영삼 정권이 들어섰을 때, 유명한 우스갯소리가 있어요. 김영삼 씨는 군대 안 갔다왔잖아요. 그때 김영삼은 병역 기피다 어쩌구 저쩌구 했을 때 나온 말이에요. '김영삼은 병역 기피가 아니다. 김영삼은 군대를 갔었다. 군대를 갔는데, 일찍 제대를 시켰다. 왜냐? 김영삼이 군대에 갔는데 서울대생이 왔다고 소대장을 시켰대요. 그때 전쟁이 나서 인민군이 쳐들어오니까 부대를 이끌고 나간 거예요. 총알이 막 날아오자 그가 '모두 수그리!' 라고 소리쳤는데 부대원들이 그 말뜻을 몰라 멀뚱멀뚱하다가 부대가 전멸했기 때문이래요.' (웃음) 그런데 김영삼이 혼자 살아 돌아와서 보고하니까, 기회를 한 번 더 줬대요. 다시 소대를 이끌고 나가는데 또 적을 만난 거죠. '모두 수그리!' 를 못 알아들으니까 '아까맨치로!' 라고 해버린 거예요. 그래서 또 몰살당했다.(웃음) 자, 그래서 국가에서 김영삼은 제대하는 게 국가방위에 도움이 된다고 해서 내보냈대요. 군대에서 의사소통이 안 되면 이렇게 큰일이 일어날 수 있단 말이죠. 그러니까 일제시대 때, 조선 청년들을 잡아다가 3개월 또는 6개월 동안 훈련을 시켜서 군대로 보내고, 또 어린애들은 학교에서부터 황국시민으로 교육을 시킨 거죠. 그게 한국 교육제도의 시작입니다.

그 다음에 세상이 바뀌면서 대한민국이라는 국가의 국민 만들기가 진행됐어요. 학교라는 것 자체가 어느 나라나 보면 '규율' 이라는 측면을 포함하고 있는데, 한국의 학교는 특별히 더 심했죠. '19세기 교실에서 20세기 교사가 21세기 아이들을 가르친다.' 이런 말 들어봤죠? 그리고 더 심하게는 '체벌' 이라는 문제가 남아 있죠. 요즘 군대에서는 많이 없어졌어요. 다 없어진 건 절대 아니지만 말입니다. 그리고 사실 어떤 데서는 차라리 맞는 게 나아요. 왜냐면 안 때리고도 사람을 더 잔혹하게 괴롭히는 방법은 무궁무진해요. 근데 학교체벌은 여전하죠. 군대랑 학교는 닮은꼴인 거죠.

그리고 또 하나 한국교육의 문제점 중 꼭 언급하고 싶은 것은 바로 한국사회의 입시제도입니다. 저는 한국사회의 보수화를 심화시키는 데 입시제도가 한몫 했다고 생각해요. 요즘은 형제가 많지 않지만 저희는 5남매였어요. 그때 어머니께서 진담 반, 농담 반으로 뭐라고 했냐 하면 '고3

이 최고야. 제일 중요해.' 사실 제일 좋은 것, 맛있는 것은 무조건 고3 거예요.(웃음) 요새는 자녀를 하나나 둘 낳기 때문에 그런 게 없지만, 예전에는 그랬단 말이죠. 그런 식으로 입시제도가 가족의 생활 자체를 바꾸잖아요.

그리고 전교조 선생님들이 참교육을 시키자고 기를 쓰고 말씀하시면서 '사교육 없애야 한다, 과외 없애야 한다.' 그렇게 말씀들 하시잖아요. 그런데 노동운동 현장에서 말이죠. 같은 민주노총의 일반 사업장에서 임금인상을 위해서 투쟁을 하죠? 거기서 노동자들이 머리띠 두르고 왜 투쟁을 합니까? 제일 큰 이유가 뭐예요? 바로 사교육비 부담이에요. 사교육비 부담 때문에 거기서 그런 투쟁을 한단 말입니다. 심지어는 노동운동조차도 그렇게 영향을 받는 거예요. 입시가 뭐냐 하면 유일한 어떤 출세의 수단, 신분상승의 기회로 여겨지기 때문이거든요. 그런데 이것은 우리나라 전통을 통해서 여러 가지로 설명할 수 있어요. 옛날의 유교라는 게 시험 봐서 공부 잘하면 출세할 수 있었잖아요? 지금도 마찬가지죠, 뭐. 이런 몇 가지 유형들이 겹쳐지면서 학교는 지금 어때요? 완전히 전쟁터죠. 입시 전쟁터. 입시 전쟁이란 뭐예요, 평생의 살얼음이에요. 얼굴은 성형하면 되고, 또 돈은 나중에 로또를 해서 당첨되든지, 돈 많은 집에 시집을 가면 해결되지만, 학벌은 바꿀 수 없다는 것이 한국사회라고 하잖아요? 학벌중심사회가 고착화되어 있기 때문에 고3때 단판승부를 내야 하는 것처럼 그렇게 목숨 걸고 공부하지 않으면 안 되는 사회에 여러분이 살고 있는 겁니다.

시간이 흐르면서 입시는 점점 더 힘들어지고, 그 속에 지금 여러분이 살고 있는 거죠. 우리가 다닐 때보다 오히려 더 힘든 경쟁 속에 여러분이 내동댕이쳐져 있는데, 이 문제를 우리가 당장 1, 2년 뒤에 바꾸려고 한다면, 저는 죽었다 깨어나도 해답이 없다고 생각해요. 그런데 이것을 20년쯤으로 계획을 잡고 있다면 좀 달라지겠죠. 하지만 우리가 국제경쟁력에 대해서 생각을 해보면, 미국의 아이들은 자기 나라 말 갖고 꿈을 꾸는데, 우리는 팝송 가사도 영어사전 찾아가면서 외워야 하고, 어려서부터 영어를 비롯한 입시에 시달려야 하는 사회에 살고 있지요. 그렇게 10년 가까이 교육을 받고 대학에 들어간 다음에는 어떻게 돼요? 완전히 진이 빠지는 거죠. 이런 상황인데 어떻게 국가경쟁력을 생각할 수가 있겠어요? 근본적인 대책이 필요한 거죠.

이슬아 학교 문제가 나와서 말인데요. 저는 상대적으로 두발 자유화나 종교의 자유 문제 등은 오히려 개선하기가 더 쉽다고 생각합니다. 왜냐하면 학생회 같은 조직이 있어 건의하기 쉽고, 요즘 워낙 이슈화되어서 사회적으로 개선하려는 노력이 많이 전개되고 있기 때문입니다. 그래서 저는 먼저 학생회 간부선정 문제부터 의문을 품고 싶은데, 사립학교는 물론이고 요즘엔 공립학교까지도 성적순으로 전교회장과 부회장을 정하고 또 그렇지 않더라도 상위권에 있는 학생이 그 자리를 맡도록 미리 짜놓고 선거를 실시하는 경우가 종종 있습니다. 그것은 아마 학교에서부터 민주의식을 기른다는 본래의 목표에 위배되는 행위가 아닐까 생각되는데요. 이러한 문제는 어떻게 해결해야 하는지 교수님의 의견을 묻고 싶습니다.

그리고 또 하나 저는 선후배간의 위계질서에 대해 얘기하고 싶어요. 교수님께서 방금 학교는 군대를 그대로 닮았기 때문에 그런 면이 있을 수 있다고 했는데, 선 · 후배 간의 위계질서에서 상당히 웃긴 일은, 체벌을 당한다거나 학교의 기강을 바로 세운다는 이유로 상식적으로 이해가 안 되는 일을 저학년이 당하고도 자신이 고학년이 되어서는 또 그 일을 후배한테 그대로 반복한다는 겁니다. 망각의 역사, 여기에도 바로 그런 기억상실증이 존재한단 말이죠. 그러고는 자기 합리화인지 뭔지 서로를 조심스럽게, 또 존중하는 마음으로 대할 수 있게 되니 더 좋은 것 아니냐고 말하는데, 저로서는 도무지 이해가 되지 않습니다. 선생님은 어떻게 생각하시는지요.

길어서 죄송합니다.(웃음) 평소에 묻고 싶은 게 너무 많았어요. 사실 더 있는 것을 지금 세 개로 줄인 건데요. 교수님 말씀을 듣고 생각난 조동화 시인의 〈나하나 꽃 피어〉라는 시를 떠올렸습니다. '나 하나 꽃 피어 이 산이 달라지겠냐고 말하지 말아라. 나 하나 꽃 피고 너도 꽃 피면 결국 이 산이 활활 타오르지 않겠느냐'는 구절이 생각나는데요. 우리 모두가 주인의식과 참여의식을 가지고 학교 문제에 적극적으로 대처해야 한다고 생각하는데요. 이러한 문제들에 우리의 자세는 어떠해야 한다고 생각하시는지요.

한홍구 제가 요즘 군대 얘기를 많이 하잖아요. 이러한 군대와 같은 위계질서가 고등학교와 대학교에도 있더라구요. 저는 78학번인데, 박정희 정권 말기부터 전두환 정부 초기까지 우리나라에서 군사독재가 가장 독이 올라 있던 시기에 대학을 다녔어요. 그런 제가 미국에 가서 한국 드라마를 빌려 보다 깜짝 놀란 것이 한국 대학생들이 MT가서 선배가 후배를 집합시켜서 군대식으로 얼차려를 시키는 거예요. 그 장면이 너무 이해가 안 갔어요. 다음날 후배들을 만나서 얘기를 했더니 요새 다 그런다는 거예요. 한국에 돌아와 대학 다니면서 알아보니까 그런 관례들이 제법 많더라구요. 제가 그 문제에 대해서 더 민감하게 생각했던 것은 차라리 군사

독재 시절에 그랬다면 그런가보다 하겠는데, 90년대 이후 민주주의 사회에서 왜 그럴까 하는 거였죠. '어떻게 대학사회에서는 지금에 와서 군사문화가 더 만연하게 되었을까?' 하는 의문 때문에 군대 문제에 관련해서 우리 사회에 퍼져 있는 문제들에 대해서 관심을 갖고 글들을 써오게 된 겁니다.

사실 옛날 중 · 고등학교에서는 선후배를 쉽게 따질 수가 없었어요. 예를 들어 일제시대에는 한 교실에 장가를 간 사람도 있고, 애 데리고 오는 사람도 있고, 천차만별이었어요. 원래 옛날에는 4살, 5살 차이 정도는 맞먹었잖아요. 조선시대에 제일 친한 친구가 누구입니까? 역사책에 나오는 오성과 한음, 아마 오성이 다섯 살 위일 거예요. 근데 조선시대 제일 좋은 친구고, 제일 개구쟁이이고, 같이 장난치고 서로 밀어주고 끌어주고 협력했잖아요. 지금 우리에게 다섯 살 차이는 어때요? 어휴, 선배는 하늘이죠? (웃음) 이렇게 우리 사회가 새로운 권력, 새로운 문화로 접어든 거죠. 가령 군대 같은 데 가면 딴 거 안 보죠. 사회에서 알았는지 몰랐는지도 신경 안 써요. 저는 군대에서 우연히 바깥 사회에서 아는 사람이 옆 소대 소대장으로 왔어요. 그 사람이 나보다 1년 선배여서 학교 다닐 때는 서로 존대말을 쓰던 사이였는데, 군대에서는 '이제 우리 아는 척 하지 맙시다' 라고 하더라구요. 당황스러웠죠. 그런 식으로 또 다른 모양의 권력관계가 생기는 겁니다. 선후배간의 위계질서도 이러한 군사문화가 사회 각계각층으로 퍼져간 거라고 생각합니다. 특히 학교는 그 자체가 워낙 군사적이고 위협적인 공간이기 때문에 이런 선후배 문화가 오히려 기생할 소지가 더 많은 거죠. 이것도 군대문화의 잔재라고 말할 수 있는데 반드시 고쳐져야 할 문제입니다.

그리고 아까 간부 선정 문제는 좀 낯서네요. 학생들과 함께 직접 그런 문제를 가지고 토론을 안 해봐서 그런지 사실 깜짝 놀랐어요. 저희 때도 중학교 때까지는 반장들이 대개 공부 잘하는 애들이었는데 고등학교만 가면 공부 잘하는 애들이 절대 반장 못했어요. 친구들 간에 리더십이 있고, 사람 좋은 그런 친구들이 반장했는데, 지금 성적순으로 반장을 뽑는다는 건 한국 사회가 오히려 퇴행한 거죠. 이번에 군대에서 인분사건이 났을 때 반응이 여러 가지였지요. 하나는 '아직도 이런 일이', 또 하나는 '야, 그것 좀 먹었다고 뭐가 대수냐.' 저는 요즘 신세대들이 그걸 시킨다고 먹었다는 것이 더 신기했어요. '다르게 저항할 줄 알았는데, 그들도 별 수 없구나' 하는 생각이 들더라구요. 요즘 신세대들이 혼자 있을 때는 되게 잘난 것 같아도 집단으로 모아놨을 때는 더 힘이 약해지는 것 같더라구요. 공포분위기는 이미 만들어져 있고, 아까 학생이 얘기했듯이 '나 하나 바뀐다고 뭐가 달라질까?' 하는 생각을 하고 있었던 거죠.

저는 이렇게 생각해요. 여러분이 개인으로서의 존엄을 지켜야 할 일도 있지만 힘을 모아서 한꺼번에 해결할 일도 있는 겁니다. 이런 선후배 간의 위계질서 같은 건 결국은 민주주의에 반하는 거 아닙니까? 민주주의에 반하는 여러 형태들이 도처에서 발생해요. 그런 것들은 여러분이 나서서 저항하고 반대하고 고쳐나가야 하는 거예요. 나중에 여러분이 사회에 나가면 여기 있는 사람들의 90퍼센트 이상의 사람들이 노동자로 살아가게 되는데, 그 노동자 중에서도 절반은 비정규노동자로 살아가게 될 거예요. 그것은 현실입니다. 노동자로 살아가는 게 결코 부끄러운 것도 아니고 당연한 거예요. 그리고 판·검사도, 의사도, 노동자가 됩니다. 노동자가 되어서야 여러분의 권리를 찾아오려고 애쓸 겁니까? 여러분이 당당히 권리를 지켜 나갈 수 있는 시민이 되기 위해서 지금 억압받는 일에 저항을 해야지요. 선후배 간의 관계라는 것은 사실은 허위의

제가 예전에도 비슷한 얘기를 했던 것 같은데, 내가 뭘 한다고 해서
세상이 얼마나 달라질까? 안 달라질 가능성이 더 큽니다. 근데 한 가지 확실한 건,
내가 안 하면 세상은 죽었다 깨어나도 안 바뀐다는 거예요.
'내가 한다고 해서 얼마나 달라질까' 하는 생각을 모두가 갖고 있으면
세상은 진짜 죽었다 깨어나도 안 바뀌는 거예요.
그렇기 때문에 더욱 세상을 바꾸는 데 앞장섰던 사람들한테
우리가 그들의 노력과 그들의 희생에 대해 응당한 보답을 해주고
존경해야 할 책임도 있다는 생각도 합니다.

권위예요. 그래서 그 권위에 대해서 여러분이 저항을 해 나가는 훈련이 필요합니다. 여러분 스스로의 권위와 권력은 아무도 지켜주지 않습니다. 여러분이 지켜나가는 거지요.

사회자 벌써 두 시간 넘게 얘기가 이어지고 있는데, 다들 초롱초롱한 눈망울로 열심히 들어주셔서 정말 감사합니다. 이제 주제와 변주가 막바지로 접어들고 있는데 아직 학부모님들이나 어렵게 참석하신 분들께서 말씀을 잘 못하시고 계신 것 같아요. 꼭 하고 싶은 질문들이 있으면 하나 아니면 두 개 정도 하고 막을 내리겠습니다.

한홍구 답을 좀 짧게 해야겠네요. 죄송합니다.(웃음)

이정민 저는 고등학교 2학년 이정민입니다. 다소 추상적일 수도 있지만, 저는 인권의 가장 중요한 요소로 생각되는 '자유'에 대해 여쭤보려 합니다. 국어사전을 찾아보면 자유란 '남에게 구속을 받거나 무엇에 얽매이지 않고 자기 마음대로 행동하는 것'이라고 나옵니다. 대한민국은 민주국가로 헌법에서 국민에게 자유라는 권리를 보장하지만, 실제 생활을 보면, 사실 자유라는 권리가 온전하게 지켜진다고 볼 수 없을 것 같습니다. 교수님이 생각하시기에 대한민국이 보장하는 자유의 범위는 어디까지인지, 또 보장해야 하는 자유의 범위는 어디까지인지 궁금합니다.

한홍구 그런 질문에 가장 잘 대답해 주실 분이 홍세화 선생님이신데.(웃음) 여러분, 자유라고 할 때, 뭐가 떠올라요? 어떤 자유? 두발의 자유? 또?

학생 언론의 자유.

한홍구 또?

학생 거주 이전의 자유.

한홍구 네, 자유에 관한 것은 매우 중요한 문제죠. 자유에 대한 생각도 참 많이 달라진 것 같아요. 박정희 시대에 우리의 자유에 대한 관념은 왜 이상한 모습이었을까요? 박정희가 죽었을 때 일본 우익이 '대일본제국의 마지막 군인이 숨을 거뒀다'라고 애도했어요. 대일본제국은 무너졌지만, 대일본제국의 사고방식으로 끝까지 권력을 갖고 있던 마지막 군인이 죽었다 이거예요. 박정희식 사고방식은 기본적으로 자유와는 거리가 멀었어요. 박정희가 선거로 집권을 할 수 있는 사람이었습니까? 탱크 몰고 들어와서 정권을 잡은 사람이기 때문에, 기본적으로 민주주의에 대해 얘기하면 그 사람과는 얘기가 안 된다는 거 모두가 다 알아요. 민주주의를 모르는 거예요. '민주주의는 비효율이다. 우리는 빨리 일본도 따라잡고 미국도 따라잡고 경제도 발전시키고 급변하는 국제정세에 능동적으로 대처해야 하는데 그러기 위해서는 강력한 지도자가 효율적으로 나라를 이끌어야 한다.' 이런 식으로 사유한 거죠. 자유? 민주? 이런 건 비효율이고 나아가 자유는 방종이라고 생각하는 겁니다.

70년대 민주화운동에서는 이렇게 자유의 문제들을 많이 생각했는데, 인권 면에서도 좀더 자세히 따진다면 시민권과 사회권이란 게 있어요. 시민권 영역이 언론의 자유, 집회 결성의 자유, 거주 이전의 자유, 그런 유형의 자유를 의미합니다. 근데 자유의 개념은 거기에만 국한되는 건

대한민국은 민주국가로 헌법에서 국민에게 자유라는 권리를 보장하고 있지만,
실제 생활을 보면, 자유라는 권리가 온전하게 지켜진다고 볼 수 없을 것 같습니다.
교수님이 생각하시기에 대한민국이 보장하는 자유의 범위는 어디까지인지,
또 보장해야 하는 자유의 범위는 어디까지인지 궁금합니다.

아니죠. 더 확대되는 게 바로 전쟁으로부터의 자유, 궁핍으로부터의 자유, 이런 것들이 바로 일종의 사회적인 권리거든요. 우리나라에서는 유감스럽게도 자유라는 것은 민주주의의 기본적 이념임에도 불구하고 민주주의를 대하는 방식은 상당히 폭력적이었어요. 그때는 고등학교에서뿐만 아니라 대학가에서도 위계가 있었다구요. 왜냐하면, 대학교로 경찰들이 쳐들어오잖아요. 대학교에 경찰들이 상주하고 있으니 학생들은 경찰과 맞서 싸우는 게 필요했어요. 그래서 만들어진 게 녹두대, 오월대, 학두대 같은 학생운동 조직 내에 일종의 돌격대가 만들어진 거예요. 군대 갔다온 학생이 대장을 하고 마치 실제 군사훈련을 받는 것처럼 훈련을 시키는 거죠. 학교 안에서 학생들이 자율적으로 그런 조직을 만들었단 말이죠. 그런 데는 군기가 보통 센 게 아니에요.(웃음) '너희들 그런 정신상태 갖고 어떻게 백골단 하고 싸울 거냐, 어떻게 전경하고 싸울 거냐, 정말 우리가 여기서 뚫리면 학생회가 뚫린다, 우리가 사수한다.' 이러면서 군대보다 더 심하게 훈련을 시키는 거죠.

이러한 식으로 적어도 80년대는 학생운동이 대학의 문화를 주도했는데 그 학생문화 내에 군사문화가 따라 들어온 거예요. 그러면서 우리들이 민주주의에 대한 훈련을 할 기회를 굉장히 많이 빼앗겼던 거예요. 자유에 대한 부분도 우리가 더불어 살아간다는 측면에 대한 '남에 대한 배려와 나 개인의 자유가 어떻게 잘 조화와 균형을 이루며 운영되어야 하는가' 라는 덕목에 관심을 기울여야 했어요. 그런데 전에는 남에 대한 배려라는 명목 하에 효율성만을 생각하고, 또 이 자유를 방종으로 몰아붙이는 것만 있었으며, 자기의 권리와 의무의 한계가 어디까지인지 거기에 대한 검토가 전혀 없었던 거죠. 그래서 김남주 시인을 비롯해서 많은 사람들이 그와 비슷한 질문을 던졌던 것 같아요. '이 세상에 단 한 명이

라도 자유롭지 못할 때 내가 과연 자유로울 수 있는가?'

여러분 어때요. 우리 개개인은 갇혀 있지 않죠? 저는 여태껏 굉장히 아슬아슬하게 살아왔지만 국가보안법으로 한 번도 처벌을 받은 적은 없어요. 나는 사실 말을 굉장히 험하게 하고 다녔어요. 어디까지가 허용되는 범위인지는 사실 아무도 몰라요. 그리고 1988년에는 정말 한국이 단군 이래 최대의 언론의 자유를 누렸어요. 선거일을 앞두고 87년 6월 항쟁 이후에 여태까지 모두 금지였던 게 다 깨졌는데, 어디까지 말할 수 있는지 우리도 몰랐고 경찰은 경찰대로 어디부터 잡아가야 하는지를 몰랐던 거죠. 똑같은 얘기를 해도 누구는 안 잡히고 누구는 잡혀갔어요. 그리고 현재 징역을 살고 있구요. 그렇다면 나는 안 잡혀갔으니 자유로운 거냐. 저는 그렇게 생각하지 않아요. 가령 언론의 자유라 하더라도 우리는 여러 가지를 생각해야죠. 언론의 자유를 대통령을 욕할 권리라고 생각한다면 대한민국같이 언론의 자유가 풍성한 나라는 없어요.(웃음) 노무현에 대해서 입에 담지 못할 욕설을 해도 괜찮은 나라, 그런 게 대한민국이에요. 그런데 여러분이 조금만 눈을 돌려서 보면 선생님한테 의견을 말할 권리, 학교에서 여러분의 의견을 주장하거나 건의할 권리, 혹은 직장에서 상사한테 내 의견을 대변할 권리, 이렇게 얘기하면 대한민국이 언론의 자유가 있는 나라냐? 고개를 갸우뚱하게 합니다. 그래서 자유의 문제는 상당히 다양한 것들로 볼 수 있죠.

교사 안녕하세요. 저는 고등학교 교사입니다. 4년 전에, '학교에서의 권력' 에 관한 문제로 미셸 푸코의 이론과 관련하여 논문을 쓰려고 중간에 조사를 여러 번 했는데, 제가 학교 다닐 때하고는 학교가 참 많이 달라져 있더라구요. 그러다가 학교라는 공동체에서 학교 당국과 외부, 그리고 교사와 학생들 사이의 접점이 무엇인지, 또 학교 당국과 교사, 그리고 학부모들의 접점이 무엇인지를 찾아보려는 노력을 했던 기억이 나는데요. 선생님께서는 역사를 전공하셨으니 이런 질문을 드리고 싶습니다. '역사에서 보수와 진보의 접점이 무엇인지' 말씀해 주셨으면 좋겠습니다.

한홍구 아이고, 푸코를 전공하신 선생님이라 질문이 어렵네요.(웃음) 저는 접점이란 부분이 추상적으로 존재하기보다는 학교에서 통상적으로 일이 굴러가는 부분에 있어야 한다고 생각해요. 저는 지금의 교육현실이 나쁜 균형을 유지하고 있다고 생각해요. 불만을 갖고 뭔가 변화를 시키려고 하는데 변화는 잘 안 되고 있지요. 그러니 모든 사람이 불만을 갖고는 있지만 많은 것을 하지는 못하고, 그러다 누군가 돌파구를 여는 그런 형식입니다. 대표적인 예로, 학내 종교 문제 있잖아요. 아무도 문제를 제기하지 못하는데 강의석 군이 하니까 그게 굉장히 큰 문제가 되어버렸어요. 학교 당국이 처음부터 유연하게 대처를 해주었으면, 작은 문제로 끝났을 수 있었을 텐데 말입니다. 그래서 강의석 군은 본의 아니게 스타가 되어버렸고, 그러다 보니 주변 학생들한테서 따돌림을 당하게 되었죠. 그런 나쁜 균형과 순환이 있단 말이죠. 하지만 그런 식이나마 하나의 새로운 접점이 형성된 거죠. 학교에서 종교교육이란 건 100년도 더 된 문제인데 100년 동안 거의 아무도 문제제기를 안 했던 것을 한 학생이 함으로써 작은 변혁이 일어난 것입니다.

근데 지금 교사가 느끼는 문제와 학생이 느끼는 문제는 상당히 다를 수가 있을 것 같아요. 가령 전교조가 처음 만들어졌을 때 전교조의 힘은 선생님들의 힘이 아니었다고 생각해요. 좋은 선생님들이 많이 참여했겠지만 그 힘의 대부분은 학생들한테서 나왔다고 생각하거든요. 지금 전교조가 상당히 계보를 형성하고, 또 대중조직으로 뿌리를 내려 우리나라에서 가장 중요한 노동조합이 될 수 있었던 것도 학생들의 힘이 큰 거죠. 그런데 처음에 전교조가 등장할 때는 참교육이라고 해서 학생들 문제가 굉장히 중요한 문제로 논의가 됐고 그게 사회적인 설득력을 가질 수가 있었는데, 지금은 그런 부분들이 좀 변질된 게 아닌가 하는 생각이 들어요. 또 한편으로는 학교 자체의 분위기도 보면, 사실 학생들도 고치려고 하기보다는 이 잘못된 제도에 굉장히 많이 편입되어 있죠? 선생님들은 제가 이런 말씀을 드리면 '그건 학교 현실을 몰라서 그렇다' 고 얘기하세요. 그러면서 '어떤 때가 제일 힘든 줄 아느냐' 고 말씀을 꺼내시면서, 젊은 시절의 청소년들에게 도움이 될 만한 얘기 혹은 자기 인생 경험을 얘기하면 학생들 중에 '진도 나가요', '수업해요', '그냥 요점정리 해주세요' 이렇게 얘기하는 학생들까지 있다는 거죠.

또 뭐랄까, 비슷한 문제에 대해서 선생님들 중에서도 학교의 현실에 대해서도 개혁의 필요성을 느끼시고, 그럴 필요성을 느끼는 학생들도 있을 텐데, 그걸 터놓고 얘기할 수 있는 장이 없는 것 같아요. 지금의 학교 시스템에서 일부는 '학교에는 이제 스승이 없다' 고 회의하지만, 그 이전에 스승을 만날 수 있는 조건이 되어 있는지 생각해 봐야 합니다. 학교 시스템을 완전히 버릴 수는 없겠죠. 학생들이 그걸 버렸을 때 치러야 할 대가가 엄청나니까요. 대안학교로 다 몰려갈 수도 없고. 그리고 대안학교가 진짜 대안인가 하는 문제도 생각을 해봐야 할 것이고요.

정말 저는 변화를 위한 새로운 접점과 새로운 장이 마련되어야 한다고 생각해요. 인디고 서원도 그런 의미에서 하나의 접점이 될 수 있겠죠. 이러한 노력들이 하나둘씩 늘어난다면 조금씩 나아지지 않을까 생각합니다.

김정희 저는 고등학교 2학년 김정희라고 합니다. 저는 선생님의 책을 읽으면서 혼동을 느낀 부분이 조금 있었는데요. 그 중에서 김일성에 대한 이야기에서 혼동을 가장 많이 느꼈던 것 같습니다. 조금 인용하자면, '일제의 압박에서 벗어나 광복을 쟁취하고 다녔던 우리 겨레의 염원에 대해서 무한한 용기와 기대 그리고 신념을 솟구쳐주는 원천이며 그 상징이었다' 라는 부분이 특히 그러했습니다. 즉, 통일의 관점에서 보자면 우리나라의 정통성을 지킨 정권은 남한의 이승만 정권보다 북한의 김일성 정권에 더욱 가깝다고 하셨는데, 이 부분에 대해 교수님의 생각을 다시금 여쭙고 싶습니다.

한홍구 저는 이승만과 김일성을 놓고 누구에게 정통성이 있느냐고 묻는 질문 자체가 굉장히 비극적이고 잘못된 거라고 생각해요. 정통은 독립운동하는 사람들한테 있는 거죠. 근데 독립운동하던 사람들의 파가 나뉘었어요. 이승만도 나름대로 독립운동을 했어요. 문제도 많이 일으켰죠. 대통령으로 처음 탄핵당한 사람이 노무현 대통령이 아니에요. 이승만은 탄핵받아서 쫓겨나기까지 했어요. 이승만 씨가 대한민국임시정부와 대한민국정부의 초대 대통령을 두 번이나 지낸 건국의 아버지인 것 같지만 두 번의 초대 대통령에서 두 번 다 쫓겨났단 말이에요. 이승만의 아주 큰 문제점은 뭐냐 하면 정권을 유지하기 위해서 친일세력과 미국의 도움을 받았다는 거죠. 일본의 경우, 솔직하게 얘기하자면 친일파를 청산하지 못한 정도가 아니라 친일파에 의해서 독립운동을 하던 사람들이 무참하게 총살을 당한 것이 남쪽의 역사였던 거죠. 그것만 따진다면 저는 해방 직후에 많은 지식인들이 그리고 공산주의자가 아닌 민족적 양심을 가진 많은 사람들이 월북한 이유를 알 것 같아요.

그렇지만 또 하나는 우리가 남북간에 해방 직후 상황에서는 그랬을지 모르지만 적어도 한국전쟁을 통해서 남북이 분단된 후 50년 역사 속에서 지금 이렇게 보니까 '그때 김일성이 독립운동을 더 열심히 했다, 혹은 북쪽에 독립운동 하던 사람이 한 사람이라도 더 많았다.' 이런 대목들이 많아요. 해방 직후 역사를 보면 북한에서는 북조선 노동당이 만들어진 다음에 대의원 대회에서 어떤 걸 했냐 하면, 회의록에 보면 이렇게 남아 있어요. '여기 모인 대의원들 중에 일제시대에 징역을 산 사람은 몇 명이고, 그들의 징역 햇수를 다 합치면 몇백 년이 된다. 땅땅땅. 그러면 우레와 같은 박수가 장내를 진동하다.' 뭐 이런 식으로 자부심을 가졌단 말이죠. 그런데 남쪽을 보면 그렇지 못해요. 왜? 독립운동 하던 사람보다 친일파가 훨씬 많았다는 걸 자기들도 아니까, 부끄러운 거죠. 하지만 그걸 갖고 지금까지 모든 걸 설명하는 건 굉장히 위험하다고 봐요. 그렇다면 남쪽에서 살고 있는 민족은 정통성이 없느냐? 천만의 말씀이죠. 민주화를 위해서 노력하고, 통일을 위해서 힘써온 사람들이 남쪽은 남쪽대로 북쪽은 북쪽대로 다 있거든요.

그러니까 저는 정통성 부분은 남북간의 정통성을 따지는 것 자체가 우리의 대등한 통일을 막는 거라고 생각해요. 그래서 지금은 정통성이란 개념을 빼고 가야 합니다. 그리고 통일된 다음에도 이 정통성을 가지고 서로 싸울 수는 없는 노릇이잖아요. 단, 한국사회 내에서는 '군사독재였느냐 민주화였느냐', 그리고 또 '민족자결이었느냐 외국에의 종속이었느냐' 는 반드시 따져야죠. 한국 내부에서는 이러한 문제들을 따져야 하지만 남북을 놓고서 '어느 쪽이 정통이다, 어느 쪽이 1등 국민이고 어느 쪽이 2등 국민이다.' 이러한 것은 굉장히 위험한 것이기 때문에 의식적으로라도 지양해야 합니다. 더군다나 지금은 우리가 더 잘 살아요.

그런 입장에서는 우리가 훨씬 더 조심해야 돼요. 서로 좋은 점을 칭찬해야 해요. 서로 그렇게 정통성을 따지는 건 옳지 못하다고 생각합니다.

최강호 저는 고등학교 2학년 최강호라고 합니다. 교수님께서 말씀하셨던 그런 암울했던 시기에(웃음) 어떤 책을 읽고, 또 어떤 꿈을 키우셨는지. 그리고 저희가 보다 자주적이고 보다 주체적인 세대가 되기 위해서 읽으면 도움이 될 만한 책이 있다면 추천해 주실 수 있으신지요.

한홍구 어쩌나, 나는 아직 책을 두 권밖에 못 썼는데!(웃음) 이건 버나드 쇼의 농담입니다. 음, 암울했던 그 시대에는 이것저것 많이 봤던 것 같아요. 저희 집이 출판사를 했거든요. 지금 제 기억에는 고 1, 2때는 책 한 권을 늘 가방에 넣고 다녔어요. 김수영의 『거대한 뿌리』이라고 민음사에서 나왔던 책입니다. 요새는 가방을 무겁게 해서 안 들고 다닙니다만 그때는 『정통종합영어』하고 『수학의 정석』 그리고 도시락과 김수영의 책을 들고 다녔던 기억이 나네요. 지금은 좋은 책이 굉장히 많아요. 우리가 대학 다닐 때에는 책이 없었어요. 그래도 세상을 바꾸는 문제에 대한 관심이 있으니까 반공서적에서 비판 부분 빼놓고, 인용부분만 읽어가면서 숨은 그림 찾기 식으로 어렵게 어렵게 생각을 해가면서 책들을 읽어나갔어요. 지금은 정말 좋은 책들이 많이 나와 있죠. 가령 홍세화 선생이나 박노자 씨, 이런 분들의 책들은 우리 어렸을 때는 상상도 할 수 없었던 거였는데, 요즘은 많이 나와 있죠. 이런 다양한 책들이 있고 더군다나 우리 아람 선생님처럼 독서지도도 해주시고, 같이 책을 읽고 토론할 기회가 있는 게 얼마나 좋아요.

그리고 아까 여러분한테 '주체적인 인간이 되라' 고 얘기했지요. 대학

에서 면접을 보면 학생들이 그 자리에서 머리 굴리는 소리가 들려 정말 안타까워요. '너는 어떻게 생각하니?' 라며 그 학생의 생각을 물어본 건데, 이 아이는 '모범답안이 뭘까? 출제된 의도가 뭘까?' 를 생각하는 거예요. 그러니까 여러분이 독서를 해도 독서가 안 되는 거예요. 지난번에 박노자 씨하고 홍세화 선생을 만났을 때도 그 얘기를 했는데, 그분들이라면 대한민국에서 글 꽤나 쓴다는 사람들이잖아요. 그런 사람들이 모여 우연히 논술 얘기를 했는데 모두 '그거 어떻게 쓰지? 문제를 이해조차 못하겠다' 고 하더라구요.(웃음) 그런데 어느 해인가 뉴스를 보는데, 우리는 그 문제를 놓고 어떻게 써야 할까 한참 고민하는데, 시험을 본 학생들이 '예상했던 문제가 나와서 너무 쉬웠다' 고 하며 나오는 거예요.(웃음) 저는 논술 채점은 안 해봤습니다만, 채점을 하면서 교수들이 치를 떠는 게 뭐냐 하면, 특히 철학 선생님들 하는 말이 논술이 오히려 애들을 죽인다는 거예요. 논술을 만든 이유가 주체적으로 사고하라는 건데, 어떤 문제가 나와도 답이 똑같다는 거예요. 그래서 물론 무슨 책을 읽었는지도 중요하겠지만, 여러분이 정말 편하게, 그리고 진짜 주인이 되어, 그게 사회에서 얘기하는 모범답안과 어긋나도 좋으니, 스스로 책읽기를 많이 하시기를 바랍니다. 주체적으로 말이죠.

사회자 이제 질문하고 답변하는 시간이 끝났습니다. 세 시간을 부지런히 달려왔는데요. 교수님은 어떠셨는지요? 힘드셨죠?

한홍구 네,(웃음) 제가 대학에서 세 시간짜리 수업을 하는데 대학에서도 중간에 10분 내지 15분을 쉬어요. 그런데 오늘 사회자는 쉬자는 말도 안 하네요.(웃음) 기지개 한 번 안 켜고……(웃음) 저는 떠들고, 글쓰는 게 직업이잖아요. 그래서 세 시간을 말하는 데 큰 문제가 없는데, 사실 어디 가서 세 시간 강의를 들어보면 참 힘들어요. 그만큼 집중하기 어려운데, 여러분은 이 좁은 공간에서 함께해 줘서 대단히 고맙습니다. 제가 광고 하나 할게요. 요새 제가 평화박물관을 짓는 운동을 하고 있어요. 이번에 인디고 서원에 와보니까 너무너무 좋고, 여기에다가 여러분의 작은 평화박물관을 만드는 작업들을 좀 하실 수 있으면, 또 '평화의 책읽기 운동' 같은 것도 같이 해보면 좋겠다고 생각해요.

제가 엊그제 쓴 글의 주제가 '철들지 말고 살아라' 예요. 저는 여러분의 마음이 결코 어린아이가 아니라고 생각합니다. 어떤 심리학자한테서 들은 건데 16세 때부터 나이가 들면서 뇌가 발달하는 사람은 5퍼센트도 안 된대요. '여러분 선생님이 너 커서 뭐가 될래?' 그러시면 '다 컸는데요' 라고 대답하세요.(웃음) 이미 어른이 됐다고 답하고 자신감을 가지세요. 그러나 그 부분에서 여러분이 잃지 않아야 할 것은 바로 초심입니다. 여러분은 그 초심을 뛰어 나가는 문턱에 있어요. 그런데 여러분이 처음 가졌던 그 마음이 꼭 필요합니다. 그때 옳았던 게 진짜 옳은 거구요. 여러분이 경험이 많지 않기 때문에 어리석을 수도 있고 미숙할 수도 있어요. 그러나 여러분의 기본적인 판단 방향에 대해서는 제가 신뢰합니다. 여러분이 지금 옳다고 생각하는 것, 그게 진짜 옳은 겁니다. 그 꿈을 향해서 밀고 나가기를 빌겠습니다.

사회자 세 시간에 걸친 주제와 변주가 끝이 났습니다. 바쁘신 데도 힘들게 와주셨는데 유익한 시간이 되셨습니까?

청중 예~!

사회자 이번 주제와 변주를 들으면서 정말 마음 깊이 와닿는 말이 많이 있었는데, 바로 '내가 할 수 있는 게 작다고 아무 것도 하지 않으면 결국 세상은 아무 것도 바뀌는 게 없다' 는 말입니다. 내가 하지 않으면 결국 아무도 하지 않을 것이고, 세상은 결코 변할 수 없겠죠. 이 말에 이어 아까 이슬아 양이 말했던 조동화 시인의 〈나 하나 꽃 피어〉를 읽어드리면서 이번 주제와 변주를 마칠까 합니다.

나 하나 꽃 피어
꽃밭이 달라지겠냐고
말하지 말아라.
네가 꽃 피고 나도 꽃 피면
결국 풀밭이
온통 꽃밭이 되는 것 아니겠느냐

산이 달라지겠냐고 말하지 말라.
내가 물들고 너도 물들면
결국 온산이
활활 타오르는 것 아니겠느냐.
-조동화, 〈나 하나 꽃 피어〉

마치겠습니다.
감사합니다.

6회

2005년5월28일 오후6시

시적으로 사는 삶은 어떤 삶입니까?

사회자 저는 사회를 맡은 김수영이라고 합니다. 오늘 주제와 변주에서는 시인 박정대 선생님을 모시고 이야기를 엮어나가겠습니다. (다같이 박정대 선생님께 박수……) 그럼 아람샘께서 박정대 시인에 관해 쓰신 글을 한 편 읽으면서 주제와 변주를 시작하겠습니다.

푸르고 아름다운 아도니스들이여!
내 청춘의 격렬비열도엔 아직도 음악 같은 눈이 내립니다.
이병우의 기타 연주를 들으며 내 가슴에 얼어있던 옹이진 물길이
살살 튀기 시작하더니 마침내 그 물살은 감당하기 힘들게
돌아가신 할머니의 죽음과 고달팠던 내 그늘에
생애 생애들을 이끌고 지나가니
그 속에 앉은 나는 이렇게 평온해도 나 죄 아닌가!
오직 남에게 더 잘할 일은 무엇인가 그 생각만 나더이다.
둥글고 아름다운 소리여 음악이여 한 길만을 순결하게 걸어온 사람들의 낡은 얼굴과
하나에 미쳐 하나밖에 모르는 것 같아도
그 하나로 인해 세상의 모든 이치를 깨닫는 도를 닦는 사람들의 외로운 성전
없는 것에서 있는 것으로 그것도 사람들의 가슴에 닿아
그 마음을 아름답고 둥글게 만드는 창조적인 예술가들
그들을 생각하며 지금 여기 나를 봅니다.
영혼을 울리는 아름다운 음악, 음악가들
그대들도 늘 그들과 동반하시길
때론 그들이 구원의 여인이 될 것이니
나는 늘 한길을 걸어 왔는가 걸어갈 것인가

나는 하나밖에 모르지만 그 하나로 인해 전부를 깨닫는
도를 닦을 것인가 그럴 수 있을 것인가
나는 없는 것에서 있는 것으로 그것도 사람들의 가슴에 닿아
그 마음을 둥글게 아름답게 만드는 창조적인 예술가가 될 것인가
그러한 선생이 인간이 될 수 있을 것인가

또박또박 걸어가고 있겠습니다.
그대들과 나는 각각 청춘을 살아가는 것 뿐
누가 더 나은 것도 누가 더 잃은 것도 없습니다.
우리는 한없이 외로운 인간이라는 개체이니
손 잡아줄 따뜻한 동지들과 마음을 나누며 눈물겨운 생애를
때론 질펀하게 때론 씩씩하게 걸어가야 합니다.

언덕이 있었고 그 비탈진 언덕에서 나는 여러 번 굴러
떨어졌으므로, 그 상처를 위로 받고 싶었을 뿐.
너의 따스한 입술로 내 속 깊은 상처를 위로 받고 싶었을 뿐.
너의 그 상처를, 그 상처의 푸른 무덤을 다만 위로하고 싶었을 뿐.
- 박정대, 『뼈아픈 후회』 중에서

우리 모두 아람샘과 함께 수업을 하면서 박정대 시인의 시에 대한 많은 이야기를 들어봤죠? 바로 그 박정대 시인을 이곳에 모시게 되어서 정말 영광입니다. (박수~) 오늘 제6회 주제와 변주는 특별히 제목을 정하고 시작하도록 할게요.

'시, 음악 그리고 사랑의 해질녘 밤.' 오늘은 내가 사랑하는 것들을 말하고 내가 사랑하는 것들을 나누는 자리입니다. 자신이 가장 사랑하는 것들에 대한 어떤 것이라도 자유롭게, 자연스럽게, 진실되게 나누는 자리가 되었으면 합니다. 지금 이 자리는 우리의 열정에 따라서 아무런 참여가 없으면 10분 내에 끝날 수도 있지만, 만약에 우리가 열정을 가지고 정말 진심으로 임한다면 밤새도록 할 수도 있습니다. '시와 음악과 사랑'이라는 주제에 대한 여러분의 다양한 변주를 그냥 들려주시면 됩니다. 그리고 시인을 모신 만큼 시에 대해서나 시인에 대해서 물어보고 싶은 것들도 자유롭게 물어보실 수 있습니다. 또 자신이 준비한 시를 낭송하기 전에 가지고 온 음악을 저희에게 주시면 음악도 틀어드리겠습니다. 그럼, 박정대 선생님의 인사를 시작으로 이야기를 엮어가도록 하겠습니다.

박정대 반갑습니다. 이렇게 와서 여러분의 얼굴을 보니 정말 반갑습니다. 저는 학생들은 시를 안 읽는다고 생각했거든요. 그런데 실제로 많이 안 읽죠? 그래요, 학생들이 시를 많이 안 읽는 이유는 아마 시인들 탓이 많은 것 같습니다. 학생들이 재미있게 읽을 수 있는 시를 써야 되는데, 시는 오히려 갈수록 좀 어려워지는 것 같아요. 왜 시가 어려워지는지 여러분 혹시 아세요?

학생 세상이 어려우니까요.(웃음)

박정대 세상이 어려우니까……. 어려운 게 아니고, 사실 시는 '그대로 그 자리'에 있는데 사람들이 자꾸만 시에서 멀어지는 겁니다. 그래서 시가

오늘은 내가 사랑하는 것들을 말하고 내가 사랑하는 것들을 나누는 자리입니다.
자신이 가장 사랑하는 것들에 대한 어떤 것이라도 자유롭게, 자연스럽게,
진실되게 나누는 그런 자리가 되었으면 합니다.

모두가 시인으로 살 수는 없겠지만, 시적으로 살 수 있지는 않을까 생각합니다.
시적으로 산다는 것이 어떤 것인지, 또 어떻게 해야 하는지 알고 싶습니다.

자꾸 어렵게 느껴지는 것 같아요. 시라는 것이 다소 어렵게 느껴지더라도 너무 대중화되어서는 안 될 것 같아요. 왜냐하면 시는 한 시대의 어떤 기준점이기 때문에, 시가 영화를 따라간다든가 해버리면, 시의 존재 의의가 사라지지 않을까 생각해요. 그래서 시 자체는 조금 대중화가 덜 되어도 되지 않나 저는 그렇게 생각합니다. 저는 지금 조금 떨고 있는데, 조금 있으면 아마 말을 아주 잘할 겁니다.(웃음)

오늘 이 주제와 변주를 어떤 형식으로 이끌어갔으면 좋겠느냐고 아까 제가 사회자에게 한 번 물어봤었는데 사회자 분 이름이 김수영이라고 하더라구요. 김수영 시인이면 아주 훌륭한 시인인데……(웃음) 그래요, 사회자가 분위기가 좋으면 밤새 할 수도 있고 그렇지 않으면 10분 만에 끝낼 수도 있다고 했는데 저도 똑같은 생각입니다. 분위기가 자연스러워져서 저도 막 얘기하고 싶어지고 여러분도 저의 이야기를 막 끌어내고 싶어지면 이 자리가 좀더 길어질 수도 있고, 이 자리가 지겹게 진행된다면 10분 만에 금방 문을 닫아도 되겠죠. 괜히 여기서 우리가 고문받을 필요는 없으니까요. 그럼 제 시를 먼저 읽고 시작하고자 하는데…… 제 시가 대부분 아주 길거든요. 그래서 아주 짧은 시 가운데 하나인 〈음악들〉이란 시를 읽어드릴게요.

너를 껴안고 잠든 밤이 있었지, 창밖에는 밤새도록 눈이 내려 그 하얀 돛배를 타고 밤의 아주 먼 곳으로 나아가면 내 청춘의 격렬비열도에 닿곤 했지, 산뚱 반도가 보이는 그곳에서 너와 나는 한 잎의 불멸, 두 잎의 불면, 세 잎의 사랑과 네 잎의 입맞춤으로 살았지, 사랑을 잃어버린 자들의 스산한 벌판에선 밤새 겨울밤이 말달리는 소리, 위구르, 위구르 들려오는데 아무도 침범하지 못한 내 작은 나라의 봉창을 열면 그때까지도 처마 끝 고드름에 매달려 있는 몇 방울의 음악들, 아직 아침은 멀고 대낮과 저녁은 더욱더 먼데 누군가 파뿌리 같은 눈발을 사락사락 썰며 조용히 쌀을 씻어 안치는 새벽, 내 청춘의 격렬비열도엔 아직도 음악 같은 눈이 내리지

-〈음악들〉

사회자 이제부터는 여러분이 만들어나가는 자리입니다. 이번 주제와 변주는 여느 때와는 달리 모든 것을 열어두고 시작하려고 합니다. 여러분이 시를 읊고 싶으면 시를 읊으시고, 그리고 박정대 시인께 여쭈어보고 싶은 것이 있으면 여쭈어보시고, 노래를 부르고 싶으시면 노래를 하시고, 그렇게 열어두고 시작하겠습니다. 그럼 제가 먼저 질문을 드리면서 물꼬를 트겠습니다. 우리 모두가 시인으로 살 수는 없겠지만, 시적으로 살 수 있지는 않을까 생각합니다. 시적으로 산다는 것이 어떤 것인지, 또 어떻게 해야 하는지 알고 싶습니다.

박정대 일어나서 얘기하는 게 편할 거 같아요. 시적으로 사는 게 어떤 것인가라고 물어봤는데 참 쉽고도 어려운 질문 같아요. 시적으로 산다는 건 어려운 것 같아요. 그리고 가끔 사람들이 오해하고 있는 것이 시인들은 조금 별다른 종족이 아닌가 하는 거예요. 영화를 보면 시인 이상 같은 사람들은 폐결핵 걸려서 기침하고 비실비실 하다가 피 토하고 죽는데,(웃음) 실제로 시를 쓰려면 튼튼해야 합니다. 시도 그렇고 소설도 그렇지요. 적어도 요즘 타자기나 펜으로 쓰는 사람은 별로 없지만, 컴퓨터 앞에 앉아서 10시간 이상 꼼짝하지 않고 자기 생각에 몰두할 수 있는 체력이 있어야 하거든요. 시인들이라고 하면 왠지 퇴폐적이고 비실비실할 거 같은데 그건 '시인'들에 대한 잘못된 고정관념입니다. 그리

고 시적으로 사는 것이 어떤 것인가 물어봤는데, 글쎄요, 허아람 선생님 같은 삶이 제 생각에는 시적인 삶이 아닌가 생각해요.(와-)

허아람 감사합니다.(웃음)

박정대 들은 바에 의하면 허아람 선생님 같은 경우는 자신이 꿈꾸는 것을 조금씩 이뤄가는 것 같습니다. 자신이 꿈꾸는 것을 포기하지 않는다는 것. 저도 서울에서 직장을 다니거든요. 시만 써서는 이 나라에서 먹고 살 수가 없어요.(웃음) 저도 직장에 나가면 똑같은 직장인이고 그래요. 그래서 가끔씩은 시를 쓰면서 끊임없이 나의 내면을 향해 암시를 합니다. '그래 난 시인이다' 라고 말입니다. 그런 생각을 안 하면 저도 금방…… 뭐라 그럴까, 시인이 아닌 일반사람들과 똑같이 될 겁니다. 이 시대에 자신이 시인이라는 어떤 자각이 없으면 오히려 더 힘들 것 같아요. 또 엄청난 자존심 같은 것도 있어야 될 것 같고요. 아무도 알아주지 않더라도 '그래 나는 시인이다.' 라는 자의식이 없으면 끝끝내 아마 시도 못 쓰고, 시적인 삶도 추구하지 못할 것 같습니다.

황지우 선생이 한 유명한 말이 있는데, 시라는 것 혹은 시적이란 것은 고정되어 있는 것이 아니고, 우리가 시적이라고 느끼는 그 자체가 하나의 시가 될 수 있다는 거죠. 황지우 선생 같은 경우는, 시를 보면 알겠지만 화장실 낙서도 그냥 그대로 적어놓고, 신문 같은 걸 스크랩해서 그대로 붙여놓아요. 여러분 가끔 일기장을 보다가 묘한 느낌이 떠오르는 순간들이 있잖아요. 그 자체가 시거든요. 자꾸 형식 같은 것을 생각하기 때문에 여러분에게 시가 어려워지는데, 사실 그렇지가 않아요. 그냥 문득 본 달력에 예전에 메모한 누구누구 생일이란 네 글자가 그 어떠한 명시보다 더 감동을 줄 수가 있거든요. 누구 생일이라고 쓴 그 글자 자체가 그걸 보는 사람한테는 시라고 볼 수 있겠죠. 아마 지금 이 순간 여러분한테 가장 잘 쓴 시는 아마 남자친구 혹은 여자친구가 보내오는 편지일 겁니다. 그리고 문자 메시지도 그렇고…….

이 동네 이름이 남천동 맞나요? '남천' 이라는 이름의 나무가 하나 있거든요. 강진에 있는 김영랑 선생 생가에 갔을 때 남천이란 나무를 봤는데 그 이미지가 제 머릿속에 강하게 남아 있거든요. 그래서인지 제가 남천동에 와서 참 많은 건물들을 보고 다른 것들도 많이 보았지만 남천동에 대한 이미지는 여전히 남천이라는 나무하고만 계속 연결이 돼요. 시라는 것도 별거 아니고 여러분 머릿속에 있는 어떤 하나의 낱말, 그 낱말이 여러분한테 화두가 되어서 자꾸만 생각을 하다보면 그 자체가 여러분 몸속에서 육화가 되어서 자신의 표현으로 나오면 되는 겁니다. 그게 바로 시가 되는 거죠. 저 같은 경우는 사람 이름이라든가 동네 이름이라든가 그런 걸 상당히 소중하게 생각하거든요. 아마도 전 여기 있다가 서울에 가더라도 아마 사회자 김수영 군을 시인 김수영하고 계속 연결시켜서 생각할 겁니다. 처음에 김수영이라는 사회자의 이름을 들었을 때부터 저는 제가 좋아하던 시인 김수영하고 어떠한 형태로든 아마 이미지의 연결을 시도했을 것입니다. 그러므로 시적인 것 혹은 시, 이런 것들은 따로 있는 게 아니고 아마 여러분이 평상시에 생각하는 그 모든 것들이 시적인 것 혹은 시가 될 수 있다고 생각해요.

이슬아 분포고등학교 2학년 이슬아라고 합니다. 방금 선생님 말씀을 들으니까 '아름다운 것은 언제나 멀고 하염없었다' 는 어느 시인의 말이 떠오르는데…… 근데 아시다시피 저 같은 고등학생은 시를 읽는다기보다는 어쩔 수 없이 공부를 해야 하는 입장이거든요. 저는 문학점수가 굉장히 안 나오는 학생이기도 하고요. 하지만 대다수 소설이나 시에 대해서 상당한 공감을 가지고 있는데도 막상 시를 떠올리거나 그려보려 하면 딱 그 순간에 떠오르는 시가 몇 개 안 돼요. 또 시를 읽더라도 연상할 수 있는 어떤 사고가 많이 부족한 것 같기도 하고요. 아무리 위대하거나 유명한 한용운 님의 시, 이육사 님의 시를 봐도 이게 과연 국민들에 관한 것인지, 사랑하는 님을 위한 것인지 떠오르지 않구요. 이런 문제들에 대해서 어떻게 생각하시는지 그리고 좀 다른 맥락에서 시인이 시를 쓰는 이유는 무엇입니까?

박정대 시인이 시를 쓰는 이유가 뭐냐 그랬는데……. 방금 그 앞에 한용운하고 이육사 얘기를 하면서 위대한 시인이라고 했죠? 근데 저는 인정할 수 없어요.(웃음) 엄밀히 말하면, 아니 아주 극단적으로 말하자면 한용운 시인은 시인이 아닙니다. 『님의 침묵』이란 요만한 한 권의 시집이 있는데 거기에서 시라고 얘기할 수 있는 것은 제 판단으로는 3편이나 4편밖에 안 되거든요. 〈님의 침묵〉이란 시 자체가 시집의 대표작이면서 그것을 능가하는 작품이 없어요. 한용운 시인은 시대상황이 그 사람을 아주 위대한 인물로 만들었기 때문에 대단한 시인처럼 평가되는데 제 판단은 이러한 평가들과는 좀 다릅니다.

이육사 선생 같은 경우도 시인의 입장에서 시를 보게 되면 이것은 도저히 시가 안 된다는 생각이 드는 작품도 꽤 많거든요. 그런데 그런 작품이 교과서에 실려 있고 학생들한테 마치 위대한 작품, 명작처럼 읽히는데, 사실은 여러분이 문학에 관심을 갖게 하려면 제 생각으로는 문학교과서부터 뜯어 고쳐야 된다고 생각해요. 현행 문학교과서에서는

"시인이 시를 쓰는 이유는 무엇입니까?"
"이슬아 학생은 밥을 왜 먹죠?"
"살아야 하니까."
"똑같은 이유로 시를 씁니다. 저에게 시가 절실하지 않으면 저도 안 쓸 거예요."

버릴 작품이 너무나 많아요. 그렇다고 한 개인의 주관적 감정에 의해서 교과서를 새로 만들 수는 없겠지만, 사실 엉터리 같은 작품들이 많거든요. 김영랑 시인 같은 경우도 과대평가된 부분이 참 많은 것 같아요. 여러분, 혹시 백석이란 시인의 시를 읽어봤습니까? 백석 시인하고 김영랑 시인하고 비슷한 시기에 시를 썼는데 한번 비교해 보세요. 과연 김영랑이 우리나라 순수시파의 최고봉인 것처럼 얘기하는 문학사가들의 평가가 제대로 된 건지 알 수 있습니다. 여러분도 모든 측면에서 회의하게 될 겁니다.

그리고 해방 이후 북쪽으로 넘어간 시인들은 지금 전혀 평가도 안 되고 얘기도 안 되거든요. 여러분은 지금 반쪼가리 문학을 배우는 셈이죠. 저는 2년 전인가 3년 전에 금강산을 다녀왔습니다. 가서 금강산을 봤다기보다는 안내원하고 얘기를 많이 했는데 북한에서는 서정주를 모르더라구요. 남한에서는 당대 최고의 시인으로 평가를 받는데 북한에서는 몰라요. 그 다음에 우리가, 의열단 활동까지 하고 대단한 독립투사로 알고 있는 이육사 시인도 북한에서는 모릅니다. 북한에서 유일하게 알고 있는 시인은 김소월이더라구요. 김소월의 작품을 초등학교 때 어떻게 공부했냐고 물어보니까 칠판에 써놓고 열 번 스무 번 계속 읽으면서 외웠대요. 제가 가서 직접 그 수업을 듣고 보지는 못했지만 그런 식의 시 교육이 어떻게 보면 제대로 된 교육이라고 할 수 있겠죠.

질문으로 다시 돌아와서 시를 왜 쓰느냐…… 그런 질문을 항상 참 많이 받아 봤는데 그럼 제가 물어보고 싶은 말이 있어요. 이슬아 학생은 밥을 왜 먹죠?

이슬아 살아야 하니까.

박정대 똑같은 이유로 시를 씁니다. 저에게 시가 절실하지 않으면 저도 안 쓸 거예요. 저도 어떨 때는 3개월, 4개월 동안 시를 아예 못 쓰거든요. 여러분도 3, 4개월 동안 아무것도 안 먹으면 무지 배가 고프겠죠.(웃음) 그러다 어느 순간 저도 배가 고파요. 히딩크라는 사람도 이기면서도 계속해서 배가 고프다고 했다는데 저도 쓸 때마다 배가 고파요. 그래서 더 쓰게 되는 거예요. 저는 어떤 작품을 한 번 써놓고 일주일 정도 있다가 읽어봤을 때 너무 싫은 시가 있거든요. 저 스스로도 읽을 때마다 새로운 시, 저 스스로가 즐길 수 있는 시, 그런 시를 쓰고 싶어요.

제 시집을 보면, 일련번호를 붙여서 막 100개씩 이어지는 시들이 있거든요. 왜 그런 형태의 시를 쓰는가 하면 스스로 나중에 읽어도 재미있기 때문이에요. 그리고 식물과 마찬가지로 사람도 계속 변하잖아요. 생각 자체가 변하는데, 10년 전에 쓴 시를 지금 사고가 변화된 상태에서 읽어보면 또 다른 느낌으로 다가오거든요. 근데 10년 전에 썼던 걸 지금 다시 읽을 때, 그 느낌이 똑같이 다가오는 그런 시를 저는 별로 좋아하지 않아요. 모든 예술가들이 아마 그럴 거예요. 노래를 부르는 사람도 자기가 스스로 즐기지 못하면 그런 작업 자체가 의미가 없지 않을까 싶어요. 저는 저 스스로 즐기기 위해서 시를 씁니다.

한지섭 저는 성균관대학교 1학년 한지섭이라고 합니다. 제가 고등학교 때 시를 읽다가 참고서를 보면 시 옆에 이 시의 운율은 4.4조니 3.4조니 또는 이 시에서 시인이 나타내고자 하는 것은 무엇이고 등등. 이런 걸 다 외워 공부하는 것이 싫어서 선생님한테 찾아가서 이렇게 말씀드린 적이 있어요. '아, 내가 왜 이 시를 이렇게 읽어야 되느냐, 나는 이 시가 이렇게 느껴지지 않는다' 라고 말입니다. 예를 들어 시인께서는 한용운 시인이

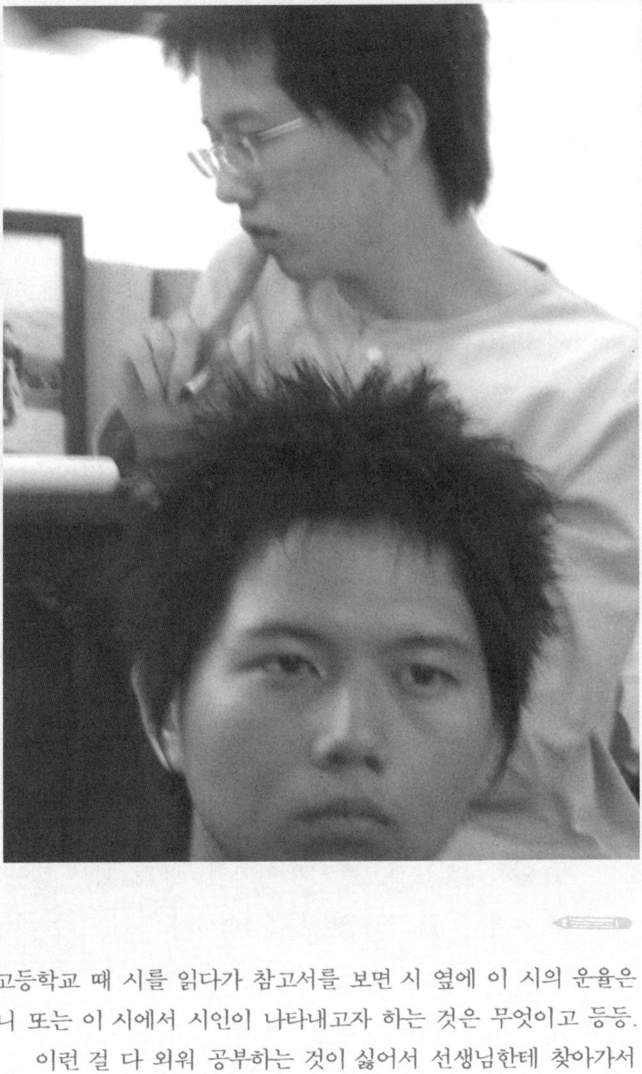

제가 고등학교 때 시를 읽다가 참고서를 보면 시 옆에 이 시의 운율은
4.4조니 3.4조니 또는 이 시에서 시인이 나타내고자 하는 것은 무엇이고 등등.
이런 걸 다 외워 공부하는 것이 싫어서 선생님한테 찾아가서
이렇게 말씀드린 적이 있어요. '아, 내가 왜 이 시를 이렇게 읽어야 되느냐,
나는 이 시가 이렇게 느껴지지 않는다'라고. 나는 〈님의 침묵〉을 읽으면서
내 여자친구가 떠오르고 내가 사랑하는 사람이 떠오르는데,
왜 이 참고서의 느낌대로 읽어야 되고, 또 그것대로 해석하지 않으면
내 생각이 틀렸다고 평가되어야 하느냐고.

싫다고 하셨는데 저는 〈님의 침묵〉이라는 시가 국가와 조국에게 바치는 시, 뭐 이런 건 둘째 치고 그냥 여자친구한테 읽어주고 싶고 또 많이 읽어준 시거든요.(웃음) 님은 갔는데 님을 보내지 않았다고…… 그래서 고등학교 때 선생님한테 막 따진 적이 있어요. 나는 〈님의 침묵〉을 읽으면서 내 여자친구가 떠오르고 내가 사랑하는 사람이 떠오르는데, 왜 이 참고서의 느낌대로 읽어야 되고, 또 그것대로 해석하지 않으면 내 생각이 틀렸다고 평가되어야 하느냐.

그게 싫어서 대학교에 가서 문학개론 수업을 한 번 들어봤어요. 그 시간에 교수님께서 이 시를 네 맘대로 한 번 읽고, 네가 알아서 써오라 했던 적이 있습니다. 그렇게 했을 때 비로소 시가 진짜 가슴에 와닿았던 것 같아요. 그런데 교과서에서 읽을 때는 가슴에 전혀 와닿지 않았거든요. 무작정 모든 사람이 주관적으로만 시를 읽을 수는 없는 거잖아요. 시인께서 생각하시기에 시를 어떻게 읽어야 하는지……. 그것이 첫 번째 질문이구요. 두 번째 질문은, 노래를 잘하는 사람들은 항상 자기를 뽐내기 위해서 여자친구한테 노래를 해주잖아요. 그러면 시인들도 사랑하는 사람이 생기면 연애편지나 그런 걸 쓰실 때 시인의 능력을 자주 이용하시는지요.(웃음) 여자친구에게 '내가 지은 시야' 이러면서 시를 써서 주기도 하시는지 궁금합니다.

박정대 네. 질문을 너무나 재밌게 해주시는군요. 그건 당연한 거 같아요. 내가 사랑하는 사람한테 내가 잘 하는 것을 보여주고 싶은 건 당연한 거잖아요. 제가 애초에 시를 쓰게 된 계기는 연애편지입니다.

(오~)

박정대 저는 습작활동 자체를 연애편지로 했어요. 그때는 아주 소심해서 이성에게 제대로 가서 얘기도 못 하는데 글은 자신이 있더라구요. 그리고 내가 좋아하는 사람이 내가 직접 쓴 편지지를 손에 들고 그 사람의 눈으로 읽는다는 거 자체만으로도 황홀했거든요. 어떤 한 구절이라도 예쁘게 보이고 아름답고 멋있게 보이려고…… 근데 그것 자체가 썩 좋은 편지라고는 할 수 없죠. 지금 이제 나이가 들어서 생각해 보니까 그렇게 수식이 많이 들어간 문장보다는 내 마음을 아주 강렬하게 드러낼 수 있는 그런 연애편지가 훨씬 나을 것 같다는 생각도 들더라구요. 아무튼 저는 연애편지를 쓰면서 습작을 했고 상당히 성공을 했던 거 같아요.(웃음) 그 사람의 마음을 글을 통해서는 항상 움직였던 것 같아요. 근데 글로 보던 사람을 직접 보면 대부분 실망을…….(웃음) 어눌하고 말도 못 하고 여러분 말대로 버벅댄다고 그러죠? 답답했을 거예요. 아마 그래서 글을 썼는지도 모르겠습니다.

그리고 아까 질문 중에 하나가 '왜 나는 이렇게 느끼고 해석하고 싶은데, 저렇게 이해하고 해석해야만 소위 정답에 가까워지느냐' 였는데, 그 질문은 아주 본질적이고 중요한 것이거든요. 저도 그걸 아주 소중하게 생각하는데, 아까도 얘기했지만 여러분한테 지금 가장 절박한 시는 이성친구가 보내오는 문자 메시지라고 했죠? 자기가 받아들이는 것이 사실 가장 중요해요. 자기가 받아들이는 것…… 근데 그것이 왜 정답이 안 되냐 하면, 그렇게 되면 문학에 대한 정답은 애초에 있을 수가 없잖아요 그죠? 백 가지 사람이 백 가지 생각으로 한 작품을 받아들일 테니까. 그래서 많은 사람들의 검증을 거쳐서 '이거는 어떤 사람이 읽더라도 요런 부분은 공감하지 않겠느냐' 그런 보편적인 걸 얘기하다 보니까 아주 독특하고 개성적인 해석이 보편성하고는 거리가 생기는 그런 현상인 거 같아요. 그런 측면에서 볼 때 지금 고등학교를 다니는, 그래서 문학수업에 대한 시험을 반드시 봐야 하는 여러분은 어쩌면 지금 우리나라 교육의 가장 큰 피해자들이라고 볼 수가 있어요. 아무리 문학을 즐기려고 해봤자 뭐합니까? 이미 시험이라는 게 앞에 있으면 자기가 생각했던 것 자체가 많이 왜곡되어야 하고, 자신의 개성적 느낌이나 이해를 많이 포기해야 하기 때문이지요.

앞으로의 문학수업과 평가는, 자기가 받아들인 느낌 그대로 모든 것을 표현하는 쪽으로의 평가도 이루어질 거라고 생각합니다. 객관적 평가에서는 힘들겠지만 적어도 논술식의 방법이라든가 대안이 있어야 하겠죠. 문학에서 받은 감동들을 자기 나름대로 해석하고 표현하는 것, 그것은 아주 중요한 것이라고 저는 생각합니다. 저도 학교에서 문학수업을 합니다만 문학수업 자체가 거의 말이 안 되는 수업이죠. 학생들이 다 다르게 받아들일 수 있는 데, 저는 한두 가지 또는 서너 가지로 가르쳐야 되거든요. 그것 자체가 말이 안 되는 것 같아요. 여러분에게 꼭 말씀드리고 싶은 것은, 어떤 문학작품으로부터 오는 느낌에 대하여 두려움을 갖는다거나 내 생각이 이상하지 않은가 하는 생각을 하지 말라는 거예요. 어떤 책을 읽었을 때, 자기 느낌이 가장 소중한 거라고 생각하세요. 그리고 어린 나이부터 너무 이론적으로는 빠지지 말고요.

저는 대학교 들어가면서 결심했던 게 뭐냐 하면, 대학교 1, 2학년 때 내내 시하고 소설만 읽자. 고학년이 될 때까지 이론서적은 절대로 읽지 말자. 그리고 고학년이 되어서는 조금 이론적인 것을 공부하자. 그래서 먼저 일단 작품 위주로 공부를 하고, 나중에 이론서적을 읽었거든요. 그런데 이론서적을 다 읽고 나서 제가 확인한 것은, 세계적인 철학가들의 생각조차도 제 생각하고 크게 차이가 없다는 것이었어요. 우리가 평

고요해지면, 세상이 고요해지면 모든 사물들이 음악소리가 되어 들릴 수 있어요.
저도 혼자 자취할 때 방문을 열고 들어가면 천장에서 거미가 한 마리 있었는데,
처음에는 거미줄을 치우려고 했는데 치우지 않았거든요.
나중에 들어가서 보면 거미가 조금 내려와 있어요. 근데 귀엽더라구요.
혼자 아무도 없는 방에 들어가서 거미줄을 톡톡 쳐주니까 거미가 다시 올라가요.
너무 고요하니까 거미가 거미줄을 타는 소리가 들리는 것 같았어요.

소에 모두 할 수 있는 생각들을 그 사람들은 조리 있게, 여러 가지 멋있는 용어를 써서 규정했을 뿐이었습니다. 여러분도 표현을 못 해서 그렇지, 아마 세계적인 석학들과 비슷한 생각들을 다 할 겁니다. 그렇지만 너무 이론서적에 파묻히다 보면 자기의 고유한 생각조차도 이미 대중화되고 규범화된 학문 용어, 타자의 용어로 바뀌어서 나오거든요. 여러분 자신을 믿는 게 일단 중요할 것 같아요. 자기 자신을 믿고 꾸준히 독서를 하면 아마 엄청난 해일 같은 게 밀려와도 여러분은 아마 꿈쩍하지 않을 겁니다. 자기 자신에 대한 엄청난 자신감이 있을 테니까요.

이수열 안녕하세요. 저는 중앙고등학교 2학년 이수열이라고 합니다. 선생님의 시를 읽고 정서가 매우 강렬하게 전달된다는 느낌을 받았어요. 제가 시를 이해하고자 했을 때 '아 이건 이거다' 라고 확실하고 분명한 이해를 했다기보다는 그냥 시의 그 느낌이 형언할 수 없었지만 그래도 뭔가 와 닿는 거 같았거든요. 물론 선생님의 시를 읽고 우리가 주관적으로, 자기가 느끼고 싶은 대로 받아들여야겠지만 그래도 이것만큼은 청소년들이 선생님의 시를 읽고 어떠한 정서를 받아들였으면, 이러한 것은 꼭 잊지 말았으면 하는 부분이 있다면 알고 싶습니다.

박정대 예. 시를 감상하는 방법들은 여러 가지가 있는데, 어떤 시들은 의미가 잘 이해가 안 되더라도 그냥 중얼중얼 노래가사처럼 입에서 맴도는 구절들이 있어요. 대부분의 시 감상에 실패하는 사람들 중 하나가 전체적으로 어떤 통일감을 가지고 자꾸만 그것을 이해하려고 하는 거예요. 시를 읽다가 어떤 구절이 전혀 이해가 안 되면 그냥 다 버리세요. 한 구절만 읽으시면 되거든요. 혹은 제목은 좋은데 내용이 별로면 내용은 두고 제목만 취하세요. 저 같은 경우도 다 그런 건 아니지만 어떤 부분은 의미보다는 음악적인 운율에 맞춰서 중얼중얼 랩을 하듯이 읽어도 될 정도로 그렇게 시를 쓰기도 합니다. 이렇게 운을 맞추는 것을 운산韻算이라고 하거든요. 운을 계산한다는 뜻인데, 혼자 열 번이고 스무 번이고 운산을 해봅니다. 그리고 조사 하나 때문에 이렇게 절묘한 운율이 생기기도 하고 그렇지 않기도 하는데 여러분이 감상하는 방법 중의 하나로, 의미를 모르더라도 중얼중얼 소리를 내서 읽다 보면 시의 맛이 느껴질 때도 있거든요.

오늘 주제와 변주의 전체적인 제목도 '시, 음악 그리고 사랑의 해질녘 밤' 이잖아요. 벌써 해질녘이 되었는데, 여러분 잘 기울여보면 제 뒤의 스피커에서 나오는 것만이 음악이 아니고 모든 것이 다 음악이거든요. 여러분 존 케이지의 〈4분 33초〉인가 하는 작품 알죠? 그 사람은 관객들의 소음 자체도 음악으로 삼았던 거죠. 여러분, 자세히 보면 형광등 필라멘트에서도 소리가 들리거든요. 세상이 고요해지면 모든 사물들이 음악소리가 되어 들릴 수 있어요. 저도 혼자 자취할 때 방문을 열고 들어가면 천장에 거미가 한 마리 있었는데, 첨에는 거미줄을 치우려고 하다 결국 치우지 않았거든요. 나중에 들어가서 보면 거미가 조금 내려와 있어요. 근데 귀엽더라구요.(웃음) 혼자 아무도 없는 방에 들어가서 거미줄을 톡톡 쳐주니까 거미가 다시 올라가요. 너무 고요하니까 거미가 거미줄 타고 내려오고 올라가는 소리가 마치 들리는 거 같았어요. 그렇다고 해서 억지로 '고독의 상황' 을 만들지는 말고 자기 자신이 아주 고요해지면 자연스럽게 사물들의 소리가 들릴 거예요.

그리고 어떤 책을 잡으면 '이걸 내가 완전히 어떻게 해야겠다' 는 식으로 읽으려고 하지 마세요. 저는 책을 네다섯 권을 동시에 보거든요.

왜냐하면 어떤 책이 어느 순간에는 읽고 싶다가도 어느 순간에는 지루할 수 있어요. 그러면 접어놓고 또 내가 끌리는 책을 또 하나 읽어요. 이렇게 네다섯 권을 돌아가면서 다 읽고 나면, 여러 권을 읽었는데 내 머릿속에서는 여러 권이 한 권으로 통합된답니다. 그래서 그 책들의 원본하고는 전혀 관계없는 새로운 책을 내 머리에 하나 써내는 거죠. 그것도 어떻게 보면 아주 기계적이고 물리적인 거지만 창조적인 독서라고 볼 수도 있다고 생각해요. 그죠? 여러분이 어떤 책 하나를 완벽하게 이해하면 뭐할 겁니까? 그 사람 생각을 이해한다고 해서 여러분을 무슨 대단한 학자로 대접하는 것도 아니고, 결국 독서라는 것은 책을 통해서 내 생각을 정리하는 거거든요. 그 사람 생각을 완전히 이해해 봤자 큰 의미가 없는 거예요 그죠? 비트겐슈타인을 알고 싶으면 컴퓨터에서 비트겐슈타인의 사상을 찾으면 서너 줄 요약해서 나올 거예요. 끙끙대면서 읽을 필요가 없거든요. 독서를 하면서 중요한 건 내 생각을 정리하는 거예요. 남의 생각을 통해서 '아, 이 사람도 이런 생각을 하는구나' 하면서 그 사람하고 대화하듯이 읽는 것이 필요한 거죠. 시집도 마찬가지로 전체적으로 다 읽고 이해하려고 하지 말고 부분 부분 자기가 좋아하는 것들을 읽으며 마음 편하게 즐기면 돼요. 그러다 영 아니다 싶으면 쓰레기통에 휙하고 던져버리면 되죠. 마음에 와닿는 시들은 영원히 간직하고.

질문자 저 같은 경우는 수험생활을 한 것이 습관이 되어서 그런지 대학에 와서도 책을 거의 안 읽는 편이거든요. 그런데 가끔 시를 읽다가 가사가 없는 간주음악에 맞춰 혼자 시를 흥얼거리기도 하는데 음악과 시의 관계에 대해서 시인의 의견을 좀 듣고 싶습니다.

박정대 대학교 1학년 때 친구들하고 그런 토론을 많이 했던 거 같아요. 문학하고 음악하고 미술 중에서 어떤 것이 가장 원초적인 예술일까? 근데 우리는 문학하는 친구들이었지만 결론은 음악이었거든요. 음악이 가장 보편적이고 원초적이고 본질적인 예술이고, 문학은 어떻게 보면 가장 근대적인 예술 같아요. 문학은 문자라는 2차 매개체를 통해야만 사람들하고 의사소통이 되기 때문이죠. 그래서 문자에 음악성을 도입하는 이유는 예술의 가장 본질적인 차원으로 가기 위한 거라고 볼 수가 있겠죠. 저도 글을 쓸 때 제가 좋아하는 곡을 반복해서 들으면서 씁니다. 그러면 저 자신도 모르게 제가 글을 쓰면서 계속 들었던 음악이 그 작품에 배어 나오거든요. 그리고 옛날에 우리나라 문학들을 보면 시를 시라고 하지 않고 시가詩歌라고 하잖아요. 시 자체가 음악하고는 떼려야 뗄 수 없는 그런 관계인 것 같아요.

안재식 부산외고 1학년 안재식이라고 합니다. 아까 시인께서 연애편지를 쓰면서 시를 쓰게 됐다고 하셨는데, 사실 연애편지에 시를 쓰는 것은 누구나 다 할 수 있고 또 그렇게 하는 일이라고 생각합니다. 하지만 어떻게 시인께서는 시가 연애편지로 끝나지 않고 계속 시인으로 살게 되셨는지, 즉 계속 시를 쓰게 된 이유나 의미가 궁금합니다. 그리고 사실 '시란 무엇인가'에 대한 정의는 흔하고 많지만 결코 시에 대한 정의를 내리기가 쉽지 않습니다. 시인께서는 시가 무엇이라고 생각하시는지요.

박정대 왜 연애편지만 쓰지 굳이 작품활동까지 하게 됐느냐…….(웃음) 연애를 하다가 실패했거든요.(웃음) 여러분 중엔 아직 누굴 사랑해 보지도 못한 그런 인생의 초년병이신 학생들이 많이 있는 거 같은데……. 학생들

한테 그런 얘기를 하면 좀 뭐한데, 사실 저는 사랑이 영원하다, 이런 말을 믿지 않습니다. 그래서 학생들한테도 항상 그렇게 얘기를 합니다. 너희 남자친구가 '널 영원히 사랑할거야' 그러면 '앞으로 걔 만나지 마라. 대책 없고 황당한 아이니까. 대신, 앞으로 15년 동안은 확실히 사랑할게' 이런 식으로, 아니면 '적어도 앞으로 5년 동안은 마음이 변하지 않을게' 이렇게 고백하는 애한테는 마음을 주라고 합니다. 왜냐하면 광고에서도 '사랑은 움직이는 거야' 라는 카피가 나오잖아요? 끊임없이 움직여요. 1분 1초 이 사이에도. 사람 마음이 눈 한 번 깜빡하는 동안에도 수만 수천 번인가 바뀐대요. 그러니까 함부로 영원을 맹세하면 안 될 거 같아요. 대학교 1학년 때 전 함부로 영원이란 걸 맹세했다가 아주 크게 실망을 했거든요. 그래서 바로 군대에 가게 되었습니다. 모든 걸 포기하고 군대를 갔다가 제대하고 나서, 그때는 조금 더 삶에 대해서 성숙한 생각으로 친구들하고 졸업작품을 내려고 몇 편 쓴 게 있는데 어떤 친구가 "야 이건 투고를 해보자" 하더라구요. 그래서 우연히 투고했다가 당선이 되어서 이렇게 여지껏 글을 쓰게 됐습니다.

그리고…… 아, 시란 뭘까요? 시가 빵도 아니고 시가 밥도 아니고 정치도 아닌데 말이죠. 사랑이 변하듯이 시도 바뀌는 것 같아요. 옛날 네루다 같은 시인을 보면, 사회적 혁명기에는 시가 엄청난 무기가 될 수도 있었어요. 한 편의 시가 한 나라의 대통령보다 더 강력한 어떤 영향을 가질 수도 있었고, 시가 정치였던 때도 있었거든요. 우리나라만 해도 그랬어요. 여러분이 태어나기 전, 그러니까 여러분 전생의 이야기입니다.(웃음) 1980년대 초 이럴 때는 시들이 거의 정치 구호였어요. 그리고 시를 조금 과격하게 썼다는 이유로 감옥을 가는 사람들도 많았지요. 한 예로 김지하 선생 같은 분도 〈오적〉이라는 장시를 썼다가 사형선고까지 받았어요. 그런 식으로 시가 하나의 정치적 행위였죠. 근데 저는 소박한 생각을 가지고 있어요. 저는 아까 한 사람한테 연애편지를 쓰면서 황홀했다고 그랬는데 지금도 마찬가지입니다. 전 시를 쓰면서 많은 사람들이 이해하고 공감하길 바라지 않거든요. 지금도 연애편지 쓰는 심정으로 씁니다. 나는 모르지만 어떤 사람이 내 시를 읽고 단 한 사람이라도 '너무 좋아' 라는 느낌을 가질 수 있다면 만족해요. 저는 일반 대중을 염두에 두고 작품활동을 하지 않거든요. 내가 좋아하는 어떤 한 사람을 상정하고 그 사람이 내 시를 읽는다는 가정하에 글을 쓰기 때문에 어떻게 보면 대중성이 거의 없는 게 아닌가 싶어요. 결론적으로 시란 무엇인가, 정의를 내리자면…… 현재, 2005년도 5월 현재, 나에게 있어서 시는 '모르겠다' 입니다. 왜냐하면 아직도 저는 시를 잘 모르기 때문입니다. 그래서 시에 대한 정의를 내릴 수가 없어요.

성민주 저는 동여고 2학년 성민주라고 합니다. 저는 개인적으로 시를 제일 좋아하거든요. 왜냐하면 어떻게 보면 제일 빨리 읽을 수 있는 것이 시이고, 특히 책을 잘 안 읽는 저에게 시는 참 좋은 친구예요. 근데 어떻게 보면 제일 느리게 읽히는 것이 시가 아닌가 생각해요. 또 시는 눈으로 보고 읽는다기보다는 마음으로 읽어서 지식보다는 마음에 먼저 와닿는다는 것이 참 좋고, 매력적인 것 같아요. 선생님께서는 시의 매력이 무엇이라 생각하시는지요.

박정대 짧으니까 아주 짧은 시간 안에 읽어낼 수 있고……. 근데 저는 아주 길게 쓰거든요.(웃음) 처음에는 같이 글 쓰는 친구들이 물어보더라구요. '야, 너는 짧은 한 줄짜리 시나 긴 시나 원고료는 똑같은데 왜 이렇게 길게 쓰냐' 라고. 요즘 출판사들이 아주 힘들고 열악해서 제대로 원고료를 지급하는 출판사가 많지 않아요. 저는 '독자들하고 조금이라도 오래 만나고 싶어서 이렇게 길게 쓴다' 라고 얘기했어요. 근데 쓰면서 보니까 사실 짧은 시는 무지 쓰기 힘들어요. 짧은 시는 너무너무 힘든 거 같고 그래서 세 줄 네 줄짜리 시를 쓰는 사람들을 보면 존경스럽습니다. 진짜 힘들거든요. 저도 그렇게 쓰려고 많이 노력은 하는데 아직까지도 여전히 길어요. 그래서 보통 시인들이 시집을 묶을 때 최소한 60편 가지고 한 권의 시집을 묶는데 저는 대부분 한 44편, 45편 이렇게 해서 시집을 묶거든요.

제가 생각하는 시의 매력은 시를 통해서 영혼의 자유를 꿈꿀 수 있다는 점 같아요. 물론 소설도 자유롭게 쓸 수는 있지만…… 외국의 보르헤스 같은 작가의 작품을 보면 형식이나 내용, 모든 면에서 자유롭거든요. 근데 우리나라 소설가들 보면 형식에 많이 얽매여 있는 거 같아요. 여러분 학교에서 소설은 어떻게 써야 된다, 일정한 줄거리가 있고 인물들 간에 갈등이 있어야 된다라고 배우죠. 그런 식으로 맞춰 쓰려면 저는 죽었다 깨어나도 못하거든요. 시도 아마 학교에서 배운 대로 일정한 운율에 맞춰서 통일된 주제를 가지고 쓰라고 하면 못 쓸 거예요. 중 · 고등학교 백일장 같은데 나가면 저는 제대로 된 시를 거의 못 쓸 것 같아요. 제 자신이 좀 자유로워지기 위해서 시를 씁니다. 그게 시의 매력인 것 같아요.

배효원 안녕하세요. 저는 인디고 서원에서 일하는 배효원이라고 합니다. 선생님께서는 시인이기도 하지만 다른 직업을 가지고 계시잖아요. 그래서 그 두 가지 사이에서 생기는 일종의 간격 때문에 스트레스를 많이 받을 수 있다고 생각하거든요. 우리도 마찬가지로 현실에서 부대끼며 생기는 스트레스 같은 것들을 풀 수 있는 일종의 살풀이가 필요하다고 생각해요. 시인에게는 시가 일종의 살풀이로 이해될 수도 있을 것 같거든요. 떠오르는 생각을 일종의 살풀이로서 자신에게 풀어내는 거죠. 우리 같은 경우에는 노래나 춤 또는 글쓰기 등의 방식들을 통해서 살풀이를 하거든요. 이렇듯 세상을 살아가면서 누구나가 끊임없이 살풀이가 필요하다고 생각하는데 시인께서는 이러한 살풀이를 하는 수단이 시 쓰기 외에 어떤 것이 있으신지 궁금합니다.

박정대 저는 시 쓰는 거 외에는 여행과 운동을 좋아합니다. 시인과 운동은 안 어울리는 것 같은데, 초등학교 때 저는 축구선수였습니다. 그래서 지금도 공차는 거 아주 좋아하거든요. 잘 상상이 안 가죠? 유니폼을 입고 운동장에서 뛸 때 참 행복해요. 잘 차지는 못하지만…… 그리고 운동이라는 것이 글을 쓰는 것하고는 정반대로 보일지도 모르지만, 몸을 움직일 때 저는 행복합니다. 그 다음엔 여행을 아주 좋아하는데요. 단체로 가는 여행은 절대 안 따라갑니다. 이미 다 정해져 있는데 무슨 재미가 있겠어요. 혼자서 훌쩍 떠나는 거죠.

한 20년 전에 부산에 한 번 온 적이 있어요. 대학교 1학년 때, 그러니까 1984년도에 부산에 왔는데, 중간고사 기간이었어요. 중간고사 첫날, 시험을 보고 나서는 스트레스를 좀 받았나 봐요. '내가 왜 대학까지 와서 시험 때문에 스트레스를 받아야 되지?' 이런 생각이 들더라구요. 그래서 시험 공부하다 그만두고 밤에 극장에 가서 리처드 기어가 나오는 〈브레드리스〉라는 영화를 보고 나니 갑자기 다음날 시험을 보기가 싫더라구요. 그래서 그날 밤차를 타고 부산에 왔습니다. 새벽에 내려오니까 부산역에서 군인들이 막 차에 올라타고, 부대로 떠나던 모습이 기억이 나요. 그러다 전 배를 타고 부산항에서 거제도에 들어갔다 왔거든요.

그때 얘기를 소설로 한 권 써도 될 거 같은데, 그때 어떤 비구니를 만났습니다. 거제도까지 갔다 오면서 그 비구니와 계속 이야기를 주고받았는데, 20년 전이지만 그때의 기억이 머릿속에 아주 생생하게 남아 있어요. 그리고는 뭐 부수적으로 사진 찍기라든가 영화보기 이런 것들로 제 나름대로 살풀이를 하는 것 같습니다.

사회자 시인께서도 말씀하셨듯이 독서를 할 때나 시를 쓰실 때나 이런 자리에 앉아 있을 때도 제일 중요한 건 자기 자신인 것 같아요. 그래서 지금 이렇게 선생님의 말씀을 그냥 앉아서 듣고 있기 보단 자신이 준비한 시나 노래 같은 것을 통해 자신을 표현하고 싶은 열망이 느껴지지 않나요? 여러분 느껴보세요. 눈을 감고…… 느껴지잖아요. 자신이 이 자리에서 타인과 함께 같이 나누고 싶은 그런 시나 노래를 들려주실 분 없나요?

학생들 사회자요!

사회자 (고개를 돌려 벽을 본 사회자) 제가 제일 좋아하는 시는 바로 여기 붙어 있는 〈우화의 강 1〉이라는 시인데 한 번 낭독해도 될까요?

사람이 사람을 만나 서로 좋아하면
두 사람 사이에 물길이 튼다.
한쪽이 슬퍼지면 친구도 가슴이 메이고
기뻐서 출렁거리면 그 물살은 밝게 빛나서
친구의 웃음소리가 강물의 끝에서도 들린다.
처음 열린 물길은 짧고 어색해서

서로 물을 보내고 자주 섞어야겠지만
한 세상 유장한 정성의 물길이 흔할 수야 없겠지
넘치지도 마르지도 않는 수려한 강물이 흔할 수야 없겠지

긴 말 하지 않아도 미리 물살로 알아듣고
몇 해쯤 만나지 않아도 밤잠이 어렵지 않는 강
아무려면 큰 강이 아무 의미도 없이 흐르고 있으랴
세상에서 사람을 만나 오래 좋아하는 것이
죽고 사는 일처럼 쉽고 가벼울 수 있으랴

큰 강의 시작과 끝은 어차피 알 수 없는 일이지만
물길을 항상 맑게 고집하는 사람과 친하고 싶다.
내 혼이 잠잘 때 그대가 나를 지켜 보아주고
그대를 생각할 때면 언제나 싱싱한 강물이 보이는
시원하고 고운 사람을 친하고 싶다.

- 마종기, 〈우화의 강1〉

사회자 이 노래, 좋죠?(시를 음악으로 표현)

이정석 저는 박목월 시인의 〈어머니〉라는 시를 좋아하는데요. 한 번 낭독해 보겠습니다.

어머니!
어머니는 눈물로 진주를 만드신다.

시의 매력은 시를 통해서 내 영혼의 자유를 꿈꿀 수 있다는 점 같아요.

그 동그란 광택의 씨를 아들들의 가슴에 심어 주신다.
씨앗은 아들들의 가슴속에서 벅찬 자랑
젖어드는 그리움
때로는 저린 아픔으로 자라나
드디어 눈이 부신 진주가 된다. 태양이 된다.
검은 손이여 암흑이 광명을 몰아내듯이
눈부신 태양을 빛을 잃은 진주로
진주를 다시 쓰린 눈물로
눈물을 아예 맹물로 만들려는
검은 손이여 사라져라.
어머니는 오늘도 어둠 속에서
조용히 눈물로
진주를 만드신다

- 박목월, 〈어머니〉

사회자 자, 이제 여기서 제일 잘생긴 분이 낭독할 차례입니다. 제일 잘생겼다고 생각하시는 분?(웃음)

최강호 저 할까요? 쪽팔려서요. (시집의 사진을 가리키며) 근데 이 사진은 언제 적이십니까?(웃음)

박정대 등단했을 때, 아마 90년도…….

최강호 저만 몰라서 이렇게 여쭙는 건지도 모르겠지만 격렬비열도가 무슨 뜻인지요? 어떤 의미를 지니고 있나요?

박정대 서해안에 있는 섬 이름이긴 한데, 그냥 전 청춘이라는 말이 나왔을 때, 제가 지낸 청춘은 격렬하면서도 비열한 면도 있었다고 생각했던 것 같아요. 비열하다는 의미는 좀 안 좋지만 사랑을 얻기 위해서는 격렬하면서도 때로는 좋은 의미에서 비열하기도 해야 될 것 같아요. 근데 저는 사실은 비열하지 못해 사랑을 놓쳤거든요. 그래서 격렬비열도는 내가 지내온 청춘을 그냥 함축적으로 나타내주는 말인데, 마침 지도책에 격렬비열도가 있더라구요. 저는 사실 격렬비열도에 가보지 못했거든요. 시집에 제목까지 써놨지만 막상 가보지는 못했어요. 거기도 가면 아마 실망할 것 같아요. 안 가는 게 훨씬 나을 것 같아요.(웃음)

머릿속에 있는 격렬비열도. 거기엔 조그만 방이 하나 있고 봉창 문이 달려 있어요. 사실, 이 시집 제목을 딴 〈음악들〉이란 시는 제 어머님하고 관련이 있는 시거든요. 전 살면서 가장 행복했던 때가 어린 시절이에요. 제 고향이 강원도 정선인데 무지 추웠어요. 어릴 때는 이불 뒤집어쓰고 일어나기 싫어했는데, 눈이라도 내리면 더 일어나기 싫었죠. 근데 어머니가 아침 일찍 일어나서 딸그락딸그락 소리를 내면서 나를 위해서 밥을 준비하실 때 눈을 뜨고 있으면 저는 너무너무 행복해요. 누가 나를 위해서 뭔가 음식을 만들고 있구나, 그래서 저는 '내가 아마 결혼하게 된다면 저런 느낌을 갖기 위해서 결혼을 할 거야.' 이런 생각을 했던 기억이 나요.(웃음) 지금도 여러분 일요일에 학교 안 갈 때 좀 늦잠 자고 싶지요? 저는 그걸 너무너무 즐기거든요. 일부러 일요일은 눈을 뜨고서도 30분 이상…… 누군가 나를 위해서 뭔가를 할 때까지는 절대 일어나지 않습니다.(웃음) 아니, 사는 거 자체도 힘든데 그런 행복도 없다면 힘들 거 같아요. 격렬비열도는 그런 의미예요.

최강호 음악은 또 뭐예요?

박정대 그냥 눈이 내리는데 음악처럼 느껴지기 때문에 그리고 이 시집에는 음악에 관련된 것들이 많이 나오기 때문에 그런 식으로 제목을 붙였던 것 같아요.

허아람 이번에는 제가 발표할게요. 이전까지는 이렇게 준비를 한 적은 없었는데 박정대 시인이 오셨기 때문에 정말 제가 원하는 걸 하고 싶어서 저도 준비를 했어요. 일주일 동안 열심히 외우려고 했는데 잘 안 외워져서 결국은 보고 낭송할 텐데요. 저는 시인이 되려고 하다가 시 같은 사람이 되기를 꿈꾸었던 20대를 보냈거든요. 전 그걸 이룬 것 같아요. 제가 시인이 되는 것보다 내가 시의 삶을 사는 것이 훨씬 더 행복하고 아름다운 꿈을 이룬 거라고 생각해요. 그래서 꿈을 이루어가는 그런 과정에 지금 제가 있고 충분히 제가 시적인 삶을 살고 있다고 생각해요. 그리고 무엇보다도 가장 소중한 것은 이 순간이 시 같다는 느낌, 이 순간이 가장 시적이라는 느낌, 여러분 모두가 나에게 시로 다가온다는 것. 그런 것들을 가질 수 있는 내 마음밭이가 너무 좋아요.

사실 저는 굉장히 심각한 편두통 환자입니다. 오늘도 애드빌인가 타이레놀인가 그런 두통약을 많이 먹었는데, 그것으로도 낫지 않는 두통이 오는 밤에는 시를 먹죠. 근데 그때 제일 많이 먹었던 시가 바로 박정대 시인의 〈내 청춘의 격렬비열도엔 아직도 음악 같은 눈이 내리지〉라는 약이었어요. 거기에 있는 모든 시를 낭송할 수 있거든요. 그리고 시인을 안 만났으면 좋았을 텐데.(웃음) 저에게 완벽했던 것들을 마주하는 순간을 뭐라고 말해야 할지 힘이 들어요. 그래서 그 마음을 제가 가장 최근에 읽었던 좋은 시…… 이것은 제가 말씀드린 그 시집에 있는 시는 아니에요. 그런데 제가 낭송을 참 잘하거든요. 시인이 아주 감동하실 거 같아요. 왜냐하면 저처럼 읽는 것은 처음 들으실 테니까요.(웃음) 내 마음을 시로 한번 낭송하겠습니다. 근데 해가 졌으니 불을 좀 끌까요? 좋겠는데요, 좀 예뻐 보일라고……(웃음)

그날 불멸이 나를 찾아왔다
나는 낡은 태양의 오후를 지나 또 무수한 상점들을 지나
거리에 갔으므로 너무나 지쳐 있었는지도 모른다.
내 등 뒤로는 음악 같은 나뭇잎들이 뚝뚝 떨어지고,
서러운 풍경의 저녁이 짐승처럼 다가오고 있었는지 모른다.
나는 주머니 속에서 성냥을 꺼내어 한 점의 불꽃을 피워 올렸다
영원은 그렇게 본질적인 불꽃 속에 숨어 있다가
어느 한순간 타오르기도 한다.

그날 불멸이 나를 찾아왔다, 아니
그 날 내가 불멸을 찾아 나섰는지도 모른다.
뿌연 공기들을 헤치며 이 지상에는 없는 시간을
나는 찾아 나섰다
내가 한 마리의 식물처럼 고요했던 시간,
내가 한 그루의 짐승처럼 그렇게 타올랐던 시간,
바람과 불의 시간을 지나 공기의 정원에서 내가 얼음 꽃을

피워 올렸던 그 단단한 침묵의 시간들 찾아 나섰다
그런데 그날 불멸이 나를 찾아왔다

나는 늘 불멸을 꿈꾸었지만, 그렇게 불멸을 만나리라고는
생각지도 않았으므로, 나는 오히려 불멸이 너무나 낯설었는데,
어쨌든 불멸은 내가 갔던 거기에, 그렇게 당도해 있었다.
네가 불멸이니, 그때 너무나 당황했으므로 나는 속으로 그렇게
물어 보았는지도 모른다.
불멸이 이제 나에게 당도했으므로 나는 어찌할 줄을 모른다.
오랫동안 불멸을 꿈꾸어 왔지만 불멸이 나에게 당도했을 때 어떻게
해야 하는지 나는 한 번도 생각해 본 적이 없기 때문이다

나는 이제 불멸 앞에서 이 세계의 본질적인 사랑을 생각한다.
불멸도, 사랑도, 내 생각으로는 그저
저 스스로 존재하는 그 무엇일 뿐이다

그리고 그 누군가는 나에게 또 불멸의 아름다운 시를 쓰라고 한다.
그러나 나는 이제 쓰지 않는다. 불멸의 아름다움이란,
느끼는 자의 내면 속에서 수시로 숨 쉬고 존재하며,
자라나고 있기 때문이다
그러므로 이것은 시가 아니다
시가 아니므로 불멸이 아니고 불멸이 아니므로,
이것은 불멸의 시가 된다.
그렇다. 당신이 이 글에서 시를 읽어내려고 했다면

당신은 이미 시인이다
그러나 시 아닌 그 무엇을 읽어냈다면
이미 당신은 또 하나의 불멸인 것이다.

그대를 찾아 나섰다가 나는 불멸을 만났다.
그러나 나는 아직 불멸이 몹시도 불편하고 어색하다.
불멸이 나를 찾아 왔을 때 나는 불멸이 아니었지만
나도 언젠가는 내가 꿈꾸던 불멸에 닿을 것이다.
나도 언젠가는 저 별들에게로 돌아갈 것이므로
나도 언젠가는 불멸인 것이다.

그리고 우리가 먼 훗날, 태양이 식어 가는 낡고 오래된 천막 같은
밤하늘의 모퉁이에서 서러운 별똥별로 다시 만난다 하더라도,
나는 아직 살아 있으므로
나는 불멸이 아니라 오래도록 너의 음악이다.

그때까지 사랑이여, 내가 불멸이 아니어서 미안하다.
그때까지 불멸이여, 내가 사랑이 아니더라도 나를 꿈꾸어다오.

- 〈그때까지 사랑이여 내가 불멸이 아니어서 미안하다〉

사회자 지금 보니까 시를 읽고 싶어서 또 기다리고 있는 사람이 몇 명 있네요. 아이구 저기 뒤에 제 어머니께서 손을 드셨는데, 쑥스럽네요.

수영이 어머니 안녕하세요. 저를 수영이 엄마라고 안 가르쳐줬으면 아까 질문을

했을 텐데, 제가 수영이 어머니라고 밝히는 바람에 질문을 준비했는데도 좀 머뭇거린 것 같아요.(웃음) 사실 저희가 청소년 때에는 정말 시를 많이 사랑했어요. 80년대 그때 저희들은 시집 하나씩을 꼭 머리맡에, 팔에 이렇게 끼고 다녔거든요. 근데 요즘은 시대가 많이 바뀌었음을 느낍니다. 그래서 그때 저희는 사랑 감정하고 약간 다를지는 모르지만 그 당시에 제가 즐겨 읽었던 시를 한 편 낭독해도 되겠습니까?

오늘

나는 스스로도 주체 못하는 내 불안한 삶에
나름대로 불안한 그대의 존재를 삽입시키려고 하나
삽입시키기 훨씬 이전 그대는 좀더 큰 사랑으로
내 여린 품속을 파고들어와, 헤비집고 들어선다
드릴 것은 온갖 하찮은 눈물덩어리 그 위에
피묻은 노동 한 점뿐
그러나 그대는 그것만으로도 괜찮다 괜찮다 하고
다만 그대가 돌아간 어두운 정거장 내가 홀로 서서
홀로인 것의 설움과 그대가 휩싸여 사라진 어둠 그리고
그대의 몸조심에 대한 나의 터무니없는 불행을 못 참고
서있는 나에게 그대는 왜 나의 그 좁디좁은 불안의 근성
그 구석자리나마 그대가 들어설 자리를 마련해 놓지 않으셨냐고 한다
겉으론 나 하나의 사랑만 갈구한 듯 보이는 그대의 소극적인 소망이
왜 모두에의 사랑을 추구한다는 나의 싸움의 개념보다
더 처절해 보이는가?
더 커 보이는가?

그대가 돌아간 밤은 여전히 더 커 보이고 더 오래돼 보이고
나도 자부할 것은 기실 그대를 열심히 사랑했었다는 것
나는 기실 아무것도
믿음도 의심도 완성시키지는 못했나보다
아니면 그대는 단지 내 여린 품속의 어떤 자리의
아주 사소한 소유권만을 주장할 뿐인데
왜 나는 사랑이란 말조차 입에 담지 못하고
다만 그대의 위대하고 낯선 크기에 놀라
사랑을 사랑의 자식으로 삼지 못하고 있는가?
만남이여 또 다른 삶에의 놀람이여 놀람의 행복이여

- 〈사랑노래 넷〉

한준섭 저는 한준섭이라고 합니다. 아무 준비 없이 그냥 왔다가 이렇게 마음이 움직여서 제가 시를 한 편 써봤습니다. 제목은 〈시야!〉입니다.

시야! 너의 정체를 어서 밝혀요.
시야! 너는 달콤하지만 끈적한 시럽이더냐
시야! 너는 깊고 깊고 음습하지만 냄새나는 시궁창이더냐
시야! 너는 오르락내리락 하지만 늦은 밤 텅 빈 놀이터의 한없이 외로운 시-이-소입니까?
시야! 너는 나쁜 사람들에게 관찰당하며 되려 최고로 날카로운 시선으로 관찰하고 있는 도시의 시라소니이더냐
시-이발 도대체 넌 어떤 아이니
시시하다 시시해 미치도록 시시해

거기 있는 시인님, 답시해 주세요.

박정대 갑자기 답시를……아주 인상적인 게 '시' 하고 머리 깎는 이발하고 연결을 시킨……(웃음) 그걸 붙여서 읽으니 묘한 느낌이…… (웃음) 제 시도 이제 좀 이발할 때가 됐는데 시가 이발할 수 있는 그런 답시를 즉흥으로는 좀 그렇고 좀 있다 술자리에서라도 꼭 써드릴게요. 같이 술이라도 한 잔 마셨으면, 즉흥적으로 뭘 할 수 있는데, 다들 공부하는 학생들이라서 좀 그런 거 같네요. 그죠? 음, 여기 〈무가당 담배 클럽〉이라는 시가 있는데 제가 읽어드릴게요. 이건 고등학생들이 읽으면 안 되는 시인데, 여기에 모인 고등학생들은 아마 들어도 될 거 같아요.(웃음)

우연의 음악이 바람의 국경선을 넘나드는 곳에 무가당 담배 클럽이 있다. 식당 먹으러 가자, 이것은 무가당 담배 클럽의 그 흔한 농담들 중의 하나이지만 그런 농담만을 듣고도 무가당 담배 클럽의 회원을 색출해 내는 귀신같은 자들이 있다. 그 비밀 요원들은 바람의 국경선 저 너머에서 왔다. 그들은 무가당 담배 클럽 저편의 세계에 봉사하는 자들이다. 무가당 담배 클럽에는 이런 비밀 요원들과 회원들이 서로 뒤섞여 있기 때문에, 막상 무가당 담배 클럽에 하루 종일 있으면서 산책을 하고 농담을 하고 때때로 함께 어울려 술을 마시기도 하지만, 누가 진짜 무가당 담배 클럽 회원인지를 아는 사람은 아무도 없다. 이곳의 남자와 여자들도 어느 날은 술에 취해 밤새도록 침대 위를 뒹굴며 서로의 육체를 탐하기도 하지만 그러나 아무리 몸을 뒤섞어도 서로가 진짜 회원이라는 확신을 가지지는 못한다. 간혹 또 어느 날은 전혀 예상치도 못했던 사람이 무가당 담배 클럽 회원으로 밝혀져 바람의 국경선 저 너머로 압송되기도 한다. 그의 죄는 너무 아름다운 노래를 불렀다는 것이다. 그래서 무가당 담배 클럽을 너무 낭만적인 분위기로 몰아갔다는 것이다. 지금 조용히 고백하건대 (이 글을 읽는 그대들만 알고 있으라), 사실 나는 무가당 담배 클럽의 핵심 요원이다. 그런데 이런 나조차도 정확한 회원의 숫자와 그 규모를 알지 못한다. 나는 지금 무가당 담배 클럽 한구석 내 자리에 앉아 조용히 이 글을 쓰고 있다. 어젯밤 심하게 과음했더니 숙취 때문에 나는 지금 몹시 머리가 아프고 속이 쓰리다. 이 글을 쓰는 것도 몹시 힘든데 야, 식당 먹으러 가자, 누군가 또 저 건너편에서 외친다. 가자, 우연의 음악이 바람의 국경선을 넘나드는 곳에 무가당 담배 클럽은 있다. 식당 먹으러 가자

- 〈무가당 담배 클럽과 바람의 국경선〉

박정대 뭐, 이게 답시가 될 수는 없을 텐데. 이것도 아주 우연히 나온 작품이에요. 저랑 같이 근무하는 한 동료가 항상 점심시간이 되면 밥 먹으러 가자고 하지 않고 '식당 먹으러 가자' 라고 해요 식당 먹으러 가자…… 그걸 가지고 시를 꾸며본 건데, 무가당 담배…… 여러분, 무가당 담배라는 게 있나요? 없다구요? 아니죠, 모든 담배가 사실은 무가당이죠. 가당 담배가 가당키나 해요?(웃음) 모든 담배는 사실 무가당인데 무가당 담배라고 쓰니까 사람들은 이상한가 봐요. 그리고 사람들에게 무가당 담배가 있냐고 물어보면 다 없대요. 모든 담배는 무가당인데 그죠? 무가당 담배는 사실 이 현실에는 있지만 사람들 속에는 없는 것처럼 느껴지는 그런 존재죠. 저는 이 시를 통해서, 사실 우리 주변에 비일비재하지만 사람들이 잘 발견하지 못하는 그런 것들을 표현하고 싶었던 거예요.

'사람과 사람 사이에 섬이 있다' 고 정현종 시인은 얘기했는데, 제 생각에는 우리 주변에 우리가 제대로 보지 못하는 수많은 무가당 담배 클

무가당 담배는 사실 현실 속에는 있지만 사람들 속에는 없는 것처럼 느껴지는
그런 존재죠. 저는 이 시를 통해서, 사실 우리 주변에 비일비재하지만
사람들이 잘 발견하지 못하는 그런 것들을 표현하고 싶었던 거예요.
'사람과 사람 사이에 섬이 있다'고 정현종 시인은 얘기했는데,
제 생각에는 주변에 우리가 제대로 보지 못하는
수많은 무가당 담배 클럽이 있지 않나 싶어요.

럽이 있지 않나 싶어요. 우리가 눈만 제대로 뜨고 보면 참 많은 것들을 볼 수 있는데, 우리가 놓치고 못 보는 것들을 저는 '무가당 담배 클럽' 이란 시에다 써봤습니다. 청소년들이 읽고 감상하기에 적절한 시는 아니지만 우리 사회에 대한 어떤 풍자로 여러분이 받아들이면 좋겠어요. 여러분, 영화를 볼 때 한두 컷 정도 정사 장면이 있다고 그 영화를 안 보면 안 되겠죠? 아마 그 영화에 그 정사장면이 필요해서 들어간 것일 테고, 아름다운 화면은 청소년들도 봐야 될 권리가 있다고 생각하거든요. 왜 그런 거 있으면 항상 19세라고 해놓고 못 보게 하는데, 그런 것들이 바로 어른들의 보이지 않는 폭력일 거예요, 그죠? 이미 뭐 보지 말라고 해도 다 보잖아요. 제가 영화 얘기를 한 것은 〈무가당 담배클럽과 바람의 국경선〉이란 시에 그런 장면이 한두 번 나와서……(웃음) 하지만 인디고 서원 학생들은 상당히 성숙하고 조숙한 거 같아요. 제가 마음놓고 얘기해도 될 정도로. 사실 지금 이 자리에서 고백하건대, 가장 부러운 사람들은 여러분입니다. 너무너무 행복해 보이고 아마 5년 뒤, 10년 뒤 여기서 훌륭한 학자라든가 예술가가 나오지 않을까 그런 생각이 드네요. 그리고 김수영 학생의 어머님께서 시를 한 편 읽어주셨는데 저는 그 시를 다는 못 들었어요. 그렇지만 어느 소절들에서는 저의 가슴이 막 파르르 떨리는 걸 느낄 수가 있었거든요. 여러분이 겪어보지 못한 상황들, 아까 제가 여러분한테는 전생일지 모른다는 얘기를 했죠? 80년대 초의 상황을 어머님께서도 약간 떨리시면서 읽었는데 저런 어머님이 계시니까 이런 아들이 나올 수 있는 것 같습니다.(웃음)

사회자 5년이나 10년 뒤에 여기서 예술가도 나오겠죠? 지금도 준비하는 사람이 여기 있죠? 자, 그럼 고1 윤정원 양의 노래를 한 번 들어볼까요?

윤정원 안녕하세요 저는 분포고등학교 1학년 윤정원입니다.

사랑해요 그대
이젠 내가 아닌 그대지만
사랑해요 그대
만질수도 없는 사람이지만
힘들다는 말은 들었죠
슬픈 목소리 볼 순 없었죠
내가 할수 없는 그대 바램들
그댈 포기하게 하는 얘기들
그대 그렇게 힘든가요
기다리기 너무 지루한가요
그대에게 주기로 한 작은 선물은
내 손에 있는데 그댄 이별을 주나요
-〈고백〉

학생들 앵콜 앵콜~

윤정원 너무 많이 떨어서…….(웃음)

주성완 늦게 와서 아무것도 준비한 게 없는데 정원이가 너무 예쁜 목소리로 잘 부르길래 앵콜로 제가 대신 답가를 해도 되겠습니까? 제가 평소에 이 노래의 가사가 참 시 같다고 느꼈는데, 오늘 자리가 자리인 만큼 한 번 불러보겠습니다. 윤도현 밴드의 〈가을 우체국 앞에서〉입니다. 반주가 없지만 그냥 부르겠습니다.

가을 우체국 앞에서 그대를 기다리다
노오란 은행잎들이 바람에 날려가고
지나는 사람들같이 저멀리 가는 걸 보내
세상에 아름다운 것들이 얼마나 오래 남을까
한여름 소나기 쏟아져도 굳세게 버틴 꽃들과
지난 겨울 눈보라에도 우뚝 서 있는 나무들같이
하늘 아래 모든 것이 저홀로 설 수 있을까
가을 우체국 앞에서 그대를 기다리다
우연한 생각에 빠져 날 저물도록 몰랐네
- 〈가을 우체국 앞에서〉

박용준 저는 박용준이라고 합니다. 제 목소리 이상하죠? 감기에 걸려 고생하고 있습니다. 앞에서 두 분이 노래를 너무 잘했으니까, 저는 '아 이렇게 못할 수도 있구나.' 그런 예가 될 겁니다.(웃음) 저도 여러분께 뭔가를 드리기 위해서 최선을 다해서 해보겠습니다. 시도 음악이 될 수 있고, 음악도 시가 될 수 있다고 생각합니다. 제가 이 노래를 아람샘의 추천으로 처음 알게 되었는데, 참 시 같은 음악이 아닌가 생각합니다. 그러니까 제 목소리 듣지 마시고 이 음악을 들어주세요. 가사가 너무 좋아요. 그리고 제 목소리보다는 가수의 목소리를 최대한 들으려고 노력하시는 것이 좋을 듯합니다. 그럼 할게요.

(중간에 조주영, 아람샘 화음이 아름답게 들린다. 일주일간 세 사람은 열심히

연습했다.)

지친 하루가 가고
달빛 아래 두 사람 하나의 그림자
눈 감으면 잡힐 듯
아련한 행복이 아직 저기 있는데
상처 입은 마음은
너의 꿈마저 그늘을 드리워도
기억해줘 아프도록 사랑하는 사람이
곁에 있다는걸
때로는 이 길이 멀게만 보여도
서글픈 마음에 눈물이 흘러도
모든 일이 추억이 될때까지
우리 두 사람 서로의 쉴곳이 되어주리
- 〈두 사람〉

사회자 자, 우리 조금 있다가 시인의 노래도 한 번 들어볼까요?

박정대 이 자리는 만능 예술가가 와야 되겠는걸요. 지금까지 아주 흥겨운 분위기였는데 제가 깰까봐……(웃음) 그러면 여러분이 CD로 들어본 적이 없는 노래를 들려드릴게요. 원래는 한 1시간 이상 불러야 되는데 딱 5분만 불러드릴게요. 〈정선 아리랑〉입니다.

(구성진 시인의 목소리가 멋들어지게 울린다.)

사회자 어느새 시간이 훌쩍 갔네요. 아쉽죠? 하지만 이게 끝이 아닙니다. 아직 못 하신 분, 오늘 꼭 아름다운 밤을 만들어보고 싶은 분 안 계세요?

김나연 아까 다른 분들께서 시낭송을 너무 잘하셔서 부담되지만, 한 번 해볼게요. 부족하고 잘 못해도 잘 들어 주시길 부탁드립니다. 시가 조금 긴데 할게요.

강으로 오라 하셔서 강으로 나갔습니다.
처음엔 수천 개 햇살을 찬란하게 하시더니
산그늘로 모조리 거두시고 바람이 가리키는
아무도 없는 강 끝으로 따라 오라 하시는 당신은 누구십니까.

숲으로 오라 하셔서 숲 속으로 당신을 만나러 갔습니다.
만나자 하시던 자리엔 일렁이는 나무 그림자를 대신 보내곤
몇 날 몇 밤을 붉은 나뭇잎과 함께 새우게 하시는
당신은 어디에 계십니까?

고개를 넘으라 하셔서 고개를 넘었습니다.
고갯마루에 한 무리 기러기 떼를 먼저 보내시곤
그 중 한 마리 자꾸만 뒤돌아보게 하시며
하늘 저편으로 보내시는 뜻은 무엇입니까.
저를 오솔길에서 세상 속으로 불러내시곤
세상의 거리 가득 물밀듯 밀려오는 사람들 사이에서
나타났단 사라지고 떠오르다간 잠겨 가는

당신은 누구십니까.

상처와 고통을 더 먼저 주셨습니다 당신은
상처를 씻을 한 접시의 소금과 빈 갯벌 앞에 놓고
당신은 어둠 속에서 이 세상에 의미 없이 오는 고통은 없다고
그렇게 써놓고 말이 없으셨습니다.
당신은 누구십니까

저는 지금 풀벌레 울음으로도 흔들리는 여린 촛불입니다
당신이 붙이신 불이라 온몸을 태우고 있으나
제 작은 영혼의 일만 팔천 갑절 더 많은 어둠을 함께 보내신
당신은 누구십니까

- 도종환, 〈당신은 누구십니까〉

사회자 죄송해요. 아직 다 못하신 분도 계실 텐데, 이만 여기서 마칠까 합니다. 자, 오늘 주제와 변주의 마지막 순서로 아름다운 이 밤을 마무리할까 합니다. 이제 음악이 나올 건데 그 음악을 들으면서 오늘 자기가 느꼈던 시적인 것들이나, 행복한 느낌들, 순간에 대한 기쁨, 그 어떤 것이라도 괜찮으니 그 마음을 몇 줄의 문장으로 표현해 보고 그것을 낭송하는 것으로 오늘 제6회 주제와 변주를 마치겠습니다. 자 모두 펜을 들고…… 준비되셨죠?

박용준 종이를 다 받으셨나요? 오늘 우리가 시작할 때 '시와 음악과 사랑'을 얘기한다고 했는데 시로 시작을 했고, 음악으로 이어진 이야기가 사랑

의 감정으로 끝을 맺을 수 있다면 참 좋겠습니다. 이 노래는 아람 선생님께서도 말씀하셨지만 카티아 카르데날(Katia Cardernal)이라는 남미 니카라과 태생의 가수가 부른 곡이에요. 저는 이 노래가 제 생애의 가장 최고의 노래라 생각합니다. 마치 저에게 뭐라고 말을 하는데 무슨 말을 하는지는 잘 모르겠어요.(웃음) 하지만 그 음악 자체가 저에게 하나의 시처럼 의미로 다가오는 것은 부인할 수 없는 사실입니다. 자, 이 노래를 들으시면서 여러분의 시도 잘 영글었으면 좋겠습니다.

사회자 다 쓰셨어요? 그러면 한 번 들어볼까요?

박소현 나는…

나 자신을 즐기면서 살고 싶다.
섣불리 저 먼곳에 도달하려 손 뻗지 않고
비록 씨알같이 조그마한 것이나마
내 속에 있는 가치를 끌어내어
그렇게 그렇게 한발짝 움직여보는 그런
삶을 살고 싶다.
그 움직임이 과연 세상사람들이
옳다 여기는 것이 아닐지라 하더라도
나에게 충실한 그런 삶을 살고 싶다.

내 안에서 작게 소곤거리는
그 속삭임을 듣기 위해
오늘은 조용히

느껴보고 싶다.

이슬아 저는 정말 감수성이 없거든요. 장난이 아니라 진짜 태어나서 TV, 영화, 드라마, 책 보고 운 적이 한 번도 없어요. 웃은 적도 거의 한 번도 없어요. 별로 안 웃겨요. 근데 마지막에 제가 이곡을 얼마 전부터 알고 있었는데, 뭘 좀 써야 되는데, 너무 가슴이 벅차서 눈물이 날 것 같네요. 안 울어요, 걱정마세요.(웃음) 얼마 전에 좋은 말을 세 마디 들었거든요.

Tell me and I' ll forget
Show me and I' ll remember
Involve me and I' ll understand

무슨 뜻이냐면, 이게 '늑대와 함께 춤을'에서 나온 인디언의 격언인데,

나한테 말하기만 하면, 나는 그냥 잊어버릴 것입니다.
그런데 보여준다면, 나는 단지 기억은 할 것입니다.
그런데 나를 당신과 같이 생각하고 함께한다면, 나는 아마 그것을 이해하려 할 것입니다.

단지 기억도 아니고, 잊어버리는 것도 아니고, 이해한다는 뜻은 제 생각에는 오늘 We involve each other and we all understand each other. 우리는 모두와 함께 있고, 모두를 이해한 것 같습니다.
그저 모든 것들이 제겐 시였을 뿐. 더 이상 아무 말도 할 수가 없습니다.

박정대 저는 아까 저기 어떤 친구가 답가를 써달라고 했는데, 이 노래를 듣는 사이에 한 번 써보았습니다.

그대가 아무리 기다려도 詩는 오지 않는다
시,를 이발시키는 이 時代에
그래도 시는 사랑이다

하여 아무리 기다려도 오지 않는
사랑을 찾아나서는 것
그게 바로 그대의 시다
그대의 노래다

그리고
이게 바로 그대를 위한 나의 답가다
- 〈답가(答歌)〉

2005년 5월 28일
'인디고 서원' 에서, 박정대

허아람 시를 잘 낭송하는 법은 천천히 읽는 거예요. 그러니까, 잘 하려고 하시지 말고 여기의 호흡 그대로 천천히 하면 굉장히 잘 읽을 수 있어요. 제가 한 번만 낭송할 테니까, 끝날 때 낭독의 밤의 대미를 장식하는 의미에서 우리 다같이 이 시를 낭독하면서 끝내면 좋을 것 같아요. 제가 먼저 읽어볼게요.

DE PARIS
취미반

해가 지면 나는 날마다 나무에게로 걸어간다
해가 지면 나는 날마다 강에게로 걸어간다
해가 지면 나는 날마다 산에게로 걸어간다
해가 질때, 나무와 산과 강에게로 걸어가는 일은
아름답다 해가 질 때
사랑하는 사람을 그리워하며 사랑하는 사람에게로
산그늘처럼
걸어가는
일만큼
아름다운
일은
세상에
없다

- 김용택, 〈연애1〉

사회자 오늘 어떠셨는지, 마지막으로 선생님에게 한 말씀 듣고 마치겠습니다.

박정대 뭐, 저는 여기 이 열기에 압도되어서…….(웃음) 사실은 지금부터 몸이 좀 풀려서 밤새도록 이야기하고 싶은데, 살아 있으면 언젠가 또 만나겠죠. 여러분 토요일, 아주 바쁜 시간에, 이 자리에 와주셔서 감사합니다. 여러분의 눈동자를 보니까 저도 여기 오길 잘했구나, 하는 생각이 듭니다. 방금 '살아 있으면 언젠가 만나겠지' 라고 했는데 이 말이 꼭 현실로 이루어져서 여러분을 이렇게 일회적으로 만나는 것이 아니라, 그냥 잠깐 제가 여기 와서 멋이나 부리고 가는 그런 시인이 되는 것이 아니라 여러분과 계속 인연이 닿았으면 좋겠습니다. 오늘 이 자리에 오신 여러분은 자기 스스로 상당히 행복해해도 될 것 같습니다. 참 많이 부럽다는 생각을 해요. 이런 모임이 있다는 거 자체에 저는 깜짝 놀랐고 아주 신선한 충격을 받았습니다. 부산에만 이런 모임이 있어요. 그래서 서울에 있는 학생들이 이런 모임이 있는 줄 알면 참 질투도 하고 많이 부러워 할 것 같아요. 여러분 자부심을 가지고, 아까도 얘기했지만 자기 스스로 이 세상의 중심은 나라는 생각을 가지고 항상, 누가 뭐라든, 이 세상의 모든 것들을 내 안으로 끌어들이고 포용하면서, 그렇게 당당하게 이 지구를, 그대들의 삶을 지켜내길 바랍니다. 감사합니다.

작은 주제와 변주

장영희

2005년 6월26일 오전11시

진짜 울고 싶을 때 울 수 있는 사람이 되려면 어떻게 해야 하나요?

사회자 오늘 모신 장영희 선생님에 대한 소개는 제가 굳이 길게 하지 않아도 여러분께서 더 많이 아실 것 같아요. 사실 지금 선생님과 함께할 수 있는 시간이 그리 많지 않거든요. 짧지만 그래서 더 따뜻하고 여운 있는 만남이 되길 기대해 봅니다.

장영희 오늘 오후에 다른 일정이 있어 가야 해요. 죄송합니다. 그래도 인디고 서원에 눈도장이라도 찍고 가려고 왔답니다. 이해해 줄 수 있겠죠? 그래야 다음번에 오는 것을 기약할 수 있으니까요. 오늘 차를 타고 오면서 인디고 서원에 대해 이것저것 궁금한 점을 물어보았습니다. 청소년들이 책을 읽고 글을 쓰면서 서로의 생각을 나누는 이런 문화가 정말 필요해요. 미국이나 유럽에는 이런 모임이 많은데 우리나라는 많이 부족하잖아요. 특히 문학에 대한 토론을 할 수 있는 여건이 잘 만들어지지 않아요. 그런 문화가 정착하지 않은 만큼, 인디고 서원의 조그만 시작이 정말 중요한 것 같아요. 처음은 작은 모임으로 시작된 이런 모임이 부산에서 대구로, 또 대구에서 대전으로, 또 서울로…… 이렇게 전국적으로 퍼질 수 있겠지요. 이런 독서토론 모임이 청소년 사이에서 유행했으면 하는 바람입니다. 그런 의미에서 이러한 모임을 꼭 격려해 주고 싶었고, 학생들이 너무 기특하고 예뻐서 이렇게 찾아왔어요.

학생 제가 오늘 선생님이 오시면, 꼭 하고 싶었던 문학에 관한 질문이 있었어요. 선생님께서 문학 전공이기도 하시고, 문학과 함께 살아오셨으니까요. 또 글을 읽어보면 문학적인 글들이 많고요. 문학적으로 산다는 것. 선생님 삶에서 문학이라는 것이 어떤 의미를 지니는지 궁금합니다.

장영희 그 질문에 대답하기 전에 잠깐만요. 아니, 어떻게 남학생이 한 명도 없어요?(웃음) 다 화장실 갔나요?(웃음) 요새는 영문학과에도 여자와 남자의 비율이 8대 2 정도랍니다. 남학생이 굉장히 적어요. 문학은 전망이 별로 안 좋으니까, 업으로 삼기보다는 재미나 멋으로 공부하는 것 같더라구요. 그것은 문학이란 것을 알아도 그만, 몰라도 그만이라고 생각한다는 뜻이지요. 한편으로는 문학이 너무 어려워서 막상 읽어도 잘 모르겠고 난해하니까 부담이 되는 거죠. 그래서 아예 건드리지 않는 게 낫겠다고 생각하는 것 같아요. 지금은 이런저런 이유로 문학을 멀리 하는 시대거든요. 특히 IT시대라고 해서 책을 읽으면 마치 시간낭비인 것처럼 생각하기도 하고요. 생산성과 직접적으로 연결이 안 되니까 너무 고루하고 시대에 뒤떨어진 것처럼 생각하는 경우도 있어요.

그리고 요즘 학생들은 이렇게 책이라는 매개 자체를 조금 버거워해요. 10년 전에 학생들을 가르칠 때만 해도 한 학기에 소설을 여섯 권 정도 함께 읽었거든요. 그래도 학생들이 다 따라왔어요. 그런데 지금은 집중력이 많이 떨어지고, 집중하는 시간도 아주 짧아졌어요. 소위 영상세대라고 하잖아요. 그래서 책으로만 수업을 하면 학생들이 지루해하고 어려워해서 가상매체와 연결해서 자꾸만 볼거리를 제공해야 해요. 예를 들어 『노인과 바다』의 경우, 〈노인과 바다〉 영화도 함께 보고, 헤밍웨이의 삶에 대해서 영상자료 같은 것을 보여줘서 학생들에게 그나마 책을 읽게끔 동기를 유발시키죠.

말이 빗나갔지요? 문학이 내 삶에 어떤 영향을 미쳤냐는 질문에 대한 답으로 일화 하나를 소개할게요. 제가 4년 전에 안식년을 맞아 미국에 잠깐 가 있었거든요. 거기에서 여러 학과 교수님들과 얘기를 나눌 기회가 있었어요. 어느 날 내 옆에 하버드 의과대학 교수님이 앉으셨어

초음파로 어떤 사람의 내부를 들여다볼 때, 전혀 모르는 환자인데도 그 사람의 마음가짐을 알 수 있다는 거예요. 선한 사람인지 악한 사람인지, 고뇌에 찬 사람인지 아니면 마음이 평화로운 사람인지 느껴진다는 거죠. 비과학적인 말이잖아요. 초음파 검사에서 어떻게 사람의 마음을 알아볼 수가 있겠어요. 그러면서 이분이 웃으면서 하는 말이 자기가 문학을 공부해서 그렇대요. 문학이라는 것이 다른 사람의 마음을 이해하는 학문이기 때문이라구요.

요. 공통 화제가 전혀 없다고 생각하니 좀 불편하더라구요. 의학을 가르치는 사람하고 무슨 말을 해야 하나 고민하다가 문학 얘기를 꺼냈어요. 그런데 대화를 나누다 보니깐 문학에 대한 지식이 정말 상당하시더라구요. 그래서 의학을 하시는 분이 어떻게 문학에 대해서 그렇게 많이 알고 계시냐고 물었더니, 그분 하시는 말씀이 하버드 메디컬 스쿨이나 MIT 공대 등에서는 교양과목이 거의 다 문학이라고 하더라구요. 거의 영문과 수준으로 수업을 한 뒤에 생물학이나 의학, 공학 전공으로 넘어간다는 거죠.

이분이 농담처럼 하시는 말씀이, 초음파로 어떤 사람의 내부를 들여다볼 때, 전혀 모르는 환자인데도 그 사람의 마음가짐을 알 수 있다는 거예요. 선한 사람인지 악한 사람인지, 고뇌에 찬 사람인지 마음이 평화로운 사람인지 느껴진다는 거죠. 너무 비과학적인 말이잖아요. 초음파 검사를 하면서 어떻게 사람의 마음을 알 수가 있겠어요. 그러면서 이분이 웃으며 하는 말이 자기가 문학을 공부해서 그렇대요. 문학이 다른 사람의 마음을 이해하는 학문이기 때문이라구요. 의사인 자신도 치료받는 환자와 똑같은 인간이기 때문에 상대방의 상황에서 공감할 수 있다는 거죠. 문학은 바로 그런 학문이기 때문에 그 어떤 직업을 갖더라도 꼭 필요하다고 말하더라구요. 의사라는 직업이 그냥 몸만 치료하는 것이 아니라 마음을 치유할 수 있는 능력이 있어야 훌륭한 의사가 되는데, 자신은 문학을 공부했기 때문에 환자를 대할 때 많은 도움을 받는다고 하더라구요. 그래서 어떤 학문을 하더라도, 어떤 직업을 가지더라도 문학이 가장 기본이며 인간다움을 이해할 수 있는 학문이라고 이야기했던 게 기억이 나요. 지금 학문이라는 말을 썼지만, 어떤 의미에서 문학은 학문이 아니고 삶 자체라고 할 수 있어요.

나는 대학에서 영문학을 가르치고 있습니다. 1학년 1학기에는 '영문학개론'이 필수 과목이에요. 단편소설을 여덟 편 정도 공부하고, 시도 읽는데, 처음에 수업을 하기 전에 학생들을 대상으로 조사를 하지요. 조그만 카드에 '내가 여태까지 어떤 문학작품을 읽었는지, 그리고 앞으로 어떤 작품을 읽고 싶고, 장래에 어떤 일을 하고 싶으며, 어떤 꿈을 갖고 싶은지' 등을 쓰라고 해요. 그런데 문학작품을 제대로 읽었다는 학생은 거의 없어요. 문학에 대해 모르는 학생들에게 내가 소개하는 입장이기 때문에 어떤 의미에서는 내 책임이 굉장히 큰 편이죠. 1학년 필수 과목이라서 100명 가까운 신입생들이 들어오거든요. 그래서 학생들이 '문학이 정말 재미있구나, 내가 정말 가치 있는 학문을 공부하는구나' 하는 자긍심을 가질 수 있도록 나름대로 연구를 해서 여러 활동도 고안하고, 연극도 함께하고, 최대한의 흥미를 주도록 노력하고 있어요.

가끔 이건 읽어도 무슨 뜻인지 모르겠다고 호소하는 학생들이 있어요. 왜냐하면 대학에서 읽는 책들은 우리가 쉽게 읽는 하이틴 로맨스하고는 다르거든요.(웃음) 문학도로서 공부해야 하는 작품들은 좀더 깊은 생각이나 분석을 해야 하지요. 헤밍웨이나 그외 작가들의 대표작들을 읽다보면 딱히 줄거리가 있는 것도 아니고, 별다른 사건 없이 그냥 끝나버립니다. 우리가 말하는 난해한, 특히 1학년 영문과 학생들이 읽고 소화하기에는 어려운 그런 작품들이 소개되거든요. 물론 처음부터 아주 난해한 것은 피하지요. 하지만 너무 쉬운 것을 하다 보면 문학도로서의 비평력이나 분석력을 얻기 힘들기 때문에 반은 조금 쉬운 것, 나머지 반은 학생들이 깊이 생각해야 하는 것을 소개해요.

그중에서 윌리엄 포크너의 『에밀리에게 장미를』이라는 작품을 예로 들어볼까요? 여러분이 혹시 영문학을 전공하면 그 작품을 꼭 읽게 될 거예요. 거의 필독서거든요. 소설의 배경은 미국 남부인데, 그 당시는 미국에 계급적인 신분질서가 있었어요. 20세기 초에 남부가 점차 산업주의에 밀려나서 몰락할 때, 남부의 전통을 이어가는 귀족가문의 마지막 혈통인 에밀리라는 여자가 있었어요. 이 여자는 아주 외롭고 고립된 삶을 살다가 북부에서 내려온 호머 베론이라는 어떤 건설회사 사람과 사랑에 빠집니다. 젊었을 때는 혼자 살아가다가 그 남자를 사랑한 뒤부터 삶의 기쁨과 의미를 되찾았는데, 갑자기 이 남자가 떠나겠다고 해요. 사랑을 '소유'로 생각하는 에밀리는 독약으로 남자를 죽이고, 그 시체와 40년을 동침한답니다.

너무 비상식적이지요? 어떻게 시체가 부패해 냄새가 나고 썩은 물이 흐르는데, 40년 동안이나 집안에 놔둘 수가 있느냐는 거죠. 이 이야기를 읽고 학생들에게 물어보면, '그 여자 사이코예요' 라고 말할 뿐이에요.(웃음) 그러면 이 이야기는 더 이상 할 필요가 없어요. 이것은 그야말로 정신적으로 병든 한 여자의 얘깃거리일 뿐이죠. 하지만 포크너는 독자에게 단지 정신분석학적인 케이스를 보여주고자 하는 것이 아니라, 인간 전체를 아우르는 공통된 본질을 보여주고자 했어요. 작가들은 늘 몇 명의 특정한 인물에 대해서만 얘기하지만, 그 인물들의 삶을 보고 '아, 이 사람이 이런 경험을 했구나, 그래서 이렇게 느꼈구나. 내가 만약에 이 사람이라면 나도 그랬을 것 같아.' 그런 동질감을 느낄 수 있어야 하는 거죠. 책 속의 인물을 이해하고, 또 인간이라면 느낄 수 있는 보편적인 감정을 통해 동지의식을 느끼게끔 만드는 거예요. 그래서 주인공을 이해할 때, 그 감정은 독자들에게 인간성에 대한 하나의 깨우침을 줄 수 있게 되지요.

그래서 이 '미친' 여자 이야기를 통해서 포크너가 무슨 말을 하고 싶었는지 생각해 봐야 하는 거예요. 그런데 학생들한테 물어보면 처음에는 무조건 모른다고 말해요. 이건 소설 속의 허구일 뿐이라는 거예요. 정말 괴기한 이야기이니까요. 하지만 예전에 뉴스에 나왔던 이야기 혹시 기억하나요? 어떤 중학생이 엄마랑 단 둘이 살다가 엄마가 병이 악화돼서 죽었는데, 그 학생은 6개월 동안 엄마의 시신과 함께 있었어요. 학교도 가지 않고, 방에서 나가지 않고 말이에요. 나중에 그 학생이 발견되었을 때는 전기도 다 끊어지고 머리도 길게 자라고, 거의 원시인 같은 모습이었대요. 깜깜한 밤에 엄마 시신을 옆에 두고 6개월을 지낸 거지요. 전기가 끊겼으니 TV를 볼 수 있나요, 음악을 들을 수 있었겠어요. 어떤 집의 지하방이었는데, 위층에는 주인이 살고 있었지만 그런 사실조차 까맣게 몰랐대요. 이 학생에겐 엄마가 죽었다고 말할 사람도 없고, 찾아가서 얘기를 나눌 사람이 없었어요. 그러니 엄마가 죽었을 때 시신이라도 곁에 두고 싶은 마음을 이해할 수 있겠냐고 학생들한테 물어보면, 이해할 수 있겠다고 해요. 만약 엄마랑 단 둘이 살다가 엄마가 죽으면 진짜로 시신이라도 함께 있는 게 힘이 될 것 같다고 말해요.

그런데 에밀리의 경우가 이것과 같거든요. 아버지가 딸을 굉장히 과잉 보호했어요. 그런 아버지가 죽자 이웃에서 장례를 치르러 왔죠. 그랬더니 에밀리가 우리 아버지는 죽지 않았다고 거짓말을 해요. 시체를 안 뺏기려고 숨기다가 결국 몇 주 만에야 아버지 장례를 치르거든요. 그래서 그런 에밀리에게는 사랑이라는 것이 일반적으로 생각하는 사랑하고 조금 다를지도 모른다는 거죠. 시신일지라도 소유하고 싶었던 거예요. 그런 것을 사랑의 가장 기본적인 조건으로 보는 거죠. 자기 아버지를 그렇게 빼앗기고 나서 다시 사랑을 만나죠. 물론 자기가 남부 귀족사회의 마지막 후손으로 전통을 끝까지 지켜야 한다는 책임감이 있

문학이란 작품 속의 수많은 인물들과 그 인물들이 처한 상황을 통해
나와 남 사이의 벽을 허물고 결국 우리가 더불어 함께 살아가야 한다는 것을
가르쳐 주는 매개체입니다. 그래서 내가 어렸을 때 책을 읽고,
전공으로 문학을 접한 것이 내 삶에 직접적으로 이런 의미였다, 고 꼬집어 말하기는
힘들지만 문학을 공부함으로써 '어떻게 살아가야 하는가'를 배웠다고 할까요.
어떻게 인간관계를 형성하고 어떻게 나뿐만이 아니라 남을 생각하며 살아가는가,
그리고 기계처럼 돌아가는 일상적인 삶 속에서 어떻게 의미를 찾고
더욱 풍요롭게 살 수 있는가를 배운 것 같아요.

지만, 그 전에 정말 한 남자를 사랑하고, 사랑받고 싶어하는 여자인 거죠. 그래서 호머 베론을 사랑하고, 시신과 40년을 살게 된 거예요.

학생들에게 이 작품을 가르치면서, 너희가 에밀리를 도저히 이해할 수 없다면 스스로를 에밀리라고 생각해 보라고 해요. 영어로 얘기하면 일종의 롤 플레이, 역할극이라고나 할까요. 그래서 스스로가 에밀리가 되어본 후 다시 한 번 얘기하는 거죠. 그러면 그때부터는 '아, 이건 싸이코야' 하는 단순한 생각을 떠나서 에밀리가 그 아버지와의 관계 때문에 죽일 수밖에 없었던 상황을 이해하게 돼요. 나에게도 아무도 없는데 한 남자를 사랑하게 되고 그 남자도 나를 사랑한다고 생각을 했는데, 갑자기 떠난다고 하면 정말 바짓가랑이라도 잡고 늘어지다가, 그래도 떠난다고 하면 죽여서라도 함께 있고 싶은 극한 상황이 아주 자연스러워지는 거죠. 그런 상황에 한번 처해보면 나도 에밀리처럼 행동할 수도 있겠구나 하는 거예요.

남의 이야기지만 '인간이 이럴 수도 있겠구나. 만약에 이런 상황에 처한다면 정말 이렇게 행동할 수도 있겠구나.' 하고 인간에 대한 이해를 하는 것. 그것이 문학의 궁극적인 목적이라고 생각하거든요.

그래서 문학이라는 것은 하나의 대리 경험이에요. 우리가 태어나서 모든 경험을 다하면서 그 경험 끝에 어떤 교훈을 얻으면 그것은 굉장히 바람직한 경우가 되겠지만, 우리의 인생은 짧고, 나 같은 경우는 기동력도 부족하잖아요. 이럴 때 문학작품을 통해서 많은 경험을 하고, 많은 사람을 만날 수 있는 기회와 그 사람을 이해할 수 있는 기회를 부여받는다면 문학을 배우는 목적은 이것만으로도 충분치 않을까요? 이렇게 책을 읽고 같이 토론하고 생각을 나누는 연습을 많이 하다보면, 무슨 공부를 하든지 결국 문학을 배제하고는 아무것도 이루어질 수 없다는 걸 알게 될 거예요. 이 세상에서 더불어 살아가면서 인간 자체를 이해해야 하는 것은 필요조건이니까요. 그래서 여러분이 지금 문학에 대한 관심, 문학을 공부하고자 하는 그 의지가 아주 중요해요. 문학작품을 읽고 '난 미처 생각지 못했는데 이 상황에서 그럴 수도 있겠구나, 또는 내가 얘기하는 것을 다른 상대방이 그렇게 생각할 수 있겠구나' 하는 이런 생각의 과정들이 너무 귀한 것 같아요.

학생의 질문이, 문학이란 무엇이며 내게 문학이 어떤 의미였는가 였지요. 너무 장황했지만, 간접적으로 답을 한 셈이에요. 문학이란 작품 속의 수많은 인물들과 그 인물들이 처한 상황을 통해 나와 남 사이의 벽을 허물고 결국 우리가 더불어 함께 살아가야 한다는 것을 가르쳐 주는 매개체입니다. 그래서 내가 어렸을 때 책을 읽고, 전공으로 문학을 접한 것이 내 삶에 직접적으로 이런 의미였다, 고 꼬집어 말하기는 힘들지만 문학을 공부함으로써 '어떻게 살아가야 하는가'를 배웠다고 할까요. 어떻게 인간관계를 형성하고 어떻게 나뿐만이 아니라 남을 생각하며 살아가는가, 그리고 기계처럼 돌아가는 일상적인 삶 속에서 어떻게 의미를 찾고 더욱 풍요롭게 살 수 있는가를 배운 것 같아요.

여러분이 앞으로 대학교를 가고 직업을 가지고, 또는 엄마가 되고 아빠가 되는 미래를 생각하면 지금 문학작품을 하나라도 더 읽어두는 것이 굉장히 중요해요. 청소년 때, 대학교 때 책을 읽어야지, 서른 살이 넘으면 언어 배우는 것도 이미 늦기 때문에 문학을 이해하고 공부하는 것도 어떤 의미에서는 젊었을 때 하는 게 좋거든요. 그런 의미에서 여러분이 아주 잘하고 있는 거예요. 얘기가 너무 길었네요.(웃음)

이해미 저는 《샘터》를 통해서 선생님 글을 먼저 접했는데요, 그 책을 읽을 때는 누가 이 글을 썼는지는 보지도 않고, 내 맘에 담아 넣기만 했는데 『내 생애 단 한 번』을 읽고서, 그때 그 글이 선생님 글인지 알았어요. 선생님 책에 〈하필이면〉이라는 글이 있는데, 여기 있는 분들은 선생님의 책을 읽어보셨을 테니까, 그 '하필이면' 이라는 말뜻을 잘 아시겠지요. 하필이면 이 자리에 내가 참여할 수 있게 됐고, 하필이면 장영희 선생님을 만나게 됐고, 이게 그냥 우연은 아닌 것 같아요. 그래서 저는 너무 감사해요. 방금 짧게 이야기해 주셨지만 제가 공감하는 내용이 많았어요.

장영희 고마워요. '하필이면' 나도 오늘 이렇게 좋은 만남을 가질 수 있어서 행운이지요.

윤수민 선생님 글에 보면 " '진짜' 는 사랑받는 만큼 의연해질 줄 알고, 사랑받는 만큼 성숙할 줄 알며, 사랑받는 만큼 사랑할 줄 안다. '진짜' 는 아파도 사랑하기를 두려워하지 않고, 남이 나를 사랑하는 이유를 의심하지 않으며, 살아가다 넘어져도 다시 일어설 수 있는 용기를 가진다." 이 구절이 마음에 와닿았어요. 저는 고등학생인데요, 수능 때문에 어쩔 수 없이 문학을 공부하는데 모의고사를 보면 제가 배운 건 절대로 안 나오고 매번 새로운 지문만 나와요. 특히 이공계 학생들은 문학시간의 3분의 2도 제대로 공부하지 않아요. 수능과 논술을 위해서 공부할 뿐이거든요.

장영희 네, 논술준비 참고서들을 보면 너무 어렵고 재미가 없죠. 문학에 대해 그렇게 접근을 하니까 시작하기 전에 진이 빠지는 현상이 일어나는 것 같아요. 그래서 학생들이 문학과 더 멀어지는 거죠.

천천히 걸으니까 아무래도 삶을 좀더 찬찬히, 생각하며 관찰한다고 할까요. 그게 모두 삶의 단편들이니까요. 글을 쓴다는 것은 픽션이든 넌픽션이든 누군가와 얘기를 나누고 싶고, 자기의 마음을 좀 열고 싶은 그런 의지에서 나온다고 생각하거든요. 그래서 정말 활자화된 모든 것은 읽어주는 게 글쓴이에 대한 도리라고 생각해요.

학생 게다가 장편소설을 읽을 기회는 더욱 없죠. 물론 분량이 중요한 것은 아니지만, 그만한 역량을 키울 수 있는 기회가 없어요. 그러니 아까 선생님 말씀대로 버거운 거죠. 저희는 그냥 소설을 내용 축약해서 살펴보고 말아요.

장영희 축약한 것이라도 읽으면 좋아요.(웃음) 왜냐하면 그것을 읽다가 호기심이 생기거든요. 아, 그거 재미있겠는데? 그것이 하나의 계기가 되어 전체 작품을 다 읽을 수 있으니까요. 그래서 나는 이 세상에 '나쁜' 책은 없다고 생각해요. 아무리 엉터리로 쓴 책이라도 쓴 사람이 어떤 목적을 지니고 나름대로 이야기하고 싶은 게 있어서 썼기 때문에, 활자화된 것은 모두 도움이 된다고 봐요. 난 활자로 된 것은 모조리 읽는, 좀 불편한 버릇이 있어요. 예를 들어 길을 가면서도 간판을 빼놓지 않고 다 읽어요. 사실 심각한 길치라서 수업 끝나고 나오면 화장실이 어딘지 찾지 못할 정도예요.(웃음) 그 정도로 너무너무 방향감각이 없는데, 동서남북은 모르면서 길 가다가 본 간판에 쓰여 있는 재미있는 말들은 기억한다니까요. 광고 카피 같은 것도 아주 잘 기억해요. 사실 간판만 봐도 메시지가 참 많고 무엇보다 재미가 있어요.

내가 미국에서 유학할 때는 굉장히 삭막한 생활을 했어요. 내 방과 학교, 그리고 도서관, 이렇게 삼각형 생활을 하는데, 아침에는 도서관에 갔다가 저녁을 먹으러 기숙사로 왔다가 다시 수업을 가거든요. 그러면 그때는 내가 차를 운전하지 못하고, 또 차를 운전할 수 있는 상황도 안 되어서 걸어 다녔어요. 다른 사람이 걸으면 10분, 15분 정도 걸릴 것도 나는 천천히 걸으면 한 시간이 걸리죠. 그렇게 도서관에서 기숙사까지 한 시간 동안 걸으면 심심하잖아요. 그런데 내가 다닌 미국 학교 건

물에는 중앙에 쭉 기둥들이 있어서 거기에 광고를 많이 붙여놓아요. 무슨 책을 판다, 방을 세놓는다, 이런 광고가 많아요. 그래서 천천히 걸어서 학교에 가는 한 시간 동안 광고를 전부 읽어버려요. 모든 기둥에 붙은 광고를 다 읽어요. 또, 지나가다 보면 기숙사 1층에 학생들 방이 있잖아요. 창문이 많이 열려 있었어요. 그러면 나는 남의 방을 들여다봐요, 그런 걸 좋아해요.(웃음) 들여다보면 굉장히 예쁘게 꾸며놓은 방도 있고, 너무 지저분하게 해놓은 방도 있어요. 방은 한 칸인데 제각기 다양한 삶의 모습을 하고 있는 거예요. 그러면 나 나름대로 여긴 누가 살고 있을까 하고 궁금해하다가 어느 날 방 주인이 있으면, 아, 재였구나, 하고 발견하기도 하구요.(웃음)

그런 경험들이 내가 글을 쓸 때 도움이 돼요. 천천히 걸으니까 아무래도 삶을 좀더 찬찬히, 생각하며 관찰한다고 할까요. 그게 모두 삶의 단편들이니까요. 글을 쓴다는 것은 픽션이든 넌픽션이든 누군가와 얘기를 나누고 싶고, 자기의 마음을 좀 열고 싶은 그런 의지에서 나온다고 생각하거든요. 그래서 정말 활자화된 모든 것은 읽어주는 게 글쓴이에 대한 도리라고 생각해요. 내가 문자로 된 건 다 읽는 습관이 있다고 했는데, 그래서 문구점 같은 데 가서 편지지 같은 것 보는 것도 좋아해요. 그런데 간혹 틀린 영어를 발견하면 나도 모르게 손이 떨려요.(웃음) 왜냐하면 학생들 작문을 많이 고쳐서. 그게 습관, 아니 생활이 되어버린 거예요. 틀린 것을 막 고쳐줘야 할 것만 같은 생각이 자꾸 들어요. 그래서 문방구 주인에게라도 가끔 이야기해 주기도 해요.(웃음) 좀 과장해서 얘기하면 그런 것들도 다 문학의 범주에 들어가잖아요. 나는 보다시피 자유롭게 돌아다닐 처지가 못 되지만 책을 읽으면서 어떤 면에서는 많이 돌아다니는 사람보다 훨씬 더 많은 경험을 했다고 볼 수도 있

어요. 모든 글 속에 담겨 있는 다양한 삶의 모습을 다 보고자 하는 욕망이 있으니까요.

'진짜 벨벳 토끼' 이야기는 내가 〈어린왕자〉 다음으로 좋아하는 우화예요. 우리나라에서는 잘 알려지지 않았지요. 사랑을 하는 것도 정말 중요하지만 사랑을 받는 것이 더 중요한 것 같아요. 누군가가 나를 사랑하는 것이 당연하다고 생각하면, 사랑받을 자격이 없는 거죠. 어떤 사람이 나를 사랑해 주는 것을 고맙게 생각하고, 그에 보답하기 위해 나도 남을 사랑해야지, 하는 마음이 들어야 해요. 예컨대 자기가 얼굴이 예쁘다고 예쁜 척하고 다니고, 말은 안 해도 몸으로 '나 예쁘지?' 하고 말하고 다니는 사람들이 있잖아요.(웃음) 그래서 남학생이 마음을 주면 잘난 척만 하고 '너 같은 놈이 어떻게 나를 좋아하냐' 이런 식이면 그건 굉장히 인간답지 못하다고 생각해요.(웃음) 사랑을 해주는 사람에 대한 예의가 아니지요. 그 사랑을 거절하더라도 정말 예쁘게, 상대방을 배려하면서 거절한다면 얼마나 좋아요. 사랑을 제대로 받을 줄 아는 사람이 제대로 할 줄도 알거든요.

학부모 저는 학부모입니다. 지금 공부하는 학생들이 이렇게 와 있는데, 요즘 책을 읽다가 제 어렸을 때를 떠올려 보면, 사실 참 많이 울었던 것 같습니다. 어머니께서 많은 말씀도 해주시고, 책도 읽어주셨어요. 지금 생각하면, 저도 애들을 키우지만 내가 어릴 때 들었던 그런 많은 이야기들을 이제는 내가 들려주어야 하는데 그럴 수가 없는 현실에 슬퍼요. 또 우리 아이들은 그러한 슬픔이나 기쁨에 익숙하지 않은 것 같아요. 제가 나이가 들어서 보니까 울고 싶을 때 울 수 있는 아이로 컸으면 좋겠다는 생각이 많이 들더라구요.

장영희 제가 그와 비슷한 내용의 글을 쓴 적이 있습니다. 〈눈물의 미학〉이야기라는 글에서. 어렸을 때 어머님이 나보고 '울음집'이라고 그렇게 말씀하셨는데, 한 번 울기 시작하면 정말 끝을 보는 거예요. 이상하게, 울음을 그치면 내가 진다는 생각에 끝까지 울었죠. 일종의 자존심 문제라고 할까요. 그런데 그 버릇이 아직도 남아 있는 것 같아요. 어른이 된 지금도 아주 잘 울어요. 굉장히 엉뚱할 때 잘 운답니다. 하지만, 제가 그 글에서도 썼지만 울 수 있는 마음, 눈물을 흘릴 수 있는 능력도 아주 소중한 것 같아요. 대신 그 눈물이 나에게만 국한되지 말고 남을 위해 흘릴 줄 아는 눈물이라면 더욱 값진 것이겠죠. 아마 어머니께서 '진정 울고 싶을 때 울 줄 아는 아이'로 키우고 싶다는 말씀은 바로 그런 걸 의미하는 것 같습니다.

우는 것은 삶의 일부예요. 웃으며 사는 것도 삶의 일부지만. 어떤 형태로든지 인간은 슬픔을 겪어야 해요. 그래서 우는 것도 결국은 하나의 삶의 연습이죠. 흔히 사람들이, 내 책을 '장애인 여교수가 썼다'고 얘기해요. 물론 맞는 말이지요. 그렇지만 나는 장애인으로서가 아니라 인간으로서 생각한 글을 씁니다. 모든 사람들이 다 불편한 장애 하나씩은 갖고 있어요. 나는 신체적인 장애를 겪고 있지만, 어떤 종류든 장애가 하나도 없이 사는 사람은 아무도 없는 것 같아요.

그런데 울 줄 모르는 것도 장애입니다. 울 줄 모른다는 것은 느낄 수 없다는 건데, 그런 기막힌 장애가 어디 있겠어요. 어제 이해인 수녀님을 뵈었어요. 오늘 아침 수녀님이 사시는 수녀원에서 미사도 봤구요. 부산에 와서 모 신문사와 이해인 수녀님과 함께 인터뷰를 하기도 했는데, 기자가 '장영희 선생님에 대해서 어떻게 생각하십니까?' 물었더니, 이해인 수녀님 말씀이 '제대로 울 줄 아는 사람이라고 생각한다'고 말씀하셨어요. '제대로 울 줄 아는 사람.' 저는 깜짝 놀랐어요. 내가 나를 그렇게 생각한 적이 없거든요. 제대로 울 줄 안다는 것, 나는 그저 아무 때나 울 줄 아는 사람이라고 생각했어요.(웃음) 왜냐하면 가끔씩 주책없이 잘 우니까요. 이해인 수녀님이 정말 울어야 할 때 울 줄 아는 사람이라고 말씀하셨는데 내가 정말 그런 사람인지 난 모르겠어요. 하지만 그것은 '느낄 줄 아는 사람' 이라는 말씀 같아요. 그리고 그것은 정말 귀한 칭찬의 말이라고 생각합니다.

이슬아 안녕하세요. 시험이 내일모레여서 방금 전까지만 해도 교과서 보면서 공부하다가 이렇게 왔는데, 저는 문학을 왜 배워야 되는지 모르겠어요.(웃음) 그냥 책으로 읽었을 때는 크나큰 감동이 될 수 있는 내용이 교과서에 실리면 지식이 되어 머리에 담아야 하고, '아, 여기부터 중심 문장이다. 이것은 꼭 외워야 하는 시야' 이런 식으로 공부를 해야 하거든요. 그래서 이러한 교과서적인 문학공부가 과연 어떠한 의미가 있는지 선생님께 여쭈어보고 싶었습니다.

장영희 음, 한 가지 일화를 말해볼게요. 너무너무 낚시를 좋아하는 사람이 있었어요. 그 사람은 정말 어떻게 하면 조금이라도 시간을 내서 낚시를 할 것인가. 어떻게 하면 부인의 눈을 피해 도망가서 낚시를 할 것인가. 주말에는 그것만을 연구했어요. 정말 일을 안 하고 그렇게 낚시만 하며 살 수 있다면 얼마나 행복할까 생각했지요. 그러다 회사를 그만두게 되었고, 할 게 없으니까 낚시를 해서 생활을 이어야 할 상황이었어요. 낚시해서 생선을 팔아 호구지책을 삼았는데, 그때부터 낚시가 기가 막히게 지겨워지는 거였어요. 그 좋던 낚시가 이제는 '돈을 벌어야 된다. 이것을 내가 팔아 가족을 먹여 살려야 된다'는 부담감을 느끼니까 그때부터 기쁨이 사라져버린 거예요. 논술시험을 위해 책을 읽는 것도 이와 마찬가지라고 생각해요.

인간의 마음은 청개구리 같은 데가 있어요. 그냥 소설책을 재미삼아 읽거나 그에 대해 전혀 기억할 필요가 없다고 생각하면 오히려 기억이 더 잘 나거든요.(웃음) 그런데 글을 읽고 주제문을 찾고 문제를 풀어야 한다면 부담이 되는 거지요. 기억하려고 노력하면 기억이 잘 안 나고, 그렇게 의도적으로 노력을 하다 보면 오히려 중요한 부분을 많이 놓쳐요. 머리로만 읽게 되고 마음으로는 읽지 못하니까요. 그게 사실은 비극이라고 할 수 있겠지만 다 읽기 훈련의 과정이에요. 그런 연습을 하다 보면 나중에 작품을 읽을 때 일부러 찾지 않아도 글의 구성이나 주제나 목적 등이 보이거든요. 우리 학생들은 '학점에 관계없이 자기가 읽고 싶은 책만 읽다가 졸업했으면 좋겠다'는 말을 많이 해요. 근데 나는 오히려 이렇게 얘기해요. 아직까지는 여러분이 학문하는 방법에 대해서 잘 모르잖아요? 학문도 방법이 있고 훈련을 필요로 해요. 대학교는 어떤 의미에서는 공부하는 법을 배우는 과정이거든요. 그래서 그 과정이 끝난 다음에는 자유롭게 독서를 할 수 있지만, 대학 4년 동안은 여러분이 공부하는 법을 배워야 합니다.

좀 비약적으로 들릴지 모르지만, 공부를 하는 것도 살아가는 법을 배우는 거예요. 인간은 사회적인 동물이기 때문에 함께 살아야 하잖아요. 학문처럼 삶도 체계가 있고, 방법이 있고, 단계가 있거든요. 그러니까 지금 논술시험을 위해 주제문을 찾는 것도 하나의 단계예요. 꼭 지나야 하는 통과의례 같은 것이죠. 지금 나보고 글 읽고 주제문 찾으라는 사람은 없어요.(웃음) 조금 입맛에 안 맞더라도 지금 많이 먹고 소화

유네스코
세계문화유산

시키면 후에 훨씬 더 밝은 눈으로 작품을 보고 맛있게 감상할 수 있으니까 '교과서적인' 문학공부도 훈련기간이라고 생각하세요.

학생 저는 초등학교 때 책을 좀 읽었다고 생각했는데요, 중학생이 되니까 책을 잘 안 읽게 되더라구요. 왜 그럴까 생각해 보니까 제가 좋아하는 것이 무엇인지를 잘 몰랐던 것 같아요. 그래서 이제는 제가 읽고 싶은 책들을 골라서 읽는 편이긴 한데, 사실 아직 주제문이나 제목 찾는 것을 잘 못하거든요.어떻게 해야 하는지요.(웃음)

장영희 학생도 일단 훈련이 필요한 것 같은데요.(웃음) 하지만 자기가 읽고 싶은 것이 무엇인가를 알고 골라서 읽는 능력이 있다는 것은 대단한 거예요. 그것도 다독에서 나오는 능력이라고 볼 수 있지요. 사실 여러분이 보는 논술책들이 대부분 너무 딱딱하고 정형화되어 있어요. 그래도 이런저런 필요한 것들을 다 담아서 독자에게 전하려는 노력의 흔적이 보여요. 자꾸 연습하다 보면 '아, 이게 주제문 같다.' 뭐 그런 감이라는 게 있잖아요. 감이라는 것은 어떻게 논리적으로 설명이 안 되지만요.

우리 학생들이 물어요. '선생님, 어떻게 하면 영어를 잘합니까?' 그런데 영어라는 것이 하루아침에 되는 게 아니지요. 오늘 내가 이 책 한 권을 다 공부했다고 해서 내일 갑자기 영어를 잘하느냐? 절대로 아니거든요. 그래서 '일단은 10년 계획을 세우라' 고 이야기해요. 그럼 다 실망하지요. 너무 지겨워서 안 한다고. 하지만 하루에 문장 한 개씩만 외우라고 그래요. 언어는 무조건 외우는 게 지름길입니다. 그래서 책을 읽다가 정말 재미있고 마음에 드는 글이 있다면 한 줄씩 외우라고 해요. 글쓰기도 결국은 남의 작품을 흉내내는 데서 시작하니까요.

문학공부도 장기전이 필요합니다. 학문이라는 것이 틀이 있다고 했잖아요. 내가 유학갈 때 친구가 자기는 아주 실질적인 공부를 하러 가는데, 너는 왜 구름 잡는 공부를 하냐. 문학이 뭐 밥 먹여주냐고 하더라구요. 그런데 문학은 구름 잡는 공부가 전혀 아니에요. 문학도 틀이 있어요. 다른 틀에 비해서 훨씬 더 재미있고 소화하기 쉬운, 여러분이 조금만 관심만 있으면 금방 자기 것으로 만들 수 있어요. 주제문이라…… 여러 작품을 자꾸 접하다 보면 저절로 찾을 수 있지요. 글쓴이가 어떤 메시지를 전달하기 위해서 그 글을 썼는가를 생각하게 되니까요. 자꾸만 글을 읽다 보면 감이 생겨요. 어떤 때는 '나, 주제문이야!' 하고 문장 하나가 막 아우성치기도 하잖아요.(웃음) 그런데 그 감이 오기까지 시간이 필요해요. 어느 날 갑자기 '아 보이네!' 할 때가 있거든요.

사회자 지금은 시간이 없어서 아쉽게 마쳐야 할 것 같습니다. 드라마를 봐도 왜 클라이막스 장면에서 다음 회를 기약하며 끝내잖아요.(웃음) 그처럼 오늘도 아쉽지만 지금 선생님 스케줄상 여기서 마무리를 하고, 다음 만남을 기대하며 이만 마치겠습니다.

장영희 다시 한 번 꼭 이 자리에 오도록 노력할게요. 어제 왔다가 오늘 가니까 부산을 잘 보지도 못하고 가네요. 꼭 부산에 다시 한 번 오고 싶어요. 다음 번에 좀더 여유를 갖고 와서 바다도 보고 다시 여러분 찾아올게요. 정말 반가웠구요, 감사합니다.

7회

2005년 7월23일 오후3시

획일화된 시대에 다양성, 다름의 수용은 왜 중요합니까?

사회자 일곱 번째 주제와 변주를 시작하겠습니다. 김용석 선생님이 쓰신 책에 이런 말이 있습니다.

"인간은 묻는 동물이다. … 질문하고 대답하려는 시도는 세계를 보고자 하는 것이다. 세상에서 자신의 위치를 살펴보는 것이고, 자신이 무엇을 알고 있는지 가늠해 보는 것이며, 어떤 방향으로 세상이 진행하고 있으며, 자신은 어떻게 대처해야 하는지 내다보는 것이다. 질문과 대답은 교양을 쌓아가는 방법이다.'

이처럼 우리가 질문을 한다는 것은 자신이 속한 세계에서 경험하고 생각했던 여러 사유들을 정리하는 한 과정이라고 생각합니다. 다시 말해 우리는 이런 질문을 통해서 답을 얻기 위한 아주 치열했던 사유들, 그리고 그 사유들이 꼬리에 꼬리를 물고 이제 자신의 앎으로써 확장되는 그러한 경험을 할 수 있습니다. 오늘 주제와 변주도 김용석 선생님과 함께 이런 사유 및 자아가 확장되는 장이기를 꿈꾸어 봅니다. 선생님에 대해 간단히 소개하자면, 『문화적인 것과 인간적인 것』, 『미녀와 야수 그리고 인간』, 『깊이와 넓이 4막 16장』 등의 저서를 통해서 다양한 철학적 사유들을 펼쳐놓으신 분입니다. 이렇게 책으로만 선생님과 소통하다가 오늘 직접 만나뵙게 되었으니 자신이 지금 있는 그 세계에서 가장 절실하고 가장 갈망하는 치열한 사유들을 선생님께 질문할 수 있었으면 좋겠습니다. 먼저 교수님께서 자신의 소개를 해주시면서 오늘 사유의 물꼬를 트는 것이 어떨까 싶습니다. 괜찮으시겠습니까?

김용석 어떻게 그렇게 하나도 틀리지 않고 말을 하세요?(웃음) 저는 당연히 강의를 하니까, 게다가 방송진행 경험도 있으니까, 말하는 게 업이라고 할 수 있는데도, 이렇게 틀리지 않고는 잘 못 하거든요.

저는 여기 오면서 이런 생각을 했어요. 우리가 지금 책에 대해서 얘기하잖아요. 책이라고 하는 것은 문자문화의 산물이거든요. 그런데 글에 앞서 말하는 능력은 굉장히 중요하다고 봐요. 월터 옹의 『구술문화와 문자문화』라는 책을 보면, 기원전 5, 6세기를 기점으로, 구술문화 중심에서 문자문화 중심으로 이전했다고 하지요. 구술문화라는 건 뭡니까. 청각적인 문화지요. 그런데 문자문화는 그것을 시각화한 거죠. 그러면서 인류사에서 엄청난 문명적 대변환기가 왔다고 봅니다. 그런데 제가 볼 때 20세기 후반 디지털 혁명이 있은 다음부터 21세기가 되면서 소위 구술성이 다시 많이 회복된 거죠. 인터넷 문화의 영향도 있는 것 같아요. 예를 들어서, 우리나라처럼 이렇게 댓글을 많이 다는 인터넷 문화는 세계 어디에 가도 없어요. 우리나라가 세계 최고라고들 하지요. 댓글에서는 문자를 많이 쓰는 것 같지만, 잘 살펴보면 거기서 쓰는 것은 대개 '입글'이라고 할 수 있습니다. 그렇죠? 말하듯이 쓰거든요. 글 쓰는 사람들에게는 문자문화의 형식이 있어요. 그런데 인터넷에서는 그냥 말하듯이 글을 쓰기 때문에 우리가 문자로 쓰더라도 상당수 '구술적'으로 글을 쓰게 되는 거죠.

그리고 지금 책에 대해서 얘기하는 거니까 이야기를 좀더 해보면, 독서의 위상이 무너져가는 시대에 우리가 살고 있는데, 이렇게 되면 아무래도 '구술적'인 것에 더 많은 관심을 갖게 되는 거죠. 그런데 우리나라뿐만 아니라 문명에 관해 연구하는 외국의 유명한 학자들도 놓치는 게 하나 있는데, 그게 뭐냐 하면 문자문화와 영상문화를 대립시키는 것이에요. 저는 이것이 별로 좋지 않은 시각이라고 봐요. 흔히 문자문화와 이른바 영상문화를 비교할 때, 훨씬 더 폭넓은 스케일로 역사의 변화를 봐야 하는 겁니다. 사실 인류사의 흐름을 바꾼 최초의 획기적인 영상문화Visual Culture는 문자입니다. 청각문화를 시각화Visualization 또는 영상화시킴으로써 인류 역사에서 최초로 문화적 혁명을 일으킨 것이 문자의 발명입니다. 그때부터 인간의 문화형태가 확 달라졌어요. 문자라는 것은 눈으로 보는 거잖아요? 영상문화의 대표이자 출발인 거죠. 그러한 시각적인 문자로부터 현재의 다양한 영상문화의 출발점이 있었다고 볼 수 있습니다. 영화도 있고, 인터넷도 있고, 사진도 있을 수 있겠고요. 그래서 이러한 역사적인 변화까지도 함께 고려해서 인류 문명을 이해해야 하기 때문에 힘든 점이 많아요. 하지만 그것의 본질적인 모습을 파악하기 위한 노력이 필요하긴 하죠. 근데, 무슨 이야기를 하다가 이런 이야기가 나왔죠?(웃음) 아참, 사회자가 말을 너무 잘해서 괜히 제가 말이 길어진 것 같아요. 자유로운 대화니까 편하게 이야기할게요.

나 자신에 대해서 얘기를 해보면, 여러분 앞에 있는 제가 접니다. 내가 왜 이렇게 이야기하냐 하면, 철학자들이 나쁜 일을 많이 했어요. 어떤 나쁜 일을 많이 했냐면, 사람을 굉장히 곤란하게 만들었거든요. 철학자들 질문 중에서 제일 많이 사용됐고, 사람을 제일 곤란하게 하는 나쁜 질문이 바로 "너는 누구냐. 너 자신을 알라"거든요.(웃음) 철학의 역사에서 최초의 철학자라고 할 만한 사람들도 그 말을 했어요. 원래 "너 자신을 알라"는 말은 델포이 신전에 쓰여 있었다고 해요. 그걸 누가 썼냐 하면 소크라테스보다도 훨씬 이전의 칠현자들, 즉 일곱 명의 유명한 현인들이 지혜를 깨닫고 거기다가 써놓은 거랍니다. 그런데 이것은 굉장히 어려운 질문입니다. 너 자신을 알라. 사람을 굉장히 곤란하게 만드는 질문 아닙니까? 그래서 그 후 서양사람들이 주로 어떠한 의식을 형성했냐 하면, 여러분, 환원주의라는 말 들어봤을 거예요. 예를 들어,

'너 자신을 알라' 고 했을 때, '너' 에게는 여러 요소들이 있는데, 이런 질문은 그것들을 한 가지의 요소로 환원시키게끔 유도할 수 있다는 거지요. 물론 어느 정도의 환원은 철학에서 불가피한 것이기도 합니다. 그렇지 않으면 스스로를 잘 정리하지 못하고 혼란스런 상태로 남아 있게 되죠. 질문에 대답을 하기 위해서는 어떤 것을 특정한 형태로 만들어서 표현해야 하는 것이거든요. 표현해야만 비판의 대상이 될 수 있어요. 또 표현을 해야 증명의 대상이 될 수도 있고, 동시에 반증의 대상이 될 수도 있습니다. 그렇기 때문에 어느 정도의 환원주의는 불가피한데, 환원주의가 가진 문제점은 문제에 답을 줄 수 있는 많은 요소들을 놓친다는 것이지요.

난 요즘 이러한 생각들 때문에 철학보다도 다른 문학 책이나 애니메이션 등에 관심이 많아요. 철학이 배제시킨 많은 것들을 보려고 노력하는 거죠. 정당하게 버렸든, 부정하게 버렸든 철학이 버린 것들 말이죠.

다시 돌아와서, 이런 식의 환원주의가 되어버리면 아까 '너 자신을 알라' 는 질문 자체가 단순성을 띠기 마련이죠. 그 질문을 받는 사람이 대답을 왜 못 하냐 하면, 나를 대표하는 뭘 얘기해야 하는데, 나의 본질을 얘기해야 되는데, 사실 그것은 나도 잘 몰라요. 지금의 나는 여러분하고 대화를 하고 있는 나입니다. 난 그렇게 생각해요. 물론 질문이 갖는 철학적인 의미가 많이 있지만, 한편으로는 그러한 인식적인 문제들을 제쳐두고, 지금 여러분을 만나고 있는 것이 바로 나인 거죠.

사실 이런 세상이 좀더 빨리 왔어야 하지 않나 싶어요. 이것만 얘기하고 다음 질문을 받을게요. 선생님은 여기 왜 오셨습니까? 하고 묻는다면, 인디고 서원에 주제와 변주라는 제목으로 여러분과 이렇게 만나게 됐는데, 여기에 나는 오고 싶어서 왔어요. 다른 이유가 없어요. 오고 싶어서 왔다는 얘기는 논리적인 이유가 없다는 거예요. 보고 싶어서 왔다는 말과 같아요. 또 하나는 윤리적인 이유도 별로 없다는 거예요. 그 얘기는 뭐냐면, 와야 될 의무감이 없었다는 겁니다. 아, 여기 꼭 가야겠다, 다른 선생들이 갔으니 나도 가야 한다는 의무감이 없습니다. 내게 그런 의무감이 있다면 여러분하고 얘기할 때 내가 힘들 것 같아요.

서점문화에 대해 잠깐 이야기해 볼게요. 80년대 후반기, 이때는 우리나라가 막 급성장할 때죠. 86년 아시안게임과 88년도 올림픽도 있었잖아요? 그러한 때 제가 한국에 돌아와서 '책방은 슈퍼마켓이 아니다' 라는 말을 했거든요. 그게 내가 당시 잘 나가는 대형서점에 가보고 한 첫마디였어요.' 우리는 다 슈퍼마켓식으로 되어 있거든요. 그런데 물론 '슈퍼' 라는 것도 사실은 제가 학교 다닐 무렵이던 70년대에는 없었거든요. 동네에는 구멍가게가 있었죠. 근데 80년대에는 조그만 가게 자리에도 다 슈퍼가 들어왔더라구요. 그러다 보니까 책 파는 서점도 슈퍼마켓이 되어버린 거예요.

물론 대형서점을 거부하지는 않습니다. 대형서점도 있어야 해요. 그 다음에 이러한 서점도 있어야 합니다. 서점은 그 자신만이 가진 특색이 있어요. 그게 요즘 내가 쓰는 말로 '문화 인프라' 의 요소라고 하는 것인데, 80년대에 고국에 와서 내가 느낀 건 문화 인프라가 조성되어 있지 않다는 것이었어요. 몇몇 대형서점만이 문화 인프라라고 할 수는 없죠. 문화 인프라라는 것은 핏줄 같아야 돼요. 몸에 대동맥도 있고, 동맥도 있고, 실핏줄도 있어야 잘 돌아가잖아요. 그런데 지금 우리의 문화상황은 전혀 그렇지가 못해요. 아직도 너무 멀어요. 실핏줄까지 골고루 있어야 하는데 그런 게 없단 말이지요. 독일 쪽에 작고 아름다운 서점들이 많아요. 그래서 내가 '이거 예전부터 생각했던 건데 허아람 선생이

먼저 했구나' 했지요.(웃음)

허아람 다녀가신 모든 선생님들이 다 그렇게 말씀하시던데요.

김용석 나는 진짜예요.(웃음)

허아람 하고 싶었지만 못 했다고 하시더라구요.

김용석 그러니까 여기서도 반성이라는 게 있어야 돼요. 여러분이 허아람 선생님한테 고맙다고 해야겠지요. 하고 싶었지만 못 했다, 이런 말은 늘 이런 데 와서밖에 못 하지요.(웃음) 직접 하는 것이 중요한 거죠. 그것이 늦게 온 거지만 지금이라도 했다는 것. 그것은 상당히 큰 거죠. 사실 와 보고 싶어서 온 거예요.

허아람 오니까 어떠세요?

김용석 아까 본 서점도 맘에 들고 여기도 좋네요. 신경을 많이 쓴 거 같아요. 좋다는 것은 뭐냐면, 철학자들의 약점이 또 항상 따지려고 그러는 것인데 좀 따져봅시다.(웃음) 좋다는 것은 신경을 많이 쓴 게 좋은 거예요. 쉽게 애기하면, 대개 신경을 안 썼을 때 나빠집니다. 선과 악을 나는 복잡하게 설명하지 않아요. 악은 대충 절로 되는 게 대개 악이에요. 어떤 방식으로든 하려고 하는 일에 맞춰서 조금씩의 노력이라도 하고 신경을 써서 해야 선이 되는 거예요.

예를 들면 우리가 고기를 그냥 놔두면 부패해요. 인간의 입장에서 악인 거죠. 자연의 입장에서는 악인지 아닌지 모르겠지만. 그러나 사람이 고기를 잘 놔두려면 옛날에는 신경써서 그늘에 두었고, 요즘에는 냉장고를 개발해 넣잖아요? 일상생활을 할 때도 대개 나쁜 것은 절로 이루어집니다. 늦잠 자는 것은 가만히 있어도 절로 되지요. 반면 그렇지 않으려면 애를 쓰고 신경을 써야죠. 선과 악을 구분하는 설명이 여러 가지 있겠지만 이렇게 설명해도 상당히 철학적이라고 생각해요. 자, 제 이야기는 이제 많이 했으니까 여러분의 질문받으면서 이야기할게요.

사회자 네, 자기 가슴속에서 하고 싶었던 질문들을 꺼내면서 좋은 시간 보냈으면 합니다.

이진우 안녕하세요? 저는 해운대고등학교 3학년 이진우입니다. 메모한 거 보면서 말할게요. 떨려서요.(웃음) 선생님께서도 책에서 문화인식 면에서 우리의 수동적 태도에 문제가 있다고 하셨습니다. 저도 동감하는데요. 그것이 오늘날만의 문제인 것이 아니라 과거에서부터 지금까지 쭉 있어왔던 수동적 교육에 문제가 있는 것으로 보입니다. 물론 오늘날 열린 교육이라는 말을 하지만, 현실적으로 잘 실현되고 있지 않음을 학생으로서 많이 느끼고 있습니다. 대학 입학을 위해 요령 위주의 학습을 해야만 하는 현실이 안타깝거든요. 오늘날의 청소년들이 실질적인 문화 주체로서 어떤 식으로 세상에 참여하고 세상을 만들어 나갈 수 있는지에 대해 여쭙고 싶습니다.

김용석 내가 앞으로 교육부장관이 될 것을 예측한 거 같은데요.(웃음) 사실 이런 질문에 대한 해답은 교육부장관도 잘 모를 거예요. 현실은 이런데 어떻게 하면 해결할 수 있느냐. 물론 이 문제에 대한 나의 기본적인 생각은 이렇습니다. 현실적으로 매우 힘들겠지만, 고등학교 때까지 제발 공부를 억지로 시키지 않았으면 좋겠어요. 되도록 대학입시에 쫓기지 않고 자유롭게 공부할 수 있는 여건을 만들어주면 좋겠어요. 물론 현실에선 거의 불가능한 일일지 모르겠지만요.

왜 그런 줄 아세요? 일단 가족구조의 문제가 있습니다. 내가 육남매의 하나예요. 지금은 하나나 둘밖에 안 낳잖아요. 그렇기 때문에 자녀들한테 쏟는 열정이 훨씬 더 클 거예요. 옛날에는 자식이 여닐곱 명씩 되니까 공부도 되게 안 했어요. 부모들이 대충 포기해야죠. 네 맘대로 하라고 하거든요.(웃음) 그런데 지금은 그럴 수도 없잖아요. 눈에 딱 보이거든요. 자식이 두 명, 아니 한 명일 경우도 꽤 되니까요. 부모 입장에서는 집중관리를 하는 거죠.

이는 또한 여성 문제와 관련이 있습니다. 이건 단순한 문제가 아닙니다. 대답을 하다 보니 이 문제가 무게가 있는 논의인 것 같아요. 왜냐하면 우리나라에서 아직 여성의 사회참여가 굉장히 적어요. 특히 여러분의 부모님 세대를 보면 알 수 있죠. 학부모 중에서도 엄밀히 따져서 '학모' 하고 '학부' 하고 엄청나게 구분이 되죠. 학모만, 즉 어머니 쪽만 아이들 교육에 관심이 있는 거예요. 아버지는 돈 벌러 나가야 하니까. 흔히 얘기하듯 모 도시의 강남 어디 가면 어머니가 아이 스케줄을 다 짜서 다닌다고 하지요. 그 학모의 조건이 세 가지가 있다고 하잖아요. 하나는 자동차 면허증. 그 다음에는 비자금 활용하는 통장, 그리고 하나는 뭐더라? 체력이라고 들은 것 같아요. 문제가 심각하죠. 그러나 지금 여러분의 어머니 나이대의 주부들이 사회활동을 활발히 한다면 자녀에 대해서 그렇게까지 집착해서 신경을 안 쓸 겁니다.

오늘날 열린 교육이라는 말을 하지만, 현실적으로는 잘 실현되지 않고 있음을 학생으로서 많이 느끼고 있습니다. 대학 입학을 위해 요령 위주의 학습을 해야 하는 현실이 안타깝거든요. 어떤 식으로 오늘날의 청소년들이 실질적인 문화주체로서 세상에 참여하고 세상을 만들어 나갈 수 있는지에 대해서 여쭙고 싶습니다.

이런 식으로 사회의 모든 것이 연결되어 있단 말이죠. 이 연결 상태가 너무나 유기적이기 때문에 어디서 그 고리를 끊어야 할지 굉장히 힘든 거예요. 내가 아까 교육부장관도 제대로 대답 못 한다는 얘기를 했지만, 그렇다고 문제의식 자체를 포기하면 안 돼요. 고등학교 때까지는 되도록이면 주입식의 입시공부를 어떻게 해서든 하지 않을 수 있는 방법을 마련해야 합니다. 구체적인 방법은 나도 사실 잘 몰라요. 그러나 적어도 의식은 있어야 한다는 겁니다. 문장이 정확하게는 기억이 안 나는데 마르크스가 한 말일 겁니다. 이루어야 될 꿈이 있다, 근데 그 꿈을 이루는 데 가장 중요한 조건은 다른 것도 아니고 바로 그 꿈에 대한 의식이라고 했어요. 그 꿈을 의식하고 있다는 것이 가장 중요한 거죠. 그러면 언젠가는 이루어질 것이니까 말입니다. 마르크스가 그 당시 자본주의를 바꾸려고 했는데 지금은 세상이 오히려 더 자본주의화가 되어버렸잖아요. 그가 했던 수많은 의식적인 발언들이 우리 의식에 지금 남아 있고, 그렇기 때문에 이제는 제3의 길을 모색하기도 하는 것이지요.

이진우 학생의 질문은 이 사회에 모든 문제들과 연결되어 있어요. 그러니까 어디서 연결고리를 끊어야 될지 진짜 굉장히 어려워요. 그러나 여기서 잊지 말아야 할 것은, 언젠가는 이룰 꿈, 그 꿈에 대한 확실한 의식을 갖고 있는 거예요. 그게 굉장히 중요해요. 여러분이 꿈에 대한 의식을 가지고 있다면 세상은 언젠간 바뀌리라고 봐요. 그런데 잘못하면 그 의식을 놓쳐버릴 수 있어요. 어떻게 놓쳐버리냐 하면, 학생이 그런 질문을 했을 때, 기성세대는 "야! 그런 생각하지 말고 공부나 해"라고 한단 말이죠. 이것이 바로 의식을 죽이는 거죠. 그러나 꿈에 대한 의식을 버리면 안 돼요. 그러면 언젠가는 잘 될 거라고 봅니다. 나는 철학자이면서 교육자입니다. 교육자로서 항상 말해야 할 것은, 진짜 힘든 것,

거의 불가능하리라고 여겨지는 것에 대한 대안의식을 계속 강조해야 된다고 생각해요. 현실적으로 가능할 것 같은 일에 대해서 굳이 강조할 필요가 없지요.

이상 이진우 학생의 질문에 대한 나의 기본적인 생각입니다. 내 개인적인 이야기를 덧붙이면, 내가 초등학교 다닐 때, 모친께서 너무 공부를 많이 시켜서 늘 1등을 했어요.(웃음) 그런데 중학교 가서는 공부를 안 했지요. 대신 다른 것은 내 의지로 많이 했어요. 운동도 많이 했고, 특히 신문을 많이 읽었어요. 신문을 한 번 잡으면 처음부터 마지막 면까지 다 읽었어요. 물론 그때는 지금과 달리 신문 면수가 적었기 때문에 가능했지요. 어떨 때는 광고까지 모조리 읽었어요. 그래서 내가 칼럼니스트가 됐는지 잘 모르겠는데요.(웃음) 고등학교 때는 중학교의 연장으로 학교 공부를 계속 잘 안 했어요. 대신 문학책이나 사회과학책을 읽고 서클활동도 많이 했어요. 영자신문 편집장도 했어요. 그러니까 영어는 그냥 대충 했지요. 그렇게 기본으로 대학을 간 거예요. 아주 좋은 과는 못 갔지만 말입니다.

이렇게 입시공부를 안 했고, 대학 다닐 때 취직공부도 안 해봤어요. 취직공부를 안 했는데 당시 대기업 종합상사에 들어갔지요. 그것도 운이 좋아서 붙은 것 같아요.(웃음) 물론 이런 분야에서 당일치기 공부는 좀 해봤어요. 입사시험 보기 전날 『경영학연습』을 집중적으로 읽었지요. 고시공부도 안 해봤어요. 고시 관계 책을 봤는데, 내가 이걸 읽느니 다른 걸 하는게 낫겠다 싶어서 안 했어요. 물론 각자 성향에 따라서 그런 공부 하시는 분들도 필요하죠. 이렇게 내가 공부를 안 했는데 그래도 이렇게 굶어죽지 않고 살잖아요.(웃음) 고등학교 때까지는 다양한 경험을 하게끔 하는 그런 문화적 시스템으로 세상은 변해야 합니다. 공부도 해야 되지만 그게 입시공부만을 위한 것이 되면 곤란해요.

그리고 고등학교 때 연애를 하는 게 좋다고 봐요. 정말이에요. 이유는 이렇습니다. 여러분, 흔히 학생들이 폭력을 일으키는 경우들 있죠. 극단적으로 가면 학교폭력, 일진회 같은 문제들 말입니다. 아동심리학자나 교육학자들도 이 점에 대해서 연구를 많이 하지만 명쾌히 설명하지 않는 것 같은데, 왜 그런 일들이 일어나는지에 대해 생각해 봅시다.

여러분이 태어날 때로 돌아가봅시다. 자, 사랑 얘기를 좀 할게요.(웃음) 아이는 태어나면서부터 타자성이라는 걸 엄마한테서 먼저 느끼는 거예요. 그래서 어떤 심리학자는 말하길, 아기들이 엄마에 대해 시기심을 갖는다고 해요. 어떤 아이는 이랬다는 거 아닙니까. 세 살짜리 아이인데 동생이 세상에 나올 때쯤 되어서 엄마가 병원에 갔는데, 엄마 어디 갔냐고 아빠한테 물어보니까 아빠가 "엄마, 너 동생 낳으러 갔다"고 그랬더니 떼를 막 쓰는 거예요. 그래서 아빠가 '아, 이 녀석이 동생이 나오니까 시기심이나 질투가 생겨서 그랬나보다' 라고 생각했어요. 그래서 애한테 "너 동생 나와서 그러냐?"고 물었더니, 애가 하는 말이, "아니야! 나도 엄마처럼 애기를 낳고 싶단 말야." 그랬대요. 그게 뭐냐면 엄마의 능력에 대해 시기심을 느끼는 거예요. 세 살짜리 아이는 아기를 낳는다는 게 뭔지 모르지만 말이에요.

어쨌든 아이는 부모에 대해서 타자의 경험을 처음 갖는 겁니다. 엄마 아빠, 그리고 그 다음이 다른 가족구성원이에요. 그런데 우리는 지금 핵가족이 되어서 가족에서 느끼는 여러 감정들이 갈수록 줄어들죠. 다음에 엄마와 아빠를 비롯한 가족을 벗어나서 처음 느끼는 타자성은 대개 동일적인 타자성입니다. 즉, 초등학교 들어가면 자신과 똑같거나 비슷한 사람을 찾게 돼요. 사람을 사귈 때 이런 성향은 잘 드러납니다. 그게 대개 사춘기 초기까지 지속되는 거예요. 그때까지는 대개 나와 비슷한 타자하고 사귀려고 합니다. 반면 나와 많이 다른 타자에 대해서는 적대적이 되기도 하고, 그것이 지나치면 폭력으로 나타나기도 합니다. 학교폭력이나 일진회 같은 것은 그것이 극단에 이른 경우입니다.

그러다가 고등학교, 즉 사춘기 중 · 후기가 되면 타자를 선택할 때 나와 다른 사람하고 사귀려고 합니다. 그렇기 때문에 친구를 사귀더라도 나하고는 좀 다른 애하고 사귀는 거예요. 그 타자를 사귈 때 나하고 가장 차이나는 타자가 누구겠어요. 말 그대로 이성이지요. '다를 이異' 자 써서 이성異性. 그러니까 고등학교 때 당연히 연애감정이 생기는 거예요. 나는 그걸 당연하다고 봐요. 그래서 가족이나 주위 어른들이 이성을 사귀는 것에 대해서 지나치게 차단을 할 필요가 없다고 봐요.

또 하나 사람들이 흔히 잊어버리는 것이 있는데, 사춘기 때 몸만 성장하는 것이 아닙니다. 2차 성징이 생기는 시기에 두뇌도 성장해요. 그래서 사춘기 때 말을 지겹도록 안 듣는 거예요. 여러분처럼 말이에요.(웃음) 왜 그러냐 하면, 바로 자기 생각이 생겨나서 그렇습니다. 두뇌가 성장하니까 내 생각이 생기는 거지요. 자기 생각이 무르익지 않았을 때에는 선생님이나 부모가 얘기하면 그냥 받아들여요. 근데 내 생각이 생겼을 때, 내 지식과 맞지 않으면, 일단은 거부하는 거예요. 다시 얘기해서 변증적 관계를 생성하려고 그러는 거예요. 부모나 선생님의 생각하고 변증적 관계를 형성하려고 하기 때문에 말을 잘 안 듣는 거예요. 변증적 관계란 어느 정도 상호성도 있고 대립각을 세우기도 하는 것이지요. 그렇기 때문에 복잡해지는 거예요. 그러한 시기에 자기 모든 걸 외부적으로 표출하기도 하고, 역설적으로 갈등을 즐기고도 싫어하는데 그러한 중요한 시기에 주입식 교육을 하니까 문제가 되는 거예요.

그런데 이 문제에 관한 현재의 유기적인 연결고리가 너무 복잡하기 때문에 어디서 끊어야 할지 모르겠다는 거지요. 하지만 이러한 의식, 왜 그런가에 대한 나름대로의 의식을 지속적으로 가지고 있으면 언젠가 꿈은 이루어지리라 봅니다. 적어도 여러분이 부모가 되었을 때 여러분의 자식은 그렇지 않으리라는 거죠. 그것만 해도 대단한 거죠. 답이 너무 길었던 것은 교육부장관 수준의 답을 요구하는 것 같아서였어요.(웃음)

사회자 또 학생들이 준비한 좋은 질문들이 많을 테니까 지금부터는 질문을 많이 해주시고, 대화가 원활하게 이루어졌으면 좋겠습니다.

임나현 저는 부산외국어고등학교 3학년 임나현이라고 합니다. 제가 지금 고3이고, 입시에 당면한 입장에서 저에게 가장 절실한 문제를 생각해 보게 됩니다. 사실 사회적 이슈에 관심을 가지는 것은 쉽지가 않거든요. 하지만 선생님이 오신다는 소식을 듣고 신문도 보고, 잡지도 읽고, 생각도 많이 해봤는데 그러면서 가장 많이 접한 얘기가 황우석 교수의 배아줄기세포 연구에 관한 것이었습니다. 마침 영화 〈아일랜드〉가 개봉을 했는데요, 그게 인간복제를 소재로 다룬 영화이자, 제작과정 중에 영화 속 가설이 유일하게 현실화된 영화라고 해요. 그래서 여기에 대해서 언론이 많이 소개하기는 하는데, 솔직히 말하면 이런 것은 지금 첫걸음마 단계에 불과하잖아요. 그런데 이런 것을 사람들이 마치 난치병이 곧 치유될 듯이 받아들이고, 인간이 바로 복제될 듯이 받아들이는 모습들을 보면서, 저희가 얼마나 언론에서 발표하는 근대과학을 무비판적으로 수용하는지 알 수 있었습니다.

이것과 마찬가지로 입시를 준비하면 부모님들과 학생들이 주로 법대나 의대만을 가겠다며 거기에만 관심을 가지잖아요. 다른 나라도 그렇겠지만, 특히 우리나라는 그런 사회적 편견이 매우 심한 것 같습니다. 또한 대중매체를 보면, 일반인들이 광고에 출현하는 경우는 거의 없잖아요. 예쁘고 귀여운 연예인들만이 선망의 대상으로 TV에 나오는 것 같아요. 옆집 아저씨같이 생긴 사람이 나와서 광고를 하는 경우는 거의 보기 힘든 것 같습니다. 이런 것에서 우리 사회 전반이 요구하는 가치가 획일화되어 있고 또 우리는 그것을 무비판적으로 받아들이고 있다고 생각합니다. 우리가 그런 식으로 사회의 획일화된 가치를 따르지 않을 수 있는 의식을 갖춘다면 배아줄기세포 연구 같은 경우도 조금 거리를 두고 볼 수 있고, 비판도 할 수 있고, 또한 법대나 의대만을 생각하는 일도 좀 줄어들 것 같아요. 그래서 이렇게 사회전반이 요구하는 획일화된 가치를 극복하고 개인이 각자의 주체성을 기를 수 있는 방법과 우리가 가져야 할 문화적 태도에 대해서 묻고 싶습니다.

김용석 여러분은 상당히 본질적인 질문을, 그것도 한꺼번에 많이 하기 때문에 제가 답을 하기가 쉽지 않습니다.(웃음) 본질적인 질문은 지속적으로 생각을 해야 되는 거지요. 하지만 좋은 것은 여러분이 이 사회의 어떤 기본적인 문제, 본질적인 문제에 대해서 관심을 가지고 있다는 것. 이것은 굉장히 좋은 거죠. 특히 아까 임나현 학생이 황우석 박사의 예를 들었는데, 우리도 우스갯소리로 선생들끼리 그런 소리를 했어요. "야, 황우석 교수에 대해서 반대되는 말 한마디 하면 난리날 것 같다. 더군다나 우리같이 신문이나 잡지에 글을 많이 기고하는 사람은 그런 주제로 원고청탁이 들어오곤 하는데, 한 다리, 두 다리 거치면 다 아는 사람

우리가 그런 식으로 사회의 획일화된 가치를 따르지 않을 수 있는 의식을 갖춘다면 배아줄기세포 연구 같은 경우도 조금 거리를 두고 볼 수 있고, 비판도 할 수 있고, 또한 법대나 의대만을 생각하는 일도 좀 줄어들 것 같아요. 그래서 이렇게 사회가 요구하는 획일화된 가치를 극복하고 개인이 각자의 주체성을 기를 수 있는 방법과 우리가 가져야 할 문화적 태도에 대해서 묻고 싶습니다.

인데 조심해야겠다"고.(웃음) 벌써 이러한 농담을 한다는 것 자체가 임나현 학생이 얘기했듯이 우리 삶의 가치가 획일화되어 있다는 걸 보여주는 것이겠지요. 이것은 현상적으로 제대로 본 거라고 생각해요. 그것은 최근에 급작스레 그렇게 된 것이 아니라, 오랜 시간에 걸쳐 그렇게 되어왔던 것 같아요. 가장 큰 문제는 우리가 21세기에 걸맞는 사회문화적 구조를 갖추지 못한 것입니다. 이러한 문제를 『문화적인 것과 인간적인 것』에서도 많이 지적했는데, 20세기 산업사회에서 21세기 후기 산업사회로, 즉 디지털 혁명 사회로 올 때 너무 급박하게 와서 모든 게 개방되어 있는 것 같지만 사실은 그렇지 않아요.

예를 하나 들면 파울로 코엘료의 『연금술사』라는 책을 사람들이 많이 읽고 있는데, 앞부분에 보면 신화를 변형된 형태로 소개합니다. 나르키소스의 신화를 소개하는데, 그 신화에서 변형된 내용은 이런 거예요. 나르키소스가 누구입니까. 호숫가에 가서 밤낮 자기 얼굴 보다가 나중에 빠져죽었거든요. 나르키소스가 호수에 빠져죽는 이야기를 변형한 신화를 코엘료는 책 시작 부분에 늘어놓습니다.

호수가 슬프게 울고 있어요. 나르키소스가 죽었으니까. 그때 요정들이 와서 호수에게, "호수, 너 정말 슬프겠다. 그 아름다운 나르키소스가 죽어서 네가 이렇게 울고 있구나." 그랬더니 호수가 갑자기 요정들 보고, "아니, 나르키소스가 그렇게 아름다웠어?" 이렇게 물어본단 말이지요. 그러니까 요정들이 "아니, 그걸 말이라고 해? 너는 나르키소스 얼굴을 매일같이 봤잖아. 그런데 그걸 몰랐단 말야?" 그랬더니, "오, 그래? 나는 나르키소스가 와서 나를 볼 때마다 나르키소스의 맑은 눈동자에 비친 아름다운 내 모습을 봤는데…… 자기 모습을 보기 위해 호수는 나르키소스를 매일같이 기다렸다는 거예요.(웃음)

그런데 여기서 중요한 건 그게 아니에요. 그 다음이에요. 파울로 코엘료가 변형한 신화에는 연금술사가 "what a lovely story!"라고 하면서 책장을 탁 덮는 걸로 나오죠. 참 아름다운 이야기다. 난 그 소리를 듣는 순간 파울로 코엘료도 끔찍한 인간이라고 생각했어요. 그 신화가 너무 끔찍한 얘기니까. 왜냐하면 엄청나게 자기 도취적인 이기주의자들끼리 매일 만난 거니까요. 이 신화에서 호수하고 나르키소스가 그렇지 않습니까? 그들에겐 타자성이 결국 자기한테 향해 있거든요. 아니 타자성 자체가 없다고 할 수 있지요.

그런데 '현대의 나르키소스'도 그런 경향이 있다고 봐요. 예를 들면 디지털사회가 되면서 다양화된 것 같지만 결코 다양화되지 않았다는 거죠. 또한 타자에 대한 배려보다 자기 위주가 되기 쉽다는 거죠. 그리고 대부분 자기 동일성에 도취되는 경우가 많아요. 여러분 각자 가지고 있는 카메라 폰으로 누구를 제일 많이 찍습니까? 고백해요, 빨리.(웃음) 자기 자신을 막 찍잖아요. 자기 사진을 폰 모니터에 띄어놓고 좋아하고요. 우리가 상당히 자기 폐쇄적인 경향이 있음을 보여주는 거거든요.

이 밖에도 폐쇄성과 획일성의 예는 많습니다. 다수의 사람들이 어떤 것에 대해 한목소리로 주장하면 거기에 절대 반기를 못 들잖아요. 제가 어떤 영화잡지에다가 영화의 주연배우 비판하는 글을 썼다가 팬들의 항의전화 때문에 밤잠을 못 잤다니까요. 팬클럽 사람들의 심기를 건드렸는지도 모르지요. 그러나 영화평론을 하는 사람이 주연배우에 대해서 비판하는 글을 쓸 수도 있잖아요. 이것은 타자 수용성이 매우 낮다는 걸 보여주는 거예요. 어떤 견해에 대해서도 폐쇄성과 획일성이 드러나는 것이지요. 그뿐만 아니라 인터넷 사이트에 댓글을 달 때 보면 굉장히 획일화되어 있다는 걸 많이 느끼죠. 그리고 인터넷 동호인들을 보면, 그들이 대개 자기하고 동일성을 유지하는 쪽하고는 연대감이 강하지만, 자기하고 다른 성향의 타자에게는 배타적인데다 적대감까지 보이지 않습니까?

그래서 우리가 얼마만큼 획일적인 생활을 하는가를 일상에서 반성할 필요가 있습니다. 반성, 우리가 흔히 잊어버리는 일상 속에서 생활을 개선할 수 있는 방법이지요. 일상에서 반성을 안 하기 때문에 현실사회에서 우리 삶이 나은 쪽으로 발전하지 않는 것이지요. 교육적으로 지금 우리가 획일화되어 있다는 이야기도 했지만, 교육 시스템의 문제는 굉장히 힘든 얘기라서 무엇보다 일상에서 일단 해결책을 찾아야 합니다. 우리 의식이, 다시 말해서, 현재 우리의 생활 자체가 획일화되어 있다, 열린 것 같지만 사실 닫혀 있다, 이런 것들에 대한 의식과 의식한 것에 대한 반성이 필요합니다. 남을 향해 문을 연다는 것이 무진장 어렵거든요. 그래서 일상생활에서 자기의 획일적인 가능성에 대해서 지속적인 반성을 할 필요가 있다고 봅니다.

이번엔 제가 질문을 하나 해도 될까요? 열림, 다양성에 관해서 임나현 학생이 질문했는데, 여러분은 다양성, 다름의 수용과 같은 것이 왜 중요하다고 생각합니까? 다양하지 않으면 더 편하게 살 수가 있잖아요? 다양하면 문제가 많이 생기지요. 오히려 획일화되어 있을 때 사회가 더 잘 돌아가지 않습니까? 그런데 우리는 다양성을 찾고 있거든요. 그게 가치있다고 하고요. 현대사회에서 우리는 다양성을 추구하는데, 사실 엄밀히 따지면 어느 정도의 동일성과 어느 정도의 획일성이 훨씬 더 삶을 편하게 해주지 않을까요?

이해미 사회발전 측면에서도 그렇고, 우리 인간의 사고나 의식이 정체되어 버리니까요.

김용석 아, 획일성은 사회적 발전이 아니라 정체를 유발할 수 있다는 거죠?

이해미 네. 안정적이긴 하지만요.

이진우 다양할수록 그 다양함 속에서 자기를 좀더 확실히 찾을 수 있지 않을까요?

김용석 어떤 의미에서요?

이진우 자기가, 혹은 나라는 존재가 획일화된 군중 속에 파묻혀 있으면, 그것의 존재 가치를 찾기가 쉽지 않을 것 같거든요. 남들과의 차이를 통해서 자신의 존재를 규정할 수 있지 않을까 하는 생각도 드는데…… 자기 존재의 특수성이 있어야 할 것 같아요.

김용석 그렇군요. 왜냐하면 똑같은 것만 있으면 자신이 없어지니까. 달라야만 자기의 존재가 인식되잖아요. 또 다른 의견 있는 분 있나요?

박용준 네. 선생님이 쓰신 책처럼 인간적인 삶이 바로 그 다름에서 온다고 생각하거든요. 같은 인간은 단 한 명도 없다고 생각합니다. 하물며 쌍둥이라고 하더라도 각각 다르듯, 이 내던져진 인간 존재가 그 시작부터, 이미 개별적인 다른 존재로 시작되었기 때문에 우리가 그 다름을 찾는 것은 결국 나를 찾는 것이고, 다름 속에서 우리는 스스로를 발견할 수 있다고 생각하거든요. 다름이 곧 가장 본질적인 의미에서 인간적이고 자연적인 것이 아닐까 생각합니다. 인간은 다름 그 자체인 거죠.

김용석 인간적이라는 말은 나도 책 제목에다가 붙였지만, 굉장히 미꾸라지 같은 단어예요. 도대체 뭐가 인간적이란 말인가요? 근데 사실 책 제목은 내가 지은 게 아녜요. 편집자와 상의를 했죠.(웃음) 조금 더 본질적으로 논의가 진행되는 것 같네요. 또 있어요?

홍윤희 애초에 사람이 무인도에 혼자만 살면, 다양성을 찾아야겠다는 생각을 하지 않을 거 같은데, 우리는 인간 사회에서 타인들과 늘 부딪치게 되잖아요. 그리고 인터넷을 보더라도 요즘 많이 하는 미니홈피 같은 경우도 다른 사람과 뭔가 다르다는걸 보여주고 싶다는 생각이 지배적이기 때문에 그런 현상이 나타나는 것 아닐까요? 타인과 부대끼며 사는 우리에게 일종의 차별화가 필요한 것 같습니다.

김용석 그것도 일리 있는 말이에요.

이민석 선생님께서 생각하시는 답은 무엇입니까?

김용석 저요? 내게 정답은 없지요. 내가 정답을 알면 신이게요.(웃음) 혹시 오늘 아침에 내가 어떤 신문에 쓴 칼럼을 본 사람은 제 답을 발견했을 텐데요. 바로 결론을 말하면, 가장 본질적인 이유는 죽느냐 사느냐의 문제이기 때문에 그렇거든요. 나는 그렇게 봐요. 그러니까 훨씬 더 본질적이지요. 방금 박용준 씨가 얘기한 다양한 것이 인간적이라는 이야기

이번엔 제가 질문을 하나 해도 될까요? 열림, 다양성에 관해서 임나현 학생이 질문했는데, 여러분은 다양성, 다름의 수용과 같은 것이 왜 중요하다고 생각합니까? 다양하지 않으면 더 편하게 살 수가 있는데, 그렇잖아요? 다양하면 문제가 많이 생기지요. 오히려 획일화되어 있을 때 사회가 더 잘 돌아가지 않습니까? 그런데 우리는 다양성을 찾고 있거든요. 그게 가치있다고 하고요. 현대 사회에서 우리는 다양성을 추구하는데, 사실 엄밀히 따지면 어느 정도의 동일성과 어느 정도의 획일성이 훨씬 더 삶을 편하게 해주지 않을까요?

다양성은 생존의 문제입니다. 다양해야만 훨씬 더 생존할 가능성이 많아요.
그래서 다양성은 우리가 21세기가 되었기 때문이 아니라
본질적으로 생존의 문제에 더 가깝기 때문에 중요하다고 봐요.

를 하면서 이 세상의 존재는 모두 다르다고 했지요. 맞아요. 다른 것 자체가 자연적인 거거든요. 어느 정도의 유사성을 찾는 것은 문화적인 겁니다. 뭐라고 할까, 문화적으로 유사성을 마련하는 거지요. 그래서 인간은 계통학이라는 걸 만들잖아요. 아리스토텔레스가 자기 학문에서 처음 한 일이 분류하는 거잖아요. 생물학자 린네도 분류를 했지요. 자연만 그런 게 아니라 사회현상도 분류해요.

분류한다는 것은, 유사한 것끼리 모아놓는다는 거예요. 인간은 문화생활을 하기 때문에 이 유사성의 원리를 많이 적용해요. 그런데 자연적으로는 사실 모든 게 다릅니다. 우리는 치타 두 마리를 구분 못 하지만 둘이 엄청나게 다를 거란 말이죠. 펭귄들이 해안에 몰려 있을 때도, 펭귄새끼가 자기 엄마 찾아가는 거 보면 대단하잖아요. 우리가 보기에는 다 똑같은데.(웃음) 우리가 다름의 자세를 가지고 봐야 진짜 다른 걸 제대로 볼 수 있거든요. 옛날에 서양 사람들이 중남미에 가서 인디오들을 보고 재네들 다 똑같다고 했어요. 관심이나 애정을 갖고 보지 않기 때문에 그런 거죠. 관심이나 애정을 갖고 보면 다 달라 보이는 거예요. 하늘의 별도 멀리에서 보면 다 똑같아 보이지요. 그저 반짝반짝 빛나는 별이죠. 그런데 관심을 갖고 자세히 보면 다르게 보이기 시작하고, 망원경으로 별을 가까이 당겨 보면 그들 각자가 많이 다르지요. 더 나아가 우주선으로 가까이 가서 보면 또 엄청나게 다를 거란 말이죠.

나도 이 문제에 대한 심각한 생각을 벌써 20, 30년 전에 했는데…… 내가 70년대에 유학을 갔을 때, 그곳 교육방송 텔레비전 프로그램 가운데 흥미로운 게 있었어요. 유명 교수들이 고등학교 교실에 가요. 그러고는 학생들한테 강의를 해요. 제 기억에 유럽공동체에서 제작한 프로그램이었던 것 같은데, 그러니까 교수 가운데는 독일 사람도 있고 이탈리아 사람도 있고, 여러 나라 사람들이 있었어요. 내가 본 회에 출연한 분이 프랑스 생화학자였던 걸로 기억하는데, 그 양반이 다양성에 대해서 얘기를 하며 이런 예를 들더라고요. 옛날에 초기 아메바는 세 가지 특성을 지녔대요. 첫째, 이들은 한 번 태어나면 죽지를 않았대요. 죽임을 당하지 않는 이상 그 상태에서 안 죽는 거예요. 즉, 노화가 안 일어나는 거지요. 두 번째로는 무성생식을 한다는 거예요. 그 다음 세 번째는 서로 완전 동일성을 가지고 있다는 거예요. 더구나 무성생식을 하니까 자체 복제를 하는 거지요. 그래서 수많은 개체들이 다 똑같은 거예요. 이러한 세 가지 특성을 지니고 있으니까 이 아메바가 엄청나게 번창할 것 아니에요? 그런데 얘들이 어느 순간 깡그리 멸종했다는 거예요. 바로 세 번째 이유 때문이지요.

왜냐하면 어떤 집단이 외부와 관계를 안 가질 때에는 집단 내에서 완전 동일성을 유지하는 게 평화로운 법입니다. 그리고 그것이 잘 사는 길일 수도 있지요. 그런데 외부의 세계와 접촉할 때에는 엄청나게 취약한 거지요. 한 가지 부정적 요소만 이 집단에 들어와도 몰살당할 수가 있으니까요. 만일 우리가 완전히 동일한 아이덴티티를 갖고 있다면, 독감 균이 침투했을 때, 예외 없이 전부 감기에 걸려요. 그런데 환절기에 아무리 날씨가 변덕스럽고 독감이 유행하더라도, 감기에 걸리는 사람이 있고, 콧물 조금 흘리는 사람이 있고, 기침하고 마는 사람이 있고, 전혀 아무렇지도 않은 사람이 있고 그래요. 결론을 얘기하면 이것은 실존의 문제도 아니고, 실존적 고민의 문제도 아니고, 그런 것들을 다 포괄하면서도 이를 넘어서는 생존의 문제라는 거죠. 다양성은 생존의 문제입니다. 다양해야만 훨씬 더 생존할 가능성이 많아요. 그래서 다양성은 우리가 21세기가 되었기 때문이 아니라 본질적으로 생존의 문제에 더 가깝기 때문에 중요하다고 봐요.

이민석 안녕하세요. 저는 고등학교 3학년 이민석이라고 합니다. 방금 선생님의 답변에서 제가 질문할 것에 대한 단서가 몇 개 있어서 바로 여쭤보겠습니다. 제가 요즘 어떤 웹사이트 칼럼란에서 글을 읽고, 또 어떨 땐 글을 쓰기도 하는데요. 그 웹사이트의 부제가 '한국의 최상위권 수험생이 들어가는 홈페이지' 입니다. 쉽게 말해서 스스로를 최고라고 자부하는 학생들이 글을 올리는 거죠. 글을 쓰고 읽고 또 답글을 다는 학생들이 웹사이트상에 꽤 많은데, 그들의 글을 봤을 때 그 글에서 하고자 하는 말이, 실질적인 내용을 담지한 것이 아니라 특정한 이념의 이론들만 그냥 띄엄띄엄 배열된 것 같은 느낌을 받았거든요. 예를 들면 어떤 글을 봤을 때 자신의 생각을 이야기하는 것이 아니라, 신자유주의란 이념이 있다면, 그것에 자기가 하고자 하는 말을 대입하는 거죠. 즉, 개인의 사고가 그러한 이념에 얽매여 있다는 느낌이 들었습니다.

이런 예도 있었거든요. 어떤 국회의원이 법안을 낸 것에 대해 논쟁이 붙었어요. 방금 전에 선생님께서 말씀하신 댓글 있지 않습니까. 리플. 그런데 그 리플들을 찬찬히 보면 대부분의 사람들이 말하는 의견은 그 법안에 대해서 유심히 생각도 해보지 않고 당신은 왜 보수적인 당에 있으면서 좌파적인 그런 법안을 내놓느냐라는 식의 답변뿐이었습니다. 몇백 개가 달려 있어도 시대의 이분법적 이념만이 난무한다는 거죠. 그래서 우리가 이러한 매체를 통해서 뭔가를 받아들일 때 일종의 시대 격론에 의해서 좌지우지된다는 느낌을 받았습니다. 서로 대화하는 사람들이 그러한 논쟁을 즐기고 자신의 의견을 자신 있게 내놓는 사회가 아니라, 커다란 이념에 따라서 그냥 이분법적으로 사회를 바라본다는 것이지요. 특정 가치체계가 개인의 사고를 얽매는 이런 상황에서 합리적인 토론이 가능한지요. 가능하다면 개인이 가질 수 있는 태도는 어떤게 있는지 궁금합니다.

김용석 합리적인 태도. 좋은 질문이에요. 아까 환원주의 얘기도 나오고, 획일성 얘기도 나오고, 또 두 학생이 질문한 것과 연관해서. 이런 질문이 좋은 거예요. 어쨌든 내가 얘기했던 것은 아니고 두 학생이 얘기했던 것에서 나온 논의인데, 물론 그런 점이 많습니다. 나도 같은 교수들끼리 얘기할 때 그런 얘기를 많이 해요. 철학하는 사람들이 무슨 얘기 하다가 자기 입장을 설명하면서 '니체적이고, 칸트적이고' 이런 식으로 얘기를 많이 하거든요. '그것은 칸트적이야' 등등. 근데 내가 철학 전공 학생들한테 제발 하지 말라는 것이 바로 그런 방식으로 자기 의견을 표현하지 말라는 거예요. 도대체 뭐가 칸트적이고 뭐가 니체적이냔 말이죠. 그렇잖아요. 거기 답이 없잖아요. 어떤 사람이 무슨 '~적' 이다라고 얘기하는 것은 거기에 이미 지식이 있다는 말인데, 그 내용은 얘기를 안 하고 겉만 보여주는 것과 같잖아요. 어떤 이념을 무슨무슨 '~적' 이라고 말하는 것도 이와 유사합니다. 이런 식의 실수를 여러분뿐만 아니라 전문가들도 많이 해요. 그렇기 때문에 일단 '무슨 ~적' 이라고 하는 표현은 나 자신도 글을 쓸 때 굉장히 신경써요. 그런데 보통 그러한 것에 신경 별로 안 쓰죠. 게다가 리플 같은 것은 빨리빨리 쓰기 때문에 틀에 박힌 일종의 환원주의 입장에서 그런 표현을 많이 하게 되지요.

이러한 상황에서 어떻게 하면 합리적인 대화를 할 수가 있는가를 물어봤는데, 그 답은 바로 생각을 두 번 하는 것이 필요하다는 겁니다. 'think twice' 는 옛날에 팝송 제목이기도 한데, 의도적으로 생각을 한

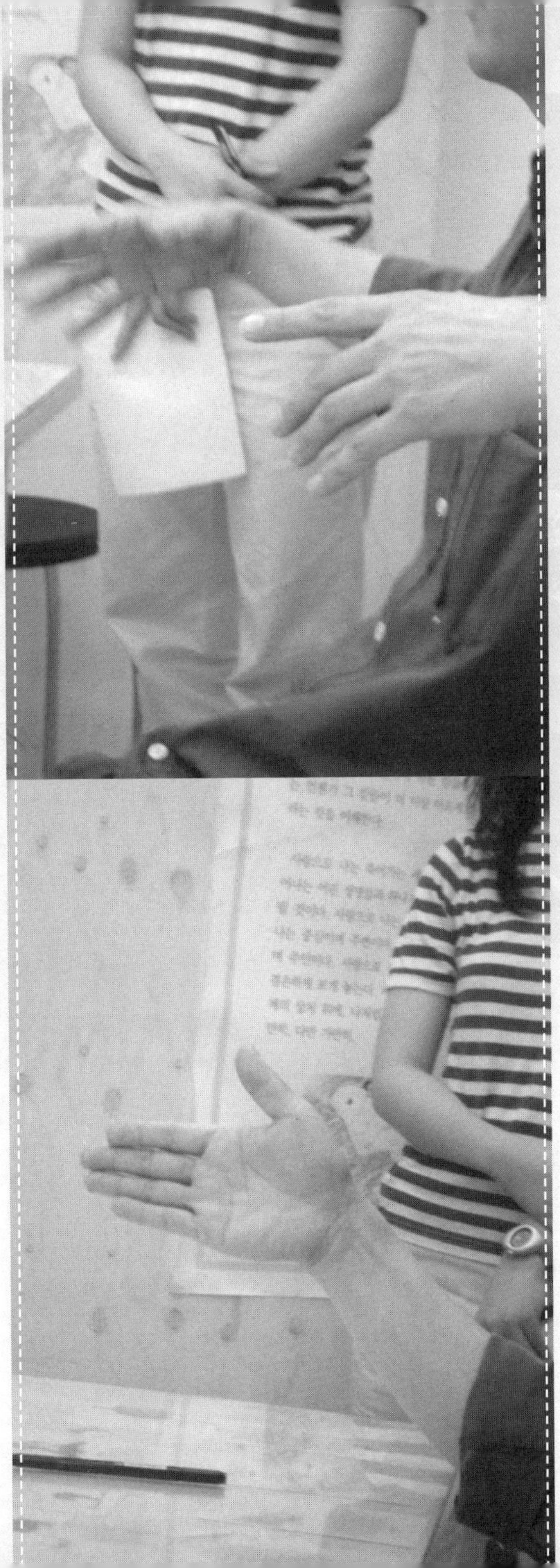

번 더 하는 것이 필요해요. 그래서 글을 쓸 때도 퇴고를 잘하는 사람이 글을 잘 쓴다고 하잖아요. 다 노력을 필요로 하는 거죠. 얘기했듯이 댓글을 달 때 한 번 더 생각하는 거죠. 글을 쓸 때도 마찬가지고 한 번 더 생각해야죠. 그것은 소크라테스가 가르쳐준 것이기도 하잖아요.

합리성의 문제는 또한 객관성의 문제와 밀접합니다. 토론을 할 때든, 리플을 달 때든 뭐가 객관적이냐는 거죠. 김용석이 이렇게 하는 말에 객관성이 있느냐? 이런 물음까지 포함해서 말이죠. 그런데 오랫동안 철학자들도 명제의 객관성에 많이 집착했어요. 예를 들어, '지구는 둥글다' 는 명제가 있다. 그러면 그것이 객관적이냐 아니냐는 식으로 명제의 객관성에 굉장히 집착했거든요. 사실 오랫동안 철학은 거의 인식론적인 것이었어요. 지식 자체에 대한 물음. 그래서 철학이 현실과 멀어졌다는 거예요. 근대철학에서도 거의 헤겔까지 그랬지요. 그러나 아도르노가 『부정적 변증법』이라는 책에서 말했듯이, 명제에는 항상 반反명제라는 것이 있습니다. 어떠한 명제든 거기에 대해 항상 꼬투리를 잡아서 비판할 수가 있는 거예요. 그러니까 인간은 객관성을 지향하지만 담지하고 있지 못한 존재인 거죠. 절대적인 객관성을 지향하지만 늘 실패하지요. 인식론적 명제의 객관성을 확보하기가 힘든 거예요. 여러분을 포함해서 이 학생이 얘기한 것도 다 주관적이에요. 물론 이 학생의 주관적인 얘기에도 어느 정도의 객관성이 있지요. 마찬가지로 내 말도 주관적이지만 어느 정도의 객관성이 있을 것이고요. 각각의 객관성의 폭이 조금씩 다를 거예요. 이 학생은 이만큼 되고, 저 학생은 이 정도 되고, 나는 요 정도 되고. 그래서 각기 다른 객관성의 폭을 가지고 대화를 통해서 좀더 나은 객관성을 찾으려고 하는 거예요.

그럼 진정한 의미에서 객관성은 어떤 것일까요. 객관적이고자 노력하는 것 자체가 객관성을 보장한다는 거죠. 어떤 명제의 객관성이 객관성을 보장하는 게 아니라, 객관적이고자 노력하는 것 자체가 객관성을 보장하는 거죠. '칸트적으로' (웃음) 말하면, 바로 이 점에서 순수이성과 실천이성이 만나는 거예요. 인식과 노력이 함께 가기 때문입니다.

그래서 『순수이성비판』과 『실천이성비판』은 함께 가르칩니다. 서구 대학에서는 대개 칸트철학을 세 파트로 나눠서 가르쳐요. 그런데 사람들에게 칸트의 세 파트가 뭡니까? 이렇게 물어보면 사람들이 『순수이성비판』, 『실천이성비판』, 『판단력비판』 이렇게 대답하지요. 그건 틀린 겁니다. 『순수이성비판』하고 『실천이성비판』은 같이 가르쳐야 되고, 두 번째 파트는 『판단력비판』을 미학의 범주에서 다루고, 세 번째는 3대 비판서 말고도 칸트가 쓴 많은 글들이 있거든요, 그게 대개 역사철학이나 문화철학이라고 할 수 있는데, 이들을 묶어서 한 파트로 다룹니다. 이렇게 세 파트로 나누는 것이지요.

최초의 철학자라고도 할 수 있는 소크라테스와 소피스트의 차이점도 그렇습니다. 소피스트는 철학사에서 매우 중요합니다. 나는 솔직히 소피스트를 최초의 계몽주의자라고 보는데, 그들이 가진 긍정적인 점 또한 많아요. 그런데 그들이 실수한 점이 바로 앞서 언급한 부분이에요. 즉, 모든 견해가 주관적이지만, 객관성을 위한 노력이라는 점에서 객관성이 보장된다는 것을 무시했던 거죠. 객관성을 보장하는 것은 객관적이고자 노력하는 실천적 이성이라는 것이죠. 그것을 명시적으로 깨달았던 사람이 소크라테스이고요. 오랫동안 잊어버렸다가 다시 깨달았던 사람이 칸트라고 할 수 있습니다. 그래서 아까 학생이 얘기했듯이 바로 우리가 한 번 더 생각한다는 것은 뭐예요. 노력한다는 거죠. 노력이라는 말이 너무 쉽고 일상적 성격을 띠고 있어서 윤리적 명제로 잘 안 다루는데 무지무지 중요한 윤리적 개념입니다.

허재경 안녕하세요? 저는 해운대여자고등학교 3학년 허재경이라고 합니다. 아까 교수님께서 처음에 인디고 서원 같은 곳을 하고 싶었는데 못 했다고 하셨잖아요. 교수님처럼 주제와 변주에 오셨던 다른 교수님들도 그런 말씀을 많이 하셨는데, 그렇다면 인디고 서원 같은 곳을 하고 싶었던 사람이 많았음에도 불구하고 지금 다른 지역에는 이런 곳이 없잖아요. 그런 이유가 뭐라고 생각하시는지요. 제가 생각하기로는 물론 정책적인 부분도 있겠지만 일단은 재정 문제가 크다고 생각합니다. 물론 그것보다 더 중요한 문제는 우리 스스로가 인디고 서원 같은 문화적 공간을 더 적극적으로 향유하려고 하지 않는 태도나 사회적 분위기라고 생각합니다. 그런 의미에서 교수님께서는 인디고 서원을 위해서 어떤 일을 해주실 수 있는지요.(웃음)

김용석 아니, 끝에 어떤 일을 해주실 수 있는지를 물었는데, 바로 그 앞에 재정 문제에 대해 이야기했네요.(웃음) 현실적인 질문이군요. 80년대 말 90년대 초 우리나라에 대형서점 붐이 일었어요. 그때 내가 느꼈던 것은 유럽의 다른 나라에 있었던, 특히 내가 머릿속에 많이 그렸던 것은 독일의 소도시에 있는 책방이었어요. 독일의 어떤 책방에 들어서면 책은 하나도 없어요. 들어가는 입구에는 커다란 테이블에 과일이 쌓여 있어요. 내가 갔던 날은 사과가 산더미처럼 쌓여 있는 거예요. 책방 안에 사과 향기가 엄청나게 나는 거지요. 그리고 며칠 있다가 다른 과일로 바꾼대요. 사과 향을 맡으면서 회랑을 지나가야 책장이 나타나요. 굉장히 독창적이고 예술적인 공간이었어요.

책방이 꼭 책만 있는 데가 아니에요. 예를 들어서 로마에 있는 국립도서관은 매우 잘 설계되었다는 평을 듣는데, 그곳에 들어서면 책이 전혀 안 보여요. 엄청나게 큰데 큰 회랑의 복도만 보여요. 거기서 양쪽 옆으로 유리문을 통과해서 들어가야 책들이 꽂힌 책장이 즐비한 개가실의 문이 보이는데, 일부러 그런 식으로 디자인을 한 거죠. 사실 책이라는 것은 억압적인 성격을 가지고 있어요. 여러분도 책 읽기 싫을 때가 있잖아요. 하지만 때로는 억지로라도 책과 친해져야 하는 경우가 있어요. 어떤 사람들은 로마국립도서관이 엄청난 공간을 낭비하고 있다고 말하기도 해요. 그러나 그것은 공간을 낭비하는 게 아니라, 매우 잘 활용하고 있는 거지요. 나는 그런 의미에서 우리나라 식의 대형서점이 아닌, 내가 생각하는 예술적이고 이상적인 책방을 하고 싶었습니다. 대형서점 스타일이 아닌 소규모지만 독창적이고 예술적인 책방말입니다. 그런데 여기 와서 보니까 그런 쪽으로 노력을 많이 하고 있다는 면에서 유사점을 갖는 거죠. 아까 얘기한 대로 대한민국에서 인디고서원 같은 데는 아직 다른 곳에는 없잖아요. 그 이유는 여러 가지가 있을 수 있어요.

사람이 뭔가 하고 싶어도 실제로 실행하는 것하고 실행하지 못하는 것하고 다른 거죠. 그런 면에서는 여러분의 선생님인 허아람 선생님이 그것을 실행에 옮겼다는 것, 굉장히 큰 일을 한 겁니다. 생각을 바로 실천에 옮겼기 때문에 가능했다고 봐요. 그러면서 의지도 중요하다고 보구요. 어쨌든 실천이 중요해요. 옛날에 양주동 선생님이라고 우리나라에 자칭 국보라고 하는 분이 계셨어요. 내가 여러분 나이 때 그분이 라디오 방송에 출연해서 대담 같은 것을 많이 했거든요, 내가 중학교 학생이었지만 아직도 기억하는 게 그분이 말씀하신 '복식'이라는 말이었어요. 복식이 뭐냐하면 배 복腹자, 지식 식識자. 배 안에 든 지식이다 이거지요. 그러니까 작가가 되거나 칼럼니스트가 되는 것이나 글을 쓰는 사람이 되는 것. 즉, 문필가가 되는 것과 아닌 것의 차이는, 다른 사람은 복식일 뿐이고, 글쓰는 사람은 그걸 엄청난 고통으로 끄집어낸다는 거죠. 그래서 글쓰기가 고통인 거예요 내가 『깊이와 넓이 4막 16장』에서도 얘기했지만 그 글은 공적으로 내놓는 거거든요. 다른 사람 눈앞에 보이게끔. 복식만 가지고 있던 것과, 복식이나 복안으로만 가지고 있던 것을 실천하는 것과의 차이 때문에, 인디고 서원 같은 문화적 공간이 많이 안 생겼다고 봅니다. 그런 면에서 개인의 작지만 동시에 커질 수 있는 역량이 있었기 때문에 난 가능했다고 봐요. 또 상당수 이것을 지지한 사람이 있었고요.

또 하나는 우리의 문화적인 인식하고도 연관이 있어요. 내가 아까 문화 인프라 얘기도 했잖아요. 문화 인프라가 실핏줄처럼 이렇게 다 퍼져 있지가 않아요. 이제 우리는 문화 인프라를 갖춰야 돼요. 부산도 마찬가지예요. 부산에도 큰 것만 있어요. 부산이 문화적으로 내세우는 게 뭡니까. 영화제지요? 근데 그것은 동맥이에요, 동맥. 모세혈관이 아니라고요. 영화에 관한 여러 가지 문화활동이 이뤄지고 있지 않잖아요. 또한 영화제작이 충분히 안 되고 있어요. 촬영장소 찾으러 옛날엔 좀 왔는데 요즘은 오히려 잘 안 온다는 말도 하잖아요. 이런 것만 하더라도 문제가 있는 거죠. 그래서 문화 인프라를 세밀하게 갖추는 것이 필요합니다. 앞으로 나도 그런 쪽으로 노력을 할 겁니다.

그리고 허재경 학생 어디 있어요? 돈? 쉽게 얘기해요, 우리.(웃음) 그것은 난 오히려 문제가 적다고 봐요. 그렇다고 내가 억만장자냐 그런 뜻은 아니고, 여러분한테 내가 꼭 하고 싶은 얘기인데. 현실적인 얘기

어떤 사람들은 로마국립도서관이 엄청난 공간을 낭비하고 있다고 말하기도 해요.
그러나 그것은 공간을 낭비하는 게 아니라, 매우 잘 활용하고 있는 거지요.
나는 그런 의미에서 우리나라 식의 대형서점이 아닌,
내가 생각하는 예술적이고 이상적인 책방을 하고 싶었습니다.
대형서점 스타일이 아닌 소규모지만 독창적이고 예술적인 책방말입니다.

예요. 한 예로, 내가 우리나라에 와서 놀란 것이 원고 청탁하면서 청탁서에 원고료 명시를 안 해놨다는 거예요. 그거 아주 잘못된 거예요. 원고청탁서에 반드시 명시를 해야 돼요. 사실은 언제까지 지급하겠다는 것도 명시해야 돼요. 그 다음 방송에 출연하잖아요. 출연료가 얼마인지 모르고 출연하는 사람이 99.999퍼센트예요. 모 방송국에 출연하는데, '근데 출연료가 얼마예요?' 그랬더니 '아이, 선생님 그걸 왜 물어보세요?' 이러더라고요. '아니, 당신 지금 방송국에서 20년 이상 근무했다며 그걸 말이라고 하고 있느냐' 고 했지요.

이 이야기는 중요한 겁니다. 내가 학생들 졸업할 때 항상 얘기하는 게 뭔지 아세요? 취직하는 게 중요한 것이 아니다, 취직해서 여러분이 제공한 노력의 대가를 정당하게 받는 게 더 중요하다는 거죠. 대부분이 점은 안 가르치고 있어요. 무조건 취직하는 게 뭐가 중요해요. 취직해서 내가 투자한 노력의 대가를 정당하게 받는 것을 중요시하는 것. 그러한 의식을 갖게끔 학생들을 가르쳐야 합니다. 우린 그게 안 되어 있어요. 그래서 신문사나 방송국에서 김용석이라고 하면 원고료하고 출연료 물어보는 사람으로 아예 소문이 나 있어요.(웃음)

나는 그렇게 생각합니다. 우리나라에서 기부문화가 정착이 안 된다고 그러잖아요. 그런데 기부문화가 자리잡지 못하는 이유가 어디 있는데요. 기부를 대기업이 한다고 생각하면 기부문화가 절대 발전하지 않습니다. 그리고 대기업이 기부하는 것은 항상 뭔가 구린데가 있어요.(웃음) 기부를 많이 하면 세무 조사할 때 고려의 대상이 되는 수도 있겠지요. 또한 요즘 봉사활동 가면서 모 대기업 딱지 붙이고 가잖아요. 그렇기 때문에 개인이 하는 것보다 순수성이 적어요. 진정하게 기부를 잘하려면 개인이 해야 돼요. 경제적으로 기부를 못할 것 같은 사람이 기부해야 돼요. 돈도 없을 것 같은 사람이 해야 된다는 거지요. 학생이 돈이 있어 보여요? 없어 보이잖아요. 이런 사람들이 기부를 해야 돼요. 그래서 나는 돈을 받을 땐 악착같이 제대로 받고, 이렇게 악착같이 해서 번 돈을 다른 사람들과 나눠 쓰려고 해요. 물론 그렇게 해서 생긴 수입의 일부는 나를 위해서도 쓰지요. 새 차 바꿀 때 좀 쓰고, 옷 사 입을 때도 쓰고, 적지 않은 것은 또 사회에 환원하는 거예요. 즉, 나 같은 사람이 기부할 때 그것이 덜 이해타산적이에요. 나는 지금도 사회문화 발전에 기부하고 있어요. 일정 정도 시민단체에도 기부하고 있습니다. 내가 항상 동료 교수들한테 하는 말이, 제발 원고료, 출연료를 그냥 주는 대로 받지 말라는 거예요. 물론 꼭 나같이 따지라는 건 아니지만, 분명히 지적하라는 거지요. 내가 항상 농담으로 그러잖아요. 방송출연료 및 신문잡지 원고료 현실화운동본부 사무총장이라고요.(웃음) 사실 내 덕분에 간접적으로 이득 보는 사람도 있어요. 내가 자꾸 따지니까 다른 사람들도 원고료가 올라가거든요. 그 지면에 쓰면 같이 올라간 원고료로 받는 거지요.

그래야지 문화 인프라가 형성되는 겁니다. 문화 인프라 중에서 가장 중요한 게 뭐냐면 문화활동을 하는 사람에 대한 대가예요. 그리고 그 사람은 문화인이기 때문에 얻은 대가로 자기 생활을 하고 혹시 남는 부분이 있다면 그것을 또 문화 인프라를 구축하는 데 기부해야 해요. 그러면 기부문화가 되고, 또 그것을 지성인들이 할 때 더 큰 의미를 지닌다고 봐요. 그런데 지성인들이 실천은 안 해요. 입으로만 떠들고 실제로 돈을 기부 안 해요. 중요한 게 실제로 돈을 내는 건데, 그죠? 도움은 구체적으로 줘야 되는 겁니다. 여러분 잊지 말아요. 도움을 어설프게 폼으로 주지 마세요. 그건 도움이 아닙니다. 도움은 구체적으로 줘야 돼요. 다른 선생님들한테도 그렇게 홍보를 해야겠네요. 그러면 문제에 좀더 현실적으로 접근한 거죠.

박용준 지금 현실적인 재정 얘기가 나와서 말인데요. 인디고 서원이 다음 달이면 1주년을 맞습니다. 그런데 아직까지도 적자를 면치 못해요.

김용석 적자를 면치 못하고 있어요? 아니, 지난번에 어떤 신문 인터뷰 기사를 보니까 손익분기점을 가까스로 넘었다고 했는데 다시 내려갔군요.

박용준 인건비, 경비 등 기타 비용까지 다 따지면 적자입니다. 사실 누구나 시작은 미약하겠지만, 고독하고 외로운 길을 1년 동안 씩씩하게 걸어올 수 있었음에 오히려 감사하고 있습니다.(웃음) 적자를 빨리 면해야 할 텐데 말이죠. 그건 그렇고, 우리는 자본주의 사회에 살고 있기 때문이기도 하겠지만, 자신이 노력한 노동에 대한 정당한 대가로 돈을 측정하고, 또 받는 것은 굉장히 중요한 행위라고 생각합니다. 어떻게 보면 합리적인 거죠. 하지만, 오늘 선생님께서 이렇게 힘든 자리에 오신 것을 과연 돈으로 환산할 수 있는지, 물론 그 노동의 대가는 소크라테스가 말한 대로 정확하게 충분히 보상받아야 하지만, 저는 아직도 제가 어떤 일을 했을 때. '야, 너 만 원어치 일했으니까 만 원 가져가' 하는 것처럼, 그러한 노동을 돈으로 환산하는 것을 무척 꺼리거든요. 하지만 굳이 환산해서 계산한다면 선생님이 오늘 오신 것에 대해 얼마만큼의 가치를 매기시는지요?

김용석 음. 엄청난 가치를 매기지요. 그런데 이건 분명합니다. 강연료를 몇백만 원 받고도 갈 수 있지요. 기업체 같은 곳에 갈 때는. 하지만 여러분, 날 보십시오. 박용준 씨가 내게 보낸 이메일에 그렇게 썼어요. '선생님 여기 오실 때 그냥 부담 없이 유쾌하게, 명쾌하게 가벼운 발걸음으로…… 그 다음 뭐더라, 아 맞아, 여기 젊은이들의 눈동자를 보러 오십시오.' 이렇게 썼더라고요. 그래서 학교 연구실에서 일하다 말고 터덜터덜 온 거예요. 나는 친구를 만나러 왔지, 여기 강연하러 온 게 아니에요. 내가 강연을 하러 왔다면 나한테 강연료를 수표로 줘야 돼요.(웃음) 그런데 여기 온 것은 친구를 만나러 온 거예요. 앞으로 여러분과 친구가 되기 위해서죠. 여러분 모두 친구예요. 『노인과 바다』 읽어봤죠? 거기 나오는 산티아고하고 그 아이하고 나이 차이가 얼만데요. 여러분하고 나하고 나이 차이보다 더 많을 텐데. 그래서 최소한 내가 죽을 때까지 30년 지기의 친구를 만나러 온 거지, 강연 하러 온 게 아니기 때문에 내 노동력의 대가를 바라고 온 게 아니에요.(웃음)

이지홍 개인적인 질문 하나 드리고 싶은데 괜찮을까요? 선생님께서 다소 특이하게 로마에서 무려 10년간 학생 신분으로 공부를 하셨는데, 그 학비는 과연 누가 다 대줬는지 너무 궁금합니다.(웃음)

김용석 로마 유학 가려고 생각하는 거예요?

이지홍 아니, 그건 아니지만 학생 신분으로 사실 대한민국의 대학을 가더라도 학비가 굉장히 비싼데, 학생 신분으로 10년간 이탈리아라는 외국에서 생활을 하셨는데, 어떠셨는지 여쭤보고 싶습니다.

이진우 선생님, 그 질문에 조금 더 보태서 질문하고 싶어요. 지금의 교수라는 직업이 선생님이 원해서 시작하셨는지, 아니면 경제적 측면을 먼저 고려해서 택하셨는지 같이 여쭤봐도 될까요?

김용석 오늘 좋은 질문만 나오네요. 여러분, 상당히 현실적이다. 이상적이고 동시에 현실적이에요.(웃음) 왜냐하면 사람이 눈동자가 둘이잖아요. 하나로는 별을 봐야 돼요. 다른 하나로는 땅을 봐야 되고요. 그래서 빛나는 눈동자를 보러 오시라고 그랬던 거 같군요.(웃음)

첫 번째 질문부터 답을 하겠어요. 현실적인 것, 개인적인 것. 70년대에는 유학 가는 게 무지무지 힘들었어요. 남자는 더군다나 웬만해선 유학을 잘 못 갔어요. 왜냐하면 학점이 높아야 했고, 인문계는 대학원을 나와야 되고, 또 군대까지 갔다와야 했죠. 근데 그때 군대 복무기간이 거의 34개월이었거든요. 그렇기 때문에 유학 가기 더 힘들었고, 더군다나 유럽은 유학생이 굉장히 적었어요. 대부분 유학을 간다면 그 당시에는 일본하고 미국을 갔지요. 우리가 지금 파리 가면 한국 유학생들을 무진장 많이 볼 수 있어요. 그런데 내가 유학 갈 때는 파리에 한국인이 별로 없었어요. 다만 독일에 좀 많았죠. 그건 왜냐하면 60년대 초부터 독일에 노동이민을 많이 갔거든요. 간호사나 탄광 종사자가 그 대표적인 예입니다. 그 외에 유학생은 적었죠. 그러니 일반 사람들이 유학 가려는 엄두가 잘 안 나죠. 나 같은 경우에는 더군다나 종합상사에 다녔거든요. 그러다가 유학 원서를 몇 군데 냈어요. 영국하고 이탈리아 쪽에서 답이 왔는데, 마침 이탈리아에서 국가장학생을 뽑아 장학금을 받고 갔지요. 국가장학금으로 공부를 하다 공부 좀 하고 올려고 그랬는데, 어쩌다 보니 10년 이상 공부하게 되었어요. 이따가 얘기하려고 했는데, 나는 원래 훈장 체질이 아니에요. 교육자가 되리라고는 꿈에도 생각을 못했어요. 초등학교 때부터 고등학교, 대학 다닐 때까지 장래희망란에 '선생님'을 쓴 적이 한 번도 없어요.(웃음) 그래서 선생님이 되겠다는 생각은 없었고, 더군다나 종합상사 수출부에 근무했기 때문에 그런 생각보다는 다양한 세계를 접하고 싶었어요. 그것이 목적이었어요.

그래서 유학을 갔는데, 국가장학금 지급기간은 끝이 났지만 공부를 더 하고 싶더라고요. 공부라는 것은 공부를 또 유발시켜요. 처음에는 정치학 · 행정학을 공부했어요, 그러다 정치철학을 하다가 결국 철학을 전공하게 된 거죠. 나중에 국가장학생 기간이 끝난 다음에는 당연히 아르바이트를 했죠. 다행히 나는 무역에 대해서 잘 알았어요. 종합상사에 근무했으니까요. 그리고 80년대 초부터 우리나라에서 무역개방을 많이 했거든요. 그래서 그런 무역하러 오는 사람들 통역도 했고, 실질적으로 무역업무에 대해서 잘 모르는 사람들은 도와주기도 하는 아르바이트를 했죠. 그러다가 철학공부를 본격적으로 하면서는 거의 굶으면서 공부했어요. 그건 왜 그랬냐 하면 정치학을 할 때까지만 해도 수입이 괜찮았어요. 내 학비 이상을 벌었어요.(웃음) 근데 철학으로 바꾸면서는 몰입이 필요했어요. 아르바이트를 하면서는 공부를 못 하겠더라고요. 일단 저는 학위를 빨리 안 땄어요. 철학이라는 공부는 전인격적인 투자를 하지 않으면 안 되겠다는 것을 알았어요. 모든 걸 쏟아야 돼요. 그러니까 아르바이트를 하면 아무래도 안 돼서 생활비를 줄인 거죠. 그게 철학공부의 특성인 것 같아요. 철학을 학부부터 다시 했거든요. 서른 살 넘어서 대학부터 다시 하게 되었지요. 그 당시 그레고리안대학은 다른 대학에서 이수한 과목의 학점인정을 잘 안 해줬어요. 그래서 학부부터 다시 하려니까 철학하면서부터 경제적으로 많이 힘들었죠.

그리고 내가 꼭 원해서 교수가 된 게 아니에요. 그레고리안 대학 교수직도 내가 원한 것이 아니었어요. 물론 인문 분야를 전공한 사람이 먹고 살 일이 교직 외에는 드문 것이 현실입니다. 내 경우는 그렇다고 해서 꼭 교직에 가야겠다는 절박감을 갖지는 않았어요. 글을 쓸 수도 있고, 여러 가지 일을 할 수 있다고 생각했어요. 내 자신을 믿었기 때문이기도 합니다. 자화자찬이 아니라 일단 자기 자신을 믿어야 합니다. 이 험난한 세상에서도 내가 뭐든지 할 수 있다고 믿었기 때문에 조급한 마음은 없었는데, 내 논문 제2지도교수였던 분이 철학대학 학장이 되셨어요. 거기는 철학 전공의 학생 수와 교수 수가 규모가 있기 때문에 철학대학이 설립되어 있거든요. 아무튼 철학대학 학장 되시는 분이 날 불러서 간 거예요.

그 다음에 한국에 들어와서는 대학을 만들려고 했어요. 대학교수보다는 운영자로서 더 능력이 있는 거 같아서요.(웃음) 1995년 말인가 정확하게 기억이 안 나는데, 96년 초인가 당시 정부에서 대학설립법을 개정했어요. 대학설립요건을 완화한 거예요. 대학설립에 관심이 있었는데, 어떤 돈 많은 분이 자기가 자본을 댈테니까 좋은 대학 하나 만들어 보자고 했지요. 내가 유럽 대학의 특성들을 아니까 좋은 점만 뽑아서 하면 되지 않겠느냐 해서 진행을 했죠. 96년에 본격적으로 작업을 해서, 그해 여름에 대학설립 계획서까지 작성했지요. 진짜 제대로 된 대학 만들려고요. 예를 들면 이런 겁니다. 전체 학생 규모가 6천 명을 넘지 않는 소규모 대학, 사실 소규모도 아니지요, 적당한 규모라고 하는 게 더 맞을 겁니다. 그게 좋은 대학이거든요. 그런데 그해 7월까지만 하더라도 IMF 사태가 터질지 누가 알았겠습니까. 대통령도 모르고 경제부총리도 몰랐다는데 그걸 투자자가 어떻게 알았겠어요.(웃음) 계획은

착실히 했는데…… 그때 좋은 아이디어 굉장히 많았어요.

한 가지 예를 들면 개교하고 2년 동안 학생을 안 뽑는 거지요. 그런데 투자자가 2년은 너무 하고 1년만 하자고 했죠. 1년을 안 뽑는 이유는 교수들이 강의준비를 철저하게 할 수 있도록 하기 위해서예요. 여러분, 박사학위까지 받고 내 나이 정도 된 사람이 대학교 1학년 학생 가르치는 데 뭘 준비하느냐고 말할 수도 있겠죠. 천만의 말씀. 지금 박사과정에 있는 학생이 들으면 섭섭하겠지만 좀 과하게 말해서 박사과정 수업에는 거의 그냥 들어가요. 때론 초치기 하고 들어가기도 하지요.(웃음) 그런데 1학년 교양과정 수업은 며칠씩 준비해요. 소통에 문제가 있기 때문입니다. 어떻게 하면 1학년 학생들에게 최적의 소통방법을 찾느냐는 것이 중요해지기 때문입니다. 박사과정에는 이미 어느 정도 수준이 있는 사람들이 있습니다. 현직 교수도 있을 수 있고요. 그런 사람들은 내가 어려운 얘기를 해도 알아듣는 데 문제가 없습니다. 그 강의에선 강의 콘텐츠가 중요한 거고, 1학년 수업의 경우는 콘텐츠에 가르치는 방식도 중요한 거예요.

대학교에 막 들어온 1학년 학생들에게는 수업의 깊이와 함께 내용의 다양성을 더 많이 제공해야 하거든요. 그래서 교과 커리큘럼을 철저히 준비한 다음 학생을 교육하겠다는 취지에서 앞서 말한 그런 시스템을 도입하려 했지요. 학교 당국과 교수들이 충분히 준비한 다음에 학생을 받겠다는 거예요. 굉장히 좋은 아이디어 아닙니까? 얼마나 학생을 생각하는 아이디어입니까. 아, 그렇게 해서 내가 대학 총장 됐으면 우리나라에 무진장 좋은 대학이 생기는 건데,(웃음) IMF 사태가 난 거죠. 그러니 누가 엄청난 현금을 쓰겠어요. 그 당시 예상 초기 투자자금이 수백억 원이었고, 본격적으로 운영하려면 훨씬 더 많은 돈이 들어가는

데……. 정말 좋은 대학 만들어보려고 했는데 흐지부지된 거지요. 그후 대학에 교직을 얻기 위해 노력하는 대신, 글을 썼죠. 책도 쓰고 신문 칼럼도 오래 썼습니다. 그러고 있는데 지금 내가 소속한 영산대학교에서 오실 수 있겠냐고 어느 날 연락을 한 겁니다. 그래서 내가 경치가 좋으면 가겠다고 했어요.(웃음) 글을 계속 써야 되기 때문이죠. 영산대학교가 천성산 바로 밑에 있어요. 솔직히 천성산에 반해서 영산대로 갔어요. 이진우 학생의 질문에 답하면 교직을 원해서 간 게 아니라, 일종의 스카우트되었다고 할 수 있지요. 그리고 교수직을 계속 한다는 보장은 없어요. 하면 하는 거고 아니면 다른 길도 많이 있으니까요.

그리고 이건 더 중요한 건데, 우리나라에서는 대안학교를 초 · 중 · 고등학교 과정에서 만들거든요. 그런데 아직까지 많이 확산이 안 되어 있어요. 예를 들면, '하자학교' 라고 있죠? 우리나라에도 이미 그런 학교들이 있고, 앞으로 대안학교가 폭넓게 적용되리라고 봐요. 대안학교 시스템을 대학에 적용하기는 힘들어요. 그런데 대학원은 가능하다고 봐요. 꼭 단계적으로 생각할 필요는 없는 거예요. 사람들에게 고정관념이 있어서 그런데, 시야를 넓히면 여러 가지 '대안 대학원' 을 할 수도 있죠. 저는 어떤 정해진 교육 시스템에 꼭 매여 있진 않습니다. 교수직이라는 것에 대해서도요.(웃음)

박찬표 지금까지 현실적인 이야기를 많이 했는데요. 이 분위기를 깨고 싶진 않지만,(웃음) 저는 학문적인 질문을 좀 드리고 싶습니다. 저는 『서양과 동양이 127일간 e-mail을 주고받다』에서 선생님을 처음 뵈었는데요. 선생님께서는 이탈리아 로마 그레고리안 대학에서 유학을 하셨는데, 사실 이제서야 동양문화라는 것이 조금씩 주목받고 있다고 생각되거든요. 사실 이승환 선생님과 동·서양 철학에 관해 나누시는 대담의 내용을 보더라도, 서양이 가진 사상이나 문화 인프라가 좀더 역사적으로 두텁지 않냐는 생각이 들었습니다. 그래서 여쭙고 싶은 것은, 서양문화와 동양문화의 관계가 어떻게 이루어져 있으며, 또 어떤 관계여야 한다고 생각하시는지요.

김용석 문화에 대해서 엄밀히 따지면서 논하려면 시간이 굉장히 걸려요. 우선 문화의 개념이 매우 다양할 뿐만 아니라, 굉장히 애매모호하게 쓰이거든요. 어찌 보면 문화의 힘이라는 것은 문화의 개념 자체가 가지고 있는 애매모호성이에요. 그래서 어디든지 다 걸려요. 문어발이에요.(웃음) 그런 면에서 박찬표 군이 얘기한 것은 어떻게 보면 서양문화와 동양문화라고 말하기보다는 서양세계와 동양세계라고 하는 게 더 맞는 말일 것 같아요. 서양세계와 동양세계의 차이점. 서양세계가 지금까지 동양에 어떠한 영향을 끼쳤길래, 그런 문제가 제기되는가. 나를 포함하여 지금 여기 동양적인 옷을 입은 사람은 한 사람도 눈에 안 띄잖아요.

내가 좀 도발적으로 얘기를 하면, 그것이 우리의 생활이 된 거예요. 우리의 피와 살이 된 거예요. 우린 이런 현실을 부정할 수가 없어요. 일단 그것을 현실이라고 보고, 그게 좋은지 나쁜지는 이제 따져봐야 해요. 여기서 또 중요한 것은 여러분이 항상 판단할 때, 현상을 판단하고 가치판단을 해야 돼요. 처음부터 가치판단을 성급히 하면 현실을 제대로 못 보게 돼요. 가치에 선입관이 생기죠. 일단 있는 현실을 보자는 거예요.

나는 이렇게 봅니다. 서양세계라는 것은, 아니면 서양문화라고 표현하길 원하면 그래도 되고, 철학사상을 그 형성의 원류로 하고 있습니다. 그건 나뿐만 아니라 다른 학자들도 그렇게 봅니다. 오히려 이것을 오리엔탈리즘의 시각에서 서양사람들이 자기네들의 어떤 전체적인 문명의 틀을 세우기 위해서, 자기네들의 정체성을 유럽 중심으로 세우기 위해서, 구성한 것이라고도 하는데, 나는 꼭 그렇게 생각하지는 않습니다. 왜냐하면 고대철학을 찬찬히 살펴보면 현대과학이 고대 그리스철학 없이 나올 수가 없다는 거예요. 논리적으로 그래요. 또한 과학기술의 발달이 서구에서 산업혁명을 일으킨 거고요. 그런 과학기술이 지금의 이러한 서세동점을 가능하게 했던 거거든요. 산업혁명이 일어나기 전까지는 서양사람들의 삶이나 우리의 삶이나 유사한 점이 많았어요. 똑같이 말 타고 다니고, 걸어다녔어요. 농경사회였기 때문에 그렇지요. 그런데 산업혁명이 오면서 세상이 왕창 바뀌었어요. 그래서 나는 엄밀히 따지면 역사적으로 가장 획기적인 사건이 산업혁명이라고 봐요. 『문화적인 것과 인간적인 것』에서 얘기했지만, 나는 지금 우리가 제2의 물결 시대에 있다고 보거든요. 제3의 물결은 아직 안 왔다는 거예요. 지금 우리가 얘기하는 후기산업사회는 산업사회의 연장된 형태라는 거지요. 자, 그렇다면, 과학기술 발전에 의한 산업혁명의 근간은 어디 있느냐. 서양철학에 있다는 거죠.

그런데 현재 우리에게 큰 영향을 주는 문명이 엄청난 독일 수도 있거든요. 그래서 내가 여러 글에서도 이미 밝혔듯이 나는 철학을 범죄학을 하는 자세로 해요. 서양철학, 즉 그리스 말로 '필로소피아'가 갖고 있는 부정성이 뭔가를 알아야 하는 것이지요. 그게 우리에게 영향을 주고 있기 때문에 공부를 계속하는 거거든요. 물론, 그것이 주는 긍정성도 많아요. 어떠한 철학이나 삶의 지혜를 주거든요. 그렇잖아요. 대부분의 철학은 삶의 지혜를 줍니다. 서양에도 그런 말이 있어요. 칠현자들이 한 말 중에서 '넘치지도 모자람도 없이 하라'. 동양사상의 중용 아닙니까. 그 다음에 '너 자신을 알라'. 우리한테 반성의 기회를 주는 말들. 이런 지혜를 주는데, 필로소피아에는 다른 문명권의 사고에서 찾아보기 힘든 별난 특성이 있다는 거죠. 그게 바로 과학기술을 발전시켰다는 거예요. 그렇기 때문에 그걸 공부 안 할 수가 없는 거죠. 과학기술은 아까 이 학생이 지적했지만, 양날의 칼이거든요. 이득을 주기도 하고, 우리한테 해를 주기도 해요. 우린 그런 삶 속에 있는 거죠. 내가 서양철학을 공부했기 때문에 그런 게 아니라 우리 삶에 해와 득을 동시에 주기 때문에 그것에 대해서 우리가 연구를 하지 않을 수가 없는 거죠.

그 다음으로 동양사상은 내가 이승환 교수와 대담 때도 말했지만, 박찬표 씨가 한 말대로 이제까지는 동양사상이 별로 주목받지 못했어요. 그러다가 80년대에 꽤 주목받기 시작했던 것 같아요. 우리 전통문화를 찾고자 하는 시도도 80년대에 많았어요. 왜냐하면 내가 대학을 다녔던 70년대 초에는 그런 게 별로 없었어요. 대학캠퍼스에서 탈춤을 춘다든가, 아니면 창을 한다든가 하는 것들은 80년대에 나온 것 아닙니까. 그 때 어떤 의식이 부상했다고 볼 수 있습니다. 그것은 일종의 욱하는 심정으로 서양바람에 대해 맞바람이 일었다기보다는 더 중요한 면에서 그 가치가 있다고 봅니다. 아까 우리가 얘기했듯 다양성이라는 면에서 그렇습니다. 다시 얘기해서 우리가 동양문화를 보존하고, 우리 전통을 보존하는 이유는 다양성을 위한 중요한 방안으로서 역할을 하기 때문입니다. 왜냐하면 그것이 언젠가 우리 삶의 중요한 문제를 풀 수 있는 해답을 줄지 모르기 때문입니다.

그래서 문명의 원류를 보전하는 것이 중요하다는 거지요. 전통의 보전도 마찬가지고요. 어떤 사람은 나보고 '김 선생님, 굉장히 실용적이네요.' 그래요. 그때 나는 "이것을 당신이 실용주의라고 부른다면 난 실용주의자다"라고 답하겠어요. 21세기 실용주의자 김용석.(웃음) 그건 확실해요. 뭔지도 모르는 민족적 가치 때문에 난 전통을 보존하자고 하지 않습니다. 그리고 사람들이 흔히 놓치는데, 중국 것도 우리 것이 아니에요. 밤낮 우리를 속 썩이고 침략한 사람들이 중국인들 아닙니까. 내가 볼 때 문명은 변하고, 정체성은 구성된다는 것은 다 아는 얘기고, 지구에서 지지고 볶는 것을 넘어서 내가 하고 싶은 얘기는 여러분이 포스트글로브시대를 맞고 있다는 겁니다. 이런 시대를 가능하게 한 것도 과학기술이죠.

여러분도 잘 알겠지만 '포스트글로브Post-Globe'라는 말은 내가 처음 만든 말이에요. 즉, 탈지구의 시대. 지구 이후의 시대가 본격적으로 시작되고 있거든요. 다른 사람들이 '글로벌라이제이션' 얘기할 때 나는 '포스트글로브'를 얘기했어요. 90년대 얘기죠. 그런데 글로벌라이제이션이 도래했다는 것은 이미 그것의 '포스트'를 생각해야 된다는 거지요. 그렇잖아요. 글로벌러티Globality 자체가 우리에게 포스트글로벌러티Post-Globality에 대해서 생각하게끔 한다는 게 90년대 내 이론이었어요. 포스트글로브시대의 가장 큰 특징은 뭐냐하면 우주로 나가는 게 아니에요. 50, 60년대에도 벌써 나갔잖아요. 중요한 것은 인간이 우주에 상주한다는 거예요. 그게 포스트글로브시대에 가장 핵심적인 거지요. 뭔가 패러다임이 바뀌려면 관찰에 의한 새로운 사실이 부상해야 하거든요. 패러다임을 바꿀 만한 사실에 대한 확실성은 수많은 관찰을 바탕으로 하고 그런 관찰은 관찰지에 상주해야만 가능한 것이거든요. 여러분도 양자역학의 등장 이후 통계와 확률이 무진장 중요하다는 건 다 알 거예요. 확실성 있는 통계와 확률을 제공하는 관찰의 축적은 상주해야만 가능한 거거든요. 현재의 우리는 그런 통계의 폭을 갖기에는 우주에 너무 짧게 머물렀어요. 우주인이 지구 궤도에 백몇십 일, 아니 몇백 일 있었나? 이것 가지고는 안 되고요, 좀더 먼 곳에서 오랫동안 지구를 관찰하거나 태양계와 우주 저 멀리를 관찰해야 하거든요.

우리가 지구 밖 우주로 나가기 전까지는 지구를 한눈으로 본 적이 한 번도 없어요. 근데 우주로 나가면서 우리가 사는 지구를 한눈에 봤잖아요. 이건 엄청난 거예요. 그래서 내가 농담으로 그러잖아요. 자기 고향을 한눈에 본다는 거지요. 여러분, 만일에 부산이 고향이 아닌 분이 여기 있다고 한다면 그분은 이곳 부산에서 고향이 보여요? 안 보이지요. 그런데 지구 밖에서 지구를 보면서 자기 고향이 어디 있다, 이렇게 얘기할 수 있잖아요. '내 고향 저기 오른쪽 위에 있어.' 이럴 거 아녜요. 지구 밖 다른 별에서 망원경으로 지구를 보면서 '맞아, 한반도 여기 있다, 그렇지' 라고 할 수 있잖아요. 이건 엄청난 의식의 변화를 줄 겁니다. 우리가 달 기지에 상주해서 오랜 관찰을 하게 되면 지금은 전혀 예측하지 못하는 패러다임 전환을 가져올 수 있는 단서가 발견될 수 있는 거지요.

우리가 젊은이들을 교육한다는 것은, 그들에게 미래에 활용할 실질적 대처 수단의 조그만 단초라도 제공해야 한다는 뜻이기도 합니다. 나는 아니지만, 여러분은 21세기 중후반에도 여러 분야에서 전문적인 일을 하면서 살 거라구요. 그런 사람들한테 문명사회에 대한 미래상을 전망해 주어야 하고, 적어도 그에 대한 단초를 제공해야 하는 겁니다. 그래서 이제 헤겔의 말은 더 이상 안 맞는다는 거지요. 내가 헤겔을 비꼬아서 글을 쓴 적이 있죠. 헤겔은 "미네르바의 부엉이는 땅거미가 질 무렵에야 자신의 비행을 시작한다"고 했거든요. 헤겔의 표현대로 하면

"Die Eule der Minerva beginnt erst mit der einbrechenden Dämmerung ihren Flug"이거든요. 철학은 아포스테리오리a-posteriori라는 거지요. 지나간 것에 대해서 논한다는 거예요. 헤겔의 말을 계속하면 이렇습니다. 철학이 이 세계의 회색에 회색을 덧칠한들 뭐가 더 젊어지겠는가. 다만 세상을 알 수 있을 뿐이라고 했거든요.

그러나 나는 인식의 문제에 미래상이라는 것을 고려해야 한다는 거지요. 이제 철학은 앞을 볼 줄 알아야 한다는 겁니다. 그렇게 뒤만 봐서는 안 돼요. 그래서 내가 헤겔의 표현을 비꼬아서 말한 것은 '여명에 귀소하는 부엉이' 라는 겁니다. 부엉이는 땅거미가 질 무렵에야 자신의 비행을 시작하지만, 실컷 일하고 새벽빛이 들 때 둥지로 돌아오거든요. 그러면서 새로운 날의 시작을 본단 말이죠. 즉 앞으로 전개될 미래의 시초를 본다는 겁니다. 여명에 귀소하는 부엉이는 미래의 단초를 보는 부엉이라는 뜻입니다. 이건 중요한 겁니다. 오늘의 철학은 여명에 귀소하는 부엉이가 되어야 해요. 물론 헤겔이 말한 땅거미가 질 무렵에 나는 부엉이의 역할도 남아 있습니다. 하지만 그에 더해서 여명의 빛을 보는 부엉이라는 과제가 우리 앞에 있는 거지요.

김민성 안녕하십니까? 울산제일고등학교 1학년 김민성입니다. 선생님께서 예전에 『TV 책을 말하다』를 진행하셨잖아요. 일주일마다 책을 몇 권 소개하고, 또 연말이 되면 좋은 책들을 한꺼번에 소개하시기도 했는데, 과연 그렇게 선정된 책들이 선생님께서 보시기에 진정으로 좋은 책이라고 생각하시는지요. 그리고 저희에게 소개하고 싶은 책이 있으신지요.

김용석 그 프로그램에서 소개된 책들이 아닌 것을 소개하길 바라는 것 같은데요.(웃음) 여러분의 이해를 돕기 위해서 프로그램 뒤에 숨은 이야기를 해보죠. 일단 제작팀 구성을 보면, PD가 다섯 명입니다. 그 외에 AD, FD, 작가 등을 모두 합치면 많은 인력이 그 프로그램 제작에 참여하고 있지요. 사람 수만 해도 굉장히 많아요. 이건 뭘 말하냐면 사람들의 다양한 입장이 있을 수 있다는 거죠. 그리고 TV프로그램에서 저녁 10, 11시는 프라임타임에 해당되거든요. 프라임타임 때 TV프로그램을 한다는 것은 당연히 제작비가 적지 않게 들어간다는 뜻이기도 하고요. 그런 공영방송 프로그램을 진행하려면 신경 쓸 일도 많고, 노력도 많이 들고, 힘도 많이 들어요. 더 이상 했다가는 병원에 실려갈 뻔했어요.(웃음) 그 정도 하고서 내가 그만둔 게 다행이지요. 그건 그렇고 아까 말했듯이 꼭 내가 생각하는 좋은 책을 내 마음대로 선정할 수가 없었어요. 많은 사람들이 있으니까요. 아참, 자문위원도 여섯 명이 있어요. 하여튼 여러 복잡한 점이 있기 때문에 책의 선정에 대해서는 내가 그 당시 선정되었던 책들이 모두 좋은 책이다라고 얘기하기는 힘들죠. 내 의사로 정해지지 않는 것이 더 많아요. 그렇기 때문에 그 당시 선정된 책들 중에서는 지금 추천도서를 고를 수가 없어요. 물론 그 중에서 좋은 책도 꽤 있었지만. 근데 대단히 곤혹스러운 질문이에요.(웃음) 그렇잖아요. 수없이 많은 책들 중에서 지금 나보고 평가를 내리라는 거니까요. 그렇다고 아무 말 안 할 수도 없고, 내가 너무 인간적이라서 그래요.(웃음)

그건 그렇고, 소개하고 싶은 책에 대해서 말하죠. 이런 일이 있었어요. 당시 저와 같이 일했던 PD 중 한 사람이 싱가포르 지사에 발령받아 가면서 자기가 책을 꼭 한 권 가져가고 싶은데 추천해 달라고 하더군요. 2, 3년 지사 생활을 할 거니까, 그 참에 독서를 제대로 하고 싶다고 그러더군요. 그 사람이 책읽기를 참 좋아했어요. 그래서 내가 플라톤 전집Complete Works을 읽으라고 추천했죠. 이 참에 서양사상의 뿌리인 플라톤 전집을 통독하라고 했지요. 서양어로는 플라톤의 전집이 한 권으로 되어 있는 게 있거든요. 옥스퍼드 출판사에서 나온 것도 있고 여러 가지 있어요. 아직 우리말로는 나오지 않았지만요. 그렇다고 이것을 여러분한테 지금 권하는 건 아닙니다. 좀 전에 얘기했지만 서양철학은 그 기본을 알아야 되기 때문에 이야기하는 겁니다. 여러분이 어떤 분야에 가든지 조금씩 읽어볼 수 있는 책이라고 봐요. 거기에는 『크리톤』같이 10쪽이나 12쪽짜리도 있고, 『소크라테스의 변론』도 몇 페이지 안 돼요. 조금 긴 『파이돈』도 그렇게 긴 건 아니지요. 그런 것 중에서 골라서 읽을 수도 있어요. 두고두고 읽어볼 만한 책이에요. 음, 이건 또한 내가 철학교수니까 하는 얘기구요.(웃음)

두 번째는 내가 동화나 영화, 애니메이션에 관심이 많아요. 그 가운데 굳이 하나를 선택한다면 문장도 좋고 내용도 좋은 것으로 케네스 그레이엄의 『버드나무에 부는 바람』이라는 책이 있습니다. 우리나라에 완역되어 나왔어요. 원본은 『The Wind In The Willows』라고 하죠. 번역본을 읽어도 되고 영어공부를 하고 싶은 사람은 영어로 봐도 괜찮을 거예요. 그 책은 처음 볼 때 『어린왕자』나 『피터팬』처럼 눈에 팍 들어오는 것은 없을지 모르지만, 잔잔하게 여러 가지 의미를 뽑아 볼 수 있을 거예요.

세 번째는 제 독서 경력하고 연관이 있긴 한데. 한국단편소설집을 읽으세요. 김동인, 황순원 선생 등의 작품, 여러분 잘 알잖아요. 20세기 전반에 걸친 한국단편소설집은 여러 가지 의미가 있는데, 물론 문학성도 있지만, 우리의 시대를 알아야 할 필요가 있는 것 같아요. 우리나라 근대화 시절엔 어떤 문제 의식이 있었느냐 등을 볼 수도 있고요. 예를 들

우리가 젊은이들을 교육하고 강의를 한다는 것은, 그들에게 미래에 활용할 실질적 대처 수단의 조그만 단초라도 제공해야 한다는 뜻이기도 합니다. 나는 아니지만, 여러분들은 21세기 중후반에도 여러 분야에서 전문적인 일을 하면서 살 거라구요. 그런 사람들한테 문명사회에 대한 미래상을 전망해 주어야 하고, 적어도 그에 대한 단초를 제공해야 하는 겁니다.

어 김동인의 『감자』를 읽어보면 시대상황을 잘 볼 수가 있거든요. 나도 중학교 때 많이 읽었거든요. 여러분에게도 많은 도움이 될 것 같아요.

허아람 저도 질문을 하나 할게요. 이 자리에는 단 한 명의 PD도 없고, AD도 없고, FD도 없고요. 또 동원된 관객도 아니에요. 선생님처럼 유명한 분이 오셔서 이 자리가 빛나기도 하지만, 그보다 『깊이와 넓이 4막 16장』이나 『문화적인 것 인간적인 것』 같은 선생님의 좋은 저서를 나오자마자 선택해서 읽는 순수한 독자들이 있는 자리기 때문에, 이 자리가 더 빛난다고 생각합니다. 또 그 동안 인디고 서원이 신문이나 잡지 등 여러 매체에 가끔 소개되어서 이름이 알려져서가 아니라, 정말 순수한 자기의식을 가지고 책을 읽는 사람들이 모여 있는, 그러한 사람들이 만들어낸 공간이라는 점, 그러한 토론의 자리라는 점이 제가 생각할 때에는 1년 동안 거둔 훌륭한 성과가 아닌가 생각합니다.

선생님은 지구화를 넘어서는 탈지구화를 이야기하셨는데, 오히려 그렇게 되는 21세기에 자기 지역성, 다시 말해서 내가 살고 있는 이 현장, 고향 또는 그 지역성을 찾지 않고, 진정한 일상의 행복을 찾으며 살기란 불가능하다고 생각을 하거든요. 그런 의미에서 지금 인디고 서원은 지역사회에 있고, 어쩌면 여기 이곳을 알고 있는 사람들만의 잔치가 될 수도 있지만, 10년이든, 100년이든 그 자리에서 계속 변화, 발전하는 공간이 될 것을 스스로 다짐하고 또 여러분께도 약속드리고 싶어요.

당장 우리가 일상의 즐거움이나 행복을 가지기 위해서는 정책적으로 평등한 문화혜택의 분배가 물론 필요하겠지요. 저 역시 인디고 서원을 열 때 어쩌면 제 개인의 의지와 꿈을 실현했기 때문에 가능한 것이지 그렇지 않았다면 이곳엔 언제나 척박한 문화만 남을 거라고 생각하거든요. 그런 의미에서 이곳을 경험한 젊은이들이 저를 포함해서 선생님 같은 분과 연대해서 펼칠 수 있는 문화, 일상의 미학을 실천할 수 있는 그런 문화적 연대는 어떤 것이 있을지요. 질문이 너무 길었죠?(웃음)

김용석 좋은 질문은 이해를 위해서 있습니다. 따라서 앞에 전제되는 것을 다 설명할 필요도 있겠지요.(웃음) 일종의 글로컬라이제이션과 연관된 얘기를 했는데요. 물론 글로벌라이제이션은 로컬라이제이션과 같이 일어납니다. 우리가 정치, 사회, 경제, 문화 현상을 잘 보면 철학까지 포함해서, 분점이 전체를 경영하는 형태임을 발견할 수 있을 겁니다. 기업체에서도 이런 강연을 많이 하는데, 'share' 가 'total' 을 경영하는 거예요. 경영에서도 이 개념은 매우 중요하거든요. 다시 말해서 내가 시장 전체를 점령하려면 처음서부터 시장을 모두 점령해야겠다, 이렇게 생각하면 실패할 거라는 거지요. 시장 전체를 점령하기 위해서는 어떤 부문을 share하는 거예요. 즉, 분점을 하는 거예요. 분점을 해서 분점의 힘으로 에너지를 퍼뜨리는 거지요. 그러면 시장 전체에 영향을 주기 때문에 시장 전체를 먹은 것과 똑같은 효과를 주는 겁니다. 그래서 share가 total에 영향을 준다고 하는 거지요.

따라서 아까 허아람 선생이 얘기한 것은 당연한 거죠. 로컬을 강조하는 것은 share를 한다는 뜻이고, 그 분점에서 total을 겨냥하는 거지요. 이 얘기는 내가 앞서 안 했는데, 고대 그리스에서 철학은 하늘을 보면서 시작했거든요. 일상생활에서 바로 시작하지 않았어요. 필로소피아의 특징 중 하나가 전체에 대한 원리를 발견하는 것이었거든요. 사람들이 전체를 볼 수 있는 것은 하늘밖에 없었던 거예요. 하늘을 보더라도 전체는 아니지만 전체를 보는 감을 주기 때문에 전체를 본다고 생각했지요. 관찰자는 어느 한 곳에 있습니다. 그러니까 항상 관찰자가 share 한 것, 즉 분점한 상태에서 total로서 무엇을 겨냥하는 거죠. 그런 면에서 포스트글로브시대가 되더라도 역시 지구에서의 글로컬라이제이션은 함께 진행하는 거지요. 그래서 지금 우리가 있는 여기에 뿌리를 두고 그렇게 일을 진행하는 겁니다.

구체적인 문화적 연대. 이것은 앞으로 허아람 선생님이 할 수도 있고, 여러 시민단체와 협력할 수도 있지요. '문화연대' 라는 명칭의 시민단체가 이미 있지요. 문화적 연대에 관해서는 서두를 필요는 없다고 봅니다. 일단은 여러분의 활동이 서서히 알려지겠지요. 그래서 저뿐만 아니라, 앞서 다른 선생님들이 오신 것들은 언론에서 보도를 안 해도 알려지게 되어 있습니다. 아까도 얘기했지만 내가 여러분한테 미력이나마 이렇게 와서 대화를 나눈 것, 그리고 박용준 씨가 얘기한 재정 문제도 안 잊어버리고 있어요.(웃음) 내가 왔다갔기 때문에 주위 지인들한테 개인적인 홍보를 할 수도 있는 거죠. 허나 지금으로서는 구체적인 문화연대의 활동을 하는 것은 조금 시기상조라고 봐요. 내가 아까도 얘기했고 허 선생 본인도 얘기했지만 이런 일에는 개인의 의지가 우선 중요한 겁니다. 출발을 할 때, 마찰력을 이기고 뛰쳐나가려면 개인의 의지가 중요하고, 세상으로 뛰어들 때는 현명한 처세 또한 필요하지요. 처세를 할 때는 항상 전략적인 자세가 필요하다고 봅니다. 그렇기 때문에 시기를 잘 맞춰야 할 필요가 있다고 생각합니다. 여기 다른 선생님들도 왔다가셨으니까 그분들하고 상의해 보는 것도 괜찮겠지요. 준비를 잘 한 다음에 어떤 활동을 본격적으로 하는 것이 좋습니다. 왜냐하면, 실질적으로 지금까지는 우리나라에 문화인프라를 위한 어떤 시민의 모임이라는 게 없거든요. 없었다는 면에서는 인디고 서원에서 앞으로 한다면 최초가 되겠지요. 그런데 지금 실질적으로 할 수 있는 것은 이러한 활동을 하고 있다는 것을 홍보하는 일, 즉 세상 사람 모두에게 알리는 것이 우선입니다.

사회자 오늘 무려 세 시간 가까이 대화의 장을 마련했는데요. 이렇게 순수한 눈동자들 보시고 어떠셨는지요?(웃음)

김용석 여러분도 내 눈동자를 봤으리라고 생각하는데요. 그렇다고 코엘료의 나르키소스 이야기처럼 서로의 눈동자 보면서 그 안의 자기 모습을 즐긴 건 아니겠지요?(웃음)

나는 여러분하고 대화를 나누었으니까, 아니 '유붕이 자원방래면 불역낙호아' 라는 말도 있듯이, 친구하고 얘기를 나누어서 오늘 참 좋았어요. 여러분이 더 많이 얘기를 했어야 하는데 내가 잘못한 것 같아요. 고정관념을 깨기 위해서 한 마디만 하죠. 어떤 교수님이 쓰신 책에서 이런 것을 읽은 적이 있어요. '한국의 학생들은 질문을 잘 안 한다. 그런데 서양의 강의실에 가면 학생들이 질문을 잘 한다. 우리 학생들이 질문을 잘 안 하는 이유는, 일종의 독립성, 자율성, 자의식이 결여된 것이기 때문이다.' 이런 설명을 읽은 적이 있어요. 나는 유럽에서 서양인들을 가르치는 강단에 서본 경험이 있어 얘기하는데, 서양사람들도 그렇게 질문을 잘 하지 않습니다. 그것은 내가 경험했기 때문에 말할 수 있어요. 오랫동안 교직생활을 하지는 않았지만 내가 재직했던 대학에는 유럽의 다른 국가에서 온 유학생들도 있거든요. 이탈리아 사람만 있는 게 아니라 독일 사람도 있고, 프랑스 사람도 있고, 호주에서 온 학생들도 꽤 되었어요. 이렇게 서양사람들이 많이 있는 가운데, 그 속에서 몇

학기 강의를 하면서도 그렇게 많은 질문을 받아본 적은 별로 없어요. 그런데 그 선생님 말대로 질문을 안 하는 이유가 우리나라 학생이 자율성이 없고, 소극적이어서 그렇다고요? 저는 그렇게 생각하지 않습니다. 외국의 학생들도 누군가 상상하듯이 그렇게 질문을 잘 하지 않는데, 그런 이유가 뭔지 내가 가만히 생각해 봤어요. 그건 강단과 교실 바닥의 차이 때문이라는 거지요. 나는 그렇게 봐요. 그건 세계 공통이라고 봅니다. 선생과 학생이라는 차이 때문에 안 하는 거예요.

그리고 유럽대학은 교수의 권위가 더 세요. 유럽대학들은 몇백 년씩 되었잖아요. 그래서 선생과 학생 사이에는 교육이라는 필요성 때문에 어쩔 수 없는 불평등 관계가 있어요. 그렇기 때문에 나는 항상 교육을 필요악이라고 주장해요. 한편 이런 불평등한 관계가 깨지면 교권이 무너진다는 얘기가 나오기도 하고, 반대로 권위를 너무 세워서 권위주의가 된다는 부정적 비판의 소리도 나오는 거지요. 물론 선생은 권위주의는 아니지만 권위가 있어야 돼요. 어쨌든 오랜 전통 속에서 선생과 학생의 차이를 학생들이 느끼는 거예요. 또한 개인적으로도 대학까지 오는 동안 무려 10년 이상 그런 불평등 관계를 경험하잖아요. 그러니까 그게 알게 모르게 몸에 배인 거죠. 강단과 교실의 바닥 차이 때문에 선뜻 질문을 안 하게 되는 겁니다. 우리나라 학생들에게 특별한 문제가 있어서 그런 건 아니에요. 물론 우리나라 학생들과 서구 학생들 사이에 차이는 있어요. 그 사람들이 좀더 적극적인 성격인 것 같긴 해요. 그러나 그게 본질적인 문제는 아니고 교육의 특성 때문에 그런 거예요.

제 동생이 고등학교 선생인데 제가 늘 하는 말이 학생들과 갖는 시간을 줄이라는 거죠. 친분이 있는 젊은 교수들한테도 이렇게 얘기해요. 당신이 교수로서 학생들한테 할 수 있는 의무는 다해라. 단, 학생들과 함께하는 시간을 지나치게 많이 갖지 마라. 학생들과 함께하는 시간을 지나치게 많이 가지며 항상 불평등 관계에 익숙해져 버려요. 물론 교육자가 강의를 열심히 하고, 학생 면담하고, 개인적인 대화도 해야지요. 그러나 지나치게 학생과의 관계에 집착하면, 교육자 자신이 자기도 모르게 불평등 관계를 '즐기게' 됩니다. 여러분은 교육자로서의 경험이 없어서 그렇지만, 사실이 그렇거든요. 그렇기 때문에 현명한 교육자는 학생들하고 갖는 시간을 양적으로 조정합니다. 우리 집안에 선생님들이 많아요 초등학교 선생님에서 대학교수까지. 그런데 집안에 무슨 일이 있어서 모이면, 각자 자기 주장만 해요. 왜냐하면 항상 자기 주장만 하던 버릇이 있어서 그렇지요. 그래서 오늘도 내가 실패했다고 생각하는 게 뭐냐면 내가 말을 너무 많이 했다는 거예요.

다음엔 자리 배치를 조금 바꿔봅시다. 다양하게 자리를 배치하면 아무래도 여러분이 말할 기회가 많아질 것 같아서입니다. 다시 말해서, 인디고 서원처럼 이러한 조직의 좋은 점은 강단의 불평등을 없앤 방식의 대화를 할 수 있다는 것 아니겠어요? 그걸 또 시도할 수 있다는 것. 그런 것을 위해서 인디고 서원의 모임이 있는 거지요.

사회자 네, 오늘 김용석 선생님과 오랫동안 대화를 나누었는데요. 그래도 아쉬움이 남는 건 어쩔 수 없나 봅니다. 다음 기회를 약속하면서 오늘 주제와 변주는 여기서 마치도록 하겠습니다. 감사합니다.

8회

2005년 8월6일 오후2시

개인이 현실의 벽을 뛰어넘으려면 어떤 실천이 필요할까요?

사회자 지금부터 제8회 주제와 변주를 시작하도록 하겠습니다. 저는 오늘 사회를 맡은 부산국제고등학교 1학년 김연주라고 합니다. 반갑습니다. 오늘이 자리에 저희와 함께하실 분은 강수돌 교수님이십니다. 참 정겹게 생기셨죠?(웃음) 교수님에 대해 간단하게 소개를 드리자면, 1997년부터 고려대학교 서창캠퍼스 경영학과에서 학생들을 가르치고 계시고요, 『지구를 구하는 경제책』, 『나부터 교육혁명』, 『노동의 희망』, 『경영과 노동』 등을 쓰셨습니다. 또 직접 '나부터 교육혁명'을 실천하고 계시기도 하지요. 지금 가족과 함께 시골에 가셔서 일상을 꾸리며 소박하고도 혁명적인 삶을 실천하고 계십니다. 저희는 선생님의 책을 많이 읽어서 선생님을 잘 안다고 생각하지만, 그래도 첫 만남이니까 선생님께서 다시 한번 자기 소개를 해주시는 것도 좋을 듯합니다.

강수돌 네, 우선 이렇게 좋은 자리에 좋은 시간을 함께 나누게 되어 정말 반갑습니다. 허아람 선생께서 어제부터 너무 극진히 대접을 해주셔서 정말 황송스럽고, 과연 여러분하고 만나는 시간이 그에 대한 보답이 될지 자문해 봅니다. 어쨌든 좋은 시간을 나눌 수 있게 되어서 참 반갑고, 이것이 계기가 되어 앞으로도 여러분하고 더욱더 친근하고 유대감이 넘치는 관계들을 맺었으면 좋겠습니다.

자신의 소개를 해달라고 했는데 저는 최근에 와서 제 소개를 이렇게 합니다. 저는 아침마다 일어나서 마당 바깥에 있는 거름간에 똥을 누고 똥하고 인사를 나눕니다. "똥아 잘 나와서 고맙다." 이렇게요. 그러고 항상 저의 아이들에게 하는 이야기가 "밥이 똥이고 똥이 밥이다." 이렇게 말하지요.(웃음) 그런데 최근에는 밥이 병들고 또 똥이 병들다 보니까 살림살이가 병들어 가고 있지요. 이런 것이 참 안타깝기 때문에 제가 모든 모범을 다 보일 수는 없지만 최선을 다해 건강한 살림살이를 만들고 싶어요. 또 그런 작은 울림들이 하나 둘 전파되고 서로 힘을 주고받으면서 세상의 살림살이 전체를 좀 바꾸었으면 좋겠다는 생각을 가지고 이론과 실천 양면에서 노력을 하고 있습니다. 그런 맥락 속에 '인디고 서원' 도 알게 되었고 아람 선생님도 알게 되고 또 여러분도 만나게 되었습니다.

사회자 '교육보다 좋은 무기는 없다' 는 말이 있습니다. 오늘 주제와 변주에서 중점적으로 다룰 것은 바로 우리의 가장 절박한 문제인 교육입니다. 최근에 2008학년도 입시안이 발표되자 교육계가 온통 떠들썩한 거 다 아시죠? 갈수록 학생들이 공부기계로 변해가고, 부모님들은 말 그대로 허리띠만 자꾸 졸라매는 안타까운 현실이 바로 우리나라 교육이거든요. 아마 여기 오신 모든 분들은 강수돌 선생님이 쓰신 『나부터 교육혁명』을 읽어보셨을 거라 생각되는데요. 평소에 고민하셨던 문제도 좋고, 아니면 이 책을 읽으면서 제기하고 싶었던 문제점들을 질문할 수 있는 값진 시간이 되었으면 좋겠습니다. 그러면 제가 먼저 가볍지만 중요한 질문으로 시작을 하겠습니다.(웃음)

네, 다소 단도직입적인 질문이라서 교수님께서 당황하실 수도 있겠지만, 여기 왜 오셨는지 궁금해요.(웃음) 굉장히 바쁘신 걸로 알고 있는데 어떤 의미를 가지고 여기에 오시게 되었는지요.

강수돌 우선 허아람 선생께서 초청해주신 게 직접적인 계기지만, 그보다 더 심층적으로 답하면, 그야말로 나 하나의 울림을 여러분의 울림과 공명하고 싶은 마음, 이런 마음에서 왔어요. 개인적인 차원에서 책을 읽고 저자를 좋아하고 이런 것도 있겠지만, 우리가 이런 고민을 함께 나누는 것은 우리 자신의 삶의 조건뿐만 아니라, 후손들이 현재의 우리가 살아가는 모습보다는 조금 더 행복한 사회에서 살아갈 수 있도록 지금 조그마한 씨앗이라도 함께 뿌리고자 하는 마음을 나누고 싶어 이렇게 오게 되었습니다.

사회자 그러면 이제 자유롭게 질문하고 대답하는 시간을 가져보도록 하겠습니다. 주저하지 마시고 적극적으로 질문을 해주셨으면 좋겠습니다. 그럼 누가 먼저 질문을 해주실까요?

강수돌 쉬운 질문부터 해주세요.(웃음)

이희민 안녕하세요. 저는 해운대여자고등학교 3학년 이희민이라고 합니다. 선생님께서는 『나부터 교육혁명』이라는 책에서 학교의 현재 모습에 대해 비판적으로 고찰하셨잖아요. 그런데 정작 선생님의 고등학교 생활은 어땠는지가 궁금합니다.

강수돌 저는 경남 마산에서 고등학교를 나왔습니다. 그런데 중학교 때까지는 책을 진짜 안 읽었어요. 그래서 담임선생님께서 "수돌이는 교과서는 열심히 읽는데 그 외의 책들은 너무 안 읽는 것 같다. 그러니 교과서 이외의 책도 좀 읽고, 음악도 듣고, 이렇게 폭을 좀 넓혀라." 이런 말씀을 해주셨는데, 그 말씀이 중학교 때까지는 와닿지 않더라구요. 그러다가 고등학교에 진학하면서 "내가 내 스스로 폭을 넓혀야 되겠다"는 생각을 했어요. 당시엔 제 성격이 너무나 내성적이었어요. 이렇게 남들 앞에서 이야기할 수 있는 성격이 아니었거든요. 조금만 이야기해도 얼굴이 빨개져서 말도 못하고……. 그래서 스스로 내 자신을 좀 변화시켜야 되겠다는 강렬한 욕구가 있어서 고등학교 들어가자마자, 제가 선배들에게 물어보고 해서, 좋은 동아리에 가입을 하려고 했었어요. 그러면 다른 책도 많이 읽고 남들 앞에서 이야기도 할 수 있는 그런 성격으로 내 자신을 변화시킬 수 있지 않을까 생각하면서요. 그래서 선배들이 여러분도 잘 아시는 도산 안창호 선생님의 '흥사단 아카데미'를 추천해 주었습니다. '흥사단 고등학생 마산아카데미'가 정확한 이름인데 그 단체에 들어가 고등학교 학생들이 만나서 도산 안창호 선생님에 관한 책도 읽고, 대학교에 진학한 선배들이 권하는 좋은 책들도 읽었어요. 지금 생각해보면 아람 선생님이 하시는 이런 공간이 좀 느슨한 형태로 하나의 동아리 모습으로 운영되었던 거죠.

거기서 열심히 활동을 했습니다. 다른 한편으로 "이제 나 자신이 앞으로 무엇을 할 것인가?"에 대해서 상당히 고민을 많이 했지요. 당시에는 별로 확실한 결정을 못 내렸습니다. 지금처럼 '공부하는 학자로 살아가겠다. 그리고 학자로 살지만 고고하게 학문의 세계에만 머무르는 게 아니라 현실 문제에 부단한 관심을 가지면서 살아가겠다'라고 결심하게 된 것은 대학교 4학년 때입니다. 여러분은 지금 어떨지 모르겠지만 그 이전에 내 자신의 진로를 정하기가 너무나 어려웠습니다. 대부분의 어른들이 권하는 것은 법대에 가서 남들 앞에 떵떵거리는 직업이 태반이었어요. 쉽게 말해 권력이 있거나 돈 많이 버는 직업들이죠. 그런데 내 마음 깊은 곳에서는 "그것이 과연 내가 꼭 해야 되는 일인가?" 하면서 확신이 안 서는 겁니다. 그런 마음 때문에 특별활동을 하면서도 다양한 책을 읽으며 진로를 고민하기 시작했어요. 그런데 진로 고민이 그렇게 구체적인 답변으로 이어지지는 못했던 것 같습니다.

결론적으로 저의 학교생활을 두 가지로 요약하면 보통 말하는 학교 수업이나 친구들과 부대끼는 학교생활이 있고, 두 번째로 절반 이상을 차지했던 과정이 아까 말했던 아카데미 활동과정입니다. 이 활동은 고등학교 3년 내내 저에게 큰 영향을 주었던 것 같아요. 제가 대학 본고사를 보기 좋게 낙방했어요. 저는 장학생으로 대학교에 갈 거라고 큰소리 쳤거든요.(웃음) 그래서 상당히 실망을 했는데 지금 생각해 보면 그 낙방했던 경험이 나 자신을 성숙시키는 계기가 된 것 같습니다. 그렇다고 해서 여러분더러 무조건 낙방하라는 것은 아닙니다.(웃음) '스스로에게 만족할 만한 결과가 오지 않았을 때 절대로 좌절하지 말고, 그것을 어떤 전화위복의 계기로 삼을 수 있는 힘이 참 필요하구나.' 이런 생각이 들었던 거지요. 그래서 처음에는 낙담을 했지만 나중에는 "이것도 일 년 동안 나에게 주어진 인생인데, 이것을 내가 생각한 목표대로 한번 살아보자"라고 생각했죠. 재수생활도 내 인생을 사는 것이라 생각하며 그러면서 더 많은 생각을 하게 되었어요.

그 당시 시대적인 상황이 사실은 70년대 말 80년대 초 무렵, 박정희 독재 시절의 끝이자 신군부가 등장하던 시기였기 때문에 '흥사단 아카데미' 활동과 조금은 연결이 되어 있었습니다. 제가 당시에 실천적으로 나서서 싸우고 시위하고 한 것은 아니지만, 왜 사람들이 그렇게 싸우고, 길거리로 뛰쳐나오는가 하는 부분에 대해 그 배경을 조금씩 이해하게 되었던 거죠. 고3 때가 1979년도였는데, 당시엔 박정희 대통령이 암살당하고 그 이전에 김영삼 씨가 자기 당에서 제명당하는 정치파동들이 있었고, 또 여성 노동자가 인간답게 살자고 싸우다가 죽는, 이런 사회적 혼란이 심했던 때였죠. 그래서 제 고등학교 생활은 흔히들 말하듯이 입시준비를 위해 공부만을 했던 생활이라기보다는, 한편으로는 제 자신의 성격변화나 폭을 넓히는 노력을 부단히 했던 과정이었고, 저는 그것을 통해서 많은 친구들을 사귀고 책도 많이 읽고 생각을 정리한 상당히 소중했던 시간이었다고 생각합니다. 그러면서도 시대적인 조건이나 사회상황이 내 진로 문제를 고민하는 데 좀 영향을 주지 않았나 생각을 하기도 합니다.

근데 솔직히 말씀드리면 아까 그 공부하는 학교에서의 생활이라는 측면에서 보면, 보통 우리가 이야기하는 경쟁적인 점수 따기 공부, 그것에도 저는 신경을 많이 쓴 편이었어요. 솔직히 말하면 지금 『나부터 교육혁명』에서 이야기하는 이런 내용은 제가 최소한 석사과정 이상 공부를 하면서 점차 생각이 쌓여서 이렇게 하나의 책으로 정리하게 된 겁니다. 그 이전만 해도 저도 "1등 해야 된다"는 생각이 지배적이었어요. "1등을 해야 내가 살아남을 수 있다." 그런 생각을 많이 했는데 아무리 생각을 하고, 연구하고, 정리를 해봐도, 모든 사람이 그런 생각을 갖는다고 해서 모두가 1등도 할 수 없을 뿐더러, 과연 1등을 한다 해도 얼마나 행복하게 살 수 있고 또 사회를 위해서 얼마나 훌륭하게 살 수 있는가를 생각해 보면 결코 긍정적이지 않다는 결론을 내렸어요. 주위에 보면 일류대학 나온 사람들 중에 사회를 행복하게 만드는 사람보다 망치는 사람이 더 많아요.

하여튼 그런 생각은 나중에 차츰 이렇게 쌓이게 된 거고, 솔직히 말씀드리면 "점수 잘 받고 1등을 해야 되겠다"는 생각도 제 머릿속에 반 정도는 차지했던 것 같아요. 그러나 동시에 "그것에만 매몰되지 말자. 내 자신의 생각도 좀 넓히고, 사회적인 시야도 넓히자"는 생각으로 단체활동도 열심히 했습니다. 거기서 회장도 하고, 글도 쓰고, 각종 모임

그리고 그 행복이나 자아실현이라고 하는 것이 지금은 준비단계고
나중은 실현하는 단계라는 식으로 나뉘는 것이 아니라는 거죠.
오늘 하루하루 생활하는 과정이 행복해야 바람직한 것이고,
오늘 하루하루 삶의 과정 속에 내가 할 수 있는 자아실현을 해야 되는 거예요.
대개는 그렇게 안 가르치지요. "지금은 준비단계니까 열심히 시키는 대로만 해.
나중에 언젠가 꽃을 피울 날이 있을 거야." 이런 식이지요. 그러나 그게 아닙니다.
하루하루 여러분들의 생활이 행복한 과정의 연속이어야 하고
또 그렇지 않은 것과의 싸움이 연속되어야 해요.

도 조직했던 것 같아요. 그래서 고등학교 생활을 돌아보면, 나름대로는 참 열심히 살았다고 생각합니다. 크게 후회하지는 않아요. 그런데 이제 그것을 근본적으로 뜯어보면, 공부를 열심히 했다는 차원에서는 나쁘진 않을지 모르지만, 왜 공부를 열심히 했는가를 따져보면, 아까 "왜 오셨는가?" 하는 질문처럼 스스로에게 도발적인 질문을 던져보면, 결국 나도 내가 고등학생일 때까지 지금 내가 책에서 비판하는 그런 모습으로 살아왔다는 거예요. 그런데 가면 갈수록 그게 정답이 아니라는 확신을 갖게 된 것입니다. 질문은 간단한데 제가 너무 길게 말했죠? 답변시간도 좀 제한을 할까요?(웃음)

질문자 교수님께서는 교육에 관심이 참 많으시잖아요. 교수님이 보시기에 바람직한 학생이란 어떤 모습을 하고 있는지요?

강수돌 바람직한 학생이요? 우리가 대개 벼슬 안 하고 죽으면 제사지낼 때 '현고학생부군신위' 라고 해서 학생이라는 글자가 들어가잖아요. 그러니까 다른 말로, 죽을 때까지 공부하다가 죽었고 그 결과 아무 벼슬을 하지 못했다, 이런 뜻으로 학생이라 하지요. 그런데 오늘날 우리는 '학생', 그러면 초 · 중 · 고등학생 혹은 대학생, 이렇게 개념을 좁혀서 생각하는데, 학생의 개념을 좀 넓혀서 평생 학생으로 공부하면서 살아가는 존재라고 보면 어떨까요? 그러면 공부가 무엇일까요? 교과서뿐만 아니라 우리 생활 전반이 다 공부의 재료인 거죠. 오히려 학교라는 공간이 입시공부 때문에 공부의 내용을 너무 편협하게 만들고 있는 것이 아닌가 하는 생각이 들거든요. 그래서 학교 안팎에 계시는 많은 훌륭하신 선생님들께서 그런 범주를 넓히려고 노력을 많이 하시지만 사회의 지배적 분위기는 '학생은 공부만 하는 것이다', 이렇게 되어 있지요. 그러면 공부내용이 뭐냐. 학원 가고, 참고서 문제집 푸는 것으로 공부의 내용을 국한하는데, 결코 그렇지 않다는 거죠.

우리가 길거리를 가면서 사람들이 살아가는 모습을 보면서도 많은 것을 느끼고, 배우고, 또 글로 적어보면서 자기 생각을 정리할 수 있죠. 이 모든 것이 공부예요. 그리고 교과서 이외의 책을 읽는 것도 마찬가지죠. 경우에 따라서는 베스트셀러가 아닌 것들 중에 좋은 책들이 더 많은 것 같아요. 영화도 그렇잖아요. 소문난 영화 보러 갔는데 실망한 경험이 많죠? 그런데 별로 히트치지도 못했지만 정말 가슴에 와닿고 내 영혼에 깊은 울림이 있는 영화가 있듯이 책도 그렇잖아요. 또는 스쳐지나가는 작은 신문기사에서도 훌륭한 기자가 쓴 한마디 구절이 인생의 방향을 좌우하기도 합니다. 많은 어른들과의 대화에서도 내 인생에 커다란 울림으로 작용할 만한 것이 있습니다.

이런 모든 게 학學이라고 했을 때 우리가 배운다는 범위를 넓혀본다면, 우리 모두가 어른이고, 아이이고, 교복 입은 사람, 안 입은 사람 관계없이 모두가 '학생'이기 때문에, 어찌 보면 지금 학교 시스템에서 요구하는 학생의 틀을 부단히 벗어나는 것, 이게 가장 바람직한 학생이 아닐까 합니다. 한마디로 학생이기를 거부하는 것이 진짜 학생이라는 말이죠. 이거 초반부터 너무 센 게 아닌가 모르겠는데요.(웃음) 역설적으로 말하자면 그렇다는 말씀을 드리고 싶네요. 그 틀을 벗어나서 내가 할 수 있는 범주 내에서 부단히 깨치고, 실천하고, 노력하고 또 마음과 뜻이 맞는 사람과 같이 손잡고 고민하고 토론하고 가능한 한 그런 실천을 하는 거죠.

그리고 궁극적으로 많은 선생님들이 말씀하시는, '열심히 공부해서 네가 원하는 대학에 가라'는 것도 사실은 '네 꿈을 펼쳐보라, 그래서 행복하게 살아라.' 이런 뜻이 있는 것이지, 여러분이 불행하길 바라는 부모님이나 선생님은 아무도 안 계시잖아요? (웃음) 그런데 방법론적으로 과연 그렇게 점수 잘 받아서 행복하게 자신의 꿈을 펼칠 수 있느냐 하는 거죠. 저는 아니라고 이야기하고 싶거든요. 즉, 행복하게 살고 꿈을 펼치기 위해서 통념적으로 점수 잘 받는 것, 훌륭한 사람이 되기 위해 노력하는 것 등 이런 개념들의 틀들을 자꾸 벗어나려고 노력하는 것이 오히려 더 진정한 의미의 훌륭한 사람으로 성장하는 것이라고 생각합니다. 그리고 그 행복이나 자아실현이라고 하는 것이 지금은 준비단계고 나중은 실현하는 단계라는 식으로 나눠지 않는다는 거죠. 오늘 하루하루 생활하는 과정이 행복해야 하고, 그런 삶의 과정 속에서 내가 할 수 있는 자아실현을 해야 되는 거예요. 대개는 그렇게 안 가르치지요. "지금은 준비단계니까 열심히 시키는 대로만 해. 나중에 언젠가 꽃을 피울 날이 있을 거야"라는 식이지요. 그러나 그게 아닙니다. 하루하루 여러분의 생활이 행복한 과정의 연속이어야 하고 또 그렇지 않은 것과의 싸움이어야 해요.

동양적 개념이나 서양적 개념, 저는 그런 구분을 그렇게 좋아하지는 않지만, 서양적인 개념으로는 '인내는 쓰다 그러나 그 열매는 달다.' 뭐 이런 것 있죠? 여러분 책상 앞에 붙여놓은 것들…….(웃음) 그런데 동양적 개념으로 따지면 '인내와 열매는 같이 있다'고 봅니다. 그러니까 우리 어머니와 아버지들 특히 어머니들께서 아이들을 낳아 기르는 과정을 보십시오. 그 힘들고 고통스러운 과정 속에 생명을 기르고 함께하는 기쁨을 같이 느끼기 때문에 그게 가능한 거예요. 나중에 애가 효도해서 내 기쁨을 알아줄 것이기 때문에 고통을 감수한다? 물론 말씀은 그렇게 하시는 분들도 있을 수 있겠죠. 하지만 모두 힘들지만 그 고통 속에 기쁨이 같이 있기에 가능한 거예요.

여러분도 '나는 20년 후의 행복을 위해서 지금 나를 죽여야겠다'. 이렇게 생각할 수 있지만! 그렇게 해서는 결코 행복해지지 않아요. 오히려 상처만 많이 받을 수 있어요. 우리 사회는 너무나 상처를 많이 주고받는 사회이기 때문에 상처를 안 주고 안 받기 위해서 노력해야 하고, 만약에 상처를 받은 흔적이 있다면 그것을 건강하게 치유하는 노력을 많이 해야 합니다. 쉬운 이야기는 아닌데, 우리 어른들도 그래요. 우리 모두가 자신도 모르게 어릴 적에 받았던 상처들이 많을 겁니다. 남녀노소 불문하고요. 그래서 그것을 건강하게 치유하는 일에 관심을 갖고 노력해야 돼요. 핵심은 역시 사랑인 거 같아요. 그런데 남들을 사랑하기 위해서는 자기 자신을 사랑할 줄 알아야 해요. 자기 자신을 사랑하려면 내 마음 깊은 곳에서 이야기하는 그 목소리를 들을 줄 알아야 되지요.

우리는 흔히 껍데기 이야기에 좌우되는 생활을 많이 하는데, 정말 내가 나 자신과 대화하는 시간을 아침마다 5분이나 10분씩 가져보십시오. 그러다 보면 진정으로 자기의 솔직한 느낌, 솔직한 내면의 욕구, 솔직한 목소리를 들을 수 있고, 건강한 자신의 모습을 가질 수 있게 돼요. 그러면서 자기만을 위해서가 아니라 다른 사람을 생각하면서, 자신에 대한 사랑과 사회에 대한 사랑을 같이 실천하는 방향으로 나가게 되고, 그러다 보면 자기도 모르게 받았던 예전의 상처를 서서히 치유하게 되는 것 같아요. 그런 분위기들이 무르익다 보면 사회가 서서히 건강해지는데, 지금 우리 사회는 아직 그렇지 못해요. 그런 게 이제 우리가 보통 말하는 학생들의 삶의 세계에도 들어와, 학생, 학교, 교복, 도서관, 학원, 독서실, 입시, 점수, 이런 고통스런 단어들만 연상됩니다. 심지어는

'선생님' 이라는 단어를 떠올리더라도 좋은 기억보다는 매 맞은 기억밖에 없는 거죠. 그게 우리의 '병든 사회' 를 반영하고 있고, 거꾸로 말하면 상처받은 우리 자신들을 이야기하는 것인데, 이를 극복하기 위해서라도 학생이라는 범주로 묶이는 것들을 많이 탈피하려고 노력하는 것이 필요하다고 생각합니다.

이연주 안녕하세요. 예문여고 1학년 이연주라고 합니다. 아까 교수님 말씀을 들으면서 제가 엄마와 나누었던 대화가 생각이 났거든요. 그걸 말씀드리고 싶은데 괜찮을까요? 저희 어머니께서 저녁에 저에게 이야기를 하시는 거예요. 자주 그러시진 않는데 그날따라 회사에서 많이 힘드셨던지 이야기를 계속 하시더라구요. 그냥 하루 힘들었던 게 아니라 그동안 쭉 힘들었던 이야기들을 하셨어요. 그러다가 마지막에 '나는 내가 무엇을 위해서 이렇게 열심히 했는지 모르겠다. 지금까지 내가 이 일을 하면서 나에게 남겨진 것은 상처밖에 없다. 지금이라도 내 일을 접고 싶다' 라고 조금 과감하게 이야기를 하셨어요. 저는 평소에 제가 느꼈던 것이랑 생각했던 것을 떠올리면서 '어머니 결정이 맞는 것 같다. 지금이라도 그 회사를 그만두시고 엄마 인생을 살았으면 좋겠다' 라고 말씀을 드렸거든요.

저는 그렇게 말씀드린 걸 반가워하실 줄 알았어요. 근데 어머니께서 제 말을 들으시더니 이렇게 살짝 말을 다시 바꾸시면서 '아, 아니다. 나는 이 직업에 비전이 있고, 너희가 나중에 공부해서 행복하게 되는 것을 바라고, 이 고통을 참을 수 있다. 내가 오늘 너한테 괜한 걱정을 하게 한 것 같구나. 미안하다.' 이렇게 말씀하시고는 황급히 방으로 들어가셨거든요. 어머니께 저도 조금은 용기를 내서 회사를 그만두시라고 말씀드렸는데 결국 어머니께서 그렇게 다시 방향을 선회하시는 것을 보고 많이 안타까웠어요. 그래서 아까도 교수님이 이야기하셨던 사랑, 자기 자신에 대한 사랑이 필요하다고 생각하거든요. 그런데 제가 어머니한테 그 상황을 바꾸기 위해서는 좀더 구체적이고 현실적인 말씀을 해드려야 할 것 같아요. 거기에 대해서 조언을 듣고 싶어요. 제가 어머니께 뭐라고 말씀드리면 좋을까요?

강수돌 어머니께서 말씀을 바꾸기 전까지는 참 좋았어요. 그죠? 저도 어머니와 딸 사이의 대화가 바람직하게 가고 있다고 생각했는데……. 부모와 자녀의 관계에서 제가 잘 드는 비유가 고슴도치 이야기입니다. 고슴도치 두 마리가 있는데 추워서 서로 껴안았더니 서로가 서로를 찌릅니다. "아야!" 하고 서로 떨어집니다. 너무 많이 떨어지니까 또 추워요. 그래서 또 살살 붙습니다. 너무 붙으면 또 찔리니까 몇 번 왔다갔다 하다가, 마침내 서로 찌르지도 않으면서 따뜻한 온기를 서로 느낄 수 있는 지점을 찾게 되죠. 대개 우리 부모님들이 자식들을 너무나 사랑한 나머지 심지어는 자기 인생마저 포기하고 모든 것을 자녀에게 바칩니다. 조금 더 심한 분들은 자기 자신이 못다 이룬 꿈을 자식을 통해 대리 실현하고자 해요. 특히 최근 우리 사회의 분위기는 40대 50대 부모님의 인생 성적표가 자녀들이 어떤 대학을 가는가에 따라 정해지지요. 사회가 그러다보니 더욱 심해진단 말이죠. 그래서 누구네 집 애들은 일류 대학에 갔다더라, 누구네 집 애들은 출세를 했다더라, 그러면 "그 엄마는 그동안 참 잘 살았네", 어른들끼리 나누는 대화가 그렇다는 거예요.

제가 볼 때는 이렇습니다. 아까 이야기가 어느 지점까지는 잘 되었다고 했는데, 부모의 인생과 자녀의 인생은 같은 것 같으면서도 서로 다른 거예요. 기본적으로 부모가 자녀를 낳아 기른 데 대한 책임감이 있기 때문에 스스로 앞가림을 할 수 있을 때까지 도와준다는 의미에서 챙겨줄 필요는 있지만, 자기 인생을 포기하면서까지 모든 것을 투여하는 것은 바람직하지 않다고 생각해요. 왜? 그렇게 되면, 어른이 자기 자신의 독자적 인생을 살지도 못할 뿐 아니라, 자식의 독자적인 인생까지도 망치는 일이거든요. 스스로 자기가 살아갈 모습을 고민하고 그것을 어느 정도 정했다면 착실히 준비하는 과정에서 '야 힘들지 않니? 도와줄까?', '어떤 게 힘드냐?', 이런 식으로 도와줘야지, 인생을 전폭적으로 대신 살아줄 것처럼 해서는 안 돼요. 그 다음에 또 '기회비용'이라는 말이 있잖아요. 그 동안에 자기 인생을 살았다면 훨씬 보람 있었을 것을 자녀에게 모든 걸 쏟아붓다 보니 자기 삶을 놓치는 결과가 생깁니다.

그래서 아까 연주 학생이 어머니께 "지금부터라도 엄마의 인생을 찾아서 행복하게 자기 삶을 꾸려 나가는 게 바람직하다"고 했을 때 저도 '대화가 참 바람직하게 이루어진다'고 했는데, 어머니께서 아무래도 이런 두려움은 있었겠죠. "내가 했던 말이 우리 연주한테 지금까지 신경 썼던 부분을 좀 덜 신경 쓰고 내 이기적인 모습으로 돌아가는 걸로 비칠까봐" 두려워하셨을 것 같아요. 장기적으로는 이렇게 말씀을 드려보세요. 지금 직장에서 어머니께서 연주를 돌보고 신경 쓰고 뒷받침해 주는 그런 부분과 자기 자신의 삶 혹은 삶의 행복을 추구하는 부분을 서로 조화시키기 힘들다면 지금부터라도 조화시킬 수 있는 다른 일을 찾아보실 수 있잖아요. 그죠? 어느 하나를 포기한다기보다 조화가 가능한 다른 일을 꾸준히 찾다보면 또 길이 나타날 수 있거든요. 그리고 우리 연주가 어머니께 "내가 엄마께 그런 말씀을 드린 것은 결코 '그래, 이제 엄마 마음대로 해.' 이런 취지가 아니고 나도 내 행복을 찾아야 되겠지

만 엄마도 엄마의 삶에서 행복을 찾을 필요가 있기 때문에, 그런 의미에서 나도 엄마가 그런 길을 갈 때 진정으로 행복할 것이다"라는 이야기를 했으면 좋겠어요. 이런 말을 해드리는 것이 어머니도 안심시켜드리고 점차적으로도 조화로운 삶을 살 수 있는 방법이라고 생각합니다.

최지원 저는 부산외국어고등학교 1학년 최지원이라고 합니다. 교수님의 『나부터 교육혁명』을 보면 "교육혁명이 결국 나부터 시작한다. 하지만 이제 사회적인 제도 면에서도 협력을 해야 진짜 변화가 일어난다." 이렇게 얘기를 하셨는데요. 지금 저희가 그런 방법으로 교육혁명을 했을 경우에는 효과가 나타나기까지 시간이 많이 걸리잖아요. 그런데 저희는 당장 2008년 입시 때문에 피해를 받고 있는 게 사실이고요. 그래서 뭔가 실질적인 대안이 필요한데, 교수님께서 이야기하신 사항은 지금 당장 효과를 이끌어낼 수 있는 방법은 아닌 것 같거든요.

강수돌 네, 좋은 말씀인데요. 우선 "좀 길게 보자"는 이야기를 하고 싶어요. 지금 당장 필요한 대안을 이야기하기는 참 어려운 것 같습니다. 현재 입시에 어떤 뾰족한 대안이 있겠어요? 입시의 고민이란 게 뻔하지요. 대개는 '어떻게 하면 일류대학을 갈 수 있을 것인가' 하는 고민 자체가 그것 때문에 출발하는 것이지요. 조금 호흡을 느긋하게 해서, 이렇게 생각해 봐요. 정말 내가 마음 깊은 곳에서부터 절실히 공부하고 싶은 분야가 뭔지를 한번 찾아보세요. 그걸 정한 다음에 그 부분을 가르치는 선생님 중에서 가장 존경하는 분이 누구인가, 그 선생님이 계신 곳을 찾아가면 돼요.

대학입시 제도와 교육부장관을 아무리 바꾸어도 전국의 모든 고등학생들에게 일류대학 합격시켜 주는 아이디어를 가진 사람은 없습니다. 그리고 아까 이야기했지만, 소위 일류대학 졸업해서 자기 행복을 넘어서서 사회 행복을 함께 고민하면서 살고 있는 사람이 과연 얼마나 있을까요? 그 길이 우리 길이 아니라는 거지요. 그래서 바로 그 부분에서 '나부터 실천하는 교육' 운동이 될 수 있는 거예요. 내가 진정으로 배우고 싶어하고 앞으로 관심 있게 학습하고 싶어하는 분야가 뭔지 찾아보고 그 분야에 가장 존경할 만한 선생님을 찾아야 합니다. 일류대학에 존경하는 선생님이 다 모여 있는 것은 아닙니다. 좀 심한 표현이지만 '사기꾼'도 많습니다. 진짜예요.(웃음)

제가 미국에서 연구년을 보내는 1년 동안 느낀 것 중 하나가 이런 겁니다. 우리나라 교육을 망치는 사람들 중 1번 타자 부류에 속하는 사람들이 대학교수라는 겁니다. 그 대학교수들이 미국에 1년 잠깐 다녀오는 사이에 자녀들을 미국으로 보내는 일을 많이 하고 계시더라구요. 수단과 방법을 가리지 않고 애들은 보내놓고 자기는 한국에 돌아와서 여기서 돈 벌어서 1년에 수천만 원씩 송금합니다. "한국교육, 썩었다, 썩었다"고 하면서 한국에서 열심히 가르치는데, 그것은 돈 벌기 위해서이고 한국교육은 썩었으니까 자기 자식은 미국으로 슬그머니 빼돌린다는 거지요. 그런데 미국교육도 건강하냐 하면 별로 그렇지도 않아요. 여기 허아람 선생님 교실보다 건강하지 않다고 보면 돼요.(웃음) 이 교실이 제일 건강한 부류 중 하나입니다. 이런 식으로 가면 우리도 모르는 사이에 스스로 실천할 수 있는 혁명이 될 수 있지요.

그 다음 제도적으로 이야기하자면, 제가 조금 그림을 그리겠습니다. 지금까지의 대학입시체제들, 그리고 앞으로 당분간은 변하지 않을 대학입시체제의 기본모델이 뭐냐 하면 학생들을 위에서부터 점수 순서로

A, B, C, D, E로 나누는 피라미드 모델이지요. 이 삼각형에서 1급에 속하는 잘하는 사람들은 소수이고 대부분은 중간 이하로 몰려 있습니다. 그런데 이게 그대로 사회로 이어지지요. 학교의 모습이 그대로 또 노동시장으로 갑니다. 일류대학에서 일류직장으로 이어진다는 거죠. 초·중·고교 모습도 그렇고 직장도 이렇잖아요. 모든 부모님들이 자기가 C나 D에서 힘겹게 살고 있으면 자식들은 B나 A로 올려 보내고 싶어하죠. B에 계신 분들은 자녀를 A로 올리고 싶어하고 A에 계신 분들은 옥탑방이라도 새로 만들어 A^{+}를 만들어서 올리고 싶어해요.(웃음) 이런 마음 안 품고 있는 부모 있으면 나와보라고 해요. 어떤 부모님이 자기가 B에 있는데 자기 자식에게 "너, 임마, 죽어봐 임마" 하면서 C나 D로 끌어내리겠어요.(웃음)

그런데 이런 아이디어의 근본적인 한계가 뭐냐? 첫 번째는 모든 사람이 올라가고 싶다고 모두 올라갈 수가 있나요? 부모님들은 다 올리고 싶어하는데 모두가 A, B로 높이 올라갈 수 있나요? 없잖아요. 올라가는 사람이 있는 반면, 분명히 더 많이 탈락한다는 거죠. 그리고 두 번째 결정적인 문제가 뭐냐 하면, A, B가 누리는 커다란 혜택을 다른 말로 기득권이라고 하잖아요. A, B가 누릴 수 있는 기득권이나 혜택은 C, D, E가 누리지 못하는 부분들의 기초 위에서 누리고 있다는 거예요. 다르게 표현하면 빼앗은 거죠. 본인이 직접 빼앗은 것은 아니지만 간접적으로 어떤 형태로든 내가 누리는 기득권은 다른 사람 누군가가 희생당하고 힘겹게 살고 있기 때문에 가능한 것이에요. 이건 굉장히 중요한 사회적 이슈입니다. 이걸 이해하기 위해 그림을 하나 더 그려서 설명을 드리면 이렇게 역삼각형이 됩니다. 그러니까 소수의 A, B가 누리는 이 커다란 파이는 사실은 수많은 C, D, E가 못 누리는, 작은 덩어리만 가지고 서로 피 터지게 싸워야 하는 현실을 기초로 해서 가능한 거란 말입니다.

그러니까 이런 피라미드 구조의 한계가 뭐냐 하면 모두가 올라갈 수도 없을 뿐더러 상위층의 기득권은 하위층 누군가의 희생을 담보로 하고 있다는 것입니다. 이 희생물에는 나중에 이야기가 좀 진척이 되면 나오겠지만, 민중의 희생은 물론 자연의 희생까지 모두 들어가는 거예요. 이 커다란 파이를 만들기 위해서 사람과 자연을 무자비하게 파괴해서 파이를 경쟁적으로 크게 만든 다음에 그나마 불평등하게 나누어 가지는 구조, 소수의 기득권층이 더 많이 가지기 위한 싸움, 지금 우리 사회의 솔직한 모습이죠.

그렇기 때문에 대학입시가 가진 근본 문제는 단순한 입시지옥의 문제가 아니라, 나중에 사람들이 먹고 살아가는 방식 자체가 가진 문제이기도 합니다. 지금 같은 방식으로는 누구도 사람답게 살기 힘들죠.

제가 최근에 우리 집 밥상을 바꾸었습니다. 사각형에서 원탁형으로요.(웃음) 삼각형이나 사다리 질서에 대한 대안이 원탁형이라고 보거든요. 물론 밥상만 바꾼다고 될 일은 아니지요. 같은 A, B, C, D, E가 있다고 해도, 이 모든 다른 사람들이 피라미드(삼각형, 사다리) 질서에서는 아래위 점수로 위계질서화되고, 나중에 직장에 가면 그 회사가 일류 직장, 이류, 삼류 직장 이렇게 구분이 되지만, 그 대안이 될 수 있는 원탁형 질서에서는 일류, 이류로 구분이 되는 게 아니라 개성과 다양성을 이야기하고 있죠. A, B, C, D, E는 점수 순서가 아니라 서로 개성이 다를 뿐이에요. 우리가 얼굴이 다 다르듯이……. 쌍둥이 형제끼리도 얼굴이 다른데, 다 다를 수 있다는 것을 인정하자는 거죠. 그 위에서 모두 같은 인격체로 존중하는 것이 중요하지요. 나름대로 자기가 가지고 있는 좋은 재주들을 자기의 행복과 사회의 행복에 동시에 기여할 수 있도록 노력하자는 거죠. 그게 누구나 인정하는 정도로 70, 80점이 된다면 A, B, C, D, E를 구분 말고 비슷한 대접을 하면 될 것 아니냐는 거예요.

우리가 만 19세가 되면 운전면허 시험장에 가서 운전면허증을 따잖아요. 물론 그것 자체만 가지고도 우리가 토론을 할 수 있어요. 예컨대 과연 운전면허증 따는 게 바람직하냐, 이런 거. 제가 아는 어떤 사람은 인생을 걸고 운전면허증 안 따기 운동을 한다고 하던데…….(웃음) 그거는 또 다른 차원의 문제고, 아무튼 어떤 일이든 일을 하려고 한다면 최소한 기본적으로 갖추어야 할 소양은 필요하겠죠. 그래서 A, B, C, D, E가 나름의 개성과 나름의 소질을 가지고 있는데, 그것을 자기 행복과 사회행복에 동시에 이바지하는 방향으로 열심히 갈고 닦아 운전면허증 자격 수준이 되는 것처럼 70 내지 80점이 된다면 어떤 직업을 가지든지 간에 기본급을 같이 주자는 거예요.

예를 들면 청소하는 일을 봅시다. 길거리나 공원을 청소해야 되고 마을에서 공동으로 해야 할 것은 같이 모여서 하면 되는데 그것을 다 할 수 없다면 전문적으로 청소하는 분이 있어야죠. 또 학교의 선생님도 필요해요, 초 · 중 · 고 · 대학 가리지 말고. 또 어떤 분은 몸이 아픈 사람을 고쳐줘야 되니까 의사선생님이 되고요. 가장 중요한 사람은 건강한 방법으로 농사 지어 먹을 거리를 만들어주는 농부들이죠. 그런데 이런 모든 분들의 월급이 왜 달라야 하나요? 같으면 왜 안 돼요? 내 행복과 사회 행복을 위해서 제각기 필요한 일을 하고 그 재주가 뛰어나서 각기 70점을 넘길 정도가 되면, 청소하는 사람, 선생님, 의사, 농부 등을 모두 같이 대접하자는 거지요.

우리가 고민하는 입시문제의 핵심도 이렇게 안 하려고 하는 데서 오는 겁니다. 근데 이런 이야기에 대해서 기존 피라미드 질서를 옹호하는 사람들은 대개 어떤 답변을 합니까. 그러면 "실력향상이 안 된다"고 하잖아요. 원탁형 질서에서도 각자는 70, 80점 이상의 실력을 쌓기 위해 자신과 경쟁을 합니다. 대신 다른 사람과 경쟁이나 질투하지는 않지요. 각자는 각자의 실력 향상을 위해 노력할 따름이지요. 그리고 그 중에 더욱더 성실하고 훌륭하고 사회적으로 정말 모범이 되는 분들이 있으면, 그때마다 박수도 쳐주고 칭찬도 해주는 프로그램을 만들면 되지, 지금처럼 월급의 격차를 지나치게 심하게 해서 불평등구조로 만들어놓고 모두가 위로 올라가기 위해서 이렇게 피비린내 나는 경쟁을 학교에까지 확산시키다 보니까, 학교가 병들고 학생이 병들고 선생님도 병들고 학부모가 병들고 마침내 온 사회가 병드는 것입니다. 그래서 저는 기본적인 사회 시스템의 근본 원리가 바뀌어야 된다고 봅니다.

다시 처음의 질문으로 돌아와 보면, 우선 어떤 스트레스 받는 부분에 대해 답을 달라고 했는데, 본인이 정말로 하고 싶은 공부의 방향, 내용 등을 정하는 게 중요하다고 봅니다. 다음으로, 내가 열심히 노력해서 내가 원하는 선생님 있는 학교에 못 간다면 성적 나오는 대로 일단 가든지, 아니면 정말 모든 걸 걸고 내가 꼭 그 선생님한테 배워야 되겠다면 최선을 다해 준비해 보세요. 그곳이 보통 말하는 일류대학이 아닐 수도 있어요. 기존의 틀 속에서 생각하면 스트레스 감이지만 생각을 달리하면 새롭고 행복한 공부를 할 수 있습니다. 그리고 1, 2년 사이에 승부를 내려고 하지 마세요.

저는 아까 처음에 1년 재수생활을 한 것이 음으로 양으로 살아가는 데 도움이 된 거 같다고 했는데, 물론 어찌 보면 스스로를 합리화하는 부분도 있죠. 하지만 당시에 재수 안 하고 들어갔던 고등학교 동기들이

직접 본인이 빼앗은 것은 아니지만 간접적으로 어떤 형태로든 내가 누리는
기득권은 다른 누군가가 희생당하고 힘겹게 살고 있기 때문에 가능한 것이란 말이죠.
이건 굉장히 중요한 사회적 이슈입니다. 이걸 이해하기 위해 그림을 하나 더 그려서
설명을 드리면 역삼각형이 됩니다. 그러니까 소수의 A, B가 누리는 이 커다란 파이,
이 파이는 사실은 수많은 C, D, E가 못 누리는, 작은 덩어리만 가지고
서로 피 터지게 싸워야 하는 현실을 기초로 해서 가능한 거란 말입니다.

지금 살아가는 모습을 보면서 거꾸로 이야기해 보면, 우리가 1, 2년 빠르고 늦는 것이 중요하지 않다는 생각이 듭니다. 학생들 외에 어르신들도 여기 많이 계시지만 분명히 공감하실 겁니다. 그러니까 1, 2년 빨리 가는 것이 인생을 행복하게 살아간다는 기준에 비추어볼 때 최우선적으로 중요한 게 아니라는 것을 깨닫는 게 중요합니다. 정말 자기가 하고 싶은 일, 하고 싶은 분야에 내가 내 스스로 발전하는 것을 지켜보면서 채찍질하고 반성하고 느끼는 과정 자체가 행복하다면 그것으로 대만족이라는 거지요. 여기서 빠르고 늦는 것은 그다지 중요한 게 아니라는 생각이에요. 삶의 행복은 속도에 있는 것이 아니라 과정에 있는 것이다, 이런 말입니다. 조금 답이 되었습니까?

최지원 네. 감사합니다.

강수돌 짧은 질문에 긴 대답이어서 미안합니다.(웃음)

학부모 안녕하세요. 저는 고등학교 자녀를 둔 학부모입니다. 아이들을 이렇게 보면 야간자율학습도 해야 하고, 보충학습도 해야 하는 등 획일적 공간에서 똑같이 수업하니까 아이들 각자의 개성이 사라지는 것 같아요. 그래서 학교에 가서 담임선생님께 야간자율학습을 안 하면 안 되냐고 이야기했더니만 그 선생님은 20년 동안 교사생활을 해왔지만, 절대로 안 된다고 하시더라구요. 게다가 제가 찾아간 것 때문에 아이가 불이익을 받더라고요. 괜히 스트레스를 더 받기도 하고……. 과거에는 좋은 이미지였는데 엄마가 찾아가면서 여러 가지 스트레스를 받아 힘들어하는 상황을 봤거든요. 이렇게 푸릇푸릇한 청소년 시절에 아이들이 다양하게 책을 읽고 사고의 영역과 공간을 넓혀야 할 텐데 무조건 획일적으로 만들어서, 제가 학교 다닐 때나 지금이나 변함이 없는 것 같아요. 저는 좀더 세상을 행복하게 살아가는 그런 아이를 만들고 싶거든요.

강수돌 이 문제는 저보다도 교육감님께 강력하게 호소해야 할 것 같은데요.(웃음) 저도 실은 야간자율학습의 문제점을 많이 이야기하는 편입니다. 야간자율학습의 폐해는, 지금 어머님 말씀대로 학과 공부 외의 시간이라도 내가 하고 싶은 것을 좀 배우게 놔두면 좋겠는데 '학생의 행복을 위한다' 는 미명하에 밤 10시까지 잡아둔단 말이죠. 제가 볼 때 더 안타까운 것은 밤 10시에서 12시까지 도서관과 학원을 전전하면서 '새벽별 보기' 운동하면서 도서관을 나오는 게 우리의 DNA에 각인이 된다는 점이지요, 그래서 학생들이 일찍 집에 와서 놀면 불안해져요.(웃음) 그래서 토요일이나 일요일이 되면 도서관에서 공부만 하는 아이들은 마음이 편안할 거 같은데, 이런 데 와서 좋은 이야기를 듣고 있으면 어딘지 모르게 불안하죠. 그래서 가방이라도 도서관에 갖다놓고 놀아야 마음이 편해진다고 해요.(웃음) 심각한 병리현상이라고 볼 수 있습니다.

그게 나중에 직장으로도 이어지거든요. 직장생활하는 어른들, 특히 아버님들이 휴가를 10일 정도 받아요. 근데 휴가를 받은 사람이 마음 편하게 놀지를 못해요. 그래서 어떤 사람은 5일만 쉬고 5일은 반납하기도 하고, 심한 경우는 매일 회사에 가서 눈도장을 찍어놓고 나와서 놀아야 마음이 편한 거예요. 학교에서 이어지던 게 직장으로 계속 이어진다는 것이죠. 그리고 회사에서 소위 말하는 '야간잔업' 이라는 것도 학교에서 충분히 습관이 된 거죠. 오랫동안 학교나 회사에 남아 있는 게 당연하니까 집에 일찍 돌아가는 게 오히려 불안해져서 회사에서 늦게

그래서 이런 오후에는 이렇게 아람 선생님 교실 같은 곳에 와서 좋은 책을 읽고 토론한다든지, 좋은 연극이나 영화를 보고 친구들이나 부모님들과 차 한 잔 하면서 대화를 나눈다든지 이런 식으로 하루하루를 살아가야, 이게 우리가 진정한 학습을 하고 진정한 행복을 매일 연속적으로 느낄 수 있는 그런 과정이 되는 겁니다.

퇴근하는 것을 당연시하고 직장생활과 가정생활 또는 자기 시간 사이에 균형을 못 맞추는 것입니다. 그런 면에서 저는 우리 학교교육의 문제와 경제나 노동의 문제가 분리된 게 아니라고 생각해요.

그게 더 진척되면 노동중독 사태로 발전하는데, 사실 여러분 홈워크Homework할 때 '숙제'라는 말이 집에서 하는 일이고 보면 일이나 공부나 같은 말이거든요. 독일말로 아르바이트라 하지요. 아르바이트Arbeit라 하면 이게 '일하다, 공부하다'로 쓰이잖아요. 우리가 학교에서 공부중독이던 것이 바로 일중독으로 연결됩니다. 그래서 저는 야간자율학습이 가진 해악이 어머님 말씀대로 개성을 살릴 수 있는 시간을 빼앗을 뿐만 아니라, 나중에 일중독자까지 만드는 그런 메커니즘이라 생각해요. 이것이야말로 행복을 찾을 수 있는 기회를 원천적으로 뺏는 과정이죠. 그래서 학교에서 지금 당장 학교 시스템을 혁명하듯이 바꾸지 못한다 할지라도 최소한 야간자율학습만이라도 확실히 없애버리는 게 중요하다고 봅니다. 수업시간도 전폭적으로 줄여야 된다고 생각합니다. 그래서 어른들의 노동시간을 오전이나 오후 한나절로 줄여야 되는 것과 마찬가지로, 수업시간도 오전이나 오후 한나절만 해야 해요. 공감하면 박수가 나와야 되는데.(웃음, 박수)

그래서 오후시간에는 이렇게 아람 선생님 교실 같은 곳에 와서 좋은 책을 읽고 토론한다든지, 좋은 연극이나 영화를 보고 친구들이나 부모님과 차 한 잔 하면서 대화를 나눈다든지 하는 식으로 하루하루를 살아가야, 우리가 진정한 학습을 하고 진정한 행복을 매일 연속적으로 느낄 수 있는 과정이 되는 겁니다. 그런데 어른들은 일에 치이고 학생들은 공부에 치여 둘 다 행복하지 않다 보니까 짜증이 쌓이고 집에서 만나면 서로 부대끼면서 토라지고 상처주고 엉망이 되는 거예요. 그러다 보니 근본을 자꾸 잃어버리고 나중에는 상처받으면 눈에 보이는 외상, 즉 겉으로 드러난 부분에 연고 바르고 반창고만 바르는 식의 대증요법으로 치료하려고 하니까 근본 치유가 전혀 안 되는 거지요. 아까 어머님의 문제제기는 결코 개인적으로는 해결되지 않을 것 같아요. 오히려 '말씀드렸더니 불이익을 받았다' 고 하셨는데, 그게 심해진다면 학교를 떠나거나 옮기셔야 돼요. 진짜 개인적인 차원에서 꼭 하시려면…….

학부모 아이가 한 3개월을 안타까움과 두려운 마음으로 힘들어하더라구요. 나름대로 사랑을 받았는데 그 이후로 선생님이 여러 아이들 앞에서 혼내고 해서 저는 아이를 전학시킬까 하는 생각도 해본 적이 있는데, 아이가 3개월이 지나니까 적응하는 능력이 생기더라구요. 선생님 말에 이제는 신경 안 쓴다고 하면서 나름대로 이겨내는 방법을 찾더라구요. 그래도 슬픈 마음은 어찌할 수가 없는데, 그래서 저도 교수님 책을 보고 많은 공감을 했습니다. 결국은 우리가 사회에서 또는 학교에서 공부하는 이유가 자기만이 잘 되는 게 아니라, 다함께 좋은 사회를 만들 수 있는, 이 사회를 정말 잘 가꿀 수 있는 사람들이 되기 위해서라는 것을 모두 공감해야 할 것 같습니다.

강수돌 제가 조금 마무리를 하면, '도저히 안 된다' 싶을 땐 개인적으로 그 현장을 떠날 수도 있지만, 그보다 더 좋은 모습은 그런 비슷한 문제를 공유하는 부모님들이 학교운영위원회나 그 틀 바깥에서라도 학부모회 차원에서 연대해 좀 강력하게 문제제기를 해야 합니다. 아이들이 야간자율학습, 솔직히 말하면 야간타율학습을 모두 '해야만' 한다는 게, 앞뒤가 안 맞는 말이 되는 거죠. 우리나라에 그런 모순들이 참 많습니다. 자율학습을 해야만 한다는 것, 노동자들이 투쟁할 때도 준법투쟁을 하거든요. 법을 지키는 게 투쟁이 됩니다. 평소에 얼마나 법을 어겨가면서 노동강도를 높였던지…….(웃음) 지하철 노동 현장 같은 경우도, 예컨대 법적으로 10분 단위로 운행을 해야 되는데, 노동 강도를 높여 5분 단위로 하죠. 그럼, 투쟁할 때는 준법투쟁이라고 해서 원래 법대로 10분 단위로 한다는 거지요. 이런 식으로 법을 지키는 것이 투쟁이 되듯이 자율학습이라고 하는 것도 꼭 해야만 하는 식으로 되어버리니까 참 우스운 거죠.

우리가 아무리 일 자체가 힘들더라도 내가 하고 싶어서 하는 일은 행복으로 연결이 되지만, 아무리 쉬운 일이라도 억지로 하는 일은 불행으로 연결이 됩니다. 그래서 내가 정말 하고 싶은 공부를 하고 싶어하는 시간에 할 수 있는 게 우리 행복에 도움이 된다면, 개인적인 해결책보다 더 중요한 것이 저는 사회적으로 가는 것이라고 봅니다. 그런 차원에서 학교운영위원회나 학부모회의나 전국참교육학부모회의 등의 다양한 형태로 학부모들의 노력이 많아지고 있으니 점차 나아질 거라 생각합니다.

조금 다르게 생각하면 대안학교 형태의 학교들이 많이 생기기 때문에 앞으로는 학내외에서 다양한 노력들이 많아질 겁니다. 하루아침에 답을 찾기는 어렵겠지만, 앞으로 아람 선생님의 교실 같은 공간과 같은 대안교육 시도들이 더욱더 많이 만들어졌으면 좋겠습니다. 그렇다고 쉽게 제도화되면 타락하는 부분도 생길 수 있어요. 그래서 참 조심스럽기는 한데, 부산에 이런 대안적인 움직임이 있고, 이런 공간이 있다는 게 얼마나 행복한지 몰라요. 그래서 저도 개인적으로는 언젠가 제가 살고 있는 지역에 대안학교를 운영해서 우리 지역에 사는 학생들이 야간자율학습 없이 정말 자기가 하고 싶은 공부를 할 수 있는, 기본적으로 해야 되는 것만 하고 나머지 시간은 자유롭게 하고 싶은 것을 할 수 있고, 국내외 구분을 떠나 다양한 사람과 다양한 장소에서 다양한 체험을 할 수 있는 공간을 만들고 싶어요. 이런 꿈을 가지는 분들이 지금 현재 교육시스템 안과 밖에서 많이 생겨나기 때문에 장기적으로 느긋하게 보셨으면 좋겠고, 아까 그 아드님이 잘 적응을 했다고 했는데, 제가 한 가지 걱정되는 것은 그것이 건강한 모습으로 잘 극복을 했다면 아주 좋은 일이지만, 만약 그러지 않고 속으로 상처받아서 그것을 자기 방어를 위해 일종의 방어메커니즘을 구축하고 있다면 좀더 이야기를 나눠보시고 더 좋은 방법을 같이 찾아보시기를 바랍니다. 고맙습니다.

이나연 저는 부산외국어고등학교 3학년 이나연이라고 합니다. 지금까지 선생님이 말씀하신 것 중에서 궁금한 게 많은데, 그 중에 한 가지만 고르자면 교육과 언론의 관계를 묻고 싶습니다. 소위 이해찬 세대라고 하죠. 한 과목만 잘하면 대학 보내준다는 식의 교육혁명. 그 요상한 교육혁명을 통해서 아이들이 많이 혼란을 겪었던 것이 사실이거든요. 언론에서 너무 떠드니까 본질도 많이 왜곡되고, 우리는 우리대로 제대로 된 준비를 못한 것 같아요. 교육 문제를 다루는 데 있어서 언론의 역할이 굉장히 큰데, 언론이 교육에 미치는 영향과 그 관계에 대해서 어떻게 생각하시는지요?

강수돌 네, 지금 여기에도 언론에서 오신 분들 계시죠?(웃음) 제가 평소에 우리 사회 변화의 중요한 사회적인 제도 중 두 가지를 들라면, 하나는 교육이고 하나는 언론이라고 생각을 해왔습니다. 그런데 지금 질문은 언론

좀 다른 차원에서 보면 학생들이나 학부형들이나 교육운동을 하시는 분들이
스스로 뭔가 내용을 만들고 논리를 만들고 실험을 하고, 실천을 하면서
거기서 스스로 말하고 쓰고 하다보면 이른바 '독립 언론'이 될 수 있는 거죠.
그것을 주체적으로 만들어 나가는 것. 언론들에게 이런 것을 알리고
또 때때로 논쟁을 하거나 압박을 가하기도 해서 언론으로 하여금
더 좋은 의미의 교육을 하도록 촉구하는 방향도 있을 수 있지요.

이 교육에 미치는 영향에 관한 것인데요. 언론에 종사하시는 분들이 교육을 어떻게 바라볼 것인가에 대해 말할 수도 있지만, 제가 보기엔 우리 자신이 언론을 어떻게 보는가가 더욱 중요합니다. 기본적으로는 학생들이 학습하고 또 선생님들이 가르치는 어떤 교육과정들을, 과연 아까 말했던 이런 패러다임 중에서 왼쪽의 사다리 패러다임으로 갈 것인지 오른쪽의 원탁형 패러다임으로 갈 것인지, 이런 부분에 진지한 고민이 전제가 된다면 상당히 달라질 것이라 생각합니다.

좀 다른 차원에서 보면 학생들이나 학부형들이나 교육운동을 하시는 분들이 스스로 뭔가 내용을 만들고 논리를 만들고 실험을 하고, 실천을 하면서 거기서 스스로 말하고 쓰고 하는 것이 이른바 '독립 언론'이 될 수 있는 거죠. 그것을 주체적으로 만들어 나가는 것. 언론들에게 이런 것을 알리고 또 경우에 따라서는 논쟁을 하거나 압박을 가하기도 해서 언론으로 하여금 더 좋은 의미의 교육을 하도록 촉구할 수도 있지요. 그보다 더 적극적으로 생각을 한다면 스스로 만들어 나가는 언론을 있을 수 있습니다. 학부모들과 학생들이 대화하고 토론하는 총회라는 공간을 열고, 인터넷 공간을 활용해서 이야기하고 전파하고 만들어 나가는 언론. 이런 부분들은 상당히 중요하다고 봅니다. 그런 의미에서 제도적 틀 속에 갇히지 않는 사고가 상당히 중요하다고 봅니다.

일단 제도권의 언론과 교육을 생각해 보면, 저는 지금까지는 언론에 종사하고 계시는 분들이 사다리 모양의 패러다임 속에서 어떻게 하면 효과적으로 A, B라는 높은 자리를 차지할 것인가 하는 차원의 생각을 하고 있고, 또 그것이 한국경제나 사회발전에 도움이 된다는 기본 가치 전제를 갖고 있기 때문에 문제가 크다고 생각합니다. 그리고 우리에게 전파하는 각종 교육에 대한 보도나 논설들의 방향이 크게는 사다리 질서의 패러다임에 갇혀 있다는 거죠. 그래서 앞으로는 그런 것들을 바꾸는 데 우리가 많은 사례를 이야기해 주거나 다른 논리적인 논쟁을 할 수도 있어요. 더 호소력 있는 것은 새로운 실험들을 많이 알리고 모두가 행복할 수 있는 바람직한 대안적 과정들이 있다는 걸 끊임없이 이야기하는 과정들이 필요할 거라고 봅니다. 지금까지는 어찌 보면 그런 면에서는 언론들이 기존 틀을 더 수호하고 강고하게 만드는 일을 많이 해왔는데, 물론 그렇다고 해서 모든 기자 분들이 다 그런 것은 아니죠. 분명히 새로운 생각, 새로운 틀을 고민하는 분들이 많이 계십니다. 그래서 그런 분들을 조심스레 찾아내는 게 필요해요. 찾아내고 힘을 합쳐서 새로운 이야기를 써주기도 하고 새로운 실험의 어떤 노력들을 확산시켜 주기도 하고…….

사실 개별적으로 우리가 흩어져 있을 때는 두렵고 불안해요. 어떻게 될지 모르니까요. 나만 이러고 있으면 손해 아닌가 하는 생각이 들기도 하고요. 그러나 '만들어가는' 대안 언론의 과정이나 스스로 찾아낸 좋은 언론인들, 아까 우리가 서로 소통하고 대화하고 연대하는 이런 과정까지 적극적으로 생각하다 보면, 그것이 힘이 되어서 아, 나만이 하는 것이 아니고 상당히 많은 분들이 함께 고민하고 있구나, 그래서 그런 면에서 언론에서도 같이 함께할 분들이 많아질 것입니다. 그렇게 제도, 언론은 같이 변해갈 수 있고, 우리가 만드는 언론은 더욱더 힘있게 창조될 수 있겠지요. 이런 방향으로 가는 것이 저는 바람직하다고 생각합니다. 그래서 아까 우리가 기존의 틀 속에 학생들이 갇혀 있는 것은 문제라는 이야기를 했는데, 언론도 마찬가지입니다. 기존 틀을 부단히 벗어나려고 내부적으로 노력을 해야 하고 우리가 언론에게 그런 요구도 해야 되고 건의도 해야 되고, 또 스스로 만들면서 모범을 보여주려고 노력해야 된다고 생각합니다.

김판규 안녕하세요. 고등학교 3학년 김판규입니다. 선생님께서 아까 교육 문제에 대해서 말씀하셨는데, 막상 현실에 부딪히면 생각했던 것보다 그 벽이 너무 높은 것 같습니다. 학생들이 모두 입시제도의 폐해를 알고 있음에도 불구하고 현실에서는 그런 것이 하나도 안 고쳐지고 그대로 가고 있거든요. 자신의 자리에서 교육이 어떻게 바뀌어야 한다는 새로운 패러다임들은 계속 제시하고 있지만, 그것들은 하나의 구호에 지나지 않는 것 같습니다. 또 학생들이나 학부모들은 여전히 그 자리에서 수동적으로 따라갈 수밖에 없는 것 같고요. 그래서 이 자리의 우리도 어떻게 보면 이 공간을 나가면 다시금 현실이라는 족쇄를 완전히 떨쳐버릴 수 없는 상황인 거죠. 그래서 이런 좋은 말이나 생각들이 이상으로 그치지 않고 행동으로 옮겨질 수 있으려면 어떻게 해야 하는지, 또 무엇을 할 수 있는지 알고 싶습니다.

강수돌 그것은 우선, 자기 자신만이 제대로 알 수 있을 것 같아요. 제가 어떤 모범답안을 드리기보다는……. 근데 이런 이야기는 할 수 있을 것 같습니다. 분명히 지금 질문하신 학생뿐만 아니라 대부분의 부모님 그리고 여기에 참여한 학생들이 느끼는 부분일 텐데……. 제가 노동이나 경제 이야기를 해도 마찬가지예요. 우리가 여기에서 이야기할 때는 모두 정말 마음도 곱고, 서로 베풀고, 나눌 줄 알고, 다른 사람을 배려할 줄 아는 그런 분위기인데, 이 문만 열고 나가면 전혀 다른 세상이 있단 말이죠. 10원짜리 하나 없으면 오갈 데가 없고, 갑자기 두렵고 무섭잖아요. 그런 면에서 현실의 벽이 높다는 지적은 지극히 옳습니다. 옳고요. 또 여기서는 좋은 이야기를 아무리 나누더라도 우리 교실로 또는 우리 집으로 돌아가면 기본적인 사회구조에 금방 편입이 되어버릴 것 같고, 그럼 어떻게 실천할거냐 하는 것이 문제입니다.

일단 개인적 차원과 사회적 차원을 나누어서 말씀을 드릴게요. 개인적 차원은 아까 제가 말씀드린 대로 내가 하고 싶은 것을 찾아내야죠. 그게 진정한 행복이라면 시간이 걸리더라도 찾고, 또 찾았다면 그 찾은 길을 꾸준히 가기 위해 자기 시간과 에너지를 쏟아부어야 합니다. 그러면 자기가 원하는 모습에 가깝게 살아갈 수 있다는 거죠. 그리고 원하는 모습의 '결과' 보다는 그렇게 꾸준히 준비하고 찾아가는 '과정' 들이 행복한 과정의 연속이 되어야 합니다. 생각한 것만큼 속도가 빠르지 않더라도 좋아요.

또 사회적으로는 제가 아까 말씀드렸던 사회적 변화의 노력들을 부단히 해야 되거든요. 예를 들면, 지금 고교평준화는 상당히 많이 확산됐잖아요. 그죠? 그 다음 단계는 대학평준화예요. 그걸 해야 돼요. 개인적 생각으로는 우리나라에 대학이 너무 많아요. 모두가 대학을 갈 필요가 없는데……. 그걸 제가 수업하면서 학생들에게 물어봅니다. 정말 대학에 오고 싶어서, 막 몸에 두드러기가 나서 대학 온 사람(웃음) 손 들어보라고 하면, 몇 명 안 됩니다. 100명 중 두세 명밖에 안 돼요. 아마 두세 명도 거짓말일 거예요.(웃음) 그 다음에, 내 수업을 듣는데 정말 이 수업을 안 들으면 미칠 것 같아서 오는 사람 손 들어보라고 하면, 또 100명 중 두세 명 안 돼요. 그 학생들도 선생님의 비참함을 좀 덜어주려고 일부러 손 들었을 수도 있어요.(웃음) 그 다음에 자기가 선택한 전공분야나 학과를 정말 공부하고 싶어서 온 사람 손 들어봐라 그러면 또 두세 명뿐이에요. 이게 사회적으로 보면 얼마나 큰 낭비입니까?

제가 좀 황당한 대안을 가지고 있거든요. 만 30세 될 때까지는 절대로 대학을 못 가게 하는 겁니다. 그래서 직장생활도 해보고 이런 일 저런 일 다 해보다가, 아, 정말 나는 이 일을 해야겠다, 그러면 이 일을 하는 데 필요한 공부가 뭐냐, 그때 비로소 대학을 가게 하자는 거지요. 좀 황당한 대안이긴 하지만……. 그렇게 된다면 오히려 중고교 시절을 정말 행복하게 지낼 수 있을 거 같아요. 그죠? 30세까지는 맘대로 하고 싶은 것 다 해보는 거예요. 아마 이런 발언을 어디 공개토론회 가서 하면 맞아 죽을 겁니다.(웃음) 그런데 여하튼 저의 황당한 대안은 그런 거예요. 대학평준화를 해야 됩니다.

그리고 그 다음에 하나 더 해야 해요. 아까 제가 이야기한 대로 직업평준화가 되어야 합니다. 물론 도둑질 하는 직업은 안 되겠지요, 왜냐하면 사회행복에 도움이 안 되니까.(웃음) 자기행복과 사회행복에 동시에 도움이 된다면 70, 80점 넘는 실력이 되는 한 서로 비슷하게 대우하자는 거지요. 한편으로, 지금 현재 인정되는 것 중에서 사회행복에 도움 안 되는 직업들이 꽤 많이 있습니다. 예를 들면 공해산업. 공해를 일으키면서도 장사 잘 되는 사업이 있을 수 있지요. 사실은 공해덩어리를 만들어내는데 말입니다. 근데 현재로는 직업으로 인정이 되지만 제가 볼 때 이것은 직업으로 인정하면 안 됩니다. 그 다음에 군수산업이 있어요. 적을 절묘하게 잘 때려눕히고 총을 이쪽으로 쏴도 적의 머리에 가서 맞는 총이나 미사일이 있다, 그게 잘 팔려서 장사가 잘 돼서 월급을 많이 받는다? 그거 좋은 직업 아니에요. 그죠? 그 다음에 향락 · 퇴폐산업에 종사하는 사람들, 돈을 많이 버는지는 모르지만 그 사회의 행복을 높이는 데 바람직하지 않아요.

그 다음에 우리가 꼭 필요로 하는 거라고 할지라도 과잉 · 중복 투자

된 산업들이 너무 많아요. 제가 볼 때 그런 것들 중에 줄일 것은 줄이고, 없앨 것은 없애는 게 진정한 구조조정이에요. 반면에 돈이 안 된다는 이유로 직업이나 일거리로 인정되지 않는 일, 예를 들면 노인을 돌보는 일, 장애인을 돌보는 일, 또는 산림이나 공원을 돌보는 일, 어린이 놀이터를 돌보는 일, 이런 건 돈이 안 된다는 이유로 직업으로 인정을 안 해요. 최근 들어서는 자원봉사 형태, 자활후견과 같은 형태로 이뤄지기도 하지만, 사회적 격차로 보면 아주 저임금에 정말 사소한 일로 취급받는 정도이지 당당하게 사회적 지위를 갖고 있지 못하다는 거죠. 그런 측면까지 아우르는 직업평준화가 이루어져야 된다는 겁니다. 저는 이렇게 되어야지만 비로소 우리가 대학을 가거나 고등학교를 가거나 할 때 소위 말하는 일류나 이류 같은 것들을 신경 안 쓰고 정말 내가 하고 싶은 대로 좋아하는 것들을 하며 살아갈 수 있지 않겠는가 생각합니다.

그렇다면 구체적으로는 어떻게 할 것이냐. 주로 대학평준화에 관련해서는 아이디어를 내놓으시는 분들이 꽤 많이 있어요. 예를 들면 일차적으로는 전국의 국립대학을 통합해서 하나의 대학으로 만들자. 그래서 네트워크를 해서 어디에 가든 장소만 다를 뿐이지 한 대학이라는 개념으로 가자는 거죠. 그 개념이 실험이 되어서 성공하면 전국에 공립 사립을 다 통틀어서 할 수도 있단 말이에요. 아니면 전국의 대학들을 프랑스나 독일처럼 모두 국립화시켜요. 어느 대학을 가든 마찬가지다, 중요한 것은 선생님이다, 이런 개념이거든요. 자기가 하고 싶은 공부를 가장 훌륭하게 가르치고, 인격적으로도 혹은 실력 면에서도 가장 훌륭하다고 생각하는 선생님을 찾아가면 되는 거예요.

그리고 사회 전체적으로는 대학을 안 가도, 자신이 하는 일에 대해서 충분히 인정받을 수 있게 하는 거죠. 다른 사람과 동등한 대접을 받는

다면 왜 목숨 걸고 대학 가려고 하겠어요. 제가 볼 때 평생 연구만 하겠다 혹은 평생 학생들을 가르치겠다는 사람들은 대학을 꼭 가야지요. 근데 그렇지 않은 분야의 일들도 많이 있잖아요. 그리고 내가 무의미한 대학시간을 보낼 게 아니라 그 시간에 정말 실험도 해보면서 실무를 경험한다면 사회적 기여를 더 많이 할 수 있단 말이죠.

그 다음에 직업평준화는 당장 평준화가 안 되겠지만 이 격차를 서서히 줄여나가면 돼요. 예를 들면 의사. 여기 의사선생님 가족이 있을 수도 있는데, 개인적으로는 결례가 될지도 모르지만 제가 사회적으로 가진 소신이기 때문에 말을 하겠습니다. 의사들이 기본급을 천만 원으로 생각하더라구요. 지난번에 의사파업 할 때 "천만 원 넘지 않으면 우리는 생존권이 위태롭다." 이렇게 이야기했어요. 조종사도 비슷한 것 같고요. 그런데 저임금을 받으시는 분들을 생각해 봐야 합니다. 지금 최저임금이 65만 원 수준이잖아요. 여러분이 아르바이트를 해도 그 정도밖에 안 된단 말이에요. 그러니까 기본급을 천만 원으로 생각하는 사람과 최저임금이 65만 원인 사람의 격차, 이것은 너무 심한 것 같아요. 최소한 이 봉급의 격차를 갈수록 줄여가자는 거죠. 아까 제가 이야기한 그런 아이디어가 극단적이라면, 절충을 하자는 거죠. 돈 되는 쪽으로만 직업을 선택하려고 내가 원하지 않는데도 남들이 부러워한다고 그냥 눈치 보며 직업을 선택하다 보니까 결국 불행해지는 거예요. 내 길이 아닌데도 가게 되니까요. 그런 것들에 대해서 사회적으로 또 제도적으로 변화를 가해야 합니다. 그런 제도적인 변화로 가기 위해서라도 이미 우리 머릿속에서는 이런 대안들에 대해 확신을 가져야 해요. 그렇지 않아요? 내가 개인적으로 잘못된 구조로부터 발을 빼고 나 혼자 다르게 실천하는 것도 중요하지만, 사회 전체를 위해 우리가 설계도를 차곡차곡 새롭게 짜나가야 한다는 거죠.

어떤 분이 이런 이야기를 했죠. 아무리 실력 없는 목수라 할지라도 꿀벌보다 나은 점이 있다면, 그가 이미 설계도를 가지고 있다는 점이라고요. 조금 딴 이야기인데, 제가 볼 때는 사실은 사람들이 짐승이나 벌레보다 '못한' 측면이 더 많은 것 같아요.(웃음) '짐승보다 못한 놈'이라는 욕이 있는데 잘못된 말이에요. 짐승 같은 놈만 되도 훌륭한 거죠, 그죠?(웃음) '짐승같이 훌륭한 분' 이런 말이 앞으로 나올지도 몰라요. 왜냐하면 짐승은 먹이를 먹더라도 배가 부르면 더 이상 안 잡아먹잖아요. 그런데 사람은 배가 부른데도 남의 것까지 빼앗아 가려고 하고, 창고에 축적하려고 하고, 창고가 꽉 차면 해외 은행으로 막 빼돌린단 말이에요. 아까 벌 이야기를 하다 말았는데, 아무리 보잘것없는 목수라도 꿀벌보다 나은 점이 있다면 꿀벌이 본능에 따라 자기 집을 짓는 데 비해 목수는 미리 만든 설계도를 가지고 집을 짓는다는 거예요. 미리 생각할 수 있다는 것이 사람이 가진 특기 중 특기, 장점이라면 장점일 수 있지요.

사실 우리가 역사를 공부하는 이유도 바로 그런 거죠. 지금까지 인간은 이렇게 살아왔고, 앞으로 보다 더 행복해지려면 어떻게 가야 할까. 그런 면에서 보면 앞으로 우리가 만들어가야 할 세상은 최소한 이런 모습이어서는 안 되겠고, 또 최소한 이 정도는 갖추어야 된다고 하는 밑그림을 그려가야 한다는 거죠. 그렇게 된다면 지금 당장 우리 3학년 학생이 질문한 것에 시원한 답변은 아니지만 답변이 좀 될 것 같고, 그러기 위해서라도 뜻이 좋은 선생님들, 학부모님들, 또 뜻이 맞는 친구들과 소통하고 대화하고 힘을 뭉치는 과정들이 필요하다고 봐요. 그리고 전국고등학생연대와 같은 형식의 조직도 중요하죠. 답변이 너무 길죠?

다른 질문을 미리 배제하는 거 같아요. 죄송합니다.

김기환 안녕하십니까? 부산고등학교 1학년 김기환이라고 합니다. 제가 고등학교 1학년이 되면서 선생님을 굉장히 잘 만난 편이거든요. 야자(웃음)를 안 하겠다니까 빼주시기도 하고, 보충 안 하겠다고 하니 하지 마라 하시고 선생님과 매우 가까운 편이에요. 선생님과 밥도 같이 먹고, 놀러도 가고, 야구도 해봤는데, 사실 모든 선생님께서 다 그런 건 아니잖아요. 매우 권위주의적인 선생님도 많이 계시고, 요즘은 인사를 안 받으시는 선생님들도 가끔 있으시거든요. 저는 교사가 꿈인데, 제가 가져야 될 교사상이랄까? 교사로서 가져야 할 마음자세가 있다면 말씀해 주십시오.

강수돌 이 자리에 선생님들도 여러 분 계신 거 같은데요.(웃음) 제가 볼 때 일차적으로 중요한 것은 바로 그런 부분인 것 같아요. 권위라고 하는 것. 권위주의는 분명히 잘못된 거죠. 권위라고 하는 것은 자기의 삶 속에서 주위 사람들에 의해 저절로 형성되는 것이지 억지로 권위를 부린다고 해서 형성되는 것은 아니거든요. 그러한 억지가 바로 권위주의가 되어버리는 겁니다. 자기가 전문적인 역량과 인품과 모범을 보이는 과정에서 다른 사람들이 존경하는 마음이 우러나와 자연스럽게 형성되는 것이 권위이지, 자기가 그것을 억지로 형성하려고 한다면 잘못된 것이라고 봐요. 첫 번째는 권위를 일부러 만들지 않는 선생님이, 열린 선생님이 중요하고, 두 번째는 공부하는 선생님이 중요하다는 겁니다.

어느 학교 교무실에 '배운다는 것은 자기를 낮추는 것이고, 가르친다는 것은 희망에 대해서 이야기하는 것이다' 라는 글이 있더군요. 희망을 이야기하려면 끊임없이 공부해야 합니다. 교과서 공부만이 아니고 학생들과의 대화 속에서도 공부가 가능하고 다양한 책들을 읽고 느끼고, 다른 사람이 이야기하는 것 속에서 공부를 하는 것이죠. 세 번째는 바로 그것을 바탕으로 희망을 이야기하는, 대안을 이야기하는 선생님이 필요합니다. 기본적으로 갖추어야 할 인격 문제도 있겠지만, 제가 강조하고 싶은 것은 이 세 가지가 떠오르네요. 열린 선생님, 공부하는 선생님, 대안과 희망을 이야기하는 선생님.

학생 간디학교 고3 학생인데요. 수능이 얼마 안 남은 상태에서 저희는 솔직히 대학이 나에게 주는 게 별로 없다고 생각해서 이렇게 하고 싶은 것 하며 사는데,(웃음) 제가 가고자 하는 길에 대해서 대학을 안 가고도 해나갈 수 있다는 확실한 자신감이 있기 때문이거든요. 담임선생님하고도 얘기를 하고, 부모님도 설득을 했는데 그래도 부모님은 '알았다, 너한테 맡기겠다' 고 하시면서도 한편으로는 '그래도 우리나라가 대학을 갔다온 사람이랑 안 갔다온 사람이랑 대접을 달리 하는데 그래도 부딪쳐 봐야 되지 않겠냐' 이렇게 얘기하시더라구요. 그건 그렇고 저는 솔직히 아까의 '황당한 대안' 에 웃음이 났었습니다. 솔직히 저도 대학 가서 전공을 선택하고, 자신이 가고자 하는 길에 더욱 전문성을 띤다고 하면 재고해 볼지 모르겠지만, 솔직히 자기가 충분히 전문성을 띠고 학습을 할 수 있다면 대학을 가지 않고도 훨씬 더 빠른 시기에, 또 더 수준 있는 전문성을 가질 수 있을 것 같거든요. 그래서 대학을 갔는지 안 갔는지의 문제가 아니라, 실력 위주의 평가가 중심이 되어야 하지 않나 생각하구요. 그런 측면에서 앞으로 우리나라가 변할 수 있다면 어떠한 노력을 해야 하는지요?

허아람 비슷한 질문이라서 덧붙여서 드리겠습니다. 선생님께서는 조치원에서 집을 짓고 사신 지 8년째인 걸로 알고 있어요. 아까 선생님 말씀대로 이 땅에 모든 학생들이 다 좋은 대학을 갈 수는 없어요. 그리고 자신이 하고 싶은 공부를 찾아서 하고, 대학을 가지 않고도 자신이 하고 싶어하는 일을 잘 할 수 있는 사람들이 굉장히 많음에도 불구하고 그것을 선택할 수 있는 사람들은 1퍼센트도 아니라 0.1퍼센트도 안 된다는 것이죠. 여기 앉은 학생들 중에 간디학교 갈 수 있는 학생은 거의 없고, 또 대학을 가지 않을 수 있는 결단을 내릴 수 있는 사람도 거의 없다고 봐요. 그러니까 내 자신이 가지고 있는 삶의 터전에서, 선택할 수 있는 폭이 굉장히 좁은 현실에서 선생님이 말씀하신 대로라면 혁명이 이루어져야 하고, 혁명 그 자체가 현실 속에서 실천되어야 함에도 불구하고 여전히 꿈꾸는 공상이 될 수 있다는 말이죠. 극소수만 그러한 선택을 할 수 있는 우리의 현실에 대해서 충분한 논의가 있어야 한다고 생각해요. 그래서 아까 저기 간디학교에서 자신이 하고 싶은 음악을 열심히 하며 자유를 꿈꾸는 고3학생과 여기 부산에서 자신에게 주어진 입시를 위해 열심히 공부하며 자유를 꿈꾸는 고3학생 중에 누가 더 옳은지, 누가 더 훌륭한지는 비교할 수 없습니다. 자유를 선택한 학생이 포기했어야 하는 이 세상의 많은 기득권이 있을 것이며, 이 입시체제 안에서 열심히 자유를 꿈꾸면서 노력하는 다른 많은 학생들도 반드시 이 사회에서 인정을 받아야 하는 입장이죠. 그렇지만 그 특별한 기득권을 포기하고 아주 극소수의 자유로운 이들만으로 어떤 혁명을 이루었다거나 진보해 나간다고 생각하는 것은 문제가 있지 않나 생각합니다.

지금 이 자리도 마찬가집니다. 밖에 서 계신 분이 많아요. 왔다가 다녀가신 분도 많고요. 그럼에도 불구하고 이 자리가 천 명, 만 명의 자리로 번질 수 있는 가능성이 있다고 할지라도 저는 규모가 작은 것을 늘 유지하려고 합니다. 그 이유는 이 다음에 인디고 서원의 주제와 변주가 이렇게 치열한 토론장이 된다 할지라도 조치원에 있는 학생이 못 올 것이며, 간디학교 학생들이 매주 못 올 것이며, 서울에 있는 학생들은 못 올 밖에야. 이것은 결국 자기의 삶의 터전인 지역사회 안에서 해결되어야 할 문제죠. 그러니까 그런 전제를 놓치지 않는 답변을 해주셨으면 좋겠어요. 그러한 지역성을 담보로 한 대안, 이러한 문제점을 전제로 한 이상적 대안, 이런 식의 논의가 되었으면 합니다.

강수돌 네. 허아람 선생님다운 말씀이신데요. 공감하구요. 우선 지역사회 터전이 중요하다. 그 배경에는 그야말로 '작은 것이 아름답다. 아름다울 뿐만 아니라 저는 힘이 있다' 라고 생각하거든요. 그만큼 응집되고 응축되고 견고할 거라고 저는 생각을 합니다. 조금 분위기를 재미있게 만들기 위해 말하자면, 선생님 말씀에도 약간의 텃세를 부리는 그런 분위기가 있다는 생각이 드는데, 좀 봐주세요.(웃음)

허아람 그럼, 우리 분위기 좀 바꾸죠. 마침 간디학교에 다니는, 선생님의 큰 아들 한결이도 왔으니, 한결이가 피아노로 한 곡 연주하고, 여기 있는 인디고 서원 아이들이 (마침 간디학교 아이들이 여럿 왔으니까) 간디 학교 교가를 한 번 듣고, 부르고 싶은 노래가 있는 아이들이 답가를 하면 어떨까요? 선생님은 왜 지금 강연하듯 하세요? 곤란해요, 그러면.(웃음)

강수돌 (미안한 듯 당황하며) 너무 길어서요?

허아람 아니, 그러한 것뿐만이 아니고요.(웃음) 우리의 이 불균형적 관계를 깨고, 새로운 친구들이 멀리서 왔단 말이죠. 이 자리가 물론 선생님에 대한 질문의 자리이기도 하지만, 그것보다 더 중요한 건 이 더운 자리에 꼼짝 않고 앉아 있는 이분들이 주인공이라는 것입니다. 선생님이야 말로 그 자리에 앉아 텃세를 부리시면 안 돼요.(웃음)

강수돌 진짜로? 박수가 안 나오는데?(웃음) 아람 선생님 교실과 간디학교가 연대하는 순간이 되겠네요. 한 번 들어보죠.

꿈꾸지 않으면 사는 게 아니라고
별헤는 맘으로 없는 길 가려네
사랑하지 않으면 사는 게 아니라고
설레는 마음으로 낯선 길 가려 하네
아름다운 꿈꾸며 사랑하는 우리
아무도 가지 않는 길 가는 우리들
누구도 꿈꾸지 못한 우리들의 세상 만들어가네
배운다는 건(배운다는 건) 꿈을 꾸는 것
가르친다는 건(가르친다는 건) 희망을 노래하는 것
배운다는 건(배운다는 건) 꿈을 꾸는 것
가르친다는 건(가르친다는 건) 희망을 노래하는 것
우리 알고 있네 우리 알고 있네
배운다는 건 가르친다는 건
희망을 노래하는 것
-〈간디학교 교가〉

(피아노소리와 노래소리가 울려퍼진다.)

강수돌 앵콜 없어요? 답가요. 아까 아람 선생님께서 암시를 하셨는데 이걸 들었으면 우리 학생들 중에 또 다른 울림이 있어야지요?

사회자 누가 해주시겠습니까?

강수돌 그럼 준비하는 동안 잠시 말을 잇지요. 아까 한솔 군이 대졸자와 비대졸자의 사회적인 대접이 다르다는 것 때문에 현재 너무나 많은 심리적인 갈등을 느끼고 있고, 마찬가지로 함께 공부하는 많은 청소년들이 너무나 힘들다고 했는데요. 왜 이런 상황이 발생하게 되었는가라는 질문에 대해 한마디로 이야기하면 모든 것이 자본주의 산업체제의 산물이기 때문입니다. 기업에서 대졸자를 우대하는 것은 돈벌이 경제체제의 논리상 필연적일 수밖에 없어요. 자본주의 산업체제라는 것은 연구개발을 통해서 돈이 되는 상품을 만들어 팔아 이윤을 버는 거잖아요.

예전에 농사를 짓던 시절에는 안 그랬단 말이지요. 꼭 대졸자가 아니어도 농사는 천하지대본이라며 연세 드시고 농사 많이 지으신 분들이 하늘의 별이나 구름이나 달을 보면서 기상예측을 했고 아이들이 열이 날 때면 어떤 풀뿌리나 약초를 이용해 치료했죠. 이런 삶의 지혜로 자연 속에 순리대로 잘 살았죠. 윤구병 선생님이 잘 하시는 말씀처럼 소위 '철이 든다' 라고 하는 것은 오랜 세월이 그 삶 속에 잘 녹아들어 있는 것을 말하죠. 우리가 철이 든다고 하는 말은 여름철, 가을철, 겨울철 할 때의 그 철, 즉 계절의 많은 시간적 흐름들이 내 몸 속에 녹아들었을 때 철이 들었다 합니다. 요즘 보면 나이가 많이 든 사람도 철이 안 든 경우 많아요. 온실에서 나온 과일을 많이 먹고 제철음식을 안 먹다 보니까 철이 제대로 안 든 겁니다.

우리 사회의 변화도 이런 거지요. 농사짓던 시기는 철이 많이 든 사람들이 존경받고 지혜가 깊었기 때문에 존중받았는데, 산업사회가 되고 서비스 정보사회가 되면서 전문화되고 특정한 지식이나 기술을 갖고 있는 사람들이 우대되죠. 우대된다는 것이 바로 직업적인 격차가 커진다는 말이죠. 즉 아까 말했듯이 사회적 대접이 달라지는 거죠. 사회적으로 이 격차들이 더욱 공고하게 되고 상부기득권 세력들이 가지는 떡고물의 크기가 클수록 사람들은 그것을 교과서나 언론을 통해 사회적으로 더욱 많이 주입시키고 그것이 계속해서 재생산되다 보니 이제 강고하게 대졸자와 비대졸자의 대접이 달라지는 결과가 나타났다고 생각합니다.

원인이 이러한 것이라면 그 원인을 이제 바꾸어야 하죠. 대안으로 생각하는 것들은 단순히 대졸자와 비대졸자의 대접을 같이 해주자거나 직업평준화 같은 것에 머물지 않고 더욱 근본적으로는 흙과 물을 가까이 하는 사람들이 그 사회의 중심을 이루어야 된다고 생각합니다. 그게 바로 모든 살림살이의 기본 바탕이거든요. 아무리 컴퓨터, 서비스 분야와 같은 고부가가치의 것이라고 할지라도 밥 때가 되면 우리는 모두 먹어야 되잖아요. 우리 밥상에 올라오는 것들은 모두 물이나 흙에서 나오는데 그것을 미워하고 탄압하고 부수면서 2차, 3차 산업을 만들어내면 무슨 희망이 있겠습니까. 그런데 불행하게도 현재 우리의 학교교육 시스템은 "얘들아 흙을 가까이 하지 않고 살기 위해서는 공부 열심히 해야 돼"라는 체제죠. 물론 흙을 가까이 한다고 해서 반드시 우리가 전부 농부가 되어야 한다는 이야기는 아니에요. 절충적으로 이야기하자면, 아까 허아람 선생님도 이야기하셨지만, 자신의 직업이 뭐든지 간에 주말 농장이나 텃밭 등을 통해 시골이 아닌 도시공간이라 할지라도 흙을 가까이 할 수 있는 삶을 실현할 수 있습니다.

쿠바 같은 곳이 좋은 예가 됩니다. 쿠바는 1980년대 말 90년대 초에 소련과 동유럽의 붕괴로 힘든 상황이었죠. 당시엔 자립적인 삶을 사는 구조가 아니었기 때문에 소련의 도움을 많이 받았어요. 그 뒤 미국의 탄압까지 심하게 받으면서 나라의 존립 자체가 위기에 처했어요. 그래서 스스로 살아갈 수 있는 능력을 키우기 위해서 범국가적인 노력을 했죠. 농부고 과학자고 여성이고 노인이고 어린이고 간에 모두 힘을 합쳐 도시든 농촌이든 땅이라는 공간만 있다면 유기농법으로 곡식과 과일과 채소를 생산했죠. 화학농법이 아닌 유기농법으로요. 그렇게 열심히 10년 정도 노력한 결과 오늘날 쿠바의 식량 자급률은 95퍼센트가 되었죠. 즉 원조 없이도 스스로 살아갈 수 있게 되었어요.

그런데 우리나라는 현재 식량 자급률이 몇 퍼센트입니까? 25퍼센트입니다. 많이 잡아야 25퍼센트죠. 그런데 그 25퍼센트조차도 석유를 써서 하는 농업입니다. 농기계라든지 비닐하우스 등에 석유가 많이 들어가잖아요. 석유가 우리나라에 자급이 되나요? 안 되잖아요. 그럼 이런 것까지 생각을 하면 순수하게 우리나라 사람들의 머리와 손노동으로 농사짓는 것은 3퍼센트 내외입니다. 굉장히 위험한 경제구조예요. 많은 사람들이 이렇게 생각하죠. 휴대폰이나 컴퓨터, 자동차 같은 것을 많이 팔아 달러를 많이 벌어들이면 된다고요. 그게 지금까지의 모습이거든요. 그런데 만약 아무리 달러를 많이 준다고 해도 우리나라에서 나지 않는 석유, 밀, 콩 등을 저쪽에서 안 준다고 하면 어떻게 할 거예요?

이런 것들을 생각해 보면 과연 참다운 경제를 만들기 위해서 필요한,

그 살림살이를 꾸려나갈 주체로서의 우리에 대한 교육내용은 무엇이어야 할까요. 근본적으로 우리는 대부분 헛다리 짚고 있어요. 그렇게 해서 번 많은 돈으로 행복하게 산다는 것은 과연 무엇인가요? 많은 소유와 소비를 하면 행복해진다고 하는데 그건 헛것이에요. 미국 중산층 이상의 부엌들을 보면 호텔급의 멋진 가구로 꾸며져 있고, 설비도 오븐, 세탁기, 등이 모두 갖추어져 너무나 좋은 부엌이죠. 그런데 여기서 문제는 그렇게 좋은 부엌에서, 다른 사람이 보면 부러운 그곳에서 막상 밥은 안 해먹는다는 것이죠. 밥은 피자집에 가서, 스파게티 집에 가서, 맥도날드에 가서 피자나 햄버거를 먹고 있는 거예요. 열심히 노력하고 돈 벌어서 그렇게 꾸며놓고는 쓰지 못하면 무슨 소용입니까. 오히려 부엌이 허름하고 탁자가 오래된 낡은 것이라 할지라도 거기서 친구와 이웃들과 같이 음식을 만들어 먹으며 삶의 이야기들을 나눌 때가 행복한 거지, 번지르르하게 해놓고 막상 패스트푸드로 한 끼를 때우는 삶이 과연 행복하겠느냐 말입니다. 그런 게 우리의 미래냐고 하면, 단호히 아닙니다.

여기에서 대졸자의 대접 관련 이야기로 돌아가 봅시다. 대졸자를 우대하는 분위기에 우리가 편승하는 것이 올바른 것이 아니라는 것을 알았다면, 우리는 그것에 따르지 않고 동의를 거부하는 것부터 시작해야 해요. 그게 출발점이 되는 거예요. 남들이 다 그렇다고 해서 반드시 옳은 것은 아닙니다. 우리는 분명한 줏대를 갖고 접근해야 됩니다. 아까 허아람 선생께서는 그런 개인적인 선택폭이 너무나 제한되어 있다고 하셨는데, 물론 개인적인 접근이, 나 하나가 꾸는 꿈일 때는 꿈으로만 남아요. 그러나 제한되어 있고 아주 소수만 꿀 수 있을지 모를 그 꿈을 모두가 같이 꾸고, 그리고 오늘만 꿈꾸는 게 아니라 매일 꿈꿀 때, 더 나아가 꿈만 꾸는 것이 아니라 스스로 할 수 있는 것부터 하나씩 차곡차곡 해나간다면, 이 모든 것이 매일 하나씩 현실이 될 것입니다. 역사 역시 그렇게 변해왔어요. 저는 그런 개인적인 노력을 통해서 단순히 부분들의 합이 전체 집합이 된다고 생각하기 때문이 아니라, 그런 부분적인 울림들이 관계망을 변화시키고 확장시켜 우리도 놀랄 큰 힘을 발휘할 것이라고 생각합니다.

출발할 때부터 여러 대안들을 꿈꾸고 설계도를 새로 꾸미고, 실험도 해보고, '아 이게 아닌데' 라며 보충해 가면서 만들어가는 노력들이 수없이 많이 되풀이되다가 30퍼센트 이상 진전이 되면 저는 분명히 저런 꿈들이 현실화할 수 있는 새로운 변화들이 가능하다고 믿습니다. 그러니 성급하게 작은 규모라고 포기하지 말고 열심히 하자구요. 저도 그런 노력들을 해나갈 겁니다. 이런 이야기들이 많은 사람들에게 퍼져서, 이로 인해 또 작은 세포들이 많아질 때, 저는 분명히 폭발적인 힘을 발휘할 거라 봅니다. 그래서 제가 평소에 생각하는 것과 허 선생님의 말씀이 결코 다른 것은 아니라고 생각합니다. 아까 그 선택의 폭이 너무 제한되어 있고 그 제한된 것에 들어갔다고 해서 그것이 대안을 당장 보여주는 것이 아니라는 말에 저도 공감하고 있는데, 그런 작은 세포들을 많이 만드는 노력을 여러분이라고 왜 못 하겠어요? 이런 고민을 하고 준비하면서 일정한 성장을 한다면 얼마든지 또 같이 해나갈 수 있는 것 아닙니까? 그러니까 이런 꿈을 꾸고 고민을 하는 과정들이 이미 모든 것을 새로이 시작하는 첫걸음들이라고 저는 생각합니다.

학생 답가가 준비되었거든요. 너무 갑작스럽게 하게 되어 악보도 방금 뽑았습니다. 틀린 부분이 있더라도 잘 들어주셨으면 좋겠습니다. 그런데 저

희를 위해서 반주해 주실 분 계세요?(강한결 학생의 피아노 반주)

믿을 수 있나요.
나의 꿈속에서 너는 마법에 빠진 공주란 걸
언제나 너를 향한 몸짓엔 수많은 어려움뿐이지만.
그러나 언제나 굳은 다짐뿐이죠. 다시 너를 구하고 말거라고
두손을 모아 기도했죠 끝없는 용기와 지혤 달라고
마법의 성을 지나 늪을 건너 어둠의 동굴 속 멀리 그대가 보여
이제 나의 손을 잡아보아요.
우리의 몸이 떠오르는 것을 느끼죠.
자유롭게 저 하늘을 날아가도 놀라지 말아요
우리 앞에 펼쳐질 세상이 너무나 소중해 함께라면
-〈마법의 성〉

강수돌 '주제와 변주'가 아주 급격한 발전을 하는 것 같습니다(웃음).

학생 먼저 제가 좋아하는 글귀를 하나 읽어드리겠습니다. 훈데르트 바서의 이야기를 보면 "나 혼자 꿈을 꾸면 그건 한갓 꿈일 뿐이다. 하지만 우리 모두가 함께 꿈을 꾸면 그것은 새로운 현실의 출발이다." 이런 말이 있어요. 제가 며칠 전 학교에서 논술수업을 들을 때, 주제가 뭐였냐 하면 자아 정체성을 가지고 그 자아를 발전시키기 위해서 자기가 고집하던, 자기가 주장해 왔던 의견을 얘기하라는 것 하나와 사회적 평판과 같은 것에서 자신은 자아의 외침을 따를 것인가 아니면 사회적 평판에 신경을 쓰며 살 것인가라는 주제가 하나 있었습니다. 저는 오늘 선생님을 뵙

고, 말씀을 들으면서 제가 생각해 왔던 교육관과 비슷한 생각을 가지고 계시다는 것을 알고 참 기뻤습니다. 그런데 선생님께서 이런 신선한 생각들을 주장하다 보면 앞서 제가 말한 수시 문제처럼 조롱과 속닥거림 그리고 왕따 같은 사회적 평판도 무시하지 못하실 텐데, 여태까지 그 많은 것들을 주장하시고, 책도 쓰시면서 어떻게 그런 사회적 평판을 이겨 오셨는지 궁금합니다.

강수돌 제 걱정을 해주셔서 대단히 감사합니다.(웃음) 근데 지금 걱정하시는 만큼의 왕따나 조롱이나 쑥덕거림은 없어요. 저는 학계에서는 소위 주류가 아니라 비주류에 속합니다. 경영학, 경제학, 모든 분야를 떠나서요. 그런데 최근에 와서는 그런 비주류적인 아이디어에 관심을 보이는 분들이 상당히 많아지고 있습니다. 왜냐하면 지금까지의 경제나 경영의 논리가 심각한 한계를 드러내기 때문이죠. 그런 점은 우리 학계 전체로 볼 때 바람직한 부분이죠. 이제 소수의 의견이나 비주류적인 의견이 왕따당하거나 조롱당하는 게 아니라 점차 경청의 대상이 되고 있는 거죠. 저는 참 다행이라고 봐요. 하지만 그것은 저절로 된 것이 아니라 상당히 많은 분들이, 전체적으로는 소수일지는 모르지만, 꾸준히 자기의 소신을 갖고 올바르다고 생각하는 방향으로 이론적으로나 실천적으로 노력을 하고 계시기 때문이 아닌가 생각합니다.

두 번째로 자아의 이야기와 평판에 신경을 쓰는 어떤 대비에 대해 말씀해 주셨는데, 물론 두 가지 다 신경을 전혀 안 써서는 곤란하겠지요. 평판을 지나치게 신경쓴다는 것은 자기 행위나 사고의 기준을 내부에 두는 게 아니라 외부에 두는 것인데, 이럴 경우 우리가 인생을 살아나가는 과정에서 잘못된 결과를 가져올 수가 있습니다. 예를 들어서 아이

물론 이런 개인적인 접근이, 나 하나가 꾸는 꿈일 때는 꿈으로만 남아요.
그러나 그 꿈같은 일이, 제한되어 있고 아주 소수만 꿀 수 있을지 모를
그 꿈을 모두가 같이 꾸고 그리고 오늘만 꿈꾸는 게 아니라 매일 꿈꾸어 갈 때,
더 나아가 꿈만 꾸는 것이 아니라 스스로 할 수 있는 것부터 하나씩
차곡차곡 해나간다면, 이 모든 것이 매일 하나씩 현실이 될 것입니다.
역사 역시 그렇게 변해왔어요. 저는 그런 개인적인 노력을 통해서 단순히
부분들의 합이 전체 집합이 된다고 생각하기 때문이 아니라, 그런 부분적인 울림들이
관계망을 변화시키고 확장시켜 우리도 놀랄 큰 힘을 발휘할 거라고 생각합니다.

들에게 '엄마 말씀 잘 들으면 나중에 이런 거 줄게'. 이렇게 하면서 초콜릿을 내밀잖아요?(웃음) 대개 부모님들은 아이들을 꼬실 때 그렇게 하지요.

여기서 문제는 말 잘 들으면 너도 좋고 나도 좋은 것이 아니라, 말 잘 듣도록 하기 위해 어떤 상품(미끼)을 내건다는 것이죠. 이렇게 되면 자기 행동의 기준이 내가 좋아서가 아니라 그 어떤 것을 주기 때문에, 또 남들이 좋아할 것이기 때문에 그 행동을 하게 된다는 겁니다. 자기 자신의 내면적 기쁨보다는 남들의 기준에 맞추어서 행동하게 된다는 거죠. 그게 지속되면 '눈치 보기'가 되는 것이고, 고급스럽게 표현하면 '평판'에 신경을 쓰는 것이 될 수가 있습니다. 물론 그런 거 고려 안 하고 제멋대로 행동한다면 그것도 문제가 되겠지만 거기에 지나치게 신경을 쓰게 되면 자기 행위의 중심을 내부에 두지 않게 되고 나중에는 자기 행위에 대한 책임도 지지 않으려는 어떤 병적인 현상이 나타날 수 있습니다. 지금 우리나라 정치가들의 문제점이 뭐냐면, 행위는 있되 책임지는 사람이 별로 없다는 거죠. 정치가들뿐만 아니라 사회, 경제 모든 분야를 따지고 보면 다 그렇단 말이죠.

이 차원에서 조금만 더 이야기하면, 내 행위나 사고나 느낌과 같은 것들을 마음 깊은 곳으로부터 느끼고 그것을 건강하게 실현하는 방법을 찾자는 이야기가 나오죠. 그렇게 하면서 사회와의 연관성을 고려하고, 또 이게 사회행복에 연결되는지를 고려하면서 건강한 방법으로 실천하는 쪽으로 가야 올바르다고 봅니다. 저도 사실 일부에서 조롱한다거나 쑥덕거림이 없다고는 할 수가 없죠. 있을 거예요. 그런데 그런 부분에 대해서 저는 일정한 방어 메커니즘을 갖고 있어요. '누가 무슨 소리를 하든, 나는 내가 옳다고 생각하는 길을 간다', '누가 뭐래도 나는 간다' 는 소신이 있어요. 그래서 남들이 알아주지 않아도, 속된 말로 '돈이 안 되더라도' 그것에 관계없이 제 길을 꾸준히 가는 거죠. 출판사를 운영하는 분들도 그러시잖아요. "이 책을 내면 돈이 된다." 그런 이유로 책을 내는 분들도 있지만, "비록 돈이 안 될지라도 이웃이나 후손들을 위해서 꼭 내가 이 책을 만들어야 되겠다"고 하는 필요성이나 당위성으로 하는 분들도 있거든요. 허아람 선생님이 서원을 만들고 이런 교실을 하는 것도 꼭 '돈이 돼서' 하는 것은 아니잖아요?(웃음) 경우에 따라서는 적자가 되면서까지도 고집스럽게 이 일이 옳다고 생각하기 때문에 꿋꿋이 자기 길을 가는 거죠. 바로 이런 측면을 공감하고 더 나아가 외부적인 것에 연연해하지 않고 자기 갈 길을 가는 사람들이 많아지면, 또 그러한 사람들끼리 서로 뭉치고 소통하고 함께 연대할 수 있을 때 우리 사회는 구조적으로도 변화할 수 있다고 생각합니다.

서지영 고등학교 2학년 서지영입니다. 선생님께서 방금 작은 힘들이 모이고 뭉쳐서 큰 변화를 일으킬 수 있을 것이라고 하셨는데, 사실 현실은 그렇지 않거든요. 특히 학생이나 장애우와 같은 사회적 소수자의 말은 더욱 들어주지 않는 것이 현실입니다. 실제로 저희 학교에서도 작년까지는 그러지 않았는데 올해부터 신발주머니를 가지고 와서, 현관에서 신발을 갈아 신고 들어가야 한다는 규정을 학교 측에서 내세웠습니다. 학생들이 이를 다 반대하고 학생회에서도 교장선생님께 안 했으면 좋겠다고 말씀을 드렸는데도 불구하고 거절당했거든요. 실제로 지금은 많은 학생들이 이 규칙을 지키고 있어 선생님들이 학교 내에서 신발을 신고 돌아다니는 학생을 보면, 꾸중을 많이 하신단 말이에요. 이렇게 사소한 문제 하나도 우리의 작은 힘으로 해결하지 못하는 현실 속에서 우리가 진정 개인이 원하는 사회로 바꾸기 위한 노력들이 어떤 의미를 지닐 수 있는지, 저는 시간이 흐를수록 회의감이 들거든요.

강수돌 우선 그 신발주머니 문제에 대해 잠깐 물어봐도 될까요? 학생들은 어떻게 하자고 한 거죠?

학생 그냥 작년처럼 신발주머니를 없애기를 원했어요.

강수돌 신발주머니를 없애자? 실내화와 일반 신발의 구분을 없애자?

학부모 제가 그 학교에 다니는 학생의 엄마인데요. 작년까지는 실내화를 학교에 두고 자기가 학교에 가서 신발장에서 갈아 신었거든요. 학생들이 양말을 더럽히지 않으려고요. 누구나 그런 마음이잖아요? 그런데 학교 교실까지 올라가서 실내화를 갈아 신었어요. 그런데 애들이 유치원생처럼 신발 정리를 못하는 거예요. 현관에서 갈아 신어야 되니까. 교실에서 갈아 신을 때는, 자기의 사물함에 신발을 넣으면 되는데. 그런데 얘들이 아침 7시에 학교를 가고 저녁에 11시쯤 집에 온단 말이에요. 그런데 한 번씩 실내화를 들고 가는 것을 깜박할 수도 있잖아요. 그런데 신발주머니를 유치원생처럼 들고 가지 않는 날엔 하루 종일 맨발로 지내야 하잖아요.

강수돌 아, 그러니까 교실 앞에 신발장을 둘 것이냐, 현관 앞에 둘 것이냐 이 문제군요.

학부모 아뇨. 항상 갖고 다닐 것인가의 문제인 거죠. 현관 앞에 두면 전교생들이 너무 많으니까 도저히 그것을 수용할 만한 공간도 없고 감당이 안 되는 거죠.

강수돌 전교생의 신발정리가 안 된다 이거죠? 그런 거조차 쉽게 해결하기 힘든데 어떻게 교육 전체 문제를 해결하겠습니까, 맞는 이야깁니다. 저도 답이 잘 안 나오네요. 학교 구성원들이 잘 합의하기만 해도 될 텐데요.

학부모 저희는 부모 입장이잖아요. 현재 이 제도권 교육은 제대로 되어 있지 않다는 생각을 갖고 있어요. 그래서 아이를 제도권에 편입시킬 것이냐, 내가 조금 더 용기를 내서 홈스쿨이나 대안학교를 보낼 것이냐, 고민을 많이 해요. 일단 여기 있는 부모들이나 학생들은 모두 제도권에 들어가 있어요. 그런데 이런 자리에 와서 이야기를 하면, 아이들은 현실과 이상 사이에서 괴리감을 느끼죠. 그럼에도 불구하고 푹푹 찌는 더운 이곳에서 강의를 듣고 있는 아이들은 '대학에 가면 다를 것이다, 공부다운 공부를 할 수 있을 것이다'는 희망을 갖고 크는 거잖아요. 그런데 아까 교수님은 만약 제도권에서 자기 꿈을 실현시킬 수 없다면 제도권을 이탈해서 대안학교나, 홈스쿨을 하라고 하셨는데, 그러한 것들을 하려면 부모님이 홈스쿨을 할 수 있는 능력이 있든지, 대안학교를 보낼 경제적인 여력이 있어야 돼요. 그것도 선택된 정말 소수만의 이야기거든요. 그렇다면, 사회에 아직 널리 퍼져 있지 않은 그러한 대안적인 교육방법을 주장하시는 것은 아이들에겐 이상을 이야기하는 것에 다르지 않다고 생각해요. 우리에게 필요한 것은 혁명이거든요. 이 힘든 현실을 어떻게 해서든 극복하기 위한 변혁이 필요한 거죠.

강수돌 네. 아까 허 선생님 말씀하고 비슷한 맥락인 것 같네요.

학부모 네, 아까 교수님은 30퍼센트를 말씀하셨는데, 이 모든 것이 교수님 말씀대로 작은 촛불에서부터 시작한다면, 이미 시작을 했다고 생각하거든요. 많은 사회적인 움직임이 있었고……. 그런데 제가 생각하기에는 아직도 미약하다고 생각해요. 솔직히 전혀 기반이 없다고 해도 과언이 아니죠. 지금 우리가 이렇게 있는 것도 작은 촛불과도 같은 시작이라고 할 수 있는데, 우리 모두를 결속하는 힘이 있어야 할 것 같아요. 사실 아이들은 힘이 없어요. 학부모도 힘이 없고, 교사들도 힘이 없고요. 전교조와 같은 단체가 있지만, 이미 어떤 기득권에 편입된 듯한 느낌이 들고요. 우리에겐 정말 혁명이 필요한데, 교수님께서 좀…….(웃음)

강수돌 제가 깃발 들고 앞장설까요? 뒤에 아무도 안 따라오면 어떡하죠?(웃음)

학부모 그것 또한 '기득권을 놓지 않겠다'는 말로도 들려요.

강수돌 아주 좋은 말씀입니다. 저는 최근 우리 마을의 터무니없는 아파트 때문에 열심히 싸우고 있거든요. 근데 이 아파트 싸움이 단순히 그냥 아파트냐 임대주택이냐의 문제가 아니라, 사실은 거대한 자본과의 싸움이고, 돈과 삶의 패러다임과의 싸움이라고 생각합니다. 그런 면에서 지금 우리가 하는 교육 이야기와도 크게 다르진 않아요.

우선 말씀하신 내용에 공감합니다. 그러니까 부분적으로 개선을 하거나 건의하거나 제도권적인 형태로 해결하려고 하는 것은 한계가 너무나 명백하다, 거의 혁명적인 조치가 필요하다는 말씀인데 저는 아주 공감합니다.

그런데 그 혁명의 모습이나 과정이나 내용, 이런 부분은 우리가 분명히 짚고 넘어가야 합니다. 그동안 역사적으로 변화들이 많았는데 최근 '참여정부'의 변화도 막 시작될 그때 동태적으로 바뀌는 모습에 우리는 박수치고 많은 사람들이 새로운 어떤 희망과 기대를 걸면서 때로는 쾌감을 느끼기도 하고 환호성을 치기도 했죠. 그런데 곧 기대와 점차 멀어지고 나중에는 실망도 많이 하는 결과가 왔는데 저는 지금도 마찬가지라고 봅니다. 우리가 정말로 원하는 어떤 혁명적인 변화의 내용과 과정에 대한 차분한 논의와 준비의 과정이 결여된 채, 바꾸고 싶어하는 마음만 커서 무턱대고 깃발 들고 와락 몰려들면 똑같은 오류를 범할 수 있다는 거죠. 그렇기 때문에 그 과정이나 내용에 대해서 차분하게 접근할 필요가 있습니다. 오늘 하는 토론이나 여러 책들에서 이야기하고 고민하는 부분도 그런 것이 아니겠습니까?

분명히 혁명적인 조치는 우리 사회 모든 분야에서 필요합니다. 기존의 대안적인 어떤 실험들은 제한적이며 경우에 따라서 방법론적인 면에서 나름의 한계가 있기에 새롭게 깃발을 들자는 이야기도 나왔는데, 사실은 우리 모두가 깃발 하나씩 들고 나와야죠. 그러니까 누가 깃발 들고 가면 나도 따라갈게, 이런 것이 아니라 같이 가는 거예요. 그런데 같이 가려면 조율을 해야 하잖아요. 그 조율을 하는 과정은 원거리든 근거리든 이야기 나누고, 책 읽고, 토론하는, 아까 말한 세포와 같은 작은 실험의 단위, 이런 것들이 사실은 그런 혁명적인 과정을 보편화하기 위한 실험의 과정이라고 생각해 볼 수 있죠. 실천하고 꾸준히 뭔가 만들어 나가는 것, 그러면서 최소한 우리 안에서는 이런 모습을 대안으로 만들어 나간다는 생각을 가지고 있다는 것부터가 이미 각자 표현은 안

분명히 혁명적인 조치는 우리 사회 모든 분야에서 필요합니다.
기존의 대안적인 어떤 실험들은 제한적이며 경우에 따라서 방법론적인 면에서 나름의 한계가 있기에 새롭게 깃발을 들자는 이야기도 나왔는데, 사실은 우리 모두가 깃발 하나씩 들고 나와야죠. 그런데 같이 가려면 조율을 해야 하잖아요. 그 과정은 원거리든 근거리든 이야기 나누고, 책 읽고, 토론하는, 아까 말한 세포와 같은 작은 실험의 단위, 이런 것들이 사실은 그런 혁명적인 과정을 보편화하기 위한 실험의 과정이라고 생각해 볼 수 있죠.

했지만 깃발을 꽂고 또 만들어 나가는 겁니다. 그런 모습들이 이런 작은 교실이나 대안학교, 홈스쿨링과 같은 다른 형태의 모습으로 나타나는 거라고 생각해요.

우리가 통념적으로 생각해 온 것처럼 아주 위대한 사람이 깃발 하나 꽂아 앞장서서 '모두 나를 따르라!', 그 노래 자체는 참 좋은 노래이긴 한데, 혁명을 그런 식으로 하는 것은 좀 경계해야 합니다. 그게 아니라 내용, 속도, 과정 이런 것들을 같이 만들고 서로 조율해 가면서 깃발을 같이 들고 나가는 과정이 되어야 그게 진짜배기 혁명이라고 생각하고 있습니다. 그래서 말씀하신 대로 그야말로 혁명을 한다는 의지는, 혁명이라는 말이 다른 게 아닙니다. revolution이라는 말의 volve가 돌린다는 말이고, re가 '거꾸로' 입니다. 그래서 혁명이란 '거꾸로 돌린다' 는 말이잖아요. 주체와 객체가 전도되어 있고, 목적과 수단이 전도되어 있고, 삶의 목적이나 삶의 방법이 전도되어 있는 그런 전도된 현실을 다시 거꾸로 돌리는 것, 이것이 혁명입니다.

원래 우리 삶의 목적은 행복이고, 그 방법 중 하나가 돈벌이고 열심히 사는 것인데, 지금은 경쟁력을 높이는 게 목적이고, 삶의 행복은 수단이 되었죠. 삶의 행복을 포기하는 대신 경쟁력을 높이고, 점수를 높이고, 돈 많이 버는 게 목적이 되었어요. 아주 잘못된 거죠. 그 다음으로, 주체가 되어야 할 사람들이 돈벌이나 사회운영의 객체가 되어서 그냥 시키는 대로 따라가는 객체화 현상과 같은 것들을 바꾸어내는 것이 진정한 의미의 혁명이죠. 대상이 아니라 서로가 주체로 나서고 내가 느끼고 내가 생각하고 결정하고 목소리 내고 뭉치고. 그리고 내가 인생의 목적과 수단을 분명하게 가려서 어떤 기준으로 보더라도 삶의 궁극적 목적이 행복이 되도록 해야죠. 그리고 내 행복과 사회행복을 동시에 추구해야 하는데 그런 것들은 개별적인 힘만으로는 되지 않기 때문에 힘을 뭉쳐야 된다는 것이 바로 혁명이죠. 그리고 힘을 뭉쳐서 나중에 힘을 키우는 것뿐만 아니라 바로 그 힘을 뭉치는 과정 자체가 어찌 보면 혁명이라는 거죠.

생각해 보면 현재의 기득권체제는 우리가 분열되어 있음을 전제로 해서 가능한 거잖아요. 예를 들어 대졸자와 비대졸자, 남성과 여성, 정규직과 비정규직, 또는 일류 출신과 이류, 삼류 출신 이런 끊임없는 분열의 과정을 '분할 지배divide and rule'라고 하죠. 쪼개서 통치하는 분할 지배전략, 이것이 무서운 겁니다. 바로 이런 것들을 통해서 기득권 세력은 자기들의 지배구조를 영속화하기 때문에 아래로부터 분열을 극복하는 연대의 틀이 필요합니다. 우리가 경쟁하거나 분열하지 않고 힘을 합쳐서 하나로 가는 것은 우리의 목적을 달성하기 위한 수단일 뿐만 아니라, 궁극적으로 행복이라는 목적을 달성하는 길이라는 거예요. 그게 또 어찌 보면 궁극적인 행복 그 자체죠. 모두 더불어 사는 것이 행복이다, 이런 인식을 우리가 가진다면 혁명을 논하는 것은 다름 아닌 곧 분열되어 있는 우리가 뭉치는 것이고, 수단과 목적을 바로잡아 나가는 것이 됩니다. 우리가 견고하게 주관을 세우고 실천한다면 바로 이런 것들이 거대한 혁명의 힘으로 나타날 것입니다. 그렇지 아니하고 몇몇 똑똑한 사람들이 장관을 하고 대통령이 되어서 이끌어가는 개혁 프로그램은 불행히도 모두 실패하게 되어 있습니다. 이 정도 말씀드릴게요.

학생 안녕하세요. 저 부산에 사는 준재라고 하는데요. 아까 학부모님이 드렸던 질문의 연장선이 될 수도 있는데, 그 혁명에 대해서 제 의견이자 친구 의견이기도 한데요. 지도자들이 이끄는 혁명은 실패하기 쉽지만, 지금 가장 직면한 문제가 자본주의의 문제라고 할 수 있는데, 이것은 기존의 체제 안에서는 또 해결되지 못하는 것이 사실입니다. 저도 그렇게 생각해요. 그런데 '과연 자본주의에서 다음 이상체제로 나가는 것이 달콤한 말과 사상, 또는 대화만으로 이루어질 것인가.' 그게 상당히 의문스럽거든요. 예전부터 마르크스를 비롯한 여러 사람들이 폭력혁명을 주장하거나 실천하기도 했는데, 과연 그 방법들을 지금에 와서는 어떻게 보아야 하는지, 또 각자의 희생이 따르지 않고서 과연 혁명이 이루어질지 궁금합니다.

강수돌 네, 질문이 상당히 뜨거워지고 있습니다.(웃음) 결론적으로 이야기하면, 모든 혁명에는 불가피하게 폭력이 따를 수밖에 없을 것 같아요. 그런데 문제는 '어떤 폭력이냐' 인데, 일단 자본주의체제가 만들어지는 과정 자체가 폭력의 과정이고 유지되는 과정도 폭력의 과정이에요. 지금 자본주의 자체가 교육을 통해서 학생들에게 폭력을 가하고 있고 사회적으로 정규직, 비정규직, 일류와 이류를 나눠 A, B가 C, D, E를 통치하는 것도 폭력이 개입하지 않으면 안 돼죠. 또 자본주의 체제는 공권력을 매개로 해서 국가적인 폭력을 행사하고 있고, 여러분도 잘 아시는 엔클로저 운동을 통해서 농촌을 파괴시키고 농민을 분해시켜서 공장노동자를 만드는 과정이 폭력의 과정이지요. 그리고 일하러 가지 않는 자들을 노동 감옥소인 노역소에 가둬서 징역살이 하며 강제노동을 했던 것이 그 흔적이고요. 〈쉰들러리스트〉 같은 영화에 강제노동수용소에서 노동하는 장면이 나오는데, 바로 자본주의 공장노동자를 만들어 나가는 국가의 폭력적 흔적이 그런 감옥으로 나타나는 거예요.

그렇다고 자본주의가 폭력적이라고 해서 자본주의 사회를 넘어가는 새로운 대안사회도 반드시 폭력적이어야 하는가, 저는 아니기를 바랄 뿐입니다. 그런데 기득권층이 저항을 안 할리가 만무하고 저항을 한다면 그 저항을 막는 과정에서 부득이하게 폭력이 발생할 수밖에 없지 않을까요. 저도 평화를 사랑하는 사람으로 전쟁하지 않고 평화적으로 합의해서 넘어가기를 바랍니다. 심지어는 가족 안에서조차도 의견충돌이 생길 땐 꿀밤이라도 때려야 한단 말이에요.(웃음) 그런데 공고한 기득권, 이 커다란 파이를 먹고 있는 자들에게 이것을 포기하고 스스로 한 단계 넘어가기를 기다리는 것은 개별적인 한 사람에게는 가능할지 모르지만 구조적으로는 불가능한 이야기죠. 그랬을 때 과연 폭력을 미리 배제할 수 있겠는가? 제가 생각해 보건대, 배제하긴 어려울 것 같습니다. 그렇다고 반대로 선회해서 '무장혁명'으로 가야 하지 않겠는가, 하는 문제도 옹호하기가 힘듭니다.

우선 적군파RAF라든지 알 카에다라든지 여러 가지 총과 무기를 가지고 혁명을 하겠다는 세력들이 어찌 보면 역사적으로 실험 형태를 보여주는데, 결국 피는 피를 부르게 되어 있습니다. 우리가 불가피하게 자기 방어적인 표현에서 필요하다면 모를까, 폭력 자체를 필요조건으로 해서 설계도를 그리고 그 과정을 전제해서 새로운 변화를 이루려고 한다면 분명히 잘못된 전철을 반복하기 쉽습니다. 저는 개인적으로 이렇게 생각합니다. 그래서 미리 그것을 전제하는 것도 문제지만 구조적인 기득권 체제 때문에 완전히 배제하기도 어렵지 않겠는가. 그런 면에서 우리의 새로운 무기는 과연 무엇일까. 물리적인 힘만 생각해 보면, 우리가 탱크를 만든다면 저쪽에서는 미사일을 만들 것이고, 우리가 폭탄을 만든다면 저쪽에서는 원자탄을 만들 거란 말이죠. 그런 식으로는 따라갈 수도 이길 수도 없습니다.

조금 암시적으로 이야기한다면, 저쪽에서 탱크를 만들고 원자탄을 만들 때 우리는 탱크 운전자를 넘어뜨릴 수 있는 조용한 화살 하나가 필요할 수도 있단 말이에요. 굉장히 소프트한 거 같지만 적진의 핵심을 찔러서 무력화시킬 수 있는 것이 필요합니다. '그게 뭐다' 라고 하기엔 제 아이디어가 부족해요. 어떤 지혜의 측면에서 생각을 해본다면, 저쪽의 강력한 무기를 움직이는 핵심을 자극하여 그것이 사실상 힘을 못 쓰게 만드는, 그래서 부드럽게 보이지만 더 강한 힘을 발휘할 수 있는 무기들이 필요하다는 겁니다. 지금 제게 떠오르는 것은 우리가 항거할 때 온몸으로 모두 우루루 몰려 나가는 방법이나 인간사슬 같은 것을 만들어 평화적이지만 강한 사람의 힘을 보여주는 거예요. 모두 일어나서, 몸 자체가 무기가 되는 것이죠. 어떤 이슈에 대해 도저히 참을 수 없을 때, 전부 다 누워버려요. 예컨대, 우리는 도저히 이런 식으로 교육을 못 받겠다고 3, 4천만이 '교육파업' 을 해봐요. 당장 혁명이 일어나죠. 그랬을 때 그 사람들이 "그럼, 너희가 한번 해봐라" 고 하면 아까 제가 말한 (미리 준비되고 논의된) 대안적 프로그램, 이것 아니면 우리는 못 하겠다, 배째라고 하는 거죠. 그 이상 좋은 혁명이 있을까요. 우리 몸 전체, 우리의 삶 전체가 가장 큰 무기라는 것이지요.

학부모 간단하게 여쭤보고 싶은데요.

강수돌 대개 간단하게 여쭤보는 분들이 또 복잡합니다.(웃음)

학부모 개인적인 질문인데, 책을 사서 보고 존함이 참 특이하다는 생각을 했는데. 저는 처음에 한글 이름인 줄 알았어요. 그런데 뒤에 약력을 보니까 한자더라구요. 수돌. 부모님께서 어떻게 이름을 지으셨는지 궁금하고요. 그 다음에 교수님 약력을 보니까 경영학을 전공하셨던데, 저는 경제학이나 경영학을 잘 모릅니다만 왜 노사관계나 노동경제를 전공하셨는지 참 궁금해요. 왜냐하면 방금 저 사회지배계층 패러다임 그림이 참 재미있었는데요. 파이 얘기에서 아래층하고 제일 위층을 나눴을 때 과연 저 A층이라는 것이 꼭 B 이하 층의 잉여 가치를 뺏는 것이라고만 볼 수 있을 것인가, 경제학적으로 볼 때, 그게 아닌 A층 자체가 가지고 있는 상품적 부가가치라든지 어떤 새로운 능력에 따른 새로운 효용에 의해 새로 창출된 것이라면 가지고 갈 만한 가치가 있지 않을까 하는 생각이 들거든요.

가령 빌 게이츠라든지 아주 창조적인 사람들은 그만큼 많이 부가가치를 창조한 걸로 사회적 대가를 얻는 게 아닐까 싶습니다. 과연 그게 극단적이고 단정적으로 잉여가치를 가져간 것이라고 볼 수 있을까요. 자신에 의해 부가가치가 새로 창출되어 그만한 대가를 가지고 간다고 볼 수도 있을 것 같습니다. 그 다음 마지막으로 한 가지만 더 질문드리겠습니다.(웃음) 패러다임 변화에서 직업평준화에 대해 말씀하셨는데, 아주 공감하는 바입니다. 바람직한 걸로 보는데, 현실적으로 직업평준화가 이루어진 국가가 있는지 궁금합니다.

강수돌 예. 알겠습니다. 우선 제 이름에 관해 질문하는 분들은 크게 두 부류입니다. 한 부류가 돌乭자가 유래가 있느냐는 것인데, 신돌석 선생, 평민 출신 의병대장 있죠. 제가 알기로 그때부터 출발한 거 같은데 이게 이두 문자의 흔적입니다. '돌' 할 때 '도' 부분만 '돌 석' 자에서 온 것 같아요. 그것도 음이 아니고 훈에서 오고요. 밑에 새 을乙자가 'ㄹ' 역할을 합니다. '도' 밑에 'ㄹ'을 붙인 형태인데 이 돌乭자를 '이름 돌'자라고 그래요. 이름 돌. 지킬 수守에 이름 돌乭자니까, 이름을 지켜라, 영어로 keep your name, 그럴 듯하지요? 두 번째 많이 하는 질문이 "별명은 알겠는데, 본명은 뭡니까?"(웃음)라고 묻는데 이게 본명이에요. 다음으로 그 이름을 어떻게 짓게 됐는가? 이는 저도 궁금했는데 집에서 쇠나 돌처럼 튼튼하게 자라라고 '쇠돌이'라고 불렀대요. 부모님께서 주민등록 호적에 올리는 것도 1년이 지난 뒤에 잘 크는지 기다렸다가 올렸기에 주민등록상으로는 제가 한 살이 젊어요. 쇠돌같이 자라라, 이런 부모님의 기대를 반영하는 거였고, 형님 두 분 이름이 수守자 돌림이어서 저도 그렇게 했어요. 그럼 뒤에 돌자니까 쇠돌이 아니라 수돌이. 얼렁뚱땅 낳고, 대충대충 지은 거 같습니다.(웃음)

그 다음에 제가 원래 학부를 경영학과를 졸업했고, 졸업하면서 배우는 내용들이 원하던 공부가 아니라 생각했어요. 경영학 분야 중 돈 다루는 분야가 있고, 사람 다루는 분야가 있잖아요. 그래서 대학원에 진학해서 사람 다루는 분야에서 석사과정 공부를 하기 시작했습니다. 인사조직 및 노사관계 분야 공부를 하면서 사람이 어떻게 하면 즐겁게 일하고 행복하게 살아갈 것인가를 중심에 놓고 공부를 하게 됐고, 그래서 제 전공이 노사관계입니다. 그러다 보니까 경영, 경제, 사회학, 경우에 따라서는 심리학과 교육학까지 연결해서 공부를 두루 하는 편이지만 엄밀하게 말하면 노사관계 전공자입니다. 그리고 좌파냐 우파냐 그러면 좌파는 맞아요. 좌파와 우파의 다름이 뭐냐 하면 우파는 우파 내용만 공부하는데, 좌파는 좌, 우파 공부를 다 한다는 겁니다. 왜냐하면 좌파가 뭔지 알기 위해서는 우파를 알아야 우파와 구분되는 공부를 하지요. 그런데 우파들은 지금까지 선생들에게서 배운 것만 공부해서 그게 옳다고 생각하는 거죠. 그런 결정적인 차이점이 있구요.

아까 잘 설명을 하셨는데, 빌게이츠의 경우 MS-DOS가 '독점 소송' 걸린 것 있잖아요. 그런 거에서도 나타나듯이 A, B가 누리는 이 파이의 원천을 보면 세 가지가 있습니다. 첫째는, 아버님 말씀대로 A, B가 스스로 창출한 게 물론 있지요. 그 회사 노동자들이 한 것도 있구요. 그런데 둘째로 중요한 것은 다른 데서 창출한 것을 경쟁에서 우위를 점한 뒤 독점하면서 가져가는 것입니다. 그럼 다른 곳이 망하잖아요. 반대 회사들이 망하고 그만큼 내가 독점적으로 시장을 차지하니까 소비자들로부터 가져오는 것도 있고요. 그 다음에 세 번째는 사실은 스스로 한 것이나 다른 데서 오는 것, 모두에게 적용되는데 인간과 자연 모두를 아우르는 자연의 희생이라고 하는 게 깔려 있단 말이죠.

선진국 복지국가도 마찬가지입니다. 복지국가에서 여러 측면에서 복지혜택을 누리는 것도 사실은 선진국 노동자들이 자체적으로 창출한 부가가치가 첫 번째 원천이고, 자기들의 희생도 있어요. 두 번째 원천은 후진국에서 농민이나 노동자들이 만들어놓은 부가가치를 세계시장이라는 경쟁체제에서 가져가는 부분들이 있다는 거죠. 예를 들면 컴퓨터 한 대, 휴대폰 한 대, 비행기 한 대를 팔고 밀이나 쌀이나 바나나는 큰 배에 엄청나게 가지고 가요. 이런 것을 '부등가 교환'이라고 하죠. 그 다음에 선진국이든 후진국이든 흙이나 물과 같은 환경이나 자연생태계를 희생시켜서 커다란 파이를 만들어서 가져가는 부분이 있죠. 그래서 일부는 아버님 말씀이 옳으신데, 그 부분만으로는 설명이 안 되는 부분이 분명히 있습니다. 저는 솔직하게 그렇게 말씀을 드립니다.

그런 면에서 여러분도 읽어보셨겠지만, 『오래된 미래』라는 책을 보면, 라다크라는 작은 마을이 사실 따지고 보면 우리나라 전통 농촌마을

이에요. 라다크와 같이 개발붐이 불기 전에는 자립력이 상대적으로 높고, 검소하고 가난해 보이지만 그렇게 격차가 나지 않고, 고루 잘 살고, 생태적으로 리사이클링이 되고, 환경적으로 피해를 크게 주지 않던 모습이 있지요. 바로 그런 모습들이 세계화되는 경우랑 지금 빌게이츠 같은 모델이 '글로벌라이제이션' 물결을 타고 보편화되는 경우랑을 비교하면, 어떤 경로를 택하는가에 따라 저는 세계 인류의 미래가 달라진다고 봅니다. 그런 면에서 이제 '오래된 미래', 바로 전통적인 것 속에 우리의 참된 미래가 있다고 보기 때문에 오래된 미래라고 하는 것이죠.

그 다음으로 고교평준화, 대학평준화, 직업평준화를 말씀하셨는데. 그런 사례가 있느냐. 굳이 표현하자면, 자본주의 사회냐, 사회주의 사회냐는 말인데, 사회주의 사회가 여기에 가까워요. 제가 알기로 전통적인 중국의 농부 수입과 교수들 수입이 차이가 크게 안 나는 걸로 알고 있습니다. 한국 교수들은 그보다 10배 이상 받고 있더라구요. 다음에 쿠바 같은 나라가 그 사례가 되는데 농부의 소득이 교수의 소득보다 더 많다고 해요. 오히려 거기는 역평준화되어 있죠. 자본주의가 피라미드형 삼각형이라면, 사회주의는 좀더 거꾸로 역삼각형 모습도 보이는데 저는 그것을 합쳐 원탁형으로 만들었으면 좋겠다는 생각이 듭니다.

그럴 때 중요한 것은 어떤 일들이 우리의 행복을 위해서 꼭 필요한 것이냐. 이것을 가려내는 지혜, 토론의 분위기 등이 꼭 필요하다고 생각합니다. 그리고 그런 것을 자본주의 안에서 보면, 가장 격차가 심한 나라가 미국식, 영미식의 첨단 자본주의이고, 일본이나 한국은 중간쯤에 있는 것 같고, 유럽계통의 자본주의, 사회민주주의적인 자본주의는 상대적으로 직업평준화가 좀 진전되어 있는 편입니다. 그러나 상대적으로 사회주의와 비교해 보면 그것도 마찬가지로 불평등구조입니다.

'자기 부정을 통한 자기 긍정'. 내가 살아가고 있는 모습을 적극적으로 부정해보세요. 이게 아닌데, 그럼 좀 다르게 가보자고 함으로써 진정, 자기 삶을 긍정적으로 찾아나가는 그런 노력들. 그런 것이 바로 자기로부터 시작하는 혁명일 것입니다. 그런 울림들은 분명히 뭉쳐질 것입니다. 그것은 마침내 온 사회의 혁명으로 분명히 연결될 것이고 그 속에 바로 희망이 있는 거죠.

저는 그 정도로 파악하고 있습니다.

사회자 네. 이제 주제와 변주를 마칠 시간이 되었는데요. 오늘 정말 값진 시간이었죠?

강수돌 참, 한 가지만 더 이야기할게요. 그래도 되겠습니까? 제가 말씀드리고 싶은 것은, 제가 평소에 잘 이야기하는데, 오늘은 안 한 것이 있어요.

지금 우리 사회의 패러다임은 삶의 양을 중심으로 하는 것 같습니다. 더 많은 소유와 소비가 삶의 핵심이고 그렇게 되면 행복할 거라고 바라보는 행복관이 기본에 깔려 있는데, 중요한 패러다임은 '삶의 질' 이라는 거죠. 더 많은 존재와 관계, 이것이 더 많은 소유나 소비보다 중요하다고 보는 것이죠. 그러면 이 삶의 질은 무엇인가? 그것은 우리가 건강하고 여유롭게 사는 것이고, 인격을 존중하고 서로 평등하게 사는 것이고, 공동체적인 관계나 생태계적인 건강함을 유지하면서 사는 것이 진정으로 삶의 질을 높이는 것이죠.

그러면 이 두 가지가 반드시 배타적이냐. 우리도 기본 생계는 해결을 해야죠. 그것은 이제 식, 의, 주. 여러분, '의식주' 라고 그러죠? '식의주' 라고 해요? 먹는 것이 제일 중요한 것 같으니까. 그런데 기본 생계, 이 부분을 해결하기 위해 어느 정도의 삶의 양은 필요하다는 거예요. 그런데 이것과 더불어서 반드시 우리가 잃지 말아야 하는 것이 삶의 질이에요. 이것을 처음부터 같이 해결하면 더욱 좋고, 안 되면 처음에는 작더라도 반드시 이것을 찾으면서 살자는 거죠.

그래서 제가 배운 수학공식 중에 유일하게 도움이 되는 것이 바로 무한대 개념입니다. 무한대 개념이 분모로 가 있을 때 분자에 어떤 수를 쓰더라도 답은 뭐예요? 답은 무한소인데 이게 0이라고 할 수 있죠. 자이 분수식에서 분자가 밀리언(백만)이 되든, 독일식으로 밀리아르데(십억)가 되든 100만이든 10억이든 아무리 엄청나게 큰 수라 할지라도 분모의 무한대 앞에서는 결론이 제로(0)라 이거예요. 무한대가 상징하는 것은 현실에서 작동하는 자본주의 돈의 논리라는 겁니다. 이게 자본주의 논리예요. 자본주의 시스템의 논리 앞에서 우리가 현실적인 삶을 추구하는 데 제아무리 높은 자리에 올라가고, 아무리 많이 소유하고 아무리 많이 소비하더라도 현실적으로 돈을 많이 추구하는 삶. 즉 삶의 양을 추구하는 삶을 산다면, 결국 삶의 질은 0이 된다는 것입니다. 이걸 한마디로, 표현하면 $M/\infty=0$입니다. 결론은 '헛살기'라는 것이지요. 여유도 없고, 건강도 잃어버리고 과로사로 뻗어버리고 산재당하고. 그죠? 불평등을 조장하고, 공동체가 깨지고, 생태계가 파괴된단 말이죠. 이 이야기를 꼭 드리면서 이 공식만큼은 여러분이 꼭 염두에 두었으면 좋겠다, 이런 공식을 항상 생각하며 실천을 해나가야 진정한 행복에 이를 수 있다는 말씀을 마지막으로 드리고 싶네요.

강수돌 고맙습니다.

사회자 이제 진짜 마칠 시간이 되었는데, 이렇게 무더운 날씨에도 다들 참석해 주셔서 정말 감사합니다.

강수돌 혹시 소감 한 마디 할 시간이 있을까요? 저는 청소년과 부모님들이 이렇게 대단한 열기로 고민하고 이야기 나눌 수 있는 공간, 이런 공간에 열심히 참여하시는 모습이 너무나 존경스럽고 감격스러워요. 그리고 바로 혁명의 모습이라는 게 이런 장들 자체가 아닐까 싶네요. 아까 말한 대로 문밖에 나가면 또 다른 벽들이 많은데 그 벽들을 허물어뜨리고 우리가 새로운 공간을 보편적으로 열어 나가는 것은 지금 망치 들고 와서 벽을 무너뜨린다고 될 일이 아니라, 각자가 터하고 있는 삶의 세계에서 자기의 고민을 사회화하는 몸부림을 좀더 많이 칠 때, 그리고 경우에 따라서 내가 가지고 있는 삶의 터를 스스로 뒤엎고자 할 때 새로운 돌파구가 열린다고 생각합니다. 그래서 저는 이런 용어를 씁니다. '자기 부정을 통한 자기 긍정'. 내가 살아가고 있는 모습을 적극적으로 부정해보세요. 이게 아닌데, 그럼 좀 다르게 가보자고 함으로써 진정, 자기 삶을 긍정적으로 찾아나가는 그런 노력들. 그런 것이 바로 자기로부터 시작하는 혁명일 것입니다, 그런 울림들은 분명히 뭉쳐질 것입니다. 그것은 마침내 온 사회의 혁명으로 분명히 연결될 것이고 그 속에 바로 희망이 있는 거죠. 저도 아주 짜릿한 새로운 느낌을 오늘 얻고 갑니다. 고맙습니다.

사회자 우리 모두 이런 꿈들을 이 안에서만 간직하지 말고 밖에 나가서도 계속 꿈을 유지할 수 있었으면 합니다.

강수돌 오늘 여러분과 함께 참 행복했습니다.

9회

2005년 8월 20일 오후2시

우리 모두가 이 문을 열고 세상 밖에서도 당당하게 살 수 있는 용기를 주세요

사회자 그럼 지금부터 제9회 주제와 변주를 시작하도록 하겠습니다. 안녕하십니까. 이번 주제와 변주의 사회를 맡은 내성중학교 3학년 손주완입니다. 최연소 주제와 변주 사회자라는 무겁고도 설레는 사명을 띠고 이 자리에 서게 되었습니다. 많은 분들이 주제와 변주에 대해서 이미 알고 계시겠지만 간단히 말씀드리도록 하겠습니다.

주제와 변주는 우리의 열정과 열기로 진행되는 작은 모임입니다. 장소와 시간을 가리지 않는 이 모임은 우리에게 항상 뜻깊은 시간이 되었습니다. 이 모임에서만큼은 그동안 내 안에 쌓아두었던 그 어떤 벽이나 껍질 그리고 허물을 모두 던져버리고 모든 것을 자유롭게 말하고 듣고 해석하고 몰두할 수 있습니다. 지금부터 모임이 진행되는 동안 자기는 말하고 싶은데 자기를 둘러싼 벽이 말하는 것을 허락하지 않을 때 자기의 빰을 내리치도록 하십시오.(웃음) 그리고 서로에게 의사표시를 미루는 사람이 있으면 그 사람의 빰을 내리치도록 하십시오. 그러면 제가 말할 수 있도록 벽을 허물어드리겠습니다. 물론 저는 이번 모임이 진행되는 동안 누구의 빰이 붉어지는 일이 없었으면 좋겠습니다. 혹시 〈죽은 시인의 사회〉라고 들어보셨는지요? 영화로 개봉되면서 많은 사람에게 유명해진 작품인데요. 영화에서 학생들이 모임을 시작하기 전에 읊는 시가 있습니다. 개인적으로 참 인상적이어서 한 번 읊어보고 시작하겠습니다. '나는 숲으로 갔다' 로 시작하는 시인데 조금 바꿔봤습니다.

'나는 이곳으로 왔다. 왜냐하면 인생을 자유롭게 살고 싶어서였다. 나는 내 영혼의 정수를 마음속 깊이 그리고 끝까지 맛보며 살고 싶다. 내가 아닌 모든 것들을 모두 털어버리기 위해 목숨이 다하는 순간까지 삶이 끝났다고 포기하지 말라.'

오늘 초대한 분은 영남대학교에서 법학을 가르치시는 박홍규 선생님이십니다. 선생님은 젊은 시절 전태일의 죽음을 보고 법학에선 왕따처럼 여겨지는 노동법을 전공하셨습니다. 그리고 지금까지 노동자의 문학적 교양을 높이기 위해 미술 음악 철학 등 다양한 분야의 글을 쓰고 계십니다. 네, 그럼 박홍규 선생님의 간단한 인사 말씀과 함께 시작하도록 하겠습니다.

박홍규 더운데, 많이 나와주셔서 고맙습니다. 어, 잘 모르고 왔습니다. 솔직히 말씀드려서 이 모임이 어떤 취지로 어떻게 모였고 오늘은 뭘 하는지 잘 모르고 왔어요. 제 자신이 이런 모임에 대단히 익숙하지 못한 사람이란 걸 여러분에게 인사 치고는 좀 이상하지만 하지 않을 수 없습니다. 말하자면 거의 처음이에요. 이런 모임 같은 걸 거절하는 것을 신조로 삼아온 사람입니다. 그런데 얼마 전에 인디고 서원에서 연락을 받았을 때 부산에 제가 아는 사람도 있고 해서 물어봤더니 아무도 모르더라구요.(웃음) '아무도 모르는 곳이라, 뭐 이상한 곳이네' 하면서 왔습니다. 근데 그게 마음에 들었습니다. 아주 별 볼일 없는 데구나. 이런 말씀 드리면 여러분 언짢을지 모르겠습니다만, 저는 흔히 말하는 화려한 출판기념회나, 독자들과의 모임이나 팬들에게 사인을 하는 자리에 한 번도 가본 적이 없습니다. 솔직히 이렇게 독자들을 모시고 이런 자리를 갖는 것도 거의 처음과 마찬가지니까. 너무 빡빡하게 하지 마시고, 잘 부탁드리겠습니다. 고맙습니다.(웃음)

사회자 예, 교수님께서는 첫 번째 모임이라 많이 긴장하고 계신 것 같은데요, 먼저 저부터 쉬운 질문 하나 하도록 하겠습니다. 선생님의 저서들 중에

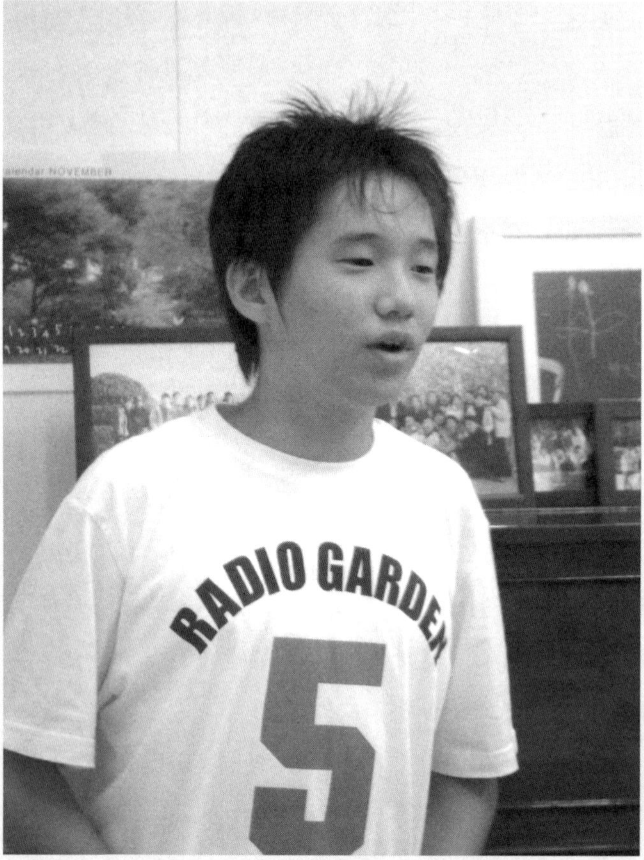

'나는 이곳으로 왔다. 왜냐하면 인생을 자유롭게 살고 싶어서였다.
나는 내 영혼의 정수를 마음속 깊이 그리고 끝까지 맛보며 살고 싶다.
내가 아닌 모든 것들을 모두 털어버리기 위해 목숨이 다하는 순간까지
삶이 끝났다고 포기하지 말라.'

는 평전이 상당수인데요. 평전을 쓰시게 된 특별한 이유가 있으신지요.

박홍규 평전이란 걸 쓰게 된 지 10년쯤 되는 것 같습니다. 사실은 이런 것을 써보겠다고 생각한 적도 없고, 그냥 우연히, 참 우연히 쓰게 되었습니다. 여러분은 아마 잘 모르실 겁니다만, 『법은 무죄인가』라는 책을 십여 년 전쯤에 쓴 적이 있었는데, 그 책이 한국출판문화상인가 하는 상을 받았습니다. 그래서 상도 받고 상금도 받는 자리가 있었는데 그때 출판사 사장한테 제가 '그냥 써놓은 원고가 하나 있는데 이건 법에 대한 원고도 아니고, 전혀 팔릴 것 같지도 않고, 책도 안 될 것 같지만 혹시 이런 책을 내줄 수 있겠느냐' 라고 제안을 했어요.

저는 사실 제가 쓴 글을 출판하겠다고 들고 다닐 만한 위인이 못 됩니다. 저는 어떻게 써달라고 부탁하면 써주는 그런 형편이었는데, 처음으로 제가 숨겨놨던 원고 하나를 출판사 사장한테 부탁한 것이죠. 무슨 덤으로 해달라는 것처럼……. 왜 그런 거 있잖습니까? 게다가 원고 분량도 얼마 되지 않았으니까. 그런데 이렇게 이야기하기도 힘들었던 원고가 바로 윌리엄 모리스라는 사람의 평전이었는데, 제가 제일 처음 썼던 평전이었습니다. 모리스란 사람은 법을 빼고는 모든 것을 다 해온 사람입니다. 문학이나 미술, 건축, 사회주의 활동 등 그야말로 안 해본 것이 없는 사람이었어요. 그 사람 삶의 모토가 영어로 표현하자면 'As I can', 즉 할 수만 있다면 모든 것을 다 해보겠다며 세상을 살았던 사람입니다. 그런데 유일하게 안 해본 게 법 분야였단 말이죠. 내가 참 좋아하는 사람인데, 그 사람에 대한 이야기가 우리나라에 전혀 소개되지 않았습니다. 윌리엄 모리스가 태어난 지 170년 정도가 되고, 죽은 지도 100년이 넘었는데도 말이지요. 다른 나라에서는 굉장히 널리 알려지고 대단히 중요한 사람으로 평가되고 있습니다. 제가 주관적으로 좋아해서가 아니라, 이 사람이 객관적으로도 유명한데 '왜 이 사람이 대한민국에 소개가 안 되느냐, 왜 우리는 모리스를 모르고 살아야 하느냐' 이런 심정 같은 게 있었습니다. 그 사람의 책을 보신 적이 있는지 모르겠습니다만, 『에코토피아뉴스』라는 책을 쓰기도 했죠.

자, 이런 여러 정황 속에서 10년 전 우연한 기회에 출판사 사장과 만난 거죠. 근데 출판사 사장이 '이거 이상한 거 아니야? 당신 법 선생이면서 이상한 거 써오고 말이야' 라고 했어요. 그래서 제가 '모리스라는 인물의 책입니다' 했더니 모리스가 누군지 출판사 사장이 모르는 겁니다. 사실 거의 알려지지 않은 인물이었죠. 그때 그 사람이 거절했더라면 아마 평전을 다시 쓸 생각을 못 했을 겁니다. 이 자리에 시인도 오고 소설가도 오고 또는 여러 학자들도 왔다가셨잖아요. 대부분 자기 전공에 대한 훌륭한 책들을 쓴 분들이라고 생각됩니다. 그렇죠? 아마 전공하지도 않은 이상한 걸 쓰는 사람이 인디고 서원에 온 건 제가 처음일 것 같습니다.(웃음) 평전이란 걸 쓴 것은 그런 우연한 계기였습니다. 근데 그 책이 조금 팔렸나 봅니다, 잘은 모르지만. 그리고 한 10년 전 쯤에 지금하고 크게 다를 것 같지도 않은데 그 책이 이런저런 사람들이 읽어주기도 하고 해서 제가 용기를 좀 냈죠.

그래서 두 번째로 쓴 게 『내 친구 빈센트』라는 책입니다. 저는 제가 좋아하지 않는 사람은 가급적 쓰지 않습니다. 그런데 그 책도 마찬가지였습니다. 그 책도 우연한 기회에 나오게 되었는데, 몇 군데 출판사를 방황하면서 원고가 한 바퀴 쭉 돌다가 저를 불쌍하게 여기신 어떤 편집자 한 분이 그 원고를 책으로 만들어줬습니다. 평전을 쓰는 이유를 두 가지 정도 이야기하자면, 하나는 아까 얘기한 모리스의 경우처럼 진짜 재미있는 사람이고 중요한 사람인데 우리에게 전혀 소개가 안 되어 있는 경우, 이런 경우에는 이야기할 필요가 있다고 생각해서 평전을 씁니다. 두 번째는 많이 알려져 있는데도 불구하고 제가 생각하기에 잘못 알려져 있는 경우, 즉 『내 친구 빈센트』와 같은 경우입니다. 제가 아는 빈센트 반 고흐는 그야말로 평생을 노동자처럼 살았고, 노동자를 위해서 살았고, 그가 그린 모든 사람은 노동자들이었습니다. 그의 삶 자체는 물론이거니와 그의 생각과 느낌 모든 것이 가장 밑바닥의 사람들에 대한 어떤 공감과 사랑으로 이루어진 사람이고 또 그런 그림들을 그렸단 말이죠. 그러면서도 이 사람이 초등학교 2, 3년 정도밖에 다니지 않았지만 평생을 열심히 책을 읽은 사람이고, 열심히 생활한 사람이고, 누구보다도 진지하게 살았던 사람인데, 이런 사람이 어떻게 우리에게는 천재 미치광이 화가로 소개되어 있느냐는 말이죠.

우리 옛말 중에 싫어하는 몇 가지가 있는데, 그 중에 '일필휘지' 라는 말을 참 싫어합니다. '그냥 손만 대면 명작이 나온다' 는 그런 생각. 이렇게 보니까 제가 근무하는 학교의 대학생들마저도 그런 이상한 겉멋이 들어 있는 경우를 많이 봅니다. 또 그림을 그린다는 친구들이, 음악을 한다는 친구들이, 문학을 한다는 친구들이 자기 주변의 사람들에 대한 사랑이나 공감은 전혀 없이 미친놈처럼 매일 술이나 퍼마시고, 미대나 음대에서, 가끔씩 음란 교수가 나와 쫓겨나고 또 야단스럽고 시끄럽게 구는 그런 사람들의 모델인양 '빈센트 반 고흐' 가 잘못 알려져 있어서 그를 진심으로 좋아하는 팬으로 화가 날 수밖에요. 그래서 '반 고흐는 그런 사람이 아니다, 빈센트 반 고흐는 우리에게 알려진 것과는 다르다' 라는 생각이 있어서 책을 쓰게 됐습니다. 어느 경우든 간에 제가 좋아하는 사람, 또 내가 그렇게 살지 못했으니까 이런 사람들의 삶이라도 써보면서 더 가까이 간다는 느낌을 가지는 것일 수도 있지요. 이런 식으로 평전을 쓰게 되었고 앞으로도 제가 좋아하는 사람들에 대해서, 또 잘 알려지지 않았거나 잘못 알려진 경우는 좀더 써보려 합니다.

이슬아 고등학교 2학년 이슬아라고 합니다. 중학교 2학년인가 3학년 교과서에 보면 〈청춘예찬〉이라는 글이 나오잖아요. 좋아하시는지는 모르겠지만 저는 그 글을 상당히 좋아해서 전문을 외웠거든요. 지금은 물론 '청춘이란 말을 듣기만 해도 가슴이 설레는 말이다' 정도밖에 외우지 못하지만요.(웃음) 근데 그 이후로 본 글 중 가장 제 가슴에 와닿았고, 또 제가 젊기 때문에 행복하다는 걸 깨닫게 해준 것이 이 『젊은 날의 깨달음』이거든요. 조금만 읽어보면,

"젊은 벗이여 고독해라. 젊은 벗이여 모든 인간을 벗 삼아라. 젊은 벗이여 꿈꾸고 맞서라. 젊은 벗이여 굽히지 말라. 물론 이처럼 당당하게 산다는 것은 이 세상 어느 나라보다 한국에서 특히 어렵다. 그래서 나는 다시 말한다. 젊은이여, 그럴수록 더욱더 당당하게 살라고, 오로지 당당하게 살라고. 당당하게 사는 사람들이 새로운 사회를 만들어야 우리는 희망이 있다. 젊은 벗이여, 저 도도한 패거리 문화가 만드는 억압과 불평등, 무사상과 무실천의 야만을 당당히 갈아엎어라!"

너무 좋았어요. 너무 좋았고, 교수님께는 가슴 아픈 기억이 될 수도 있을텐데,(웃음) 우리나라에서 어떠한 친목회도 나가지 않으시고 심지어 관혼상제까지 마다하시는데 그렇게 홀로 꿋꿋하게 길을 걸어오시면서 힘든 일은 없으셨는지, 또 에피소드가 있으면 말씀해 주세요.

"젊은 벗이여 고독해라. 젊은 벗이여 모든 인간을 벗 삼아라.
젊은 벗이여 꿈꾸고 맞서라. 젊은 벗이여 굽히지 말라.
물론 이처럼 당당하게 산다는 것은 이 세상 어느 나라보다 한국에서 특히 어렵다.
그래서 나는 다시 말한다. 젊은이여, 그럴수록 더욱더 당당하게 살라고,
오로지 당당하게 살라고. 당당하게 사는 사람들이 새로운 사회를 만들어야
우리는 희망이 있다. 젊은 벗이여, 저 도도한 패거리 문화가 만드는 억압과 불평등,
무사상과 무실천의 야만을 당당히 갈아엎어라!"

박홍규 음, 어떤 에피소드가 있을까. 에피소드라 할 만큼 재미있는 이야기로 들릴지 모르겠습니다만, 사실은 저희 가족이나 친족이나 또는 제가 몸담고 있는 직장과 같이 우리 사회에서 정형화되어 있는 이런 집단들, 이런 인간관계 속에서는 제가 병신이고 왕따고 별 볼일 없는 인간 취급을 받지요. 그렇지 않겠습니까? 그런데 재미난 에피소드가 있을까요? 슬픈 일이지요. 사실 자기 마음에 닿지 않는 것을 끝없이 되풀이해야 되는 것은 정말 싫거든요. 아마 사람마다 정도의 차이가 있을지는 몰라도 대체로 다들 싫어할 거예요. 그죠? 하기 싫은 일임에도 체면에, 뭐에, 그런 이유들 때문에 가는 거예요, 그냥. 그중에서 제가 제일 싫어하는 것이 교수회의입니다. 왜냐하면 교수 중에는 다 그런 건 아니지만 대충 정신없이 지껄이는 사람들이 많거든요.(웃음)

일부 교수란 사람들은 주제와 관련이 없는 얘기들을 제멋대로 한 시간이고 두 시간이고 떠듭니다. 그러니까 교수회의가 11시 30분에 시작해서 11시 50분에 끝나고 식당에 가서 오후 3시까지 이어져요. 그건 짧은 경우입니다. 대충 그 다음날 새벽 한두 시까지 이어집니다. 회의는 한 20분 하고, 그 다음부터는 열몇 시간을 음식과 술과 노래 등으로 시간을 때우는 그런 교수회의. 우리 학교 교수회의가 꼭 그렇다는 건 아닙니다만 대부분 그럴 거예요. 우리 사회에 이런 것들이 참 많아요. 그죠? 요즘 정치적으로, 비자금이니 도청이니 뭐니 하는 것도 끼리끼리 모여서 끼리끼리 쑥덕거리고 끼리끼리 음모하고 끼리끼리 남 욕하고 끼리끼리 어떻게 해보겠다고 패거리지어서 돌아다니는 문화 때문에 벌어진 일 아닙니까? 아마 대한민국에만 이러한 것들이 있지 싶어요.

제가 중고등학교 동창회를 안 간 지가 20, 30년 됐는데, 여기도 대학생이 있겠지만 대학 복도에 붙어 있는 글들이 말이죠, 인디고 서원에 가서 토론하자 뭐 그런 게 아니에요. 예를 들자면 '부산고 38회! 개강인데 모여라, 종강인데 모여라, 시험인데 모여라, 가을인데 모여라' 등등. 이런 것들만 붙어 있어요. 여기 대학생들 계시죠? 내 말 틀렸습니까? 그거 말고 뭐 있습니까, 동아리? 동아리라는 게 사실 포럼이나 그 비슷한 형식의 동아리도 거의 없어요. 아마 대학이라는 곳에서 고등학교 동창끼리 만나는 일이 대학생활의 상당 부분을 차지하는 20대가 사는 나라, 이런 대학문화가 있는 나라, 잘은 모르지만 아마 대한민국밖에 없을 겁니다. 내가 많은 대학을 다녀보진 않았지만, 좋다는 다른 나라의 대학들을 이렇게 저렇게 다녀봤는데 그런 나라를 본 적이 없어요. 우리는 패거리를 만드는 게 굉장히 심한 것 같아요. 그만큼 자신에 대해서, 나에 대해서 뭔가 생각할 수 있고 성찰할 수 있는, 자신에 대해서 되돌아볼 수 있는 시간이 줄어들잖아요. 자기에 대한, 자아에 대한, 개인에 대한 배려와 관심이 굉장히 결여되어 있다고 생각합니다. 그러다 보니 우리가 무슨 민주주의란 말, 인권이란 말, 사회정의란 말, 이런 말들을 하는 것이 굉장히 허무하지 않는가, 무의미하지 않는가 하는 생각을 여러분만할 때부터 했습니다. 그런 게 정말 싫었습니다. 이 자리에 오신 분들도 아마 그 비슷한 10대, 20대를 보내고 있을 것 같은데, 대부분 외톨이고 그래서 외롭지 않나요?

학생들 외로워요.

박홍규 저는 정말 그런 것이 싫더라구요. 우리나라는 세대간의 갈등, 여러분 부모님과의 갈등, 또 여러 가지 갈등이 있겠습니다만, 제가 보기에 우리나라에는 어느 세대나 딱 하나의 공통된 문화밖에 없는 것 같아요.

집단문화. 힘들었지만 이러한 것에서부터 벗어나자는 생각을 했고, 그러다보니 욕도 많이 얻어먹었고, 이제는 모든 사람들이 저를 포기하고 있습니다. 얘는 구제불능이다. 너는 책이나 써라. 그 외 모든 것은 완벽하게 무능력하니까. 그래서 저는 학교를 왔다갔다하면서 책 읽고 쓰는 것 외에는 아무것도 하지 않는, 외톨이가 되어버렸습니다. 이게 좋은 건지 나쁜 건지 여러분이 잘 판단하시기 바랍니다. 잘 놀지 못합니다. 특히 노래방 가는 거 진짜 싫어합니다.

학생 그럼 선생님께서는 뭐하고 노세요?

박홍규 저는 음악도 듣고, 그림도 그리고 그렇게 놉니다.(웃음)

이해미 저는 이해미라고 합니다. 선생님께서는 평전을 많이 쓰셨잖아요. 평전이라는 것이 누군가의 삶에 대해서 쓴 글인데, 저 같은 경우에 다른 누군가의 삶보다는 자신의 삶을, 즉 나만의 흔적을 남기고 싶은 그런 마음도 들 것 같은데요. 선생님께서는 혹시 자신의 삶의 자취를 남기고 싶으신 마음은 없으신지요?

박홍규 음, 여기(『젊은 날의 깨달음』)에 잠깐 썼습니다. 저에 대해 더 쓸 생각은 정말 없습니다. 쓸 것도 없구요. 글쎄, 유명한 작가들이나 우리가 알 만한 사람들 중에 그야말로 명작으로 남을 만큼 자서전을 쓴 사람도 있지만, 제가 아는 대부분의 사람들은 자서전을 쓰지 않는 걸로 알고 있습니다. 제가 좋아하는 사람 중 하나인 조지 오웰은 자기에 대한 이야기를 자기 스스로 쓰는 것은 물론이거니와 남이 쓰는 것도 지독하게 혐오

했어요. 세상에는 그런 사람도 있습니다. 자서전은 어떤 심리에서 쓸까요? 잘 모르겠어요. 저는 자서전을 쓰겠다는 생각을 해본 적도 없고 제가 살아온 이야기를 쓴다는 것이 좀 그래요. 처음에 출판사에서 『젊은 날의 깨달음』에 실을 글을 써달라고 했을 때 굉장히 당황했고, 몇 번이나 안 쓰려고 했어요. 그런데 이 출판사에서 사람 숫자를 잘 못 맞춘 모양이에요. 그죠? 책이 되려면 원고가 모여야 하는데. 저를 억지로 끼워 넣어서 말이죠.(웃음) 워낙 집요하게 얘기했기 때문에 어쩔 수 없이 썼어요. 각자가 타인의 어떤 삶보다도 자신의 삶에 충실할 필요는 있지요. 당연히. 그런 의미에서 각자가 자서전을 쓰는 마음을 갖는다는 것은 굉장히 중요하다고 생각합니다만 저는 아직 생각해 보지 않았습니다. 음, 이게 세 번째 질문인데 세 번째까지 답변이 영 마음에 안 들어서 미안합니다.(웃음)

배효원 말씀하신 대로, 살면서 자기가 원하는 것을 과연 실제로 얼마나 어떻게 할 수 있을지 궁금합니다. 선생님께서 말씀하신 것처럼 자신만의 삶을 살고자 한다면 자신만의 시간이나 공간이 확보가 되어야 하는데, 우리는 정말 어쩔 수 없는 그런 인간관계 속에 놓여 있다고 생각합니다. 싫지만 어쩔 수 없는. 그래서 말인데, 이 사람들을 거짓으로 속이지 않고도 그들로 하여금 나를 포기하게 할 수 있는 방법은 어떤 것이 있을까요?(웃음) 예를 들자면 이메일 주소도 만들지 않고, 휴대전화도 갖지 않고, 또 사람을 만나더라도 집을 중심으로 반경 얼마 이내에서 만난다든지 등등 남을 속이거나 기만하지 않고 자연스럽게 나만의 거리를 확보할 수 있는 방법에는 어떤 것이 있을까요?

박홍규 답을 이미 다 말씀하셨는데. 난 휴대전화가 없어요. 삐삐도 물론 써본 일이 없구요. 제가 사는 곳이 시골이니까, 버스가 하루에 네 번밖에 다니지 않습니다. 그걸 항상 남들에게 강조하는 거죠.(웃음) 네가 나를 만나려면 네가 여길 오든지 아니면 날 데리고 나가든지 결정해야 한다, 또 내가 나가면 다시 나를 데려다줘야 된다고 이야기해요. 또 버스가 네 번밖에 안 다닐 뿐만 아니라 택시기사가 가길 싫어한다, 돈이 문제가 아니다, 이렇게 이유를 대죠.(웃음) 모든 우편물은 대충 무시하고, 인터넷은 하지 않고, 이메일은 보름에 한 번 정도 확인해요. 그리고 남들이 재미없어 하도록 만드는 것 같아요. 어떻게 하든 불필요하게 의례적인 대응을 한다거나, '예예, 그렇죠, 당연하죠, 맞습니다'와 같은 말을 절대 하지 않는 거죠. 어떤 자리에서도 굉장히 재미없는 친구로 보일 수밖에 없어요.

그런데 아직도 제 주변의 많은 사람들이 모두 포기하는 것 같지는 않습니다. 왜냐하면 다들 제가 재미있는 이야기를 할 줄 안다고 환상을 가지고 있어요. 그건 그렇고 제가 또 모든 관계를 다 포기했다면 이 자리에 오지도 않았겠죠. 그런데 여러분께서 혹시 그럴 필요가 있을지, 저처럼 꼭 그렇게 사는 것이 책 몇 권 더 쓰는 데는 도움이 될지는 몰라도 그 밖에 특별한 도움이 되는지는 잘 모르겠습니다. 가령 제가 어떻게 다행인지 불행인지 대학에 자리를 잡고 있어서 그런 것이 가능할지 모르겠다는 생각도 들어요. 그렇지 않은 일반 직장생활이나 남자가 아니라 주부라면, 우리 사회에서 저처럼 살 수 있을지는 현실적으로 대단히 어려운 문제라는 생각도 합니다. 사실 저 자신도 마흔이 넘어서야 겨우 그렇게 살 수 있었지, 그 전에는 코 꿰인 소처럼 끌려다녔죠. 소는 좀 그렇군요. 목에 줄 달린 개처럼 끌려다녔죠. 오로지 혼자 하고 싶은 것만 하고 사는 것이 아직까지 힘든 것 같습니다.

죽을 때까지 그런 사회로 좀 만들었으면 좋겠다는 생각을 하고 제가 할 수 있는 일이 있다면 아까 모리스 이야기를 하면서 말한 'As I can', 즉 여러분 세대나 또 여러분 뒷세대들은 다들 자기가 할 수 있고 하고 싶은 것을 할 수 있었으면 좋겠어요. 그 마음대로라는 것이 물론 개판을 친다는 의미가 아니고, 자신의 아주 깊은 성찰에서 나오는 느낌이나 생각에 입각해서 자신이 정말 가치 있다고 생각하는 그런 삶의 길을 스스로 살아갈 수 있는 그런 세상, 그런 개인으로 남들하고 어울릴 수 있는 삶을 바라는 거죠. 그죠? 그런 사회가 가능할지는 잘 모르겠지만 저는 그런 사회를 계속 꿈꿉니다.

생전 모르는 사람들이 어쩌다가 성이 같다는 걸 알게 되면, 군대에서 특히 그런 일이 많지만, 고향까지 같으면 완전히 그날 밤새워 술 마시고 마치 서로를 다 아는 것처럼 얘기하죠. 그러한 것이 아니라 좀더 자신에 충실한 개인들이 서로의 생각이나 느낌, 그런 것 때문에 자연스럽게 만날 수 있고 사랑할 수 있는 좀더 의미 있는 사회가 만들어질 수 있다면 좋을 것 같습니다. 지금까지는 그렇지 못하니까 막연히 그런 걸 꿈꾸고, 그렇게 살려고 생각하고 있습니다. 제가 하는 것이 옳은지 그른지 잘 모르겠지만 조금 불필요한, 그러니까 스스로 판단해서 가치가 없다고 생각되는 경우에는 과감히 거절하고 거부하면서 생활하고 있습니다. 예를 들어, 동창회나 관혼상제 등에 참석하라는 연락이 오면 '미안하지만 가지 않겠습니다' 라고 거절하는데, 글쎄요 잘 모르겠습니다만, 부모님께서 아직 살아계신데, 아마 이 세상에서 제일 나쁜 놈이 저일 겁니다. 제가 명색이 장남인데요. 제 부모님은 세상에 이런 호로자식이 없다고 생각하신단 말이죠. 좋은 건 아니에요. 근데 답변이 이상하게

제가 할 수 있는 일이 있다면 아까 모리스 이야기를 하면서 말한 'As I can',
즉 여러분 세대나 또 여러분 뒷세대들은 다들 자기가 할 수 있고
하고 싶은 것을 할 수 있는 사회면 좋겠어요.

박홍규가 하는 행동은 수용할 만큼 좋은 것이 못 된다는 얘기가 되어버렸네요. 내가 생각해도 계속 동문서답을 하는 느낌이 드네요.(웃음)

이민석 안녕하세요. 저는 고등학교 3학년 이민석이라고 합니다. 제가 원래 카프카를 좋아해서 카프카 책을 읽다가 해설을 보게 되었는데, 별로 마음에 들지 않는 겁니다. 그래서 평전이 하나 있길래, 그걸 즐겨 읽었죠. 그러다 오늘 박홍규 선생님 오신다고 해서 집에 있는 책 중에 박홍규 선생님의 책을 찾아봤는데, 카프카 평전도 선생님이 쓰신 거더라구요. 참 반가웠습니다. 그런데 거기에 보면 카프카가 평생 권력을 파괴하고, 대항하기 위한 것으로 문학을 다루었다고 하셨는데, 저도 평전이나 책을 읽고 나서 제 외부를 둘러보니 온갖 것들이 권력이더라구요. 학교의 권력구조라든지 가정의 가부장적 권력이라든지 그리고 천편일률적인 답을 요구하는 체계라든지 우리 나라의 관습이나 심지어는 언론매체까지도 엄청나게 많은 권력들을 가지고 있어서 제가 할 수 있는 것이 얼마나 있을까 하는 생각에 허무해지는 경우도 있거든요. 카프카가 살았을 때보다 오히려 우리가 이런 촘촘한 사회구조에서 아무 것도 못하고, 힘없는 개인으로 살아가는 것이 아닌가 하고 생각해 봅니다. 선생님께서 혹시 저희 같은 10대에 그런 부조리하거나 부정적인 권력에 대항하여 싸우신 적은 없으셨는지, 그런 경험이 있으시다면 우리에게 어떤 자세를 가지고 삶을 살았으면 좋겠다는 인생선배로서의 충고를 해주셨으면 좋겠어요. 저희는 가끔 너무 힘이 없다는 생각, 아무것도 못하고 있다는 생각이 들거든요.

박홍규 으흠, 카프카에 대해서 이야기하라면 하겠는데, 그 뒤에 질문이 너무……(웃음) 일단 카프카 이야기를 조금 하고, 답변이 될지 안 될지 모르겠지만 말씀드려 보겠습니다. 카프카란 사람은 아까 제가 처음 말씀드렸던 평전을 쓰는 두 가지 태도 중에 빈센트 반 고흐의 경우처럼 그야말로 잘못 알려진 인물의 대표적인 경우입니다. 한국에서의 카프카의 이미지에 대한 불만 때문에 그 책을 썼습니다. 제가 충분히 이야기했지만 우리나라에서는 카프카를 실존주의가 어떻고, 고뇌가 어떻고, 내면의 뭐가 어떻다는 식으로 소개하고 있어요. 책의 카피나 서평 등을 보게 되면 금방 알 거예요. 열 개 내외의 단어들만 나열됩니다. 고뇌, 실존적, 내면의 성찰 등. 그런데 카프카라는 사람이 아버지부터 시작해서 학교 선생, 직장에서 상사, 정치권력, 사회권력, 자본도 마찬가지지만, 아주 왜소한, 그야말로 외로운 고독한 한 개인으로 그 모든 권력, 제가 말하는 권력은 대단히 포괄적인 의미에서 권력을 말하는데, 그것에 의문을 제기합니다.

가령 여러분과 제가 앉아 있는 모습에서 여러분과의 권력관계를 엿볼 수 있습니다. 여러분은 나한테 뭔가 물어봐야 하고 나는 여러분에게 답을 해야 하는 권력관계에 있는 거죠, 그죠? 저는 여러분을 개인적으로 잘 모르지만, 여러분은 날 알아요, 제 이름을 알아요. 이런 것들이 바로 권력관계의 표상입니다. 이런 권력관계가 우리가 사는 모든 인간관계에 다 있다는 이야긴데, 그럼 제가 이제 이런 의미의 권력이란 말을 쓸 테니까 참고하시기 바랍니다. 정치권력만을 말하는 게 아니라는 이야기입니다.

제가 카프카의 작품 중에 가장 좋아하는 것은, 『아버지에게 드리는 편지』라는 글입니다. 카프카가 나이가 들기 전에 자기 아버지에게 편지를 써요. 아버지에게 보낼 생각도 없이, 그러니까 권력으로서의 아버지인 것이죠. 그런데 카프카가 경멸하고, 카프카가 싫어하고, 카프카가 극복하려 하는 모든 것은 바로 아버지로 상징됩니다. 그 아버지는 부르주아였어요. 돈밖에 모르는 아주 가부장적인 아버지였지요. 그런데 카프카는 아주 대조적이었어요. 카프카는 병약하고 폐병에다 온갖 나약함을 안고 있었는데, 아버지는 건강하고 여자를 좋아하고 성욕 강하고 뭐든지 잘 먹었어요. 굉장한 부자고 수완이 좋고 아주 사회적이고 완벽한 남성이었죠. 완벽한 남성이라니까 이상합니다만. 그러나 카프카는 전혀 그렇지 않았다는 거지요. 이런 관계 속에서 아버지로 상징되는 모든 정치적인 권력이나 자본과 같은 것에 대응하는 카프카의 일생은 어떻게 보면 아버지에 대한 극복의 문제라는 생각을 해요.

카프카 주변에 있는 모든 인간들이란 카프카에 대한 억압적 권력으로만 존재하죠. 심지어는 사랑하는 여인까지도. 카프카는 끊임없이 여성에 대한 회의를 가졌습니다. 약혼도 했지만 결국은 결혼도 한 번 못하고 이런 여자 저런 여자들 가운데서 죽어버리죠. 카프카에게는 사랑조차 권력적 대항관계였어요. 이런 식으로 카프카는 대단히 비참하게 산 사람인데, 그런 자신의 상황에서 끝없이 글을 써 나가는 게 유일한 자기 극복의 방법이었죠. 골방에서, 모두가 다 잘 때, 혼자 글을 쓰는 것이 바로 그것이었습니다. 평생 그렇게 글을 썼고 빈센트 반 고흐처럼 그가 죽고 난 뒤에야 글이 남들에게 알려졌지요. 저는 그렇게 카프카를 이해했고 읽었습니다. 어떤 권력적 대항관계 속에서 항상 패배했던 인간, 그리고 그 고통을 극복하기 위한 나름의 글쓰기들. 그런데 우리나라에서는 카프카를 권력관계와는 전혀 무관하게 얘기하고 잘못 이해하거든요. 거기에 화가 났던 거죠. 카프카의 글이나 삶을 보게 되면 굉장히 사회적이고 정치적입니다. 카프카에 대한 제 나름대로의 어떤 해석을 그 책을 통해서 해보고자 했던 것입니다. 즉, 카프카는 철저한 반권력, 심지어 무권력, 권력에 대한 부정, 그 권력으로부터 해방된 자유로운 개인적 삶에 대한 동경, 이러한 것들이 카프카의 이야기라고 저는 이해했고 이러한 것들을 쓰고 싶었던 것입니다. 카프카 얘기는 더 할 수가 있습니다만 질문의 요지는 그게 아니기 때문에, 카프카는 평생 골방에 처박혀서 아무도 모르게 글을 쓰고 살았는데 그게 카프카로서는 살아가는 방법이었던 거죠.

저에 대해서 물으셨죠? 왕따로서의 학교생활, 유치원 때부터 지금까지 한 번도 좋은 상을 받아본 적이 없습니다. 그러니까 학교도 가기 싫었고 그래서 잘 안 갔어요. 저는 유치원 시절부터 아주 원초 불량이었기 때문에 수업도 잘 안 들었고 농땡이를 많이 쳤죠. 그 불량사를 이야기하자면 끝이 없는데, 불량할 수밖에 없지, 어떻게 하겠어요? 학교 가기 싫으면 안 가는 거고요.(웃음) 저는 아까 이슬아 학생이 『젊은 날의 깨달음』의 서문 이야기를 했습니다만, 솔직히 말씀드려서 이런 이야기를 하고 싶었습니다. 근래에 나는 당당하게 살지 못했다. 그러나 너희보다 당당하게 살았다는 것은 말할 수 있다는 것이 제 깨달음입니다.

젊은 날의 깨달음이란, 아니 젊은 날이 아니라 늙은 날의 깨달음이란, 젊은 날에 깨달은 것도 없다는 것이죠. 젊은 시절에는 그랬죠. '당당하게 살고 싶다. 그런데 사실 그렇지 못했어요. 학교를 때려치우지도 못하고, 그냥 어떻게 하면 결석이나 하고 어떻게 하면 땡땡이나 칠까 하고 궁리만 했지 이걸 때려치우겠다고는 생각 못 했죠. 그런데, 글쎄요, 제가 지금은 물론 많이 바뀌었겠지만 제가 여러분 시절로 돌아가서 학교를 들어간다면 지금은 당장 때려치우겠어요. 글쎄 여러분이 살고 있는 지금은 물질적으로 세상이 좀더 좋아졌는지는 모르겠습니다만,

제가 여러분만했을 40년 전 또는 30년 전보다도 어떻게 보면 지금이 더 불행한 것 같기도 해요. 여러분에게 미안한 이야기지만, 저도 사실 제대로 한 건 아무것도 없습니다만, 학교수업 하지 않고, 농땡이 치면서, 읽고 싶은 것, 쓰고 싶은 것, 그리고 싶은 것, 듣고 싶은 것을 굉장히 열심히 한 걸로 기억하고 있습니다. 요즘 여러분은 그럴만한 시간도 많지 않은 것 같아서 안타깝다는 생각이 듭니다. 가능한 한 농땡이 좀 치세요. 불량하세요.

오늘 아침에 부산으로 오면서, 그냥 오긴 뭣해서 어떤 책을 하나 가져갈까 하다가 방에 들어가서 이렇게 저렇게 고르다가 딱 눈에 띈 게 발터 벤야민의 책이었어요. 벤야민을 좋아하는지 모르겠습니다만, 무심코 그 책을 들고 기차에서 한 시간 정도 읽다 여기 오는 길인데, 언젠가 벤야민을 쓸 생각이 있어서 그에 대한 책들을 많이 모아놓기는 했어요. 오늘 아침에 이렇게 보고 벤야민이 군대를 두 번 징집당한 걸 알고 놀랐어요. 즉 영장을 받아서 신체검사를 받는데 두 번 다 미친 척해버린 거예요. 미친 척해서 군대를 안 간 거예요. 저는 명색이 대한민국의 법대 교수고 우여곡절 끝에 군대도 굉장히 길게 갔다왔습니다만, 양심적 병역 거부에 대해서 기꺼이 양심적 병역 거부자의 인권을 중시하고 또 그 사람들을 지원하는 글을 쓴다거나 활동하는 것에 대해서 제가 할 수 있는 모든 것을 기꺼이 지원하는 사람이지만, 내일 전쟁이 대한민국에서 터진다면 저는 누구보다도 먼저 총을 들고 전선에 나가겠다고 생각하는 사람입니다.

그러니까 제가 하는 말이 여러분에게 이해가 잘 될지는 모르겠습니다만, 벤야민은 저보다도 한 세기까지는 아니지만, 60년 정도를 먼저 산 사람입니다. 제가 제일 싫어하는 것이 군대인데, 만약 다시 영장을 받게 된다면 내가 반전주의자고 전쟁을 싫어한다는 이유로, 벤야민처럼 미친 척하고 두 번이나 쇼를 할 자신이 없어요. 물론 벤야민은 아주 똑똑한 애인이 있어서 애인이 가르쳐줘서 그렇게 했다고 합니다만. 그렇게 할 자신이 나는 없단 말이죠. 나는 나보다 못한 사람들이 대부분 군대 끌려가는데 내가 뭐 잘났다고 쇼를 해서 군대를 안 간다? 글쎄요. 쇼를 해서 군대를 안 가나, 돈 써서 군대 안 가나 마찬가지 아니겠어요? 난 그런 생각을 하지 못해요. 그런데 어떨까요. 그 밖에 학창시절에 적당히 개판을 쳐도 심하면 정학이나 퇴학 정도잖아요. 그런데 군대는 그렇지 않잖아요. 저도 군대에서 개판 쳐서 많이 맞는 바람에 한 20년 동안 한쪽 고막이 상태가 안 좋아서 마흔이 다 되어 겨우 고쳤어요. 지금도 달랑달랑합니다만. 저는 때려본 적은 없지만 맞아본 적은 많습니다. 그런데 그것도 적당히 해서 고막 정도로 끝냈지, 요새 젊은 친구들 하듯이 총 들고 나왔다면 어떻게 됐겠어요. 그죠?

난 그 기가 찬 장면을 못 봤는데, 얼마 전 MBC 생방송에서 어떤 젊은 가수들이 옷을 벗었다면서요? 저는 처음에 그 얘기 듣고 굉장히 좋았어요. 야, 짐 모리슨이 이제 한국에도 나오는구나 하고 생각했죠. 여러분, 짐 모리슨을 아십니까? 그 사람이 아직 살아 있다면 60, 70세가 넘었겠죠. 그러니까 제가 여러분만할 때 좋아했던 가수인데, 이 친구가 라이브 중에 벗은 적이 있습니다. 짐 모리슨 전기 영화도 있고, 우리나라에 아마 평전도 있을 겁니다. 사실 저도 짐 모리슨 평전 한 번 써보고 싶다는 생각도 하고 있어요. 제가 대단한 사람들 평전만 쓰고 있자니 골치가 좀 아프잖아요. 사실 제 체질은 그게 아닌데. 짐 모리슨이나 밥 딜런이나 존 레논 같은 사람이 제 수준에 딱 맞는데 말이죠.

무슨 이야기를 하려고 하느냐면, 난 그 친구들이 생방송인지 몰라서 그랬다는 이야기를 하는 게 진짜 미웠어요. '나 벗고 싶었다, 이 지겨운, 더러운, 분통 터지는 옷 입는 사회에서 옷 벗고 싶어서 벗었다' 라는 이야기를 30, 40년 전 짐 모리슨은 이야기했거든요. 생방송인지 몰랐다며 고개를 숙이고 끌려가는 그 한심한 래퍼들을 여러분 세대의 상징이라고 보는 것은 절대 아닙니다만, 그래도 당당했으면 좋겠어요. 벗고 싶어서 벗었다. 왜 잡아가, 이러면서요.

여러분은 다들 고민들을 가지고 있겠지만 제가 여러분 세대의 고민을 이해한다는 것은 사실 불가능해요. 여러분이 주변에서 받고 있는 여러 가지 권력적 억압, 그것에 대한 여러분 나름의 해방의 몸짓, 이런 것을 어떻게 할 것인가 하는 것은 사실 제가 여러분에게 답을 드릴 수는 없습니다. 한 가지 유일하게 말씀드리고 싶은 것은 가능한 한 당당하게 반항하라는 거예요. 만약 당당하게 하지 못할 것 같으면 하지 마세요. 생방송인지 몰라서 벗었다라고 할 것 같으면 벗지 말란 말이죠, 차라리. 제대로 된 답인지 또 모르겠습니다.(웃음)

김재한 고등학교 때 저도 많이 힘들고 그래서 방황하고 싶고, 묻는 질문에 대답하기도 싫고, 다 그만두고 훌쩍 떠나버리고 싶었는데, 그렇게 하지 못했습니다. 그런데 선생님께서 그런 행동을 하신 것은 굉장히 용기있는 것으로 생각되는데요. 저에게도 그런 용기를 주십시오.(웃음)

박홍규 그걸 용기라고 해야 되나요? 그러니까 다시 말하면 할 일이 없고 심심하고 해서 한 거니까 그걸 대단한 용기라고 하면 좀 그렇네요. 좀더 심심해 보면…… (웃음) 용기? 글쎄, '우린 고등학교 때도 데모하고 마르크스도 읽고, 사회정의를 외치기도 했는데 요새 아이들은 그런 거 없어, 진짜 큰일이야. 세상이 망했어, 뭐 어떻고 저떻고' 이런 식으로 개탄하는 분들이 있어요. 그런데 나는 솔직히 그런 얘기에 찬성하지 않아요. 그러니까 아까 제가 이 벤야민 책을 읽으면서 기차 타고 왔다고 했는데, 좀 똑똑한 사람이라면 한 30년 전에 읽은 책을 인용할 텐데, 저는 한 시간 전에 읽은 것밖에 인용을 못 해서 미안하게 생각합니다만, 벤야민이 또 이런 얘기를 해요.(웃음) 벤야민이 고등학교, 대학교를 다닐 때도 마찬가지로 세상이 정치적으로 힘든 시대였어요, 특히나 독일이라는 곳은 더 심했어요.

우리나라 군사정권 시절 비슷하게 비스마르크란 사람이 있던 시대, 비쩍 마르지도 않은 사람이 대단히…….(웃음) 그 사람 우리나라의 국가보안법 비슷한 것을 만들고 유대인을 탄압했습니다. 우리나라하고는 상황이 달랐습니다만, 여러 가지로 현실이 비슷했어요. 그 당시에 벤야민 같은 유대인 출신의 중고등학생들이나 대학생들이 그런 문제에 굉장히 민감하게 반응을 하고 어떤 정치적이고 사회적인 참여를 계속하는 경향 속에서 벤야민은 그런 것들을 거부합니다. 왜 거부하느냐? 벤야민이란 사람은 평생을 두고 나치에 저항하다가 자살한 사람입니다. 그렇지만 어떤 의미에서 그야말로 최악의 권력에 대해 자살로 대항한 사람인데, 그것이 대항이라고 볼 수 있느냐, 그건 자포자기지, 자살이 무슨 대항이냐는 식으로 여러분이 이야기를 한다면 할 말이 없는데, 이 사람은 중고등학교 시절 자기 친구들이 현실적인 저항의 목소리를 높일 때 오히려 자기 고독의 침잠 속으로 들어가버립니다. 그 이유를 벤야민이 나중에 마흔 살이 넘어서 글을 쓰게 되는데, 〈베를린의 유년시절〉이라고 제목으로 자기가 중고등학교 시절에 왜 그랬는가, 반성적으로 통찰해요. 아까도 집단주의란 말을 잠깐 했습니다만, 사실 나는 지

젊은 여러분들이 자신에게 충실했으면 좋겠어요.
좀더 각자가 자기에게 용기를 갖는 것. 글쎄요. 사회정의라는 게 말이죠.
사실 데모나 사회운동에 대한 용기보다도 자기 자신에 대한 용기.
자신을 좀더 열심히 들여다 볼 수 있는 그런 용기가 더 필요하지 않나 싶습니다.

금 내가 고등학교 시절에 데모에 따른 바람에 휩싸여서 이런저런 경험을 하게 되었는데, 이것이 과연 내가 아주 진지하게 내 자신의 어떤 결단이나 판단에 의해서 결행했던 것인가에 대해 난 솔직히 자신 있게 말씀드릴 수가 없어요. 미안합니다.

우리나라에서 그 동안의 내 세대, 내 앞세대 또는 내 후세대에 70년대 80년대 심지어 90년대, 지금까지도 노동운동이나, 시민운동, 생태운동 같은 사회변혁운동 때문에 고통당한 사람들, 심지어 사형당한 사람들, 또 많은 사람들이 아직까지 노력하고 있는데, 분명히 저 자신은 그런 어떤 집단적인 활동을 했던 제 젊은 시절에 대해서 그걸 자랑으로 생각한다거나, 용기 있었던 일이라고 지금은 생각하지 않아요. 솔직히 말해서. 제가 아주 튼튼하게 제 자신이 어떤 개인적 고뇌나 결단에 의해 그런 모임에, 그런 데모나 그런 일들에 참여했는지 안 했는지 지금도 잘 모르겠고, 아마 평생 이 문제를 안고 고민하면서 죽을 것 같아요. 사실 전 아까 모든 사회생활과 결연하고 산다고 말했는데, 우선 이런저런 시민운동이나, 노동운동이나 사회운동 같은 것과 완전히 담을 쌓고 사는 건 아닙니다. 그냥 가능한 한 내가 의미가 없다고 생각하는 것에는 안 가려고 노력하는 것이죠. 젊은 여러분이 자신에게 충실했으면 좋겠어요. 각자가 좀더 자기에게 용기를 갖는 것. 글쎄요, 사회정의라는 게 말이죠, 사실 데모나 사회운동에 대한 용기보다도 자기 자신에 대한 용기, 자기 자신을 좀더 열심히 들여다볼 수 있는 그런 용기가 더 필요하지 않나 생각합니다. 그렇게 된다면 좀더 자기 확신에 의한 사회참여나 사회활동이 가능할지도 모르죠. 그것이 진정한 용기라고 생각되고요. 용기를 달라고 했는데 용기가 되었는지 궁금하네요.

송홍석 선생님께서는 다른 사람들이 일부러 선생님을 포기하도록 만드신다고 하셨는데, 다른 모임에는 잘 가시지도 않고, 가서도 말도 별로 안 한다고 하셨잖아요. 그런데 이 모임에 오셔서 여기에 있는 학생들과 청소년들이 선생님을 더 좋아하게 될 것 같은데요.(웃음) 이 모임에 오신 이유가 뭔지 궁금합니다.

박홍규 초등학생이에요? 중학생이에요? 초등학생이라고 한 거 기분 나빠하지 마세요. 너무 앳되 보여서 그랬어요.(웃음) 음, 그러니까 여러분 스스로 용기를 가지고 이 자리에 왔잖아요. 나도 마찬가지예요. 우리가 뭔가 그 전의 이해관계나 앞으로 있을 수 있는 이해관계나 이런저런 관계 때문에 온 건 아니잖아요. 대단히 순수하잖아요. 이런 모임을 나는 굉장히 좋아합니다. 그러니까 정말로 자신들의 삶에 대해서 솔직하게 이야기하고 진지하게 이해를 하려고 하는 이런 모임, 이런 것까지 우리가 싫어해서는 안 돼죠. 사실은 아까 제가 이상사회라고 말씀드린 것. 음, 주부가 계신다고 했는데 그 외 다른 분들은 대부분 미혼이시죠 그죠?(웃음) 저는 결혼한 지가 30년 다 되어간답니다. 그런데 오늘도 제 아내하고 같이 왔는데, 역에서 헤어졌죠. 아내는 친구들 만나러 가고 저는 여기에 왔는데, 이게 제 특수한 경우겠습니다만 부부라고 해서 항상 진지한 대화를 할 수 있는 건 아니에요.

결혼에 대한 환상을 깨서 미안합니다만, 부부라고 해서 항상 순수한 상태에서 만나는 것은 아니에요. 부부라는 게 사실 대단히 골치 아픈 관계인데, 동창회보다 더 복잡해요. 가장 사랑하는 두 남녀가 30년, 40년을 함께 살면서 항상 순수한 대화의 관계로 연결되지 않는다는 건 좀 아이러니컬하지요. 근데 그런 관계도 이어갈 수밖에 없는 것이 삶인가

그런데 선생님 말씀을 들으면서 화가 나는 거예요. 왜냐하면 선생님 같은 어른과 저 같은 어른이 지금 이 아이들이 그런 당당한 개인으로 살 수 있는 삶의 그라운드를 만들어줘야만 된다라는 그런 지나친 책임감이라고 할까요. 그런 것들이 생겨요.

봐요, 그죠? 그러니까 질문에 답이 될지 모르겠는데, 별로 이런 자리에 안 온다면서 왜 왔냐? 이런 자리는 좀 다른 자리인 것 같아서였어요. 이런 자리 말고 또 다른 자리, 동창회나 교수회의 등의 의례적인 자리도 사실 우리는 가지 않을 수 없는 그런 경우가 많죠. 부부관계처럼. 우리가 사는 게 뭔가 칼로 잘라내듯이 그런 게 아닌 것 같아요. 모순되게 보여도 이해해 줘요.(웃음)

허아람 저는 불어를 못하는데 제가 아는 불어 중에 J' ai mal à l' autre.라는 말이 있대요. 우리나라 말에는 없는 말인데, 그게 뭐냐하면, '나는 당신이 (그 사람이) 아프다' 라는 말인데요, 말이 안 돼죠? 나는 당신이 아프다, 또는 나는 그 사람이, 당신이 아프다. 지금까지 주제와 변주에 오셨던 선생님 중에 제일 조용히 말씀하시고, 제일 느리게 말씀하시고, 또 가장 생각을 많이 하시면서 말씀하시는데, 제가 여기가 아파요. 막 이렇게 격정이 일어나서 가슴이 아파요. 그게 제가 아픈 건지 선생님이 아프신 건지 제가 당신을 아파하는 건지 잘 모르겠지만, 어떤 이야기가 이 자리에서 꼭 이야기되어야 할 것 같다는 생각이 드느냐 하면, 그런 한 개인이, 선생님이 자기 자신을 힘없는 개인이나 아니면 원초 왕따라고 하시면서 자신의 삶을 묵묵히 행복하게 자족하시면서 살아가는데, 이 땅에 있는 아이들에게는 그들의 꿈을 펼칠 수 있는 장이 필요하다는 거죠. 저 역시도 굳이 저의 행복을 어느 쪽에서 찾느냐고 한다면 선생님 쪽이거든요.

내 개인이 나 자신에게 몰두하고 내가 족하게 삶으로써 다른 사람에게 조금이라도 도움이 되면 그게 다행이고 아니면 아닌 거고요. 저는 그런 삶을 지금까지 살았어요. 그런데 선생님 말씀을 들으면서 화가 나는 거예요. 왜냐하면 선생님 같은 어른과 저 같은 어른이 지금 이 아이들이 그런 당당한 개인으로 살 수 있는 삶의 그라운드를 만들어줘야만 된다는 그런 지나친 책임감이라고 할까요. 그런 것들이 생겨요. 근데 감히 선생님께, 저와 손잡고 지금부터 이런 것들을 많이 만들죠, 우리 좀더 해야 되지 않을까요, 이런 말을 못하는 것은 이미 선생님의 삶은 선생님 스스로가 판단하시기를 자기의 길을 잘 걸어가고 계시다는 생각이 들어요. 근데 그 마음이, 그 열정이 어떤 것이든지 간에 선생님 눈빛이 저한테는 너무 슬픈 거예요. 저 역시도 마찬가지예요. 날마다 시소를 탑니다. 내 자신을 위한 행복한 삶을 살 것인가, 아니면 혁명가가 될 것인가를 하루에도 몇 번을 마음속의 시소를 타면서 고민해요.

근데, 오늘은 마음이 굉장히 슬픈 거예요. 슬프고, 아프고. 그리고 오늘 선생님의 말씀은 내가 지금부터 또 어떻게 해야 할까, 그런 고민을 깊게 하게 하는 말씀인 것 같아요. 이 자리에서 사회현실의 벽을 완전히 깨기란 굉장히 힘들지만 적어도 '나 개인이 이러한데 여러분이 꼭 내 말을 다 믿을 필요는 없어, 여러분이 선택하길 바래, 여러분은 당당하길 바래' 가 아니라 정말 당당하고자 했던 우리 어른들이 지금 당당하게 사는 것, 그것이 자신의 어떤 자족이 아닌 그러한 것들의 에너지를 만들어내는 그런 자리에 선생님 같은 분이 중심이 되셔야 하는 게 아닌가. 그런 생각이 들면서도 가슴이 아픈 것은 말을 못 꺼낸다는 것에 있죠. 선생님께 그 말을 청하는 것도 그런 정말 개인의 생활적인 연대에 비롯한 것이 아니기 때문에 제가 말을 하면 안 되겠다는 생각이 들고 마음 한켠이 아프다는 생각이 들어요. 그런데 이건 질문이 아니니까 선생님이 제 말에 어떤 생각이 드시는지 말씀을 듣고 싶어요.

박홍규 책 몇 권 쓴 저자한테 너무 많은 걸 기대하지 마시기 바랍니다.(웃음) 아까 아람 선생님의 말씀을 들으면서 아람 선생님은 인디고 서원을 하면서 여러분을 만나는 것에 행복을 느끼시는 것 같습니다. 음, 우리 사회가 좀더 변해서 여러분도 조금 더 나이가 들고 자신의 길, 자신에 대한 어떤 용기, 자신에 대한 추구를 통해서 행복을 느끼는 그런 사람들이 조금 조금씩 많아질 것으로 저는 기대하고 있습니다. 또 그래야 우리 세상이 좀더 나아지지 않을까 하는 생각도 합니다. 아람 선생님께서 방금 하신 말씀에 혹시나 저에 대한 기대가 있었다면 굉장히 죄송합니다만, 마음으로 인디고 서원이나 여기에 모여서 선생님하고 같이 얘기하는 여러분, 기꺼이 한마음으로 살겠습니다. 다만 제가 어떤 연대를 할 수 있을지 또는 선생님이 말씀하시는 그런 일을 할 수 있을지는 잘 모르겠습니다. 나중에 혹시 구체적으로 얘기할 거리가 있으면 상의하도록 할게요. 아무튼 젊은 친구들이 많이 모여서 이렇게 진지하게 얘기를 한다는 것만 해도 얼마나 기쁘고 좋은 일입니까, 희망차고 보람 있는 일이지 않습니까?

박용준 이야기가 자연스럽게 지식인의 어떤 사회적 책임이나 의무에 대한 것으로 이어지는 것 같아서 질문을 드리고 싶은 것이 하나 있습니다. 사실 저는 선생님을 『박홍규의 에드워드 사이드 읽기』라는 책을 통해서 처음 만났습니다. 그 책을 보면 『오리엔탈리즘』으로 유명한 사이드의 지식인론에 대한 이야기가 있는데, 사이드가 이런 말을 합니다. "자신이 속한 인민의 집단적 고난을 대변하고, 그 고난을 증언하며 지금도 여전히 남아 있는 시련의 상처를 끝없이 환기하고, 기억을 갱신한다고 하는 엄청나게 중요한 책무에 더하여 지식인만이 충족할 수 있다고 믿는 것이 있다." 지식인의 책무, 지식인의 의무에 대해서 사회적인 연대나 운동을 실천하는 것이 우리는 흔히 지식인의 의무라고들 이야기합니다. 그러나 선생님처럼 정치적인 활동보다는 인문, 예술 등을 매개로 한 지식인의 활동도 어떤 의무에 속하는 것인지 궁금하고요. 나아가 지식인의 사회적 책임의식이랄까 그런 것들을 어떻게 정의 내리시는지 궁금합니다.

박홍규 당연히 저는 두 가지 모두를 가져야 한다고 생각하는데, 아까 제가 여러분에게 가령 고등학생으로서 사회참여를 하는 용기를 이야기할 때 답변을 드린 것은 지금 이야기되는 사이드가 말하는 차원의 지식인의 사회참여와는 다른 거니까 학생인 여러분은 데모하기 보다는 자기 자신에 대해서 좀더 성찰하길 바란다고 말한 것이 지식인의 사회참여에 대한 부정적인 입장으로 이해가 되었다면 대단히 잘못된 거니까 양해 바랍니다. 무슨 말인지 아시겠죠?

간단하게 말씀드리면 사이드란 사람은 팔레스타인 출신입니다. 그러니까 지금은 이스라엘이 예루살렘을 차지해서 이스라엘이라는 나라가 세워져 있습니다만, 이스라엘이라는 나라가 세워진 지는 한 50, 60년밖에 되지 않습니다. 그 전에는 예루살렘이라는 곳에, 이스라엘이라는 땅에 팔레스타인이라는 나라가 있었죠. 팔레스타인 사람들이 있었고요. 물론 그들은 아랍인입니다. 지금은 대부분 난민이 되어버렸죠. 에드워드 사이드는 그 팔레스타인 출신으로 이스라엘이란 나라가 새로 세워지니까, 자기 나라가 없어지게 된 겁니다. 팔레스타인 사람이었던 에드워드 사이드는 이제 쫓겨난 거죠. 그래서 이집트를 거쳐서 미국으로 건너가 공부를 한 뒤에, 30대 후반쯤 되어서 별안간 자기 자신에 대한 어떤 민족적 아이덴티티가 문제가 된 겁니다.

미국사람들은 전부 이스라엘 편이고 팔레스타인 사람들이나 아랍사람들이라고 하면 완전히 우리가 북한 사람들 대하듯이 나쁜 놈이고 빨갱이고 괴뢰고 뿔 달린 나쁜 놈, 이상한 괴물 같은 존재로 취급을 하는 미국사회에서 사이드란 사람이 살면서, 왜 미국사람 같은 서양사람들은 아랍사람들과 팔레스타인 사람들에 대한 잘못된 시각을 가지고 있는지 궁금해합니다. 사실은 따지고 보면 2,000년 동안 자신들이 살던 나라에서 쫓겨난 그야말로 정치적으로 부당하게 탄압당하고 억압당한 민족인데도 불구하고 자신들에 대한 이미지가 왜 이렇게 나쁜지를 고민하기 시작했죠. 이 사람이 문학을 공부했는데, 자신이 공부한 영문학이나 불문학 등 여러 서양문학에 나타나는 팔레스타인을 비롯한 아랍사람들에 대한 이미지가 대단히 왜곡되어 있음을 발견하고, 왜 이렇게 되었는가를 고민한 것이죠.

이건 결국 서양의 제국주의 정치권력이 비非서양, 특히 아랍을 식민지로 침략하는 전후 과정에서 학문, 문학, 예술 등과 같은 것들, 즉 굉장히 고상한 문화의 이름으로 얘기하는 것들이 권력의 앞잡이 또는 뒷그림자로 권력을 정당화시켜 주고 합리화시켜 주고 그 권력이 옳은 것인 양 하수인 노릇을 한 앞잡이 노릇을 한 서양문화라는 것에 대해서 사이드가 연구를 하게 되었죠. 이것을 바로 오리엔탈리즘이라고 이름붙이게 되는 겁니다. 오리엔탈리즘을 동양학 또는 동양주의라고 얘기하는 사람도 있는데 다 잘못된 이야기고, 동양에 대한 잘못된 편견을 얘기하는 것이죠. 아까 제가 평전을 왜 썼느냐 하는 얘기에서도 그런 답변을 드렸습니다만, 평전을 쓰는 것은 즐겁지만, 번역은 제가 참 싫어하는 일입니다. 왜 싫어하느냐 하면, 여러분도 외국어 시간에 독해나

사이드는 말하자면 학자든 예술인이든 문화인이든 언론인이든
소위 지식인이라는 사람은 자신이 속한 또는 꼭 자기 사회가 아니라 하더라도
이 세상에 존재하는 모든 억압받는 사람들, 탄압받는 사람들에 대한 공감과
그 사람들의 고뇌와 고통을 대변해야 하는 사회적 책임을
가져야 한다고 아주 강력하게 주장한 사람입니다.

해석하는 것 좋아합니까? 싫죠. 그것을 책으로 만들 수 있을 만큼 번역한다는 게 대단히 힘든 일입니다. 저 같은 경우에는 특히 불량스러운 면이 있기 때문에 제 이름으로 쓰는 건 그냥 대충 씁니다. 내가 책임지면 된다라는 생각을 하죠.(웃음)

남의 글을 옮기는 번역은 대충 할 수가 없어요. 아무리 불량학생이라도, 그렇잖아요? 번역은 굉장히 힘들어요. 근데 아까 평전 쓰는 경우와 마찬가지로 이 책은 대한민국에 꼭 소개돼야 하는데 왜 안 되나 하고 몇 년을 개탄하다가 어쩔 수 없이 이 사람 저 사람 붙잡고 이 책 좀 번역해 달라, 또 영문과 교수들 붙잡아 놓고, '영어 도사님들 부탁합니다' 라고 해도 안 한단 말이에요. 이유는 간단해요. 골치가 아프고 시간도 많이 들거든요. 대한민국이란 나라는 이상해서 번역은 학문적 가치로 인정해 주지 않습니다. 영국이나 미국, 독일 같은 곳은 중요한 고전의 번역으로 박사학위를 대체하기도 하는데 말이죠. 그런데 우리나라는 아무리 훌륭한 고전을 번역해도 대학에서도 인정해 주지도 않습니다. 전 그 점이 정말 이상하다고 생각해요.

왜냐하면 남의 나라 문화를 이렇게 빨리 받아들인 나라는 대한민국뿐일 거예요. 할리우드와 동시에 영화가 개봉되는 곳은 이 세상에서 미국 땅 말고 대한민국밖에 없습니다. 바로 옆 일본은 우리나라보다 두세 달 늦습니다. 심지어는 1년까지 늦어요. 유럽도 마찬가지입니다. 대부분 나라에서는 미국영화와 동시에 상영하지 않아요. 그런데 학문적인 차원에서 번역은 굉장히 안 이루어지고 있어요. 물론 『다빈치 코드』 등 미국에서 유행하는 모든 소설은 영화처럼 동시에 번역되죠. 그건 기가 막히게 잘하는 모양인데, 학문적인 책들은 번역이 안 돼요. 『오리엔탈리즘』이라는 책은 저는 정말 좋은 책이라고 생각해서 많은 사람들에게 번역을 여러 번 부탁을 했는데, 아무도 안 하기 때문에 할 수 없이 제가 번역을 했습니다. 저도 참 팔자가 기구해요. 그런 거 모른 척하고 지나가면 되는데 말이죠. 그거 번역했다고 해서 돈벌이가 되는 것도 아니고, 아무 것도 아닌데 말입니다.(웃음)

아무튼 에드워드 사이드라는 사람이 그런 책을 썼고, 그리고 이제 이 사람이 자기가 공부하는 학문의 차원에서 서양의 학문, 예술, 문화라는 미명 아래 일종의 침략에 대한 비판과 함께 팔레스타인을 포함하여 정치적인 식민지뿐만 아니라 문화적인 식민지까지 포함하는 세계적인 식민지적 현실에 대한 비판적인 작업을 대단히 열심히 합니다. 죽기 전 10년 동안을 백혈병으로 고생하다 결국 생을 마감했는데, 죽기 직전 사진을 보면 머리카락이 다 빠지고 폭삭 곯았어요. 이런 환자가 팔레스타인에서 미군과 이스라엘을 향해서 돌을 던지는 장면이 죽기 직전에 찍혀서 뉴스가 된 적이 있어요. 돌 던지고 죽었습니다. 사이드는 말하자면 학자든 예술인이든 문화인이든 언론인이든 소위 지식인이라는 사람은 자신이 속한 또는 자기 사회가 아니라 하더라도 이 세상에 존재하는 모든 억압받는 사람들, 탄압받는 사람들에 대한 공감과 그 사람들의 고뇌와 고통을 대변해야 하는 사회적 책임을 갖는다는 것을 아주 강력하게 주장한 사람입니다.

저 자신이 사이드의 지식인론에 대해 찬성을 하고, 당연하다고 생각합니다. 사이드만큼 열심히는 못 살았지만 그렇게 살아보려고 노력은 하고 있습니다.(웃음)

이자영 중학교 3학년 이자영이라고 하는데요. 제가 선생님 책을 많이 읽지는 못했어요. 이번에 『의적, 정의를 훔치다』를 처음으로 읽었는데요. 그걸 읽으면서 생각한 게 선생님이 참 아는 게 많으신 것 같다고 생각했어요.(웃음) 선생님이 법이라는 학문에 몸담고 계시면서 다양한 분야에 대한 지식을 갖고 있으신 게 부럽고 존경스럽기도 하고 그랬거든요. 근데 궁금한 거는 선생님이 참 많은 얘길 해주셨고, 좋은 말씀도 많이 해주셨는데, 선생님이 이때까지 살아오시면서 선생님 인생의 정념이나 목표 이런 게 있을까요? 그러니까 원초 불량이기도 하고 왕따이기도 하고 그냥 교수님이시기도 하고 이러면서 선생님이 항상 내가 이 정도는 지키면서, 내가 이 한 가지는 목표를 삼고 살아가야겠다고 생각하신 것이 있으면 말씀해 주세요.

박홍규 목표, 목표를 생각할 줄 아는 사람이었다면 불량하지 않지요.(웃음) 오늘 대단히 즐거운 것이 여러분 세대, 특히 중학생들, 고등학생들을 정말 처음 만나는 자리이기 때문입니다. 대학생들은 항상 만나고 초등학생들에게 수업을 한 적도 있습니다. 자유학교라고 들어보셨는지 모르겠습니다만, 이런저런 대안학교에 가서 수업을 해본 적은 있습니다. 중고등학생들은 정말 오랜만에 처음 만나요. 답이 확 나올 게 없네요. 목표를 세워본 적이 없는데 어떻게 목표를…… 목표라……이것만은 지킨다? 없는데요, 허허허.

책에도 썼지만 당당하게 산다는 건 참 좋다는 느낌을 옛날부터 가졌고, 또 하나 더한다면 하고 싶은 대로 내 마음대로 살고 싶었습니다. 지금 뭔가 좀 근엄한 목표를 기대하는 건 아닌지 모르겠는데, 그래서 답이 될지 안 될지 모르겠지만요. 지금 언뜻 생각나는 데 중학생일 때 읽은 니체의 전기에 이런 내용이 있었어요. 니체가 중학생 때 말이에요, 비가 오는데 다른 애들 다 뛰어가는데 니체는 천천히 걸어간 거예요.

사람들이 '너 임마, 비오는 데 안 뛰어가고 왜 걸어가느냐' 하고 니체에게 물었대요. 그러니까 니체가 하는 말이 '나는 귀족이기 때문에, 뛰지 않습니다' 하고 대답했다고 해요. 그래서 그 다음에 나도 한 번 진짜 그렇게 해본 적이 있어요. 물론 비 쫄딱 맞았죠.

그리고 여러분은 잘 모르실지도 모르지만, 김소운이라는 사람이 있었는데, 이 양반은 중고등학교 시절에 자기 집에서 학교까지 40리, 그러니까 16킬로미터를 절뚝거리면서 걸어다녔대요. 이유는 자기가 좋아하는 바이런이 다리를 절었기 때문이래요. 그 얘기를 듣고 그 다음부터 비가 오면 저도 뛰었죠.(웃음) 지금도 니체에 대해서 한마디로 이야기하려고 하면 나는 그 에피소드가 생각나요. 니체라는 사람에 관해 이야기할 때 초인이니 차라투스트라니 하는 이야기가 전부 그 에피소드 하나로 나한테는 이해가 돼요.

그러니까 그게 니체라고 여러분에게 꼭 설명할 필요도 없겠고 설명하기도 힘들 것 같습니다만, 하여튼 그러한 느낌이 온다는 건데, 삶의 목표라는 게 어떤 귀환점이라기보다도 오히려 어떤 태도나 과정 같은 것들이 더 중요할지도 몰라요. 아까도 이야기했지만 당당하게 살자고 이야기할 밖에 도리가 없는데, 무책임하게 자꾸 이야기해서 미안하지만, 『젊은 날의 깨달음』, 이 책의 원고 다 모이고 난 뒤에 나한테 서문을 써달라고 요청이 왔는데, 내가 그랬어요. '그걸 내가 왜 써야 돼냐, 난 못 쓴다, 홍세화나 조정래나 다 나보다 나이가 훨씬 더 많은 사람들인데 그 사람들한테 쓰라고 그래라, 내가 왜 써야 되느냐' 했는데 출판사 사람들의 설득에 넘어가 그걸 쓰면서 생각해 봤어요. 뭘 쓸 것이냐, 젊은이들에게 무엇을 얘기할 거냐. 그러니까 다른 생각해 봐야 나올 것도 없고 그래서 그냥 후다닥 써서 보냈어요.

사실 아무것도 할 수 없는 우리 한 개개인인 듯 보이지만, 누구나 다른 위치에
그 나름의 힘을 가지고 있기 때문에 그것의 연대를 통해서 우리는 많은 것들을
이루어낼 수 있다고 생각합니다. 거대한 권력 속에서 그 안에 있는
우리는 아무런 힘이 없는 존재가 아니라 연대나 사랑을 통해서
얼마든지 많은 것들을 이루어 낼 수 있고, 또 외로움도 극복할 수 있지 않나 생각해요.

이슬아 선생님께서 일필휘지는 싫어하신다고…….(웃음)

박홍규 글쎄 말이야. 날카로운 지적이에요.(웃음) 나는 그냥 군이 억지로 목표를 생각할 필요가 없지 않겠느냐고 썼어요. 솔직히 제가 한 번도 목표를 만들어본 적이 없기 때문에 그런 말씀을 드리는 거예요. 오히려 아주 진지하고 당당하게 자신이 살아야 할 삶의 과정이나 태도에 대해 생각해 보는 것이 훨씬 더 중요한 삶의 교훈이 될 수도 있지 않을까요? 그런데 참 오늘 답 같은 답이 하나도 없는 것 같아요.(웃음)

배효원 선생님께서 계속 말씀하시는 그런 왕따로서의 삶. 선생님의 말씀에 드러나는 삶을 보면서 그것을 지키기가 얼마나 힘들었을까 하는 생각이 듭니다. 저희는 왕따를 당할까봐 두려워하는데, 선생님께서는 왕따로 힘들게 매일 매일을, 버스가 네 번밖에 안 다니는 곳에서(웃음) 살아가시니 외로움을 굉장히 많이 느끼실 것 같아 괜히 마음이 아프기도 한데요. 그리고 좋아하는 사람들을 보고 싶은 외로움을 견디시면서 선생님은 자신이 좋아하는 것에 대한 열정으로 책도 많이 쓰시는 것 같아요.

한 가지 제가 꼭 말씀드리고 싶은 것은 아까 민석 군이 얘기를 했듯이 저도 그렇게 생각하거든요. 미약한 한 개인은 아무런 힘이 없다는 것에 대해 회의를 많이 느낀다고 얘기했지만, 사실 모든 사람은 각자 다른 위치에서 각자 다른 형태의 기득권을 가지고 있다고 생각하거든요. 민석 군이 어떤 면에서는 박홍규 선생님보다 더 많은 권력을 가지고 있을 수도 있다는 것이죠. 사실 아무것도 할 수 없는 개개인인 듯 보이지만, 누구나 다른 위치에 그 나름의 힘을 가지고 있기 때문에 그것의 연대를 통해서 우리는 많은 것들을 이루어낼 수 있다고 생각합니다.

거대한 권력 속에서 그 안에 있는 우리는 아무런 힘이 없는 존재가 아니라, 연대나 사랑을 통해서 얼마든지 많은 것들을 이루어낼 수 있고, 외로움도 극복할 수 있지 않나 생각해요. 그래서 선생님도 민석 군도 우리 모두도 그러한 희망과 힘을 가졌으면 합니다.

박홍규 으흠, 아주 고마운 분입니다. 허허허.

허아람 선생님은 학생들에게 질문 없으세요?

박홍규 그거 참 좋은 이야기입니다. 글쎄요. 음, 제가 여러분하고 제가 만난 것이 한두 시간 됐나? 아직 안 됐나요?

허아람 두 시간 지났는데요.

박홍규 아, 그래요? 시간이 별로 많지 않았지만 저를 어떻게 보셨는지 어떻게 느끼셨는지 궁금합니다. 또는 지금까지 제 책을 보신 분들이 계신다면 욕도 좀 하고, 토론도 하면서 나누었던 이야기들을 들려주세요. 여러분을 잘 모르기 때문에 특정인에게 질문하기는 좀 그렇고, 여러분이 늘 마음속에 가지고 있었던 문제들을 기탄없이 솔직하게 말씀해 주시면 대단히 고맙겠습니다. 어차피 제가 여러분에게 뭔가를 말씀드리는 것과 함께 나한테 뭘 말씀해 주셔야만 대화가 될 수 있잖아요. 그죠? 누구든지 '이런 것은 마음에 안 들었다, 앞으로 이런 것 좀 한 번 써봐라' 라든지 뭐든 좋습니다.

김민수 아까 선생님께서 개인과 개인이 만나서 개개인이 이루는 사회를 꿈꾸신다고 하셨는데요, 제가 보기에는 선생님께서는 항상 다른 사람과의 관계를 피한다는 느낌이 좀 듭니다. 그런 세상을 꿈꾸시면서 선생님은 타인들에게 이를 전파하려는 노력을 하시지는 않는지, 그런 삶을 왜 안 사시는지요. 제가 보기에는 그렇게 안 하시는 것 같아요. 다소 제 개인적인 불만이기도 한데요. 많은 이들과 함께 꾸려나가기 위한 노력을 하시지 않는 것처럼 보이는 이유가 궁금합니다.

박홍규 내 책으로 얘기하려고 그러는 거예요. 사람을 직접 만나서 얘기하는 기회도 물론 있지만, 다소 오해를 하는 부분이 있는 것 같은데, 제가 세상과 소통하지 않고 동굴에 가서 사는 것도 아니고, 속세에 살면서 사람들을 만나고 있어요. 제가 안 가는 곳은 가능한 한 피하고 싶은 의례적인 자리랍니다. 무슨 동창회다, 술자리다, 우리 나이가 되면 그런 자리가 많아요. 또 이상할지도 모르지만 교수라는 자리에 있다 보면 이런저런 자리가 많아요. 그러니까 별 볼일도 없이 그냥 가서 먹고 마시고 말도 안 되는 소리를 하게 돼요. 오늘 그래도 좀 괜찮은 이야기를 들은 것 같지 않아요?(웃음) 보통 교수들이 오면 삶의 목표는 어떻고 하는 소리나 하고, 열심히 공부하라는 이야기나 한단 말이죠. 그런 자리가 굉장히 많아요. 그래서 안 간다는 이야기입니다. 저 술 굉장히 좋아합니다. 술을 너무 좋아해서 30대에는 보통 3박 4일을 계속 마셨어요. 30대 말에 간이 완전히 엉망이 되어서 간암까지는 아니었지만 참 안 좋아졌어요. 그러다 '이게 아니다'는 생각을 하게 된 거예요. 그런 자리에 가서 어울리고 히히덕거리고 정신없이 자기를 잊고 사는 것. 사실 우리는 어떤 의미에서 집단마비증 같은 삶의 구성을 가지고 있죠. 그러니까 어딘가에 소속되어 있지 않으면 내가 왕따당한 느낌, 좀더 심하게 말하면 사람도 아닌 것 같은 생각까지 하게 된다는 겁니다.

엊그제 지리산에 갔습니다. 여러분 혹시 아실지 모르겠는데 고은광순 씨가 오셨어요. 고은광순이란 분 아세요? 호주제 폐지에 앞장을 선 분인데, 이 분이랑, 요새 많이 회자되는 황우석 박사 문제 때문에《녹색평론》에 열심히 반대되는 글을 쓰시는 박충무 교수 등 열 사람 정도가 모여서, 지리산을 이틀 동안 등산했어요. 제가 사회생활을 전혀 안 하는 게 아닙니다.(웃음) 사람들하고 라면을 끓이고, 파도 썰고, 밥도 해서 먹고 밤새도록 이야기하는 거죠.

여러분, 그 고은광순 선생이 우리나라의 페미니스트 중에서는 아마 제일 과격한 사람 중 한 명이라고 해도 과언이 아닙니다. 평소엔 나하고 참 잘 맞아요. 같이 잘 놀고, 술도 잘 마시고, 참 마음에 드는 동지입니다. 고은광순 선생은 내가 수염만 없다면 사랑해 줄 텐데라고 얘기한 적도 있어요.(웃음) 근데 한 몇 년 동안 그렇게 잘 지내왔던 아저씨, 아줌마가 지리산에서 싸운 거 아니겠어요. 왜 싸웠는지 아십니까? 드라마 〈내 이름은 김삼순〉 때문에 싸웠습니다. 고은광순 선생은 계속 삼순이, 삼순이, 삼순이를 외치는 거예요. 삼순이 얘기는 할 필요가 없겠죠, 여러분 다 아는 이야기니까. 소위 얼짱과 몸짱이 판치는 시대에 얼짱, 몸짱이 아닌 여주인공이 사랑을 쟁취했다, 또 대단히 자기에 충실한 그런 삼순이의 모습이 젊은 여성들의 인생관이나 삶의 방식하고 맞았다, 이런 이야기들은 신문이나 잡지에서 하지 않습니까? 이 페미니스트가 지리산 꼭대기 천왕봉에서 막 외치는 거예요. 그래서 내가 '돌았나? 아니, 삼순이도 그렇고 삼순이 애인이라는 애도 그렇고 대한민국 최고의 얼짱, 몸짱들인데, 그게 어떻게 얼짱, 몸짱에 대한 찬양 드라마가 아니냐?' 하니까 '무슨 소리를 하는 거요' 하면서 막 따져요.

그런데 드라마에 나온 이야기, 삼순이가 성적인 차원은 물론이려니와 결혼에 대한 조건 등 모든 면에서 자기 결정권을 행사한 것이라고 볼 수 있느냐는 거죠. 제가 그 드라마를 딱 한 번 봤는데, 마침 바로 그 장면을 하고 있더라구요. 남자 애인이 어딘론가 떠나요. 애인이 편지도 안 보내고 연락도 없어서 변심을 했다고 생각하고 삼순이가 삐져 있는데, 애인이 주소를 잘 못 썼는지 어쨌는지, 결국 삼순이가 오해를 풀고 다시 받아들이는 장면이 나옵디다. 거기서 삼순이가 '우리 엄마가 화가 나 있는데, 엄마 화가 풀리면 받아주겠다'는 얘기를 해요. 제가 유일하게 본 드라마 장면이 그겁니다. 그래서 꺼버렸어요.

이 드라마가 훌륭한 본질적인 의미를 담지 못했다고 나는 생각한 겁니다. 케케묵은 멜로드라마의 전형과 조금도 다를 바가 없다고 생각한 거죠. 그래서 천왕봉에서 고은광순 선생하고 대판 싸웠던 거예요. 고은광순 선생은 삼순이가 이 시대의 가장 숙명적인 여성상이라고 얘기하고. 나는 당신이 그 모양이니까 대한민국 페미니즘 운동에 문제가 있다고 했지요. 고은광순 선생은 또 도대체 대한민국 진보라고 하는 남자들의 저 보수적인 여성관을 보라, 이렇게 싸운 거예요.(웃음) 무슨 얘기 때문에 이런 이야기를 하게 됐죠?

김민수 왜 다른 사람과의 자리를 가지지 않으시는지 묻다가…….

박홍규 아, 다른 사람과의 자리를 피하는 것은 아니라는 것. 삼순이 얘기까지 왜 나오게 되었는지…… 왜 나왔죠? 치매 현상인가?(웃음) 아, 네, 그런 식으로 저도 사람과의 자리를 가지기도 합니다.

조주영 선생님께서는 유치원 때부터 지금까지 왕따의 길을 걷고 있다고 하셨는데, 저도 지금 대학교에서 나름대로 왕따, 아웃사이더의 길을 걷고 있습니다. 학교 모임이나 고등학교 모임에 한 번도 안 나갔거든요. 그냥 싫어서 안 나갔어요. 학생들 모임에 가면 거의 술 마시고 놀고 이런 것밖에 없으니까. 술도 못 마시지만, 그런 모임이 싫어서 자리를 아예 피하다 보니 친구들이 없어지고, 또 저를 왕따시키고 그래서 인디고 서원 일을 더 많이 하는 것 같아요. 선생님의 중학교 고등학교 시절 친구는 책이었을 것 같은데, 저에게도 그런 친구를 몇 권 소개해 주시겠습니까?

박홍규 어허, 내 책도 있는데.(웃음) 책이란 건 몇 권만을 소개할 수가 없어요, 앙케이트 목록 중 무인도에 갈 때 들고 갈 책 한 권을 물어보는 경우가 있는데, 무인도에 책을 한 권만 들고 가서 되나요?(웃음) 평생을 살면서 좋은 책들이 얼마나 많은데요. 어떤 책이 좋으냐는 것은 자기의 선택이라고 생각해요. 결국은 자기가 읽어야 되고, 시행착오를 거쳐야 돼요. 제가 한 가지 충고를 드릴 수 있는 것은 책에 최소한 한 시간을 투자했는데도 아니라고 생각하면 읽지 마세요. 그게 셰익스피어든, 톨스토이든 뭐든 간에 말입니다. 그렇게 지루한 책을 계속 죽어라 읽는다? 그건 옳은 건 아니라고 생각해요. 물론 그것도 변합니다. 가령 저 같은 경우 아까 니체 얘기를 했죠? 저는 지금까지 니체 전집을 한 열 번은 읽었을 거예요. 정말로. 그런데 그때마다 느낌이 변해요. 어떨 땐 쉬워져요, 어떨 땐 '미친놈의 새끼' 하고 욕도 하고, 어떨 땐 막 파고드는 거예요, 니체라는 사람은 한 명인데. 여러 가지로 변한단 말이죠.

사실 옛날에 열심히 끝까지 읽었다고 생각되는 책들을 지금 또 10,

20장 읽다 보면 이런 쓸모없는 책을 내가 옛날에 읽었구나 하는 생각이 들기도 해요. 이런 얘기가 도움이 될지 모르지만, 책 자체가 문제가 아니라, 우리가 즉, 나 자신이 문제인 것 같아요. 책은 항상 그대로인데 내가 어떤 마음에서 어떤 필요에서 어떤 의미에서 책과 만나느냐가 중요해요. 물론 우리가 추천이나 서평 등을 통해서 책에 접근하기가 쉽기는 하지만, 그런 것들은 기본적인 참고가 될 것이고 결국은 자기가 책을 읽어서 판단할 수 있게 되는 것이 아닌가 생각합니다.

그리고 또 고전이란 것 중에서 사실 재미없는 게 너무 많아요. 나는 굳이 그런 걸 읽어야 된다고 생각하지 않습니다. 하여튼 지금 생각으로는 제가 쓴 책을 읽지 말고, 제가 쓴 사람들이 쓴 책, 무슨 말인지 아시겠습니까? 내가 쓴 졸저는 읽지 말고 훌륭한 그들의 책들을 읽어주시면 고맙겠습니다.(웃음)

김지수 선생님께서 특별히 좋아하시는 책이 있으신지요?

박홍규 아 네, 조지 오웰의 책 중에 제가 특히 좋아하는 『동물농장』 같은 책을 좋아합니다. 그 책은 여러분처럼 중고등학생 정도 되면 영어책으로도 충분히 읽을 수가 있고, 기가 찬 풍자 구성이어서 재미있어요. 또 동물들로 상징화되어 있긴 하지만, 크게는 독재정치와 전체주의 권력의 구조를 보여주고, 작게는 인간관계에 대한 여러 가지 측면에 풍자를 보여주고 있어요. 오웰의 『1984년』도 좋습니다. 그의 작품은 언제나 즐겁습니다. 카프카는 『아버지에게 보내는 편지』 말고는 좀 나이가 들어서 읽기 바랍니다. 왜냐하면 집어던질 수 있기 때문이에요.(웃음) 10대 여러분이 카프카를 끝까지 읽어내기는 좀 힘듭니다. 카뮈도 좋습니다. 알베르 카뮈에 대해 많이들 욕을 하지만 그래도 좋습니다. 제 개인적으로는 『이방인』보다는 오히려 『페스트』 같은, 사회적인 주제의 작품을 읽기를 권합니다.

그리고 가령 이럴 때 있지 않습니까. 아까 무인도 얘기를 했는데, 정말 무인도를 갈 때 나는 『수타니파타』 같은 초기 불경을 들고 갈 거 같아요. 여러분 아시지 않습니까. 『무소의 뿔처럼 혼자서 가라』라는 공지영 소설의 제목에도 나오는. 『수타니파타』, 그러니까 부처의 얘기 중에서 제일 순수한 부처의 말이라고 얘기되는 것. 화엄경까지 포함할 수 있겠죠. 우리나라 사람들은 화엄경, 금강경 등을 좋아하더라고요. 고은 씨도 화엄경이라는 제목의 소설을 쓰기도 하고 영화도 나오긴 했지만, 화엄경 쪽으로 넘어가면 불교가 조금 변화돼요. 제가 싫어하는 국가불교, 호국불교와 비슷하게 되어버립니다. 근데 무소의 뿔처럼 혼자서 가라고 하는 이야기가 자꾸 꼬리를 물고 나오면서 한 50, 60마디가 주욱 『수타니파타』에 나오죠. '뱀이 허물을 벗듯이 혼자서 살아라'와 같은 이러한 식으로요. 사실 부처의 이야기 중 우리나라에서 일반적으로 읽히는 반야심경이나 화엄경 말고 초기 경전 같은 것도 저는 대단히 좋아합니다. 혼자서 사는 삶, 제 이야기가 계속 그쪽으로 흐르는 것 같은데, 저는 부처가 '혼자서 살자'라는 이야기를 한 사람으로 이해하고 있습니다. '혼자서 살자.' 그게 물론 여러 가지 논의가 가능해야 되겠죠. '세속과 완전히 단절되는 이른바 부처식의 삶이라는 것이 어느 정도까지 가능할 것인가, 보통 사람들에게는 어떻게 가능할 것인가' 하는 여러 가지 얘기가 나올 수 있겠는데, 외로울 때 무소의 뿔처럼 혼자서 산 부처를 생각하면 덜 외롭습니다. 내 경험엔 그렇습니다. 그 밖에 좋은 책들이 워낙 많으니까 무슨 책을 추천한다는 게 쉽지 않습니다. 여러분이 시행착오를 거치면서 자신의 책을 만드시기 바랍니다.

송유진 선생님의 책 앞에 선생님을 소개한 부분을 보니까 특별히 외국에서 공부하신 경험이 많은 것으로 나오는데요. 미국의 하버드나 독일의 프랑크푸르트, 일본의 오사카 대학 등에서 유학을 하셨는데, 특별히 외국에서 법학 공부를 하시게 된 계기나 이유가 있으신지요?

박홍규 외국에 나갔다는 것을 자랑으로 생각하진 않습니다. 1980년대, 즉 지금부터 한 20, 30년 전만 하더라도 자유롭게 공부할 수 있고, 이 세상의 모든 책들을 접해볼 수 있는 그런 풍토가 아니었습니다. 구체적으로 말씀드리자면 사회주의 관련 문헌을 자유롭게 읽을 수 없었죠. 특히 법학이라는 분야는, 대개 아마 법에 대해 관심을 가진 분이 별로 많지 않을 거 같아서 간단히 말씀드리겠습니다만, 법학을 저는 밥학이라고 합니다. 사실 출세한다고 그러죠? 판사, 검사, 변호사라고 하는 권력의 전형처럼 법학이라는 것이 굳어져 있고, 또 사법시험이라는 어려운 시험과 연결되어 있기 때문에 법학이라고 하는 학문의 분위기가 우리나라, 특히 30, 40년 이상 군사 독재권력과 결탁되었기 때문에 더욱이 이 학문의 분위기나 풍토가 대단히 천박합니다. 대한민국 학문의 대부분이 아직까지 그렇지만 특히 법학이 그렇습니다.

사실은 법이라는 것이 그야말로 살아 있는 사회의 정의나, 좀더 나은 사회를 위한 법, 개인의 자유, 인권, 평화, 생명과 같은 것들을 보장하는 것이어야 하는데, 그렇지 못한 것이 현실입니다. 권력이 자의적으로 결정하고 법이라는 것을 만드는 것이 아니라, 가령 미국영화에서 보듯이 모든 재판은 열두 명의 배심원이 판단을 내리는 굉장히 민주적인 방식,

민주화된 사법제도나 법체계 등과 비교해서 우리나라엔 굉장히 문제가 많습니다. 머리가 아주 좋은, 암기력이 뛰어난, 도저히 왕따가 될 수 없는 그런 사람들이 법을 하는 것이죠. 달달달 외워서 사법시험에 합격하는 그 아이들이 재판을 하고, 대한민국의 법을 용단한다고 생각하고 있습니다.

여러 가지 이야기가 나올 수 있겠습니다만, 그런 것 때문에 사회주의 공부를 하기 위해서 또 우리나라의 철저하게 관료주의화된 법에 대한 비판을 하기 위해서 미국 같은 곳에서는 배심제 재판을 어떻게 하고 있는가 등을 보기 위해서였습니다. 제가 공부하는 건 법 중에서 노동법이라는 분야인데, 이 분야가 우리나라에서 특히, 여기 법대생이 있을지는 모르지만, 사법시험에 속하는 시험과목도 아니어서 사실 노동법 전공자가 많지 않은 것이 현실입니다. 수업이 있어도 법대 학생들은 거의 신청하지도 않습니다.

저는 한 번도 제 돈 가지고 외국 대학에 간 적이 없습니다. 외국 대학의 돈을 받아서 공부를 했는데, 돈은 문제가 아니겠지만 여러분이 혹시 외국 대학을 가는 것이 과연 필요가 있는지 잘 판단하시기 바랍니다. 이 한 가지는 꼭 명심하셨으면 합니다. 지금 제가 여러분에게 외국 대학에 가야 된다는 이야기를 하고 싶지도 않습니다. 사실 저희 세대의 책임입니다만 여러분이 굳이 외국에 나가지 않고 이 나라에서 주어진 우리 현실을 정확하게 공부하고 그것을 학문이나 문화로 만들 수가 있어야 제대로 된 나라입니다. 우리의 학문, 문화, 예술, 학문의 수준이 아직까지도 낮기 때문에 젊은 여러분이 외국에 나갈 수밖에 없는 형편이라는 것은 압니다. 제가 살았던 시대나 지금이나 거의 다를 바가 없기 때문에 그렇게 생각하지만 혹시 덩달아서, 폼 잡으려고 또는 잘난 체하려고 외국 대학을 가시려고 하는 분은 없겠죠. 과연 왜 필요한가, 내가 왜 가야 되는가, 그런 걸 잘 생각해서 여러분이 유학을 결정하시기 바랍니다.

이윤정 안녕하세요. 저는 이윤정이라고 합니다. 선생님께서 에리히 케스트너의 평전을 쓰셨는데, 그 책에 '삶을 사랑하고 죽음을 생각하라. 한 번은 살아야 한다. 이것이 제1의 규율이고 한 번만 살 수 있다. 이것이 제2의 규율이다' 라고 해서 에리히 케스트너의 규율에 대해 나와 있는데, 저는 이 부분을 감명 깊게 보고 '아, 인생이란 것은 한 번밖에 살 수 없으니, 내 삶에 충실해야겠다' 고 저 나름의 해석을 내리기도 했는데요. 그래서 원래는 어떻게 하면 우리 젊은 벗들이 삶을 사랑하고 충실하게 살 수 있는지 가르쳐주십사 질문을 할 생각이었는데, 그렇게 질문해도 선생님께서는 '당당하게 살아라, 또는 반항해라' 고 말씀하실 것 같아서 그 질문은 하지 않기로 했습니다.(웃음) 선생님께서 늘 당당하게 살라고 하셨는데, 『젊은 날의 깨달음』 서문에, 그 이유는 젊은 시절에 그렇게 살지 못했기 때문이라고 하셨잖아요. 그리고 그것은 오히려 '늙은 날의 깨달음이었다' 고 말씀하셨는데, 우리는 지금 이 공간에서 무려 세 시간 동안 선생님과 함께 좋은 이야기를 나누면서 마음속 깊이 '이제 우리는 앞으로 당당하게, 더 당당하게 살아야겠다' 고 다짐하고 있을 거라 생각합니다. 저 역시 그렇게 생각하고 있고요. 선생님께서는 비록 늙은 날의 깨달음이셨지만 지금도 충분히 당당하게 살고 계시다고 생각합니다. 그리고 우리 모두도 이 문을 열고 세상 밖으로 나가서도 당당하게 살아갈 수 있는 용기를 잃지 않았으면 좋겠어요.

선생님께서 의례적인 행사가 싫고 그런 자리엔 참석하지 않는다고 하셨는데 이 자리만큼은 의미 있고 너무 좋다고 말씀하셨잖아요. 그러면 그 말씀대로 앞으로 우리가 선생님의 힘이 필요하거나 선생님의 좋은 말씀이 또 듣고 싶을 때 언제든 선생님을 부르면 선생님께서 언제든 달려와 우리에게 많은 힘을 주실 수 있으신지, 그렇게 좋은 인연 계속 만들어가면 좋을 것 같습니다. 약속해 주실 수 있으세요?(웃음)

박홍규 아, 약속하죠. 그건 진짜 약속을 드리겠습니다. 그리고 저도 당당하게 살도록 노력하겠습니다.

사회자 네, 이것으로 제9회 주제와 변주를 마무리하도록 하겠습니다. 모두 뜻 깊은 시간이 되셨는지요?

박홍규 고맙습니다.

10회

2005년9월10일 오후5시

해가 나무그늘로 막 기우는 모습을 볼 수 있게 5분만 시간을 주세요

사회자 안녕하세요? 저는 주제와 변주 10회 사회를 맡게 된 조주영이라고 합니다. 반갑습니다. 주제와 변주가 1회부터 시작해서 벌써 10회가 되었는데, 10이란 숫자가 가지는 의미가 있을 것 같아 제가 좀 알아봤습니다. 10이란 숫자는 우주를 나타내는 수, 창조의 패러다임이자 모든 수를 포함합니다. 따라서 모든 사물과 모든 가능성을 상징한다고 합니다. 오늘 이 자리가 숫자 10처럼 완전함과 동시에 인디고의 미래의 가능성을 볼 수 있는 그런 자리가 되었으면 좋겠습니다. 김선우 님 책을 보면 이런 구절이 있는데, '생의 매순간은 생의 전부다. 영원이란 찰나에서 찰나로 거듭나는 생의 매순간이다.'

오늘 생의 매순간 속에서 영원을 느낄 수 있는 '영원한 순간'을 만들었으면 좋겠습니다. 그런 자리가 되기 위해선 여러분이 적극적으로 참여해 주시는 센스가 필요합니다.(웃음) 모두 초청장 준비해 오셨죠?

제10회 주제와 변주에 오신 김선우 시인께서는 1996년《창작과 비평》겨울호로 등단하였으며, 시집으로는『내 혀가 입 속에 갇혀 있길 거부한다면』,『도화 아래 잠들다』, 산문집으로는『물 밑에 달이 열릴 때』,『김선우의 사물들』, 어른을 위한 동화『바리공주』를 쓰셨습니다. 그럼 지금부터 자유로운 분위기로 이 공간을 열어두겠습니다. 여러분이 김선우 님께 궁금한 것이 있으면 자유롭게 질문하시고, 책 읽고 자신이 좋았던 구절이나 읽고 싶은 부분이 있다면 그것들을 낭독해 주시면 됩니다. 먼저 제가 먼저 책에서 좋았던 부분을 읽어보겠습니다.

"별을 바라보자. 저 무한의 빛들이 지지배배거리며 자그락거리며 몸 비비는 소리를 들어보자. 우리가 머무는 이 찰나의 순간을 갖기 위해 무수한 별들이 몸을 스쳐 수십, 수백만 광년을 달려온 저 별빛. 어쩌면 저 별은 시간의 터널을 통과해 내게 닿는 사이 이미 죽어버렸을지도 모른다. 오래전 죽은 별이 오늘의 내 곁으로 보내오는 속삭임. 사랑하라. 사랑하라. 사랑을 하러 나는 날마다 이 별에 온다."

오늘 이 공간, 이 시간에도 오래전 죽은 별이 오늘의 내게 보내오는 속삭임이 들려올 것입니다. 모두들 귀를 기울여보세요. 저 무한의 빛들이 지지배배거리며, 자그락거리며 몸 비비는 소리를. 혹시 여기 오신 분들은 이 '아람샘' 이라는 공간의 다른 이름을 아시나요? 여기는 어린왕자가 사는 '소행성 B612호' 입니다. 여러분 주위에는 위성들이 지나가고 은하수가 펼쳐져 있습니다. 별들의 소리가 들리나요? 오늘 이 공간에서 우리 서로 사랑합시다. 별의 속삭임, '사랑하라. 사랑하라' 라는 소리가 들리지 않나요? 사랑을 하러 오는 별이 오늘은 이 자리에 올 것입니다. 가을 밤 아름다운 산문과 함께하는 음악 같은 시간. 서로 사랑하는 시간이 되었으면 좋겠습니다. 제가 아까 말했듯이 자유롭게 이 공간을 열어둘 테니 하고 싶은 말이나 궁금했던 말, 아니면 묻고 싶었던 질문들을 마음껏 해주시면 됩니다. 그럼 먼저 김선우 님께서 운을 띄워주셨으면 좋겠어요. 이 자리에 어떻게 오시게 되었는지요?

김선우 사랑을 하러 왔어요. 치열하게 꿈꾸는 아이들이 인디고 서원에 있다는 얘기를 들었어요. 꿈을 꾸는 아이들이 불러주면 가야 한다고 생각했어요. 사회자가 얘기한 것처럼 시도 그래요. 어떤 시詩들이 세상에 나와서 어떤 식으로 사람들을 만나든 다양한 방법으로 사랑을 하러 가는 거라고 생각해요. '공명하는 방법, 가장 잘 공명하는 방법을 함께 모색해볼 수 있으면 참 좋겠다.' 이런 생각을 하면서 왔어요. 이 꽃 예뻐요? 아까

꽃시장에서 아람샘께서 골라주셨어요.(웃음)

박용준 안녕하세요. 메일 보내드렸던…….

김선우 아, 박용준 님이세요?

박용준 제가 마중을 나갔어야 하는데 이것저것 준비하느라고 못 나갔습니다. 저는 무엇보다도 어떻게 글을 쓰게 되셨는지 알고 싶어요. 사실 글을 쓰고 싶어하는 분들이 많거든요. 우리가 매일 일기를 쓰듯이 글쓰기라고 하는 것은 일상과도 아주 긴밀한 관계가 있잖아요. 김선우 시인 같은 경우는 음, 생업이랄까?(웃음) 그런데 사실 저희는 삶과 글이 약간 동떨어진 느낌이 많아요. 하지만 김선우 시인의 글을 보면 삶이 글이 되고, 글이 삶이 되는 분위기를 느낄 수 있거든요. 어떻게 글을 쓰게 되셨는지요. 글을 쓰면 무엇이 좋은지 알고 싶어요.

김선우 글을 왜 쓰게 되었는지는 간단하게 말할 수 있는 문제가 아니긴 한데요. 글 쓰는 게 생업이라는 말도 사실 제 입장에서는 약간 아찔한 말이구요.(웃음) 글을 써서 먹고 산다는 얘긴데, 이게 참 만만한 일은 아닙니다.(웃음) 여러분도 다 글을 쓰시죠? 일기라든가 편지라든가 여러 형태의 글을 쓰잖아요. 제 글쓰기도 아주 오래전으로 거슬러올라가서 초등학교 때부터 써온 일기 쓰기에서 비롯된 것 같아요. 어렸을 때 저는 내성적이고 잘 할 줄 아는 게 별로 없었어요.닥치는 대로 책 읽고 산이나 바다를 찾아가 혼자 놀고, 하늘, 별, 구름 바라보고 몽상을 했어요. 그리고 일기 쓰는 게 어렸을 때 낙이었어요. 일기장마다 이름도 따로

시를 쓸 때 백일장 나가듯이 어느 날 갑자기 '자, 이제부터 이 주제에 대해서 근사한 시를 써봐야지' 라고 해서 정말 근사한 시가 나오는 경우는 별로 없잖아요? 내 마음이 수시로 어떤 것에 대해 느끼고 생각하고 깊어지고 하는 과정들을 거쳐 새로운 것들이 태어나는 거지요. 그러니까 기본적으로 저는 시인은 일상에서 항상 깨어 있어야 하는 사람이라고 생각하는데, 그게 시인의 몫인 것 같아요.

불러주고 일기장 쌓이는 걸 보는 게 너무 좋고 지나간 내 일기를 다시 읽는 것도 좋아했어요. 나중에 제가 시인이 되고 그야말로 글을 써서 생업을 유지해야 할 입장이 되고 보니까, 어렸을 적부터 즐겼던 일기 쓰기가 내 글쓰기의 밑천이 되고 있구나라는 느낌이 들 때가 있어요.

조금 구체적으로 제가 시인으로 등단한 계기를 이야기해 볼게요. 저는 사범대학 국어교육과 출신이에요. 제 연배만 해도 일찍부터 시인, 소설가, 극작가가 되려고 문창과에 진학하는 경우도 많은데, 저는 이른바 문예창작실습 같은 걸 대학에서 공부한 적이 없어요. 88학번인데, 그 시기 사회주의권의 몰락과 거의 궤를 같이하면서 사방에서 현장운동과 학생운동조직들이 깨져 나갈 때예요. 지금처럼 다양한 시민운동이 자리잡기 이전의 80년대식 운동권의 마지막 세대쯤 되겠네요. 학교에서 문학 동아리 활동을 했지만, 문학회 활동을 하면서 시를 써서 등단을 하고 시인이 되어야겠다는 생각을 했던 건 아니었어요. 주로 가두시, 집회시들을 많이 썼어요.

책 읽는 거야 어려서부터 워낙 좋아하던 거니까 스펙트럼이 다양한 편이었는데, 문학작품보다는 사회과학 이론서나 철학서를 더 많이 읽은 것 같아요. 아무튼 그때는 제가 제 존재를 들여다볼 수 있는 가장 핍진한 욕구를 거리에서 느꼈기 때문에 운동권 학생으로 대학을 다녔어요. 그런데 졸업을 하고 나니 사는 게 참 막막했어요. 여러분은 어떨지 모르겠는데, 제 고백을 하자면, 어렸을 때 쓸데없이 생각만 많은 아이여서 초등학교 때 연필 깎는 칼을 손목에 대본 적이 있어요. 무슨 특별한 사건이 있어서라기보다 그냥 그랬어요. 왜 어렸을 때 누구나 한 번쯤은 심각하게 삶과 죽음의 문제를 생각할 때 있잖아요. '인간이 왜 사는가?' 이런 거 고민하다가 수면제를 모으고 싶어지기도 하고요.(웃음)

그런 사람? 정말 없나요? 솔직히 말해 봐요. 나만 그렇지 않았을 텐데.(웃음) 대학을 졸업할 즈음에 정말로 내가 왜 사느냐에 대한 치명적인 물음들이 제게 던져졌어요. '이렇게 사는 것이 옳다.' '이렇게 살고 싶다' 라고 생각해 왔던 내 삶의 방식이 여러 각도에서 아주 철저하게 깨지기 시작한 거죠. 세계관이나 이념의 문제도 있었지만, 사람과 사람 사이에서 받는 절망감과 상처 같은 것도 굉장히 컸어요. 대학을 졸업하고 1, 2년 정도 시쳇말로 굉장히 방황을 많이 했어요. 그때 제가 부산에 참 많이 왔었어요. 특히 태종대가 기억에 남아요.

청중 혹시 자살바위 말씀하세요?

김선우 네, 거기, 동백 필 때 참 많이 걸었네요. 우리나라 여기저기 안 다녀본 곳이 별로 없는데, 20대 중반 그 시기에 대부분 다녔어요. 어디든 떠나지 않으면 가슴에 불이 일어서 힘들었거든요. 그렇게 정말 '내 문제를 전면적으로 다시 생각하지 않으면, 내가 숨을 쉴 수가 없겠구나' 라는 생각이 들곤 할 때, 어느날부터인가 문득 '시인이 되어야겠다' 그런 마음이 들기 시작했어요. 학교 다닐 때 시를 쓰긴 했지만, 말했듯이 집회용 시들이 대부분이었는데, 아, 학교 다닐 때 상 받은 것도 하나 있긴 있어요.(웃음) 내가 관여한 동아리가 운동권 문학 동아리라 소위 순수 문학 동아리 사람들이 '너희가 문학을 아냐?' 그런 선입견을 얼마간 가지고 있었거든요. 그래서 뭔가 보여주고 싶은 욕망이 있었나봐요. 그런데다가 고생하는 우리 동아리 아이들 술이랑 밥 한 번 푸지게 먹여야겠다, 그런 마음도 있어서 마감 전날 밤새 끄적거려 응모한 시가 문학상을 받은 적이 있네요. 그걸로 후배들과 잘 먹었던 기억이 있어요.(웃음)

그렇기는 해도 '시를 써서 등단해야지' 라는 생각을 한 건 아니었기 때문에, 졸업 후 1, 2년의 힘든 시기를 거치면서 비로소 시인이 되어야겠다고 생각한 거였어요. 그 시기에 시에 대한 열망이 일어나지 않았다면 어떻게 되었을까. 부질없는 질문을 가끔 하게 될 때가 있는데, 어떤 의미에선 시가 저를 살린 셈이죠. 그래서 시를 고맙게 생각하고 있어요. 그때 내가 시를 통해서 삶에 대한 욕망, 에너지, 이런 걸 새롭게 채워나갈 수 없었다면 아마 지금쯤 굉장히 힘들었거나, 아니면 지금의 내가 존재하지 않을지도 모르겠어요. 그게 저는 운명이라고 믿고 있어요. 그리고 그 뒤로 정말 미친 듯이 습작을 했는데, 생활비 버는 시간을 빼면 온통 시 생각으로 머릿속과 가슴속이 꽉 차 있을 때였죠. 누구나 한번쯤 그런 시기를 통과하듯이, 지금 생각하면 어떻게 그렇게 시 쓰는 일에 몰두할 수 있었나 싶을 정도로 잠자는 것도 먹는 것도 잊을 때가 많았던 시기를 거쳐 등단을 하게 되었어요. 그 뒤로는 시 쓰는 일 말고도 글을 써서 생업을 유지하고 있습니다.(웃음)

사회자 제가 갑자기 궁금해서 여쭤보려고 하는데, 그러면 지금의 시인의 행복은 무엇인지요? 지금 시인으로서 삶의 행복이나 활력소 같은 것들은 어디에서 얻으시는지요?

김선우 치명적인 질문이네요.(웃음) 등단을 하고 시인으로 살기 시작하면서는 시를 생각하고 또 글을 쓰는 일이 사실은 삶의 전부가 되었어요. 다들 시 써봤죠? 시를 쓸 때 백일장 나가듯이 어느 날 갑자기 '자, 이제부터 이 주제에 대해서 근사한 시 한 편을 써봐야지' 라고 해서 정말 근사한 시가 나와주는 경우는 별로 없잖아요? 내 마음이 수시로 어떤 것에 대해 느끼고 생각하고 깊어지고 하는 과정들을 거쳐 새로운 것들이 태어나는 거지요. 그러니까 기본적으로 저는 시인은 일상에서 항상 깨어 있어야 하는 사람이라고 생각하는데, 그게 시인의 몫인 것 같아요.

일상생활이란 게 면면이 모두 소중한 거면서도, 또 일상의 속도에 매몰되기가 쉽지요. 사회생활의 속도에 따라가기도 바쁜 일상 속에서 잠깐 멈춰서서 뭔가에 대해 골똘히 몰두할 수 있는 시간이 많지 않잖아요. 그런데 시인이라는 존재들은 요구되는 속도에 반기를 들며 일상의 사소한 결들이 우리에게 던지는 어떤 의미들을 발견하는 존재임과 동시에 아주 적극적으로 그 일을 해야만 하는 일종의 의무가 부여된 사람들이라는 생각을 하거든요. 그게 시인이 대단한 무엇이라서가 ,스스로 시인으로서의 자기 존재를 유지시키기 위해서는 일상에서 가장 예민하게 깨어 있어야 하는 자세가 필요해요. 우리가 영감이라고 하잖아요. 그런데 그 영감의 순간이 언제 어떻게 나를 슥 베고 지나갈지 몰라요.

예를 들어 길을 가는데 누구랑 어깨가 스쳤어요. 어깨가 탁 스치면서 그게 그냥 어깨가 스친 것으로 끝날 수도 있지만, 탁 스치는 그 순간에 내가 어떤 다른 느낌을 받을 수도 있죠. 굉장히 서늘한 느낌이거나 절망적인 느낌이거나 혹은 어떤 따뜻한 느낌이거나. 스치는 그 순간에 내게 온 어떤 느낌에 대해 내가 주저앉아서 골똘히 몰두할 수 있는 시간을 향유하지 못하면 그건 그냥 흘러가요. 그 시간이 지나가버리면 잊혀지기 쉽죠. 그게 인간의 한계예요. 그러니까 많은 사람들은 어떤 다양한 느낌들을 일상 속에서 받지만 그 일상의 어떤 느낌들, 순간들을 조금 더 골몰하게 깊이 들여다볼 수 있는 자기 시간, 성찰의 시간, 이것을 갖기가 힘이 든 거예요. 물론 많은 사람들이 그런 시간을 적극적으로 가질 수 있도록 노력을 해야 하고 향유를 해야죠.

그러나 학교건 직장이건 가정이건 우리가 놓여 있는 사회의 속도가 개인에게 요구하는 것들이 너무 많지요. 우린 모두 너무 바빠요. 그러니 모든 사람에게 언제든 주저앉아 몽상하세요, 라고 할 수는 없잖아요. 그러니까 시인이라면, 소위 시인이라는 이름을 자기 이름 앞에 붙이고 사는 이들이라면 가장 적극적으로 그런 순간들을 만들어내야 생각해요. 그러니까 내 의식과 감정의 상태가 가장 폭넓게 열려 있는 그런 순간들을 가능한 많이 만들어가려고 노력하는 일상, 그게 아마 작가로 혹은 시인으로 살아가는 일상이라는 생각이 들어요. 그렇게 일상적으로 의식과 감성의 촉수를 열어두어야 간신히 삶의 이면이랄까 비밀이랄까 하는 것들에 아주 간신히 닿는 것 같거든요. 그렇게 얻어진 작품들이 일상 속에 있지만 일상의 속도에 단순하게 매몰되기를 원하지 않는 많은 문학독자들과 어떤 새로운 소통을 하게 되는 걸 거예요. 세상의 거리는 너무나 복잡하고, 속도는 너무나 빠르고, 그러니까 조금만 자기 단속을 제대로 하지 않으면 금방 잊어먹어요, 속도에 휘둘리고요. 그러니까 인간의 한계를 아주 정직하게 인정하고, '내가 조금만 정신을 놓아버리면 어느새 그 속도 속에 있는 나를 발견하게 되는구나. 내가 참 나약한 존재구나.' 이런 것들을 인정하는 거. 그러니 끊임없이 스스로를 깨우고 일상의 다양한 무늬들 앞에 무릎 꿇고 몽상하고 사소하게 보이는 것들이어도 절박하게 끌어안으려고 노력하는 거. 그게 시인으로 사는 전부예요, 사실은. 그렇게 살면서 얻어지는 작품들이 역시 저처럼 무언가에 목마른 사람들과 새로운 공감을 형성할 때, 내 작품이 누군가와 공명하면서 일상의 상처랄지 틈이랄지 하는 것들에 스미고 있다는 느낌을 받게 될 때, 행복하죠.

사회자 항상 깨어 있는 마음과 정신을 가지는 것이 시인님의 활력소인 거 같네요.

김선우 참, 여기 온 것도 활력소예요.(웃음)

이정민 학생들이 시를 가장 많이 접하는 곳은 교과서나 참고서거든요. 그런데 시는 운율이 어떻고저떻고 또 이 시의 주제는 뭐고, 등등 이렇게 나와 있잖아요? 시인님이 생각하시기에, 만약 시인께서 학생들에게 시가 무엇인지를 가르치신다면 어떻게 하실 것 같아요?

김선우 지금은 교과서가 어떤지 잘 모르겠어요. 저는 한 10년 전 교과서를 기억하고 있어요. 그 교과서에서 많이 변했나요?

청중들 아니오. 그대로예요.

김선우 그래요? 많이 변하지 않았다면, 아주 절망적인 얘기를 할 수밖에 없겠네요. 교과서에서 얘기하는 시에 대한 얘기들을 일단 싹 잊으세요. 학교 수업시간에 시를 접하면서 '시의 개념은 무엇이고, 시의 이미지는 어떻고, 표현은 어떻고, 수사가 어떻고, 내포와 외연은 어쩌고' 이런 종류의 얘기는 시를 이해하는 데 그다지 도움이 되지 않아요. 아니, 시는 기본적으로 이해하는 장르가 아니에요. '이 시의 주제는 이러이러해. 이 시의 운율, 음보, 비유가 어떻고' 하는 식의 빨간펜 들고 밑줄 좍 그으라고 강요하는 문학수업들이 사실은 정말 행복하게 시를 향유할 수 있는 능력으로부터 여러분을 가장 멀찍이 데려다놓는 것 같아요.

중고등학교 6년 동안의 문학수업을 통과하면서 말랑말랑한 시적 감성들이 오히려 딱딱하게 획일화되고 시험준비용 시 독해들에 몰두하다 보니 시라는 장르에 대한 선입견들이 생겨요. 그러다보니 문학을 좋아하는 독자들도 다른 장르에 비해 시가 어렵다고 생각해요. 이건 시 독자 자신의 문제 이전에 자유롭게 느끼고 스스로 향유하는 방식이 아니라, 해석의 강요를 받아온 학교교육의 책임이 커요. 우리가 정말로 시를 깊고 넓게 향유하기 위해서는 수업용 시들을 잊어야 해요. 시는 머리로 이해하는 게 아니라 가슴으로 느끼고 즐겨야 하는 장르거든요. 한 편의 시에서 아주 다양한 다른 느낌들을 받을 수 있고, '정답' 이라고 강요되는 주제나 의미 등이 무의미해지는 것이 실은 시의 힘이자 가장 큰 매혹이기도 하거든요.

그런데 우리 교육은 시읽기의 즐거움과 유연함, 상상력의 여백 같은 것을 '정답' 의 강요와 함께 죄다 죽여버리고 있거든요. 시인들이 모이면 그런 얘기 가끔 할 때가 있어요. 교과서에 자주 등장하는 우리나라 유명한 시인들 있잖아요. 그 시인들의 시에 대해서 출제되는 시험 문제들을 그 시인에게 가져가서 풀어보라고 하면 정답을 모두 맞추는 시인 거의 없을 거예요.(웃음) 실제로 예전에 어떤 분이 그런 고백을 한 적이 있어요. '내 시에 대해서 나온 문제가 있는데, 풀어보라고 해서 풀었더니 다 틀렸다.' 시를 이해하려고, 문제를 풀려고 접하기 시작하면 필연적으로 시는 어려워질 수밖에 없어요. 어렵다 쉽다를 떠나 가장 자유로운 방식의 읽기가 가능한 장르인데 말이에요. 제도화되지 않은 아이들의 감수성은 정말로 굉장히 말랑말랑하거든요. 아이들이 쓰는 동시 같은 것 보면 정말 기발해요. 그런데 제도교육이 그 감성을 망쳐놓은 걸 보면 너무 아깝고 안타깝지요.

물론 제도교육 속에서 이런 시교육이나 예술교육이 정말 제대로 풍성하게 향유될 수 있으면 가장 좋겠죠. 하지만 현실은 그러지 못해요. 15년 전에 내가 보았던 교과서가 아직도 별로 변하지 않은 교육현장이라면, 게다가 제도교육 자체가 입시 강박으로부터 한발짝도 벗어나지 못하는 상황에서 학교 교육현장에서 예술과 문학을 말하기엔 너무나 척박하다는 거죠. 그래서 이런 공간들, 인디고 서원 같은 자그마하고 자발적인 커뮤니티들이 더 많이 생겨나고, 독서문화 자체가 밑에서부터 변화해야겠죠. 여하튼 시는, 마음껏 꿈꾸면서 읽어야 해요. 자기 느낌에 충실하면서요. 뭐라고 꼭 집어 말할 수 없어도 뭔가 자기 내부에서 일렁일렁하는 것이 느껴진다면 시 읽기의 첫맛을 제대로 맛보는거겠구요. 오독誤讀이 새로운 느낌의 창조로 발전할 수도 있는 것이 시 읽기의 즐거움이기도 하거든요.

김아름 예문여고 2학년 김아름이라고 합니다. 처음에 오셔서 이 자리에 모인 사람들이 꿈을 왕성하게 꾸고 있는 사람들이라고 하셨잖아요. 꿈이란 게 항상 꾸고는 있지만 현실에서는 이루기가 참 힘들다고 생각됩니다. 하지만 사람들은 꼭 이 꿈을 지키고 살아갈 수 있다고 생각하는데요. 현실에서는 이루기 힘들지만 모든 이가 품고 있는 이 꿈, 그런 꿈에 대해 선생님의 생각은 어떠신지 궁금해요.

김선우 여러분은 꿈에 대한 생각이 어때요?

학생1 지금 현실에서는 진정 자기가 꾸는 것을 이루기가 힘든 것 같아요.

김선우 지금 여러분은 어떤 꿈을 꾸나요?

윤정원 저는 노래하는 것을 좋아하거든요. 그런데 현실은 의사나 판사, 변호사가 되기를 원하잖아요. 부모님들도 그런 걸 원하시고요.

김선우 어떤 꿈을 꾸어요? 꿈이 뭐예요?

학생2 꿈…… 옛날엔 많이 생각을 했는데요. 공상 같은 것도 많이 했고, 생각을 많이 했는데, 고등학교에 와서는 정신없이 시간이 빨리 지나간 것 같아요. 그래서 생각하는 기회도 없는 것 같고요. 지금 꿈은 일단 대학 입학이죠.

학생3 저는 영화 관련 일을 하는 게 꿈이에요.

김선우 우리 돌아가면서 꿈 얘기 좀 해봐요. 꿈은 이런 것이라고 생각한다. 내 꿈은 뭐다. 꿈을 꾸는 것은 이래서 좋다. 왜 우리는 꿈을 꿀까 등등 괜찮겠어요?

청중 네, 좋아요.

학생4 저는 꿈이 한의사인데요. 꿈이 있으면 도전할 목표가 있으니까 더 열심히 하게 되는 거 같아서 좋아요. 저는 꿈이랑 직업을 연관시켜서 생각해볼게요. 꿈은 직업을 선택할 때도 정말 중요해요. 그런데 우리나라는 다양한 직업이 있다고는 하지만, 사람들한테 알려진 직업이 너무 적어서 꿈도 그렇게 다양하게 갖지 못하는 것 같아 좀 아쉬워요.

김소연 저는 꿈이 연구원인데요. 일단은 내가 어떤 사람이 되고 싶다고 해도 입시제도가 나의 발목을 잡고 있는 것만 같고, 또 그것에 대해서 정말 전문가가 되고 싶다고 해도 부모님이나 주위의 시선이 많으니까 좌절하게 되는 거 같아요.

이윤영 우리나라에서는 공부 좀 잘하고, 집에 돈 좀 많으면 의대, 법대 가라고 권유하잖아요. 저는 그게 참 안타깝다고 생각하거든요. 외국에서는 최상의 엘리트가 꼭 의대나 법대만을 가지는 않잖아요. 진짜 생각을 많이 하고, 깊이 사유하는 사람들은 글을 쓰거나, 철학을 하고, 과학에 정말 재능이 있는 사람들은 인류를 위해서 일할 수 있는 여건이 마련되어 있는데, 우리나라에서는 너무 특정 분야로만 몰린다는 거죠. 저는 그게 안타깝다고 생각하고, 근본적인 문제가 교육에 있다고 생각하고 있어요. 그래서 제 꿈을 말씀드리자면, 명예나 돈과 같은 것들을 얻기 위해서가 아니라, 매일 교육현실에 대해 비판하고 있으면서 아무 것도 하지 않는 어른이 되기보다 뭔가 실천하는 사람들이 되고 싶어서 법조인이나 정치인, 또는 보다 더 크게 꿈을 꾼다면 장관이나, 될 수 있다면 대통령까지 생각하고 있습니다.

김선우 감동받았어요.

김수영 여기 와서는 참 진실한 말을 많이 하게 되네요. 제 인생에서 정말 이루고 싶은 것은 제가 어떤 편견도 갖지 않고, 세상 사물을 바라보는 것이

우리나라에서는 공부 좀 잘하고, 집에 돈 좀 많으면 의대, 법대 가라고 권유하잖아요. 저는 그게 참 안타깝다고 생각하거든요. 외국에서는 최상의 엘리트가 꼭 의대나 법대만을 가지는 않잖아요. 진짜 생각을 많이 하고, 깊이 사유하는 사람들은 글을 쓰거나, 철학을 하고, 과학에 정말 재능이 있는 사람들은 인류를 위해서 일할 수 있는 여건이 마련되어 있는데, 우리나라에서는 너무 특정 분야로만 몰린다는 거죠. 저는 그게 안타깝다고 생각하고, 근본적인 문제가 교육에 있다고 생각해요.

에요. 그리고 또 다른 꿈을 말하자면, 야자시간에 야자 안 하고 집에 가서 여유를 즐기고, 남들 공부하는 거 보면서 즐기는 거예요.(웃음)

김선우 예. 내가 고등학교 때 그랬는데.(웃음)

윤창욱 저의 이름은 윤창욱인데요. 일단 저의 꿈은 연구원이 되는 겁니다. 그런데 제가 이렇게 보니, 많은 사람들이 나이를 먹으면서 직업을 가지고, 또 그 직업에 의지하면서 단순히 돈을 벌기 위해서 사는 것 같아요. 그러다 보면 옛날의 순수성, 천진한 마음, 소년 같은 마음이 없어지잖아요. 저는 커서도 그런 마음을 잃지 않는 삶을 살고 싶어요. 저희 아버지만 보더라도 늘 너무 피곤해하세요. 그래서 저는 그러기보다는 좀 즐겁게 살고 싶어요.

김재한 김재한입니다. 저는 꿈이 늘 바뀌었는데, 중학교 때는 애들이 과학자를 제일 많이 하고 싶어하더라구요.(웃음) 그래서 저도 따라 적었고, 초등학교 6학년 때 만화가를 꿈꿨는데, 고등학교 입학을 앞두고 실업계냐 인문계냐를 결정할 때 만화를 꼭 그려야 되냐면서 부모님이 저를 설득하셨어요. 부모님이 저를 설득하실 때, 만화는 대학 가서도 할 수 있다, 실업계는 안 된다고 하셨어요. 그때 서울에 만화를 전문적으로 가르쳐주는 데가 생겨서 가고 싶었는데, 부모님 말씀이, 고등학교에서는 부분적인 것만 가르쳐주지만, 대학교 가면 전체를 볼 수 있다는 설득에 넘어가서 그 꿈은 사라졌습니다.(웃음) 그래서 고등학교 때 꿈에 대해서 걱정을 많이 했는데, 친구들이랑 제일 많이 고민한 것이, 꿈을 이루지 못하는 사람이 너무 많다는 것이었습니다. 그런 생각이 들어서 얘기를 많이 해봤는데, 세상은 참 공평하다고 말하는 사람도 있지만, 입시에 시달리다 보니까 험한 말도 하고 싶은 거예요. "세상은 무조건 불공평하다." 대학에서도 보면 얼굴도 잘 생기고 집안도 좋고, 성격도 좋고, 공부도 잘하는 사람들이 있는 반면에, 얼굴도 못 생기고 집안도 가난하고, 의욕은 있어도 환경이 안 되서 못하고, 성격도 안 좋은 저 같은 사람들도 있잖아요.(웃음) 그런 현실이 절 괴롭게 했는데, 여기는 이렇게 꿈을 가진 아이들이 많은 걸 보니까 우리의 미래가 밝을 것만 같습니다. 개인적인 생각으로는 꿈이라는 것은 한 발 전진할 수 있게 하는 힘이 있는 것 같습니다. 꿈을 정하기보다는 그 꿈에 대한 가능성을 열어두고 여러 가지를 해보다가 자신에 맞는 것을 선택하는 것도 좋은 방법이라 생각이 듭니다.

이슬아 저는 이슬아라고 합니다. 꿈 이야기를 하라니까 목표나 장래희망만 말씀하시는데, 다들 김선우 시인의 새 책 『김선우의 사물들』을 안 읽어본 것 같습니다.(웃음)

이 책 세 번째 장 '의자'가 나와 있는 30쪽에 보면, "나는 꿈꾸는 것을 즐기는 종족이다. 예기치 않은 이미지를 지닌 꿈을 꾸었을 때 천천히 꿈 밖으로 걸어나와 아직 따끈따끈한 꿈의 맥박에 손바닥을 대보길 좋아한다. 꿈의 잔영으로 현실 속에 상상의 집 한 채를 짓는 일은 좋은 책 한 권에서 받은 감흥을 갈무리하는 과정만큼이나 즐거운 것이다. 대개의 경우 꿈을 질료로 집을 짓는 과정은 현실의 어떤 문제에 대한 감각을 예민하게 하거나 어제와 오늘의 운명을 버무려 내일을 예감하게 하는 즐거운 점술로 진행되곤 한다. 대평원의 일몰을 꿈꾸게 되는 날들은 대개 우울한 날의 오후이다"라고 적혀 있어요.

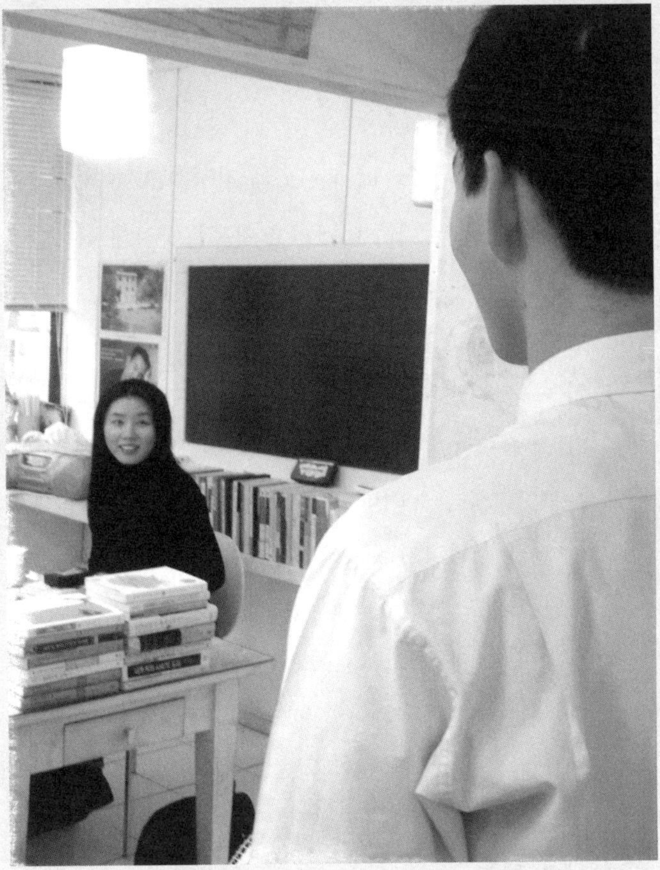

많은 사람들이 나이를 먹으면서 직업을 가지고, 또 그 직업에 의지하면서 단순히 돈을 벌기 위해 사는 것 같아요. 그러다 보면 옛날의 순수성, 천진한 마음, 소년 같은 마음이 다 없어지잖아요. 저는 커서도 그런 마음을 잃지 않는 그런 삶을 살고 싶어요.

선생님은 꿈꾸는 것을 참 좋아하시는 것 같거든요. 그래서 꿈에 대해 얘기하자고 하신 것 같은데 이왕 책을 인용했으니 계속 인용해 볼게요. 제 꿈은 177쪽에도 나오듯, "더 섬세하고 더 나지막하게, 경쟁이 아닌 연대를, 힘에 의한 배타적 지배가 아니라 공존과 포용과 아름다움을 꿈꾸는 세계가 날마다 넓어지고 자유분방하게 아름다움을 사유하는 제의들이 날마다 넘쳤으면 좋겠다"는 것입니다. 꿈이라고 하는 것은 선생님이 어느 날 갑자기 시인이 되어야겠다고 깨달으셨듯이, 한순간에 다가올 수도 있다고 생각하는데, 갑자기 데미안의 한 구절이 떠올랐습니다.(웃음) 오늘 계속해서 인용을 하게 되는데, 데미안에 "운명과 우연은 같은 개념에 대한 다른 표현이다"라는 말이 나오거든요. 선생님께서 시인이 되어야겠다고 결심하게 된 것은 일종의 우연이었겠지만, 그것이 따지고 보면 운명일 수도 있다고 생각합니다. 이런 생각을 하다가 또 어떤 노래가 떠올랐어요.(웃음) 루시드 폴이라는 가수 아세요? 그 가수의 〈물이 되는 꿈〉이라는 노래가 있는데, 우리는 꿈이라고 하면 의사가 되는 꿈, 연구원이 되는 꿈을 이야기하잖아요. 물론 이런 것들이 나쁘다는 게 아니라, 일반적으로 하는 그런 이야기가 아니라 그 사람은 '물이 되는 꿈, 바다가 되는 꿈, 모래가 되는 꿈' 등을 이야기한단 말이죠. 진정한 꿈이란 건 그런 총체적인 것이 아닌가 생각이 듭니다. 이쯤에서 그 노래를 좋아하시는 아람샘의 이야기를 들어봤으면 좋겠습니다.(웃음)

허아람 제가 고3 학생들에게 마지막 시 강의를 할 때, 한 번도 보지 않은 시들을 같이 읽습니다. 근데 그 전날 밤에 CD를 하나 선물 받았어요. 루시드 폴이라는 가수의 '오 사랑' 이라는 앨범이었어요. 그걸 들고 집에 갔는데,

한 마디로 '돈오' 한 거예요.(웃음) 1번 노래에서. 그래서 〈물이 되는 꿈〉이라는 노래를 밤새 들었어요. 한 백 번 넘게 들은 거 같아요. 따라 부르지도 않고 가사만 들었어요. 그리고 다음 시간에 수업을 하는데 아이들이 어려운 작품을 굉장히 많이 들고 왔어요. 그런데 애들에게 "일단 책을 다 덮고, 이 노래를 해석할 수 있는 사람은 수능 만점이다. 수능에 나오는 시를 다 풀 수 있다, 그러니까 이 노래를 듣고, 이 시를 풀어보자"라고 하고 수업을 했던 기억이 있거든요. 아마 그 친구들이 60여 일 뒤에 시험을 칠텐데, 만약에 시 문제를 하나라도 틀리잖아요? 그러면 제가 뛰어내릴 거거든요.(웃음) 무슨 말이냐 하면 방금 말한 꿈들, 시인의 꿈, 여행의 꿈 등 이 친구들이 말하는 그 꿈 말고도 어떤 사람은 영겁을 노래하는 꿈을 꾸는 거예요. 내가 지금 이 시간, 이 존재, 이 현실, 이 삶에서는 이 꿈을 꾸지만, 내가 몸을 바꾸어서 내 영혼이 어디로 갈지는 아무도 모르잖아요. 그 다음 생의 꿈을 생각하는 사람들이 있는 거예요. 마치 반야심경의 한 구절 같아서 제가 불러보려구요. 그냥 읊조리듯, 시를 읊조리듯 해볼게요. 아는 사람은 같이 해요.

물, 물이 되는 꿈, 물이 되는 꿈 , 물이 되는 꿈
꽃, 꽃이 되는 꿈, 씨가 되는 꿈, 풀이 되는 꿈
강, 강이 되는 꿈, 빛이 되는 꿈, 소금이 되는 꿈
바다, 바다가 되는 꿈, 파도가 되는 꿈, 물이 되는 꿈
별, 별이 되는 꿈, 달이 되는 꿈, 새가 되는 꿈
비, 비가 되는 꿈, 돌이 되는 꿈, 흙이 되는 꿈
산, 산이 되는 꿈, 내가 되는 꿈, 바람이 되는 꿈
다시, 바다 바다가 되는 꿈, 모래가 되는 꿈

물이 되는꿈
물, 비가 되는꿈, 내가 되는 꿈, 강이 되는 꿈
다시, 바다 바다가 되는꿈,하늘이 되는 꿈
물이 되는 꿈
-〈물이 되는 꿈〉

김선우 "우리의 혁명은 몽환이다, 라고 쓴 적이 있습니다. 나의 혁명은 몽환이다, 라고 쓸 수 있게 되기까지, 나의 몽환을 사랑하게 되기까지 오랜 시간이 걸렸습니다. 이제 나는 어렴풋이 알 것 같습니다. 내 존재가 겨우겨우 비끄러매져 있는 이 무시무시한 세계의 바깥으로 그만 미끄러져나가고 싶은 유혹으로부터 나를 지켜 오는 것이 몽환의, 낮 꿈의 힘이었음을. 지금도, 앞으로도, 어쩌면 그러할 것이라는 것을. 지난한 낮 꿈의 계절들이 피고 저물고 다시 피면서 한 생애가 저물고, 피고 저물고 다시 피는 그 생애들이 '역사' 라고 불리는 해안선을 조금씩 아주 조금씩 움직여간다는 생각이 들 때가 있습니다. 낮꿈. 이것은 생물학적인 존재인 내게 생물학적으로 요구되는 밤 꿈과는 다른 세계입니다. 명징하게 의식이 깨어 있는 상태에서 내 의식이 비등하며 그려내는 판타지로서의 꿈. 블로흐를 빌리면 그것은 더 나은 삶에 관한 꿈입니다. 내게 더 나은 삶이란 이를테면, 평화, 자유, 라는 말이 말 이전의 지순한 파동으로 물결쳐 오는 순간들이 지속될 수 있는 세계일 것입니다.

나는 세속의 인간이니 나의 평화는 거의 언제나 두 개의 얼굴을 갖습니다. 일종의 '텅 빔' 의 상태로 나의 내면에서 떠오르거나 가라앉는 평화와 내 존재가 놓인 세계와의 경계에서 끊임없이 흔들리며 경계를 떠도는 평화. 완벽한 일탈을 도모하지 못하는 한 사회로부터 자유로울 수 없는 존재인 나는, 내 존재가 담겨 있는 사회라는 막힌 상자의 사면과 부딪힐 수밖에 없습니다. 내가 속한 세계

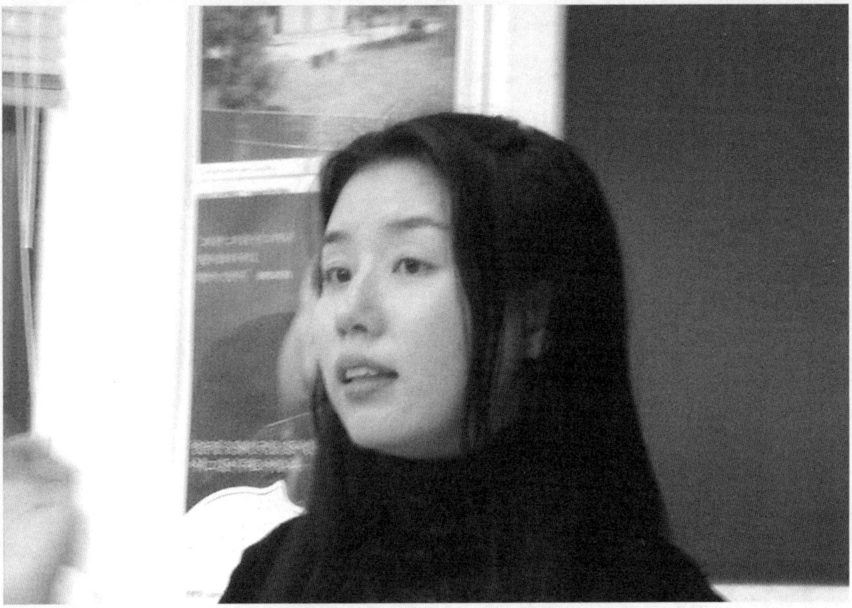

중학교 3년 고등학교 3년 대학입시를 치를 동안 6년간은 죽었다 생각하고 꾹 참자,
이러지 말자는 거예요. 그 6년, 10대의 가장 찬란한 시기이고 인생의
가장 말랑말랑한 도입부예요. 꿈꾸기의 능력, 행복을 향유할 수 있는 감수성의 능력을
만들어가야 할 시기에 오히려 그 모든 것을 교과서와 문제집과 학교가 강제하는
타율 속에 밀어던지면 너무 아깝잖아요. 억눌려 있는 것은 넘치려고 하죠.
갇혀 있는 것은 흐르려고 해요. 이것을 막아놓으면 내가 불행해진단 말이죠.
내가 어떻게 존재할 때 가장 행복한가, 가장 자유로운가에 아주 민감하게
자기 감각을 깨워놓고, 그것이 부르는 대로 가자는 말이에요.
내 안의 진짜 소리를 듣기 위해서는 일단 스스로에게 가장 잘 귀를 기울여야 해요.

가 내가 꿈꾸는 평화와 자유를 허용하지 않을 때, 낮 꿈은 열렬해집니다. 낮 꿈은, 현실이 부조리하다면 부조리한 현실을 파기하여 다른 세계로 들어올리려는 꿈이며 미래를 향해 걸어가는 꿈입니다. 과거와 현재와 미래가 좁은 문을 통하여 끊임없이 교류하는 세계, 세계와 세계의 틈새에 존재하는 좁은 문을 통해 나는 유토피아를 보게 됩니다. 그 문은, 열려 있거나 닫혀 있을 수 있습니다. 반쯤 열려 있는 것일 수도 반쯤 닫혀 있는 것일 수도 있습니다. 문은 문일 수도 있고, 벽일 수도 있습니다. '아무데도 없는 나라', 유토피아를 향한 꿈. 그것은 지금 없는 곳에 대한 꿈이며, 더 나은, 더 좋은 곳을 향해 움직여가는 마음의 몽상입니다. 나는 인류사를 통틀어 그 세목은 조금씩 다를지라도 '희망' 이라는 그 무엇이 존재할 수 있는 한 마지막까지 존재하게 될 것이 유토피아에의 꿈이라고 생각합니다. 개인적인 유토피아로부터 그 개인이 속하여진 사회적 유토피아에 이르기까지 계급의 질서가 생겨난 이래 더욱 절박하게 존재했던 이 '없는 장소' 에의 몽상은 모든 당대에 부여된 꿈이었으며 인류의 정신활동이 잉태할 수 있는 가장 순수한 형태의 에너지일 것이라고.

현실의 모순이 첨예할수록 꿈은 깊어집니다. 현실이 비관적일수록 꿈은 왕성해집니다. 이것이 몽환의 현재성이며 몽환의 물질성이라고 나는 종종 생각합니다. 반역과 혁명은 삶의 원초적인 동인입니다. 억눌리고 빼앗긴 것에 대한 수동적인 반응으로서의 혁명이 아니라 삶 자체에 내재하는 힘, 지금과는 다른 더 나은 삶에 대한 꿈꾸기로서의 혁명. 그리하여 혁명이라는 몽환은, 세계에 대한 비관이 들어 올릴 수 있는 가장 아름다운 에너지의 파동을 나의, 우리의 몸 속으로 밀어넣습니다. 세계가 슬프면 슬플수록 더욱."

아람샘의 노래를 듣다가 갑자기 이 구절을 읽어보고 싶어서 낭독을 한 번 해봤어요. 우리 꿈 얘기 했잖아요. 우리는 현실을 사는 존재들이죠. '우리 꿈 얘기 합시다' 라고 했을 때 우리 모두에게는 하고 싶은 얘기가 너무 많았어요. 그죠? 그런데 그것의 반쯤은 현실의 답답함에 대한 비관적인 고백들이고, 또 반쯤은 가장 현실적으로 우리가 어떻게 살아내야 할지에 대한 고민들이었어요. 현실이 비관적일수록 꿈꾸기가 더욱 열렬해질 수밖에 없고, 또 그래야 한다고 생각해요. 현재도 그러하고 앞으로도 그러할 것이라고 믿고 있지만, 문제는 꿈과 실천의 문제가 항상 우리에게 남게 된다는 거죠. '너의 꿈은 뭐냐?' 라고 제가 거리에 나가서 어떤 아이들에게 물어요. 글쎄요, 내 꿈은 변호사, 의사, 연구원, 과학자, 교수, 대통령, 이렇게 말하는 아이들이 열 명 중에 일곱 명은 될 거예요. 그죠? 이 현실 자체가 우리가 얼마나 더 열렬하게 꿈꾸어야 하는지를 반증하는 우리 앞에 제기된 문제라고 생각해요.

'너의 꿈은 뭐냐?' 라고 물었을 때, '음, 나는 초록색이 좋으니까 초록색에 관련된 어떤 것을 해보고 싶어.' 혹은 '나는 물이 좋으니까……', '사람이 좋으니까……', '나는 노래가 좋으니까……' 하는 식의, '내가 좋아서 하고 싶은 것', '좋아하기 때문에 잘 할 수 있는 것' 을 먼저 말할 수 없는 현실이 우선은 좀 슬픈데요. 꿈이라는 게, 정해놓고 100미터 달리기를 하듯 헉헉거리며 뛰어가야 하는 목표라기보다 꿈을 꾸는 과정 자체를 누리고 즐기는 것. 꿈꾸는 것 자체가 그대로 에너지와 기쁨이 될 수 있으면 참 좋을 거예요. 그런데 그런 사회는 그냥 오지 않아요. 말씀하셨던 것처럼, 뭔가 답답함을 느끼지만, '답답해!' 라고 소리만 지르고 있을 수는 없죠. 우리가 일상적으로 실천할 수 있는 것들이 있다는 생각이 방금 말씀들을 들으면서 드네요.

가장 먼저, 우리는 다 달라요. 그죠? 좋아하는 것도 다르고, 생긴 것도 다 달라요. '다 다르다는 것을 자연스럽게 인정할 수 있는 사회가 됐으면 좋겠지만, 지금 그러지 못하다' 라고 탄식만 할 수는 없지요. '우리는 모두 다 다르고 내가 꿈꾸는 건 이런 거야' 라고 일상적으로, 자연스럽게 대화하고, 발화할 수 있는 실천이 필요하다고 생각해요. 여러분은 다들 학교에서 생활하는 것이 일상생활의 반 이상이잖아요. 그런데 학교가 참 변하지 않아요. 우리 사회가 좋아지려면, 우리 사회의 미래인 여러분이 있는 바로 그곳이 아주 역동적으로 좋아져야 되거든요. 그런데 갑갑하지요. 갑갑하지만, 갑갑한 바로 그곳에서 더 왕성하게 여러분의 꿈을 얘기할 수 있었으면 좋겠어요. 선생님이 어떤 것을 요구했어요. 그런데 여러분에게 다른 의견이 있어요. 그러면 선생님께 '저는 이 문제에 대해 좀 다르게 생각합니다. 저는 이렇게 생각합니다' 라고 적극적인 의사개진을 할 수 있었으면 좋겠어요.

우리 사회는 세습되고 강요된 권위와 제도의 힘이 너무 커서 불쌍해진 사회예요. 학교현장의 주인인 여러분이 적극적으로 자기의 의사를 표현할 수 있어야 즐거운 긴장감들이 생겨요. '아, 우리 아이들이 뭔가 문제를 제기해 오고, 변화를 요구하는구나' 선생님들이나 교육행정이 이런 것들을 느끼고 자극받아야 행복한 변화가 더 빨리 올 수 있어요. 여러분이 몸담고 있는 가장 큰 일상인 학교에서 적극적으로 자기의 느낌과 생각을 표현할 수 있었으면 좋겠어요. 친구들끼리는 물론이고 선생님들과도. 그래야 변해요. 그 변화라는 게 우리 모두가 대단한 사람이 되어야 할 수 있는 게 아니에요. 변화가 무슨 거창한 것만도 아니구요. 우리 모두가 저마다 능동적으로 자기 삶을 누릴 수 있었으면 좋겠다는 거예요.

중학교 3년 고등학교 3년 대학입시를 치를 동안 6년간은 죽었다 생각하고 꾹 참자, 이러지 말자는 거예요. 그 6년, 10대의 가장 찬란한 시기이고 인생의 가장 말랑말랑한 도입부예요. 꿈꾸기의 능력, 행복을 향유할 수 있는 감수성의 능력을 만들어가야 할 시기에 오히려 그 모든 것을 교과서와 문제집과 학교가 강제하는 타율 속에 밀어던지면 너무 아깝잖아요. 억눌려 있는 것은 넘치려고 하죠. 갇혀 있는 것은 흐르려고 해요. 이것을 막아놓으면 내가 불행해진단 말이죠. 내가 어떻게 존재할 때 가장 행복한가, 가장 자유로운가에 아주 민감하게 자기 감각을 깨워놓고, 그것이 부르는 대로 가자는 말이에요. 내 안의 진짜 소리를 듣기 위해서는 일단 스스로에게 가장 잘 귀를 기울여야 해요. '내가 무엇을 가장 즐거워하고 무엇을 가장 편안해하고 무엇을 할 때 정말 행복한가' 하는 것들을 잘 보살피고 나의 느낌에 충실할 것. 그것을 자유롭게 표현할 것. 그러다 보면 학교에서도 여러 가지 커뮤니케이션의 방법들을 만들 수 있을 거예요. 그렇게, 일상적으로 꿈꾸는 시간들이 축적되고, 조금씩 변화가 이루어지고, 이런 얘기를 함께 나누었던 여러분 중 정말 근사한 대통령도 나오고 작가도 나오고 시민운동가도 나오고, 그러면서 다음 세대의 아이들이 조금 더 자유로워질 수 있으면 좋겠지요. 뭉뚱그려 '학생'이나 '입시생'으로서가 아니라, 서로가 조금씩 다른 개별적인 존재로 인정되고, 그 다양성이 참 소중하고 귀한 것으로 여겨지는 그런 시대가 당장 오지는 않겠지만, 꿈꾸기를 포기한다면 영영 오지 않아요. 그렇죠? 우리가 존재하는 공간에서 가장 솔직하게 자기의 목소리를 들어요. 그리고 그 목소리가 원하는 대로 가요.

하나만 더요. 내가 학교 다닐 때보다 지금의 학교가 조금은 좋아진 거 같아요. 지금보다 더했냐고 여러분 중에 누군가 묻고 싶을지도 모르지만, 지금은 최소한 여러 형태의 대안교육의 장이라도 존재하잖아요. 아직 소수이긴 하지만 학교를 선택하지 않는 아이들을 위한 공간도 만들어지구요. 그때는 선택의 여지가 없었어요. 이런 변화, 이게 아까도 말했듯 그냥 생기는 게 아니에요. 꿈꾸는 사람들이 만들어낸 일들이거든요. 지금 무언가 조금이라도 좋아진 것이 있다면 그건 단번에 온 게 아니지요. 여러분보다 앞서 살았던 이들이 끊임없이 문제제기를 하고 조금씩 변화의 수위를 높여온 거예요. 70, 80년대보다 지금의 한국사회가 민주화되었다면, 이런 변화를 위해 앞서 아파하고 싸우고 꿈꿔온 사람들이 있었기 때문에 가능한 거지요.

지금 우리가 다양한 언론매체를 통해 들을 수 있는 대안적인 교육공간이라는 개념 자체가 옛날엔 없었어요. 그러니까 오로지 내게 주어진 학교 외에는 선택의 폭이 전무한 시대를 거쳐왔는데, 여러분은 그에 비하면 훨씬 더 좋아진, 물론 아직은 미미하지만, 적어도 선택의 가능성이 열린 시대를 살고 있어요. 그 선택의 가능성을 열어놓은 것은 물론 여러분보다 앞서서 여러분과 같은 환경을 거쳐 왔던 이들 중 꿈꾸었던 사람들이에요. 이렇게 꿈꾸는 이들이 만드는 토양들이 점점 넓어지고, 다양한 곳에서 작은 꿈들을 더 많이 꾸면 아마 여러분이 아이들을 낳았을 때는 좀더 좋아지겠죠. 여기는 이런 얘기한다고 혼 안 나죠? 자, 너무 흥분했어요.(웃음) 다음 질문 받을래요.

배효원 안녕하세요. 저는 배효원이라고 하는데요. 김선우 선생님이 오신다고 했을 때, 굉장히 떨렸거든요. 저는 여자가 글 쓰는 걸 굉장히 좋아해요. 한때는 남자가 글 쓰는 걸 더 좋아해서 남자작가 글만 읽었는데, 요즘은 여자작가 글만 읽고 있어요. 섞어서 읽긴 하는데, 그래도 여자작가들을 좋아해요. 제 꿈은 김선우 시인처럼 글로 먹고 사는 거거든요. 그런데 그 꿈이 너무 멀게 느껴져요. 제가 고등학교를 졸업한 지 10년 정도 된 것 같은데, 제가 글로 먹고 살겠다는 꿈을 가진 이유는, 저는 굉장히 싫증을 잘 내는 편이지만, 지금까지 살면서 가장 지속적으로 해왔던 일이 글 쓰는 것이었기 때문이에요. 저는 일기를 매일 쓰거든요. 오늘, 어제 쓴 일기 중 한 부분을 읽고 싶어요. 제가 그저께 밤 12시에 어떤 사람한테 고백을 했어요. 그런데 그 사람한테 직접한 게 아니라요. 핸드폰 소리샘에다 고백을 했거든요. 소리샘에 그 고백을 하면서 좋았던 게, 그 사람이 전화를 안 받아서 너무 좋았어요.(웃음) 제가 쓴 글은…… 너무 떨리는데…….

"당신은 내게 위로의 원형의 모습이었는지도 모르겠습니다. 그래서 나는 당신에게 내가 마음속에 궁극적으로 위로받고자 하는 원형. 엄마? 하지만 실제 우리 엄마는 아닌. 위로의 원형. 이 세상에 존재하지 않는 무엇. 그것은 때때로 영화처럼, 사진의 한 컷처럼 나에게 남겨졌습니다. 그 원형과 가까운 모습으로. 그래서 나는 현실에 존재하는 당신에게 그 비현실성을 기대하고 있었던 듯합니다. 당신과 위로는 다른데 말이지요. 당신이 97년 겨울 1월 23일, 기도하며 내 손을 잡았을 때, 당신이 우리 집에 올 때 문을 열면 환하게 웃던 그 얼굴에서, 당신이 공항에서 체한 나의 등을 두드려줄 때, 당신이 그날, '안아줄까? 라고 물었을 때, 그리고 안았을 때 당신의 어깨, 당신이 '효원이! 라고 부르는 목소리에서 나는 내 뱃속 깊은 곳에서 안아주길 기다리고 있는 어린아이가 엎어지는 걸 느꼈습니다. 당신을 향해 엎어지는 걸음을. 그런데 그 어린아이가 꼭 내가 아닌 것처럼 그 아이를 안아주던 당신도 꼭 당신이 아닌 것 같습니다."

사실 저, 이것보다 더 잘 쓴 것 많거든요.(웃음) 최근에 쓴 글이라 읽었는데, 한 가지 여쭤보고 싶은 것은 제가 글로 벌어먹고 살 가능성이 있나요?

김선우 여러분 방금 읽어주시는 것 들으면서, 어땠어요?

학생 대박날 거 같아요.(웃음)

김선우 대박날 거 같아요? 진짜? 저도 마음이 찡했어요. 마음이 찡하다는 것은 겹쳐진 경험의 주관적인 어떤 것이 내 마음을 찡하게 했을 수도 있고, 글 자체가 주는 어떤 감흥이 있었을 수도 있어요. 어렵게 들려주는 고백 같은 글을 들으면서 위로받는 느낌, 이런 게 문학에는 있어요. 여러분이 소설을 읽거나 시를 읽거나 좋은 문학작품들을 읽으실 때 그것이 내 마음의 어떤 결들을 위로해 주는 느낌들을 받을 때 있을 거예요. 물론 위로의 방법들은 굉장히 다를 수 있어요. 아주 톡톡 튀고 경쾌한 소설이나 시를 읽을 때, 내가 전혀 예상하지 못했지만 그 경쾌함의 어떤 힘이 나를 위로하고 있구나 하는 것을 발견하게 될 때도 있구요. 정말 진지하게 인간의 아픔과 상처에 대해 말 걸어오는 시나 소설 들에 동화되면서 위로받기도 하지요. 함께 우는 것. 공명하면서 어떤 상처들이 자연스럽게 표면으로 떠오르고 함께 울어주는 공명의 힘으로 새로운 에너지를 얻을 때가 있지요.

문학이나 예술이라는 게 인간에게 여전히 유효한 것은 유희의 감흥 못지 않게 위로와 치유의 열망이 우리 삶 속에 있기 때문일 거예요. 지금 읽어주신 것을 들으면서 제 맘에 어떤 것이 움직여요. 움직인다는 것은 어떻든 통한다는 얘기죠. 그리고 통한다는 것은 내 맘에 어떤 작용을 한다는 거예요. 그것이 위로든 더 깊은 사색으로의 침잠이든 어떤 형태로든 인간이 다 이름 붙이지 못하는 다양한 마음의 작동들을 일으키는 거거든요. 효원 씨가 읽은 일기가 저에게 찡한 마음의 움직임을 주었어요. 글을 통해 마음을 움직이고 마음이 움직여가는 거, 이거 실은 굉장한 거거든요. 문학은 소통의 열망이기도 하니까요. 글을 써서 먹고 살 수 있을까,는 글쎄요. 글 써서 먹고 사는 거 사실 무척 피 말리는 일인데.(웃음) 정말 꼭 그러고 싶다면 그렇게 될 거예요. 그죠?

성민주 저는 성민주라고 합니다. 고등학교 2학년이구요. 저 같은 경우는 김선우 시인께서 제 마음을 움직였거든요. 어떤 느낌이나 생각이 나를 휘감고 있다는 그런 느낌이 들었어요. 저는 〈달의 숨〉 부분을 읽으면서 뭐랄까, 슬프다고 해야 하나, 제가 잃어버렸던 감정들을 다시 찾는 느낌을 받았어요. 조금만 읽어 보겠습니다.

"저물녘 천천히 어둠이 내리는 방안에 가만히 누워 있는 것을 나는 좋아합니다. 음악도 꺼버리고 아무것도 하지 않고 단지 가만히 누워 이 별이 하루분의 여행을 마쳐가는 것을 가만 바라봅니다. 어둠이 내리기 시작하여 완전히 어두워질 때까지 불을 켜서는 안 됩니다. 밤의 어둠을 대낮처럼 밝히는 일은 어둠에 대한 모독일 것입니다. 밝은 날 활기 있게 일하고 놀며 어두워지면 그 어둠을 영접하여 몽상과 휴식의 시간을 갖는 것이 자연스러운 시간의 율동이니. 밝음이 사라지고 서서히 어두워져 완전한 어둠에 들기까지, 혹은 완전한 어둠으로부터 서서히 희부윰해지며 밝음에 드는 경계의 시간을 나는 사랑합니다. 경계를 지나며 숨을 고르기 시작하는 어둠속에 가만히 누워 있을 때 충만해지는 존재감. 나는 속삭이게 됩니다. 나는 이 별의 사람이구나. 낮고 작은 이 별에서 들숨과 날숨을 빌린 사람이구나."

제가 어릴 때, 방안에서 해지는 걸 보는 것도 좋아하고, 밖에서 노을을 바라보는 것도
엄청 좋아했거든요. 하늘이 예쁘잖아요. 제가 그런 느낌을 무척 좋아했는데,
어느 순간부터 그 느낌을 잊고 살았다는 생각이 들었어요.
솔직히 창밖을 맘껏 볼 수 있는 저녁 시간엔 해가 떠 있지 않거든요.
쉬는 시간마다 하늘과 해와 구름들을 바라보는데, 그러다 종치면 바로 책상에 앉아서
야자를 시작하고 선생님들 지나다니시면서 감시하고, 조용히 하라고 하시고.
공부하면서 문득 창밖을 보면 어두워져 있어요. 그런 시간들 속에서
서서히 제 자신도 그런 느낌을 하나 둘씩 잃어가고 있구나 하는 생각을 하니
진짜 눈물이 날 정도로 슬펐어요. 그냥 다시 그런 느낌을 찾아 준 것에 대해
감사하구요, 좋았어요.

제가 어릴 때, 방안에서 해지는 걸 보는 것도 좋아하고, 밖에서 노을을 바라보는 것도 엄청 좋아했거든요. 하늘이 예쁘잖아요. 제가 그런 느낌을 무척 좋아했는데, 어느 순간부터 그 느낌을 잊고 살았다는 생각이 들었어요. 솔직히 창 밖을 맘껏 볼 수 있는 저녁 시간엔 해가 떠 있지 않거든요. 쉬는 시간마다 하늘과 해와 구름들을 바라보는데, 그러다 종치면 바로 책상에 앉아서 야자를 시작하고 선생님들 지나다니시면서 감시하고, 조용히 하라고 하시고요. 공부하면서 문득 창 밖을 보면 어두워져 있어요. 그런 시간들 속에서 서서히 제 자신도 그런 느낌을 하나 둘씩 잃어가고 있구나라는 생각을 하니 진짜 눈물이 날 정도로 슬펐어요. 그냥 다시 그런 느낌을 찾아준 것에 대해 감사하구요, 좋았어요.그리고 제목을 붙일 때 선생님이 드신 생각이 궁금해요. 제목이 너무 맘에 들어서요. 이야기해 주세요.

김선우 나, 울 뻔한 거 알아요? 시의 언어는 직관적으로 오는 경우가 종종 있어요. 어떤 말이 사전에 있는 말인지 없는 말인지, 내가 옛날에 들어본 말인지 아닌지 잘 모르는 상태로 갑자기 어떤 단어가 떠오르는 경우들이 있는데요. 예컨대 어느날 저녁에 달을 보다가 갑자기 '월수' 라는 말이 떠올랐어요. 그 말을 떠올리면서 '월경혈' 의 의미를 막연히 생각했거든요. 사전을 찾아보니까 정말 그런 말이 있더라구요. '물 밑에 달이 열릴 때' 도 한 단어는 아니지만 그렇게 떠오른 경우에 가깝겠네요. 물, 달, 바람, 구름, 나무 이런 것들 제가 특별히 좋아하기도 하고, 제 시 속에도 자주 등장하기도 하는데요. 이 책을 묶어야 할 때, 원고를 앞에 놓고, 어떤 제목이 좋을까 생각하다가 문득 떠오른 말이에요. 그 때가 아마 어두워지는 시간이었을 거예요. 그때 바라보았던 어둠의 농도가 마치 멀리서 보는 강물이 찰랑찰랑거리는 듯한 느낌을 내게 주었을 수도 있어요. 그게 어떤 느낌이었다고 딱 잘라말하긴 어려운데, 물 속에서 달이 열리는 듯한 느낌을 제게 주었나봐요. 달은 제가 너무 사랑하는 별이어서 달이 들어간 제목을 하나 넣고 싶었는데, 떠올려놓고 나니까 다양한 의미망으로 읽힐 수 있을 만해서 제목으로도 쓰게 된 거지요.

그런데 여러분, 천천히 어두워지는 하늘은 진짜 신기해요. 여러분 그 시간만은 놓치지 마시고 학교에서 바쁘더라도 선생님한테, '어두워지는 시간이니까 5분만 제게 시간을 주십시오' 하고는 운동장에 나가서 어두워지는 그 시간의 밀도, 어둠이 이 별에 어떻게 내려앉는지 꼭 한 번 보세요. 굉장히 신기한 시간이거든요. 존재가 새로 열리는 시간 같기도 하고, 내 존재가 정말로 뭔지 아주 골똘히 생각하게 되는 시간이면서 또 굉장히 평화로워지는 시간이에요. 이 별이 천천히 어두워지는 느낌, 이것은 굉장히 다양한 상상력의 통로들을 열어주거든요. 그러니까 하루가 너무 바쁘게 지나가더라도, 이 시간만큼은 온전하게 내 시간으로 누리고 싶다! 하는 시간에 대해선 선생님들께 요구를 하세요. 아마 들어주실 거예요.

사회자 제가 책을 읽었을 때도, 물, 달, 바람 이런 단어를 많이 볼 수 있어서, 시인께서 이런 단어를 참 좋아하시는구나 했는데, 정말 그러네요. 또 이 자리에서 자기를 좀 표현하고 싶으신 분 혹시 계세요? 네, 여기…….

김선우 이분은 왠지 노래할 것 같아요.(웃음)

윤정원 저는 고등학교 1학년 윤정원입니다. 아까 꿈 얘기할 때도 노래하는 게 좋다고 했잖아요. 그래서 노래로 저를 표현하려고 해요. 제5회 박정대 시인 주제와 변주 때 〈고백〉이라는 노래를 불렀는데, 이번엔 다른 거 할게요. 보아의 〈where are you〉라는 노래인데요.

이것밖에 안 되나 봐요 / 그대에게 가는 이 길은
손 내밀면 닿을 것 같아 / 여기까지 온 거죠
어리석은 기대만 / 가득 안고서
사랑이 깊어 갈수록 / 난 더 아파야 했죠
하루에도 몇 번씩 / 그대 모르게 눈물 흘렸던 수없이 많은 밤들을
Where are you / Where are you
날 바보라고 해도 / 한 사람밖에 사랑할 수 없는 내 맘 어떡해
Where are you / Where are you
늘 오랜 기다림에 / 지쳐가지만
우린 만나겠죠 / 그렇게 믿을게요 I believe
-〈where are you〉

김선우 인디고 서원 전속 가수예요? (웃음)

허아람 방금 보아의 노래였잖아요. 보아가 70년대 나온 노래를 리메이크한 좋은 노래가 있어요. 〈가을 편지〉. 여기 악보가 있네요. 모두 지금 노래를 굶주려 하는 것 같으니까 한 번 불러보죠.(웃음)

가을엔 편지를 하겠어요
누구라도 그대가 되어 받아주세요

낙엽이 쌓이는 날
외로운 여자가 아름다워요

가을엔 편지를 하겠어요
누구라도 그대가 되어 받아주세요
낙엽이 흩어진 날
헤매인 여자가 아름다워요

가을엔 편지를 하겠어요
모든 것을 헤매인 마음
보내드려요
낙엽이 사라진 날
모르는 여자가 아름다워요
-〈가을 편지〉

김선우 (혼잣말로) 근데 왜 헤매인 여자가 아름답다고 쓴 걸까?

사회자 잠시 노래를 불러봤어요. 정말 가을 밤, 음악 같은 시간을 보내고 있는 것 같아요. 이번엔 제가 노래를 한 번 해볼까 해요. 호응해 주세요. 그럼, 노래할게요.

하루가 가는 소릴 들어 너 없는 세상 속에
달이 저물고 해가 뜨는 서러움
한날도 한시도 못 살 것 같더니

그저 이렇게 그리워하며 살아
어디서부터 잊어갈까 오늘도 기억속에
니가 찾아와 하루종일 떠들어
니 말투 니 표정 너무 분명해서
마치 지금도 내 곁에 니가 사는것만 같아
사랑인걸 사랑인걸 지워봐도 사랑인걸
아무리 비워내도 내 안에는 너만 살아
너 하나만 너 하나만 기억하고 원하는걸

-모세, 〈사랑인걸〉

9회 주제와 변주 때 박홍규 선생님께서 이런 말씀을 해주셨거든요. 음악방송 프로그램에 발가벗고 나온 사람이 있었는데, 생방송인줄 모르고 했다는 이야기에 박홍규 선생님은 실망하셨대요. '벗고 싶어서 벗었다' 는 말을 기대했는데. 저도 방금 제 스스로 노래를 부르고 싶어서 불렀거든요. 저를 표현하고 싶었으니까요. 노래라고 하는 것은 자신의 느낌을 표현하는 데 정말 좋은 도구인 것 같습니다.

허아람 저는, 김선우 시인의 시집을 2000년 6월에 봤어요. 꽤 오래됐죠. 그러고 시집을 이렇게 열심히 밑줄 그으면서 읽었어요.(웃음) 여기 보시면 '아무도 사랑하지 못해 아프기보다 열렬히 사랑하다 버림받게 되기를' 에도 밑줄을 그었구요. 다 읽고 나서 앞에다가 '곱고 예쁜 시인' 이라고 썼어요. 그 다음에 '강한 젊은 여인' 이라고 또 썼어요. 이게 색깔이 다른 걸 보면 시집을 두 번 읽었나 봐요. 그 다음에 또 다른 색깔로 '나희덕, 최영미와는 질적으로 다른 이' 라고 하는 제가 내릴 수 있는 최고의 찬사를 시집에 썼어요. 그런데 그 시인이 지금 내가 늘 앉는 자리에 앉아 있단 말이죠. 꿈인지 현실인지.

아까 고등학교 시절 이야기를 하셨잖아요. 그때 우리가 봐왔던 그 상처들이 30년, 20년, 10년, 계속 지속되고 있다면, 그것은 그 시대를 먼저 살아온 김선우 시인과 저의 탓이라고 생각해요. 그게 너무 싫었기 때문에 저절로 이 공간이 만들어졌죠. 그런 아픔, 그런 연민을 내가 분명히 느끼고 있음에도 모른 척하기가 힘드니까. 그래서 이런 자리가 만들어진 건데요. 개인적으로 김선우 시인에 대해 이 자리에서 페미니스트로서 여성성의 문제 또는 여성시인이라고 하는 닉네임에 대해 이 친구들이 얘기하지 않아서 나는 굉장히 감사해요. 왜냐하면 우리나라 여성소설가들이나 여성시인들이, 여성이라고 말하는 것도 굉장히 뭐랄까 약자임을 드러내는 하나의 국한된 방법론이라는 생각이 들어서 일부러 피하는 편이에요. 그런데, 나는 생물학적으로나 정신적으로 여성인 게 분명하잖아요. 그리고 내가 너무나 섬세한 여성이기 때문에, 또 내 안에 많은 여성성이 내재해 있어서 굳이 내가 여성이라는 얘기를 하지 않아도 여성성이 분명히 드러나잖아요. 그런데 그 분명함을 공적인 이야기들을 통해서 끌어냈을 때, 부정적인 이야기로 쓰여지는 경우를 많이 봤어요. 그래서 오늘 김선우 시인의 이름 앞에 여성시인으로서, 또는 여성성을 강하게 드러내는 말들을 학생들이 붙여주지 않고, 그냥 아름다운 시를 쓰신 분으로 여러 이야기들을 풀어내줘서 학생들에게 내가 오히려 감사하는 마음이 들어요. 그럼에도 불구하고 지금 제가 하려고 하는 얘기는 여자 이야기거든요.(웃음) 왜 여자 이야기냐 하면, 다음에 또 오실 분이 소설가 한강 님이세요. 그분도 나의 우상이죠. 가까운 시일 내에 오시겠다는 연락을 편지로 받았어요. 한강 님의 책 앞에 99년

그 소녀라는 단어 속에 그 소녀는 이 다음에 어미가 될 거고 어미가 되면
할머니가 될 거니까 세상의 모든 모성을 품는 단어가 소녀잖아요.
그 소녀 안에 사실은 미래에 아직 싹트지도 않은 많은 여성들.
더 강하게 말하면 그 모성의 씨앗들이 들어 있어요. 너무나 여리고 말랑말랑하지만,
너무나 강하고 넓고 우주적인 것들이 소녀라는 단어 속에 들어 있어요.

에 쓴 나의 글을 읽을 게요. 혹시 기분 나쁘시진 않죠?(웃음)

김선우 아뇨. 아뇨. 괜찮아요.

허아람 여기 나오는 아름다운 그녀는 내가 사랑하는 모든 시인들. 또는 소설가들. 이 땅에 여성으로 존재하는 많은 사람들을 대표하는 그녀에요.

"아름다운 그녀에게서 나는 왜 질투심도 안 생기는 걸까. —여러분은 지금 마음속에 질투심이 생겨야 정상이에요. 이렇게 예쁜 시인이 앉아 계시잖아요.(웃음)— 다시, 근데 왜 나는 질투심도 안 생기는 걸까. 치열하게 먼저 쓰고 있는 안쓰러운 친구처럼 느껴지니 말이다. 나는 내 할머니처럼 세상 모두를 안쓰러운 눈빛으로만 보고 있다. 그리고 그건 참 따뜻하고 사랑스러운 감정을 생기게 한다. 나답다고 생각한다. 햇빛 속을 걸으면, 바람 속을 달리면, 해질녘 잔디 고운 공원에서 아이들이 웃고 재잘거리면, 해가 져서 바닷가 내 집으로 돌아오는 길이면, 서른이 될 나는 세 살밖에 안 된 아가처럼 그저 아무 생각 없이 평화롭고 안정된다. 그것이 귀하다고 말해 주는 이 있었으면 좋겠다."

1999년 10월 27일날 썼는데요. 『모리와 함께한 화요일』에 모리 선생님이 뭐라고 말했냐 하면, '지금 일흔의 내 나이에는 세 살의 나이도, 다섯 살의 나이도, 열 살의, 스무 살, 서른 살의 나이도 내 안에 다 녹아 있기 때문에 늙은이로서의 내 나이가 너무 좋다' 고 얘기하셨거든요. 저는 지금 서른다섯인데 마흔 살, 쉰 살, 일흔 살의 내가 지금 내 안에 있잖아요. 그런데 우리는 지나온 나이만 생각해요. 아가 때, 소녀일 때, 스무 살 일 때, 지금의 나의 여자만 생각해요. 그렇지만 무섭게도, 놀랍게도 주름이 쪼글쪼글해질, 흰 머리카락이 하얗게 세어질, 그런 노인의 나도 내 안에 이미 들어 있어요. 그렇지 않아요? 그렇다면 똑같이 우리 안에 모든 여성성이 지금 우리의 삶에 들어 있어요. 지금 현재 발현되는 것이 서른다섯 살의 이런 모양, 이런 나이인 거죠.

저는 제 젊은 시절에 할머니를 모실 기회가 있었어요. 내가 스물아홉 때 할머니는 여든아홉이었구요. 여든아홉 1월 1일 날 돌아가셨으니 아홉수는 항상 사람이 죽는가 봐요. 제가 스물여섯 때부터 스물아홉이 되는 그 3, 4년을 치매를 굉장히 심하게 앓으셨어요. 어느 정도였냐 하면 내가 사랑하는 책들을 전부 가위로 하루 종일 오리는 거예요. 모든 책을 오리고 오릴 수 있는 모든 걸 오리는 거예요. 이불도 오리고, 옷도 오리고. 모든 조각들을 내가 끌어안고 우는 것만 삼년을 해봤답니다. 그때도 여전히 나는 역시 밤에 아람샘이었고 낮에는 대학원에서 조교를 했고, 또 깨어 있을 많은 시간들은 내가 죽음을 맞이해야 되는 연습을 해야 했기 때문에 버려진 노인들을 돌보는 호스피스였어요. 그때의 삼년은 내가 여든아홉이고, 내가 예순다섯이고 내가 쉰넷이고 뭐 그런 나이들이 이미 그 삼년 동안 튀어나와서 내가 그 순간을 살아진 것 같아요.

굳이 그 아팠던 이야기를 꺼내는 이유는, 그 가을이었을 거예요. 이 책을 읽고, 이듬해 이 시를 읽었을 때가. 그때 내가 껴안고 싶은 글들이었던 거죠. 그 소녀라는 단어 속에 그 소녀는 이 다음에 어미가 될 거고 어미가 되면 할머니가 될 거니까 세상의 모든 모성을 품는 단어가 소녀잖아요. 그 소녀 안에 사실은 미래에 아직 싹트지도 않은 많은 여성들, 더 강하게 말하면 그 모성의 씨앗들이 들어 있어요. 너무나 여리고 말랑말랑하지만, 너무나 강하고 넓고 우주적인 것들이 소녀라는 단어에 들어 있어요. 아까 여성의 시를 좋아하는 효원 씨나, 가장 여성스러워서 존경하는 시인 김선우 씨나 또는 이 자리에 있는 소녀들에게 하고 싶은 이야기가 뭐냐 하면, 우리가 소녀성이라고 하는 것, 여성성이라고 하는 것을 '여성스럽게' 라고 말하는 타이틀을 완전 배제하고 가장 인간적인 아주 담백한 모습으로 드러내는 것에 우리가 애쓸 필요가 있다는 생각이 들어요. 효원 씨가 내일모레 나이가 서른이지만, 나에겐 너무 예쁜 소녀예요. 저 친구를 보면 마음이 아파요. 왜냐하면 아직 소녀성이 너무나 말랑말랑하게 있어서 저 안에 너무 많은 상처가 덤벼들 가능성이 있단 말이죠. 보인단 말이에요. 그러면 내가 미리 아프다는 얘기예요. 여자들이 불행한 사회에 살고 있고, 우리 어머니와 할머니가 너무 고통스럽게 삶을 살아간 그런 척박한 사회이고 나라이기 때문에, 여성성에 모성보다도 더 강한 힘이 있을 때만이 우리가 소녀다움이라고 하는 것을 훼손당하지 않을 수 있다는 생각을 해요.

저는 여자다운 것은 싫어해요. 여성스러운 것도 싫어하는데 누구보다도 여성스러운 사람이에요. 그렇게 생각하죠, 여러분?(웃음) 저는 이렇게 말하는 내가 제일 울보고, 아직도 아기고, 시인님처럼 이렇게 아름답고 곱기를 원하고, 또 그러한 것들을 감싸주는 누군가를 기대하는, 우리가 여자를 표현할 때 가장 많이 쓰는 그런 것들이 내 안에 제일 많다는 것을 내가 제일 잘 알거든요. 제일 잘 알고 있기 때문에 그런 여성성을 일부러 부각하고 싶지 않은 거예요. 여성성이 아니어도, 우리의 인간다움이 또는 그 강한 인간의 힘이 그런 여성성을, 그런 소녀성을, 그런 보호받고 싶은 아름답고 여리고 곱고 섬세한 모든 것들을 지켜주고 인간으로 성숙하게 해주고 또 키워줄 수 있다고 생각을 하기 때문이에요. 그래서 저는 일부러 여성소설가들의 작품을 안 읽구요. 물론 십대 때 굉장히 많이 읽었지만, 여성시인들의 시는 더더욱 싫어합니다. 그 많은 여성시인들의 시집을 읽고 제가 한 권 건진 것이 2000년도에 이 시집이었는데, 이 시 속의 시인이 지금 여기서 걸어 나와서, 저기 앉아서, 물 밑에 달이 열리는 밤에 자기 목소리로 이 공간을 채워줘서 감사하다는 이야기를 이렇게 길게 했을 뿐이에요. 어때요? 좋았죠? 여기까지요.

김선우 제가 들어 본 최고의 칭찬이었어요.

사회자 네. 이제 시간이 어느덧 많이 흘러서 마칠 시간이 다가왔는데, 제 눈에는 아직도 표현을 못하신 분이 많거든요.(웃음) 시인께 이 말을 꼭 해보고 싶었다고 나중에 후회하시면 안 됩니다.(웃음)

허아람 아니, 제가 중요한 거 하나 안 읽고 앉아서 미안해요. 이거 꼭 읽어야 해요.(웃음) 왜냐하면 제가 쓴 책에 다른 분들의 글 들을 잘 인용 안 하는데 이걸 인용했어요. 그래서 그걸 꼭 읽어야겠어요. 몇 페이지냐 하면 『물밑에 달이 열릴 때』 37쪽.

"시인은 '이미 존재하는' 세계와 불화하며 새로운 세계를 창조하는 이들입니다. 이들이 창조해 내는 세계에는 가장 낮은 것 속에 든 가장 높은 봉우리와, 가장 거대해 보이는 것 속의 가장 작은 속삭임들과, 가장 미천해 보이는 것 속의 위대한 전언이 공존하며, 무엇보다 인간의 세상이 추구해야 할 의롭고 아름다운 것에 대한 갈망이 존재합니다."

이것이 시인입니다. 그렇다면 이 자리에 있는 우리 모두 시인이 되어야만 합니다. 글로 쓰는 시인이 아니라 자신의 삶을 시로 쓰는 사람들이 되어야 한다고 생각해요. 우리 모두가 김선우 시인처럼 글을 잘 쓰는 시인이 될 수는 없어요. 내가 가진 능력과 내가 가진 글을 통해 내 삶을 시로 빚어낼 수 있는, 가장 시적인 삶을 빚어낼 수 있는 구절이 아닌가 해서 읽었어요. 이걸 읽는다는 걸 깜박 했어요.

학생 처음에 제가 김선우님의 시집 중에서 〈도솔암 가는 길〉이라는 시를 읽고 글을 쓴 적이 있었는데, 이 글하고 제가 시인님을 보고 나서 느낀 이미지하고 정말 반대거든요. 시를 한 번 낭독해 보려고 합니다.

이상하다 이 길은
어느 곳에서 바라봐도 구부러져 있다.

길을 따라 내 몸도 구부러져
두 다리에서 네 발로
온 몸으로 길 위에 눕게 되었는데

아름다운 비늘, 날랜 짐승 하나가
내 허리를 감치며 수풀로 사라지고

꿈이었을까
직립하던 슬픔은

스물아홉에 출가한 불혹의 누이가
내 전신을 스치며
동안거 든다.
-〈도솔암 가는 길〉

직립하던 슬픔을 직립했던 자신의 어떤 슬픔으로 표현하고 계시는데요. 저도 여자고 여기 여자들이 많잖아요. 직립하는 슬픔에 관해서, 특히 여자라는 사실까지 감안해서 저희들에게 하고 싶은 말이 뭔지 듣고 싶어요.

김선우 직립의 슬픔과 여자. 음, 앞서서 아람샘께서 여성과 인간에 대한 얘기를 하셨잖아요. 직립의 슬픔과 여성이라고 물어오신 것이 좀 모호하게 들릴 수도 있지만, 딱 그 부분하고 맞닿는 질문일 수도 있다는 생각이 들어요. 인간은 어느 순간부터 직립보행을 하는 동물이 되었지요. 직립을 하고, 손이 자유를 얻고, 그리하여 인간들이 손을 이용해 만들어낸 문명의 씨앗들이 여기까지 왔잖아요. 시인으로서 제가 보는 관점일 수도 있고, 시인으로서가 아니더라도 지금을 사는 한 인간인 제가 보는 현대문명이라고 하는 것은 너무도 많은 악을 저질러왔어요. 인간의 역사 속에는 우리가 흔히 '인간의 존엄성' 운운하며 칭송되는 덕성보다 악행이 더 많아요. 인간 사회 내부에 대해서도 그렇고 인간 이외의 이 지구상의 다양한 생물 종들에 대해서도 그렇구요. 인간의 역사가 지구별에 가하고 있는 모독도 그렇구요. 인간이 이루어놓은 문명이 배태하고 있는 사악함에 대해 비관하고 절망한 내 마음이 '직립의 슬픔'이라는 표현을 쓰게 한 걸 거예요.

나는 궁극적으로 세계를 구할 수 있는 것이, 들끓는 세계를 좀더 평화롭게 만들 수 있는 것이 기존의 힘과 전혀 다른 새로운 힘, 여성성의 힘이라고 믿어요. 여성적인 질서들은 친밀성의 관계를 소중히 생각하죠. 생명을 잉태하고 낳고 스킨쉽하며 보살펴본 우리 어머니의 어머니의 어머니의 어머니들의 몸의 기억들이 발현시키는 친밀성의 힘, 돌보는 힘, 공명하는 힘, 사랑과 연민의 힘, 이런 것들이 궁극적으로 우리를 살릴 수 있는 힘일 거라는 거예요.

우리가 문명의 힘으로 가하고 있는 무수한 폭력들, 강자인 인간으로서 약자인 인간 이외의 생물종들에 대해 보이는 오만과 폭력, 강자의 논리로 약자를 집어삼키려는 무수한 전쟁의 역사, 힘의 논리 속에 폭력적으로 착취되어 온 계급과 인종과 성의 역사…… 도처에 끊임없는 전쟁들을 보세요. 사람이 꽃보다 아름답다구요? 정말 그래요? 함부로 말할 수 없을 거예요. 언제나 이 비교격이 문제예요. 우리 모두는 사람 하나 꽃 하나가 다 귀한 존재들이거든요. 공생하고 연대하고 보살피고 껴안고 가야 할 많은 것들에 대해 우리는 종종 너무나 오만해요. 이 오만한 폭력의 기원에 슬프게도 손의 자유가 있어요. 손이 자유를 얻어서 우리가 할 수 있었던 참 아름다운 것들이 있지요. 손이 자유를 얻어서 사랑하는 사람을 안아줄 수 있고, 아픈 사람을 업어줄 수 있고, 씨앗을 심을 수 있고, 누군가의 눈물을 닦아줄 수 있어요. 그런데 지금 우리의 손은, 우리가 안아준 것보다 더 많은 악행을 함께 저지르고 있잖아요. 손이 자유로워져서 우리가 할 수 있는 많은 아름다운 것들보다 더 종종 이 손으로 무기를 만들고 돈을 세죠. 이것이 인간의 손을 바라볼 때 거의 언제나 어떤 복합적인 슬픔을 느끼게 되는 이유일 거예요. 직립의 슬픔이기도 하겠구요. 그리고, 여자. 이 자리엔 여자들이 더 많네요. 저는 생물학적으로 여자예요. 생물학적으로 그대는 남자죠? 근데 우리 젠더라는 얘기하잖아요. 사회문화적 경향성으로서의 여성성 혹은 남성성 말이에요. 그대는 어떤 정체성이 좋으세요?

사회자 여성성이 좋아요.(웃음)

김선우 강요한 거 아님. 하하. 생물학적인 여자와 남자의 차이는 그야말로 차이일 뿐이지요. 그리고 또 어떤 의미에서 여자거나 남자거나 사실은 모든 인간 속에는 남성과 여성이 다 있어요. 심리학 공부하는 사람들이 아니마, 아니무스 이런 얘기하잖아요. 여성인 내 속에서 아니무스를 느낄 때도 있고 남성인 누군가가 자신 속의 강한 아니마를 느낄 때도 있을 거예요. 아니마, 아니무스는 카오스 같은 원형으로 우리의 욕망과 삶의 에너지에 관여하죠. 혼돈이야말로 생명의 강렬한 증거이기도 하잖아요. 문제는 자연스럽지 못함에서 발생하는 것 같은데요. 개개인의 내적 요구가 이끄는 대로, 있는 그대로의 우리 자신을 자연스럽게 발현시키지 못하는 어떤 억압들이 존재한다는 거예요. 아주 단순하게 예를 들어보면, 어렸을 때 나는 동네아이들과 놀다가 아이들이 개천가에서 오줌을 눌 때 그애들과 함께 그곳에서 오줌누고 싶었어요. 그런데 그러면 혼나요. 여자애가 어딜! 이런 야단이 따라나오죠. 여자애는 산과 들을 뛰어다니며 놀기보다는 뭔가 좀더 조신한 이른바 여성스러운 태도를 암암리에 강요받아요. 남자는 강해야 하고 일생에 딱 몇 번만 울어야 한다,는 등의 이른바 남성다움의 강요는 또 얼마나 많은 남자들을 힘들게 했을까요. 왜 남자는 울면 안 돼요? 울 일 있으면 우는 거지. 왜 남자는 과묵해야 돼요? 속병나죠. 우리 사회에 유통되는 여성답다, 남성답다는 식의 규정은 좋고 나쁘고를 떠나 그것이 굉장히 부자연스러운 것이기 때문에 위험한 거거든요. 나는 여자지만 모든 여자가 다 나 같지 않은 것처럼, 남자도 마찬가지죠. 여자든 남자든 우리는 조금씩 다 달라요. 생긴 것도 개성도 취향도 다 조금씩 다른 사람들일 뿐인 거죠.

'21세기는 여성의 시대다' 라는 얘기를 요즘 종종 하잖아요. 저도 여성성의 위대함에 대한 얘기를 가끔 하곤 하는데요. 여성은 억눌려왔던 제2의 제3의 성이기 때문에, 이제 시대가 좋아져서 여성이 남성과 동등

해지고 심지어는 남성보다 더 파워풀한 여성들이 나오고 있다, 고로 이후의 시대는 여성 헤게모니의 시대가 될 것이다, 혹은 되어야 한다, 이런 차원으로 여성성의 위대함에 접근한다면 그야말로 굉장히 시대착오적인 거지요. 페미니즘이라는 거, 인간 사회에 존재하는 성차별주의가 발생시키는 억압과 부자연스러움과 착취의 문제에 물음표 던지는 거거든요. 우리 모두가 더불어서 자유로워지고 행복해지자고 문제제기하고 꿈꾸기하는 거거든요. 성이 차별되고 인종이 차별되고 계급이 차별되는 사회는 결코 다함께 행복해질 수 없는 거잖아요.

저는 개인적으로 21세기가 여성, 혹은 여성성의 시대가 되어야 한다고 생각하지만, 그게 남성에 대한 비교우위를 말하는 건 절대 아니에요. 앞서 직립한 인간의 슬픔을 말했죠? 그간의 인간의 역사가 보여온 폭력과 전쟁과 착취와 억압의 문제들은 일차적으로 힘의 논리에서 출발하고 힘의 논리는 남성의 논리에 가까워요. 대다수의 수컷 동물들이 보이는 힘을 통한 서열 정하기, 이게 사람에게도 있어요. 누가 더 강한지 싸우고 강자를 중심으로 서열이 정해지고 서로간의 서열 다툼이 끊임없이 경쟁되는 약육강식의 논리에서 인간도 자유롭지 못해요. 어쩌면 인간이 더하죠. 힘의 경쟁에 지능까지 동원되니까요. 전쟁과 폭력으로 얼룩져온 힘의 역사, 힘으로 서열을 재편해 온 남성성의 질서로는 벼랑 끝을 향해 가고 있는 인간의 미래를 절대로 구할 수가 없어요. 평화가 불가능해요. 그래서 21세기에 더 절박하게 여성성의 화두가 던져지는 걸 거예요. 인간이 저질러온 것들을 지구와 지구 위의 생물종들이 더 이상 감당하기 힘들어보이는 마지막 벼랑 끝까지 정말 와버렸거든요. 세상은 그래요, 너무도 종종, 회복 불가능해 보일 지경의 아비규환이란 말이죠. 전쟁, 기아, 테러, 폭력, 빈익빈부익부의 치명적인 가난들, 소비와 물신의 창궐, 위기로 치닫는 전지구적인 생태 위기…… 너무도 많은 일들에서 너무도 종종 비관하게 돼요. 정말이지 더 늦기 전에 그간의 인간의 역사가 보여온 힘의 질서를 버리지 않으면 공멸의 때가 멀지 않아 보여요. 그렇기 때문에 더더욱이나 여성, 여성적인 것, 여성성의 새로운 질서에 대해 더 적극적으로 생각하게 되는 거지요.

나는 궁극적으로 세계를 구할 수 있는 것이, 들끓는 세계를 좀더 평화롭게 만들 수 있는 것이 기존의 힘과 전혀 다른 새로운 힘, 여성성의 힘이라고 믿어요. 여성적인 질서들은 친밀성의 관계를 소중히 생각하죠. 생명을 잉태하고 낳고 스킨십하며 보살펴 본 우리 어머니의 어머니의 어머니의 어머니들의 몸의 기억들이 발현시키는 친밀성의 힘, 돌보는 힘, 공명하는 힘, 사랑과 연민의 힘, 이런 것들이 궁극적으로 우리를 살릴 수 있는 힘일 거라는 거예요. 경쟁해서 짓밟고 올라가는 수직적인 위계의 힘이 아니라 돌보고 나누고 연대하는 수평의 힘 말이에요. 이런 수평의 힘을 창조하는 데 여성의 능력이 훨씬 뛰어나요. 여성스러움, 여성적인 것을 거부하는 여성들도 물론 있지요. 그런 경향성이 개성의 문제라면 상관없지만, 그간의 여성의 역사가 너무나 착취되고 억압되어 왔기 때문에 그 반작용으로 남성화되려는 여성들도 존재해요. 그 역시 여성의 역사가 지닌 아픈 단면이지요.

소위 여성적이라고 얘기되는 것들, 예컨대 섬세함, 부드러움, 돌봄, 친밀함, 이런 것들의 가치가 남성의 역사 속에서 거의 언제나 주변적인 것으로 밀려나고 가치폄하되어 왔지만 그런 것들이야말로 우리 모두가 함께 공생하며 지속 가능한 미래를 꿈꿀 수 있는 가장 중요하고 근원적인 능력이거든요. 우리 속에 존재하는 여성적이라고 통칭되는 것들 속의 가장 위대한 씨앗들을 이제는 끄집어내어 더 적극적으로 발현시켜야 할 때예요. 역사적으로 약자의 것이었기 때문에 외면하고 폄훼하고 회피하는 게 아니라, 그 섬세함의 힘, 서로의 상처에 민감하게 공명할 수 있는 친밀성의 힘, 돌보고 연대하는 사랑의 힘으로 정말로 서로를 껴안지 않으면 더 이상 인간과 지구의 미래를 약속할 수 없을 만큼 세계는 나빠져 있어요. 그래서 더 절박하죠. 그리고 이런 능력이 단지 생물학적으로 여자냐 남자냐로 결정되는 건 아닌 것 같구요.

물론 자기 몸 속에 다른 생명을 담고 길러본 기억을 가지고 있는 육체가 가진 특별한 힘이 있지요. 엄마는 자기 몸의 영양분을 뱃속 아기에게 나눠주잖아요. 나누어 본 사람, 내 몸에서 나의 일부분을 다른 누군가에게 주어서 생명을 키워본 몸의 역사를 가진 종족과 그렇지 않은 종족에는 얼마간의 차이가 필연적으로 있는 거 같아요. 그러나 그게 다는 아니죠. 생물학적 결정론에 빠져버리면 얘기는 다시 원점이에요. 앞서 말했듯이, 우리 속에는 여성과 남성이 다 있어요. 자신 속에 존재하는 남성성과 여성성을 어떤 식으로 발현시키느냐를 더 적극적으로 사유해봐야 하겠죠.

제가 첫 산문집의 어느 대목에 이런 문장을 썼어요. '나는 정말 좋은 예술가의 예술작품에서 궁극적으로 위대한 여성성을 본다' 라고요. 생물학적으로 여성이냐 남성이냐를 떠나서, 좋은 예술은 생명을 보듬고 길러내는 위대한 사랑의 능력에 닿아 있거든요. 우리가 가진 많은 위대한 예술가들의 작품 속에는 틀림없이 여성적이라고 불릴만한 섬세하고도 위대한 씨앗들이 있더란 말이죠. 아, 너무 흥분했죠? 자, 여기까지 할까요?

이슬아 저는 오늘 질문을 하기 보다는 저의 느낌을 말하고 싶어요. 우선 선생

우리가 만나서 나눈 말들이 서로에게 잘 스며들어서 살면서 어느 한 구비, 어느 한순간만이라도 변화시킬 수 있다면 좋겠어요. 여기 이 친구가 내일 '나는 점심시간에 해가 딱 정오 꼭대기에 있다가 나무 그늘로 막 기울어지기 시작하는 시간이 너무 좋더라. 그 시간을 정말 벅차게 누리고 싶더라.' 그래서 선생님께 '선생님. 나에게 5분만 주세요' 라고 얘기할 수 있게 된다면, 나는 '아자!' 하고 만세를 부르겠어요.

님이 주제와 변주에 오신 첫 번째 여자분이시거든요. 장영희 선생님은 주제와 변주 형식으로 짧게 오셨다 가신 셈이니까, 김선우 선생님이 정식 주제와 변주에 오신 첫 번째 여성이신데, 역시 여성성이 참 많이 드러나는 것 같고, 그래서 그런지 참 친밀함을 느껴요. 제가 가장 인상 깊었던 시는 〈양변기 위에서〉였어요. 그런데 뭐 '알맞게 마른 내 똥 한 무더기' 이런 거 쓰시는 분이 이렇게 참 여성적으로 생기셔서 처음에 사실 깜짝 놀랐고,(웃음) 아까도 계속 책으로 이야기했으니까 이번에도 책으로 얘기할게요. 선생님이 처음에 오셨을 때부터 지금까지 계속 '공명, 공명한다' 라는 말을 쓰셨잖아요. 선생님 아까 전에 어떤 분이 발표하셨을 때 '아, 나 울려고 한 거 알죠?' 이렇게 말씀하셨을 때, 제 맘속으로 '아, 됐다. 이제 됐다.' 딱 이런 생각이 들었는데, 왜냐하면 선생님이 "공명한다는 말은 내가 특별히 사랑하는 말 가운데 하나다. 공명하는 것. 함께 운다는 것은 함께 즐긴다는 것의 시작이며, 함께 꿈꾼다는 것의 시작이다." 이렇게 말씀하셨잖아요. 여기 또 말씀하셨듯이 "모든 우연은 필연이 몸을 감추는 방식이며, 또한 몸을 드러내는 방식이다." 이렇게. 우리가 오늘 만난 것도 우연이지만 이게 또 필연일 수 있다는 생각이 잠시 들어 참 좋은 시간이었습니다. 이제 마무리를 하겠습니다.

"이 시간엔 과거도 미래도 생각할 겨를이 없다. 그저 현재를 누릴 뿐이다. 그것이 짧기에 더욱 열렬하게. 추억이랄지 기억의 뒷장이랄지 하는 과거라는 시간이 우주를 건너오기 시작한다. 과거라는 시간은 오묘하여서 그때에야 비로소 내가 건너온 것이 무엇인지 진실로 알게 된다. 봄이 과거가 될 때, 비로소 봄이 기적이었음을 알고 그 봄 속에 한량없던 낮들의 기억을 감사히 묻는다."

아마 지금은 그냥 마냥 좋지만, 10년 후 9월 10일이 됐을 때, 선생님은 분명히 이 장소가 활력소라고 하셨기 때문에 활력이 떨어지셨을 때 또 오실 거란 말이에요.(웃음) 그러니까 그때 다시 이 기억을 되살리면 참 좋겠다는 생각을 하면서 그냥 참 좋았다는 느낌을 전달하고 싶었습니다. 고맙습니다.

사회자 이제 주제와 변주 10회가 끝이 다가왔어요. 제가 처음 소개글을 낭송했을 때, 오늘 이 시간, 이 공간에서 별들의 소리를 들어보자고 했는데, 선생님께서는 별들의 소리를 들으셨는지. 오늘 이 자리에 대한 말씀 들으면서 마무리할게요.

김선우 '부산에 인디고라는 곳이 있습니다' 라는 메일을 받았을 때, 메일을 딱 받자마자 너무 오고 싶었어요. 그냥 오고 싶고, 왠지 가야만 할 것 같고 이랬거든요. 근데 진행하고 있는 작업의 마무리 때문에 조금 시간을 미루다가 오늘 오게 된 건데요. 사실 며칠 전엔 또 어딜 급하게 취재를 다녀오다가 알러지성 피부염 때문에 고생도 하고 게다가 몸살이 겹쳤어요. 제가 아프면 약을 잘 안 먹거든요. 그냥 실컷 아프다가 나을 때까지 개기는데,(웃음) 오늘 인디고 서원 가야 한다는 생각 때문에 약도 지어 먹고 만사를 다 제치고 쉬었어요. 그렇게 추슬러서 이곳에 오면서 그런 생각이 들었어요. 제가 퍽 게으른 사람이라, 게다가 이런저런 모임들을 별로 좋아하지도 즐기지도 못하는 사람이어서 웬만하면 사람 모이는 데 잘 안 가고 싶어하거든요. 근데 딱 한 통의 메일을 받고서 기를 쓰고 부산까지 오고 싶었던 이유가 뭘까.

방금 필연과 우연 얘기를 했잖아요. 저는 세상에 정말로 그냥 한 번 일어났다가 사라져버리는 것은 없는 것 같아요. 살수록 그런 거 같아요. 조금 더 예민하게 말한다면, 지금 내가 하는 이 말들도 그냥 사라지는 게 아닌 거 같아요. 내가 한 말들이 그냥 사라지지 않고 어딘가에 떠 있을 것 같을 때가 있어요. 사람이 사람을 만나게 되는 것도 그냥 아무 의미 없이 그렇게 되는 게 아닌 것 같구요. 무수한 만남의 계기들이 있지만 어떤 곳은 안 가게 되고, 반면에 어떤 곳은 여러 가지 상황이 안 좋은데도 꼭 가야만 할 것 같은 곳이 있죠. 그렇게 만나지는 게 인연이라고 하는 걸 거예요. 어떤 인연이 여러분하고 저를 만나게 해서 어떤 에너지를 만들어요. 그 에너지가 좋은 것, 선한 것, 아름다운 것들을 끌어올릴 수 있는 마음에 조금씩 가까이 갈 수 있게 한다면 최고지요.

우리가 오늘 만나서 이런저런 얘기들을 나눴어요. 우리가 만나서 나눈 말들이 서로에게 잘 스며들어서 살면서 어느 한 구비, 어느 한 순간만이라도 변화시킬 수 있다면 좋겠어요. 여기 이 친구가 내일 '나는 점심시간에 해가 딱 정오 꼭대기에 있다가 나무 그늘로 막 기울어지기 시작하는 시간이 너무 좋더라. 그 시간을 정말 벅차게 누리고 싶더라.' 그래서 선생님께 '선생님. 나에게 5분만 주세요' 라고 얘기할 수 있게 된다면, 나는 '아자!' 하고 만세를 부르겠어요. 나뭇잎 한 장 쓱 떨어지는데, '나뭇잎이구나', '가을이구나' 식의 상투적인 무심한 반응이 아니라, '아! 가을이구나', '아! 나뭇잎이네' 감탄사를 끌어올릴 수 있는 감성, 잠깐 멈춰 뭔가 다른 꿈, 다른 몽상을 작동시켜 볼 수 있는 시간들을 여러분이 생활 속에서 보다 더 적극적으로 가질 수 있다면 너무 좋겠구요. 무엇보다 오늘 여러분 만나서 제가 너무 좋았어요. 여러분에게서 좋은 에너지를 제가 많이 받고 가요. 살면서 절망스러울 때가 사실은 많은데, 그럼에도 불구하고 꿈꿀 수 있는 씨앗들이 있다는 것은, 초롱초롱한 씨앗들을 내 눈으로 보고 우리가 뭔가 이렇게 서로 스민다는 느낌을 가질 수 있다는 것은, 이 경험만으로도 저한테 굉장히 행복한 시간이었어요. 여러분 고마워요.

김선우 참, 5분 얘기 했잖아요. 5분. 여러분 모두가 하루 중에 어떤 시간을 제일 좋아하나 한번 생각해 보세요. 사람마다 좋아하는 시간들이 있잖아요. 특별히 어떤 시간대에 감성의 폭이 넓고 섬세해지는 시간들이 있어요. 나 같은 경우는 어두워질 무렵, 또 어떤 사람은 동이 터올 무렵, 어떤 사람들은 첫별이 보일 무렵, 정오 무렵, 등등 이렇게 내가, 내 몸이, 내 마음이 특히 좋아하는 시간대를 잘 살펴보세요. 그래서 바로 그 시간대의 5분, 10분. 그 시간만큼은 학교에서건 집에서건 학원에서건 완전하게 내 것으로 누려야겠다. 이런 생각과 실천을 할 수 있으면 참 좋을 것 같아요. 마무리할게요.

사회자 여러분도 이 공간에서 별이 자그락거리고, 새들이 지지배배거리며 우리의 마음이 공명하는 소리를 다 듣고 느꼈을 거라고 생각합니다. 오늘 이 공간과 시간, 이제 그 문을 닫도록 하겠습니다. 감사합니다.

닫는 글

사진가가 결정적인 한순간을 필름으로 찍어 사진으로 현상하듯, 매회 '주제와 변주'는 그 고유의 아우라와 아름다운 소리들을 글 속에 오롯이 담아내고 싶었습니다. 어떠한 감정이 마음에 넘치면 그것이 표정과 몸짓에 자연스레 드러나듯이 그 순간의 애틋했던 감정과 행복했던 몸짓들이 글에 잘 녹아들어 있기에 글을 읽는 분들로 하여금 마치 그곳에서 함께 호흡하고 감동하는 것과 같은 느낌이 들 수 있을 거라 믿습니다. '지금, 여기'의 현장감이 여러분께도 전달될 수 있었으면 좋겠습니다.

피아노 선율이 흐릅니다. 포근한 공간에는 작게는 20명, 많게는 100명이나 되는 청중이 각자의 손에 책과 공책 그리고 연필을 하나씩 들고 선생님이 들어오길 기다립니다. 그 기다리는 동안의 설렘과 초대한 선생님이 교실 안으로 들어오실 때의 벅찬 기쁨은 마냥 신이 난 어린이의 기분입니다. 그 행복한 감정을 가슴에 품고 시간이 흐를수록 진지한 사유와 고민들은 더 깊어지고 또 넓어집니다. 때론 당혹스러운 질문도, 미숙한 질문도 있습니다. 그러나 이 모든 것은 우리 각자의 삶에서 우러나온 가장 절실한 문제들입니다.

보르헤스의 소설 『기억의 천재 푸네스』를 보면, 보르헤스가 1967년에 가진 한 강연에서 아르헨티나 사람들이 '깨우다' 또는 '깨다'의 뜻을 가진 동사 대신 그와 같은 뜻으로 원래 '기억하다'의 뜻을 가진 동사를 쓰고 있는 것에 대해 의식한 적이 있느냐고 물었다는 이야기가 나옵니다. '기억하다'는 말이 곧, '(잠에서) 깨다', 즉 '깨어 있다'는 말이 될 수도 있음을 말해 주는 이 일화는 우리가 함께했던 결정적인 순간들을 기억하는 것은 결국 깨어 있음의 다른 이름일 수 있다는 말입니다. 다시 말해, 우리는 그 순간들을 기억함으로써 깨어 있으며, 또 깨어 있음으로써 그 순간을 기억하는 겁니다. 이 깨어 있는 순간들은 우리 마음속에 영원히 기억되는 영원한 순간들인 것입니다.

이 책을 내는 지금 제18회 '주제와 변주'를 마쳤습니다. 기획하지 않았지만 훌륭한 의도로 지속되었던 이 '주제와 변주'는 독자들의 열정이 살아 있는 한 계속될 것입니다. 또 이것이 책으로 묶여 진실된 목소리를 계속 담아낼 수 있었으면 좋겠습니다. 진지하고 순수한 의미들과 함께 회가 거듭될수록 오시는 선생님들의 때로는 권위적이었던 태도, 또 때로는 질문에 대한 답을 회피하시는 모습, 그리고 우리의 진지한 고민의 산물인 질문을 너무 쉽게 보시고는 그 깊이에 대한 배려 없이 답변하시는 모습 등에 대한 비판의 목소리까지도 함께 담아낼 수 있었으면 합니다. 하지만 10회까지의 '주제와 변주'는 늘 너무 열띤 자리였으며, 또 이제 첫 걸음을 시작하는 '주제와 변주'는 생산적인 비판보다도 오히려 감사하는 마음을 먼저 간직하고자 합니다. 이 감사와 나눔의 마음으로 여러분 앞에 이 책을 조심스럽게 건네봅니다.

보다 실질적인 과정들을 조금 더 말씀드리자면, 지금까지의 '주제와 변주'는 '주제와 변주 준비 위원회'가 있어 다음 '주제와 변주'에 모실 선생님들을 선정하였습니다. 책을 읽고 토론하는 수업을 통해 가장 모시고 싶은 선생님을 선정하고, 또 학생들의 이름으로 초대의 편지를 썼습니다. 많은 것이 우리의 힘으로 이루어졌고 그래서 더 미숙했지만 그래서 더 진실된 힘이 아니었나 생각해 봅니다. 청소년의 순수함과 건강함을 잃지 않고 더 많은 시대의 어른들과 만나 진실한 담론의 장을 만들고 싶습니다. 늘 함께해 온, 또 미래에 함께할 동지들에게 이 책을 선물합니다.

이와 아울러, 책을 읽는 여러분께서 보다 깊이 있는 이해를 하실 수 있도록 매회 '주제와 변주'의 매개가 되었던 책들을 소개합니다. '주제와 변주'에 참여했던 청소년 그리고 일반인들 모두가 아래의 책들을 먼저 읽고 인디고 서원에서 드리는 초청장(질문 및 좋았던 구절 적기)을 작성한 후에 이 행사에 참석하셨답니다.

1회 주제와 변주를 시작하면서

2회 이왕주 | 『소설 속의 철학』

3회 진중권 | 『미학오디세이』『현대미학강의』

4회 최재천 | 『생명이 있는 것은 모두 아름답다』

5회 한홍구 | 『대한민국史』

6회 박정대 | 『내 청춘의 격렬비열도엔 아직도 음악 같은 눈이 내리지』 외 시집들

작은 주제와 변주 장영희 | 『내 생애 단 한 번』『문학의 숲을 거닐다』

7회 김용석 | 『깊이와 넓이 4막 16장』『서양과 동양이 127일간 e-mail을 주고받다』

8회 강수돌 | 『나부터 교육혁명』

9회 박홍규 | 『의적, 정의를 훔치다』『내 친구 빈센트』 외 다수 평전들

10회 김선우 | 『물 밑에 달이 열릴 때』『김선우의 사물들』

다녀가신 선생님들의 추천도서 목록

제1회 인디고 아이들

『무탄트 메시지』(말로 모건)

『틱낫한에서 촘스키까지』(존 스페이드, 제이 월재스퍼)

『새들은 과외 수업을 받지 않는다』(김종철, 이현주, 장회익)

제2회 이왕주

『인생이란 무엇인가』(톨스토이)

『오륜서』(미야모토 무사시)

『정신과 자연』(그레고리 베이트슨)

제3회 진중권

『황금가지』(제임스 조지 프레이저)

『죽음 앞의 인간』(필립 아리에스)

『문명화과정』(노르베르트 엘리아스)

제4회 최재천

『총, 균, 쇠』(제레드 다이아몬드)

『이기적 유전자』(리처드 도킨스)

『통섭』(에드워드 윌슨)

제5회 한홍구

『나는 빠리의 택시운전사』(홍세화)

『쎄느강은 좌우로 나누고 한강은 남북을 가른다』(홍세화)

『당신들의 대한민국』(박노자)

『좌우는 있어도 위아래는 없다』(박노자)

제6회 박정대

『혀끝에서 맴도는 이름』(파스칼 키냐르)

『조서』(르 클레지오)

『프랑스 문학산책』(김화영)

작은 주제와 변주 장영희

『어린 왕자』(생텍쥐베리)

『허클베리핀의 모험』(마크 트웨인)

『대지』(펄벅)

제7회 김용석

『Plato Complete Works』(플라톤)

『버드나무에 부는 바람』(케네스 그레이엄)

『한국 현대 단편 소설』

제8회 강수돌

『소유나 존재냐』(에리히 프롬)

『경제 성장이 안 되면 우리는 풍요롭지 않을 것인가』(더글러스 러미스)

『야생초 편지』(황대권)

제9회 박홍규

『수타니파타』(불교의 초기 경전)

『동물농장』(조지 오웰)

『아버지에게 보내는 편지』(프란츠 카프카)

제10회 김선우

『그리스인 조르바』 『영혼의 자서전』(카잔차키스)

『시몬느 베이유, 불꽃의 여자』(시몬느 페트르망)

『갈매기의 꿈』(리처드 바크)

『나르치스와 골드문트』(헤르만 헤세)

주제와 변주

1판 1쇄 펴냄 2006년 4월 18일
1판 8쇄 펴냄 2013년 2월 5일

엮은이 인디고 서원

편집주간 김현숙
편집 변효현, 김주희
디자인 이현정, 전미혜
영업 백국현, 도진호
관리 김옥연

펴낸곳 궁리출판
펴낸이 이갑수

등록 1999. 3. 29. 제300-2004-162호
주소 110-043 서울특별시 종로구 통인동 31-4 우남빌딩 2층
전화 02-734-6591~3
팩스 02-734-6554
E-mail kungree@chol.com
홈페이지 www.kungree.com

ISBN 978-89-5820-056-7   03300

값 18,000원